李真瑜

著

明清吴江沈氏世家百位诗人考略

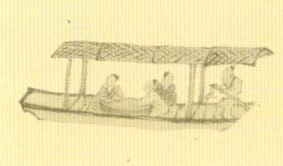

时代出版传媒股份有限公司
安徽教育出版社

图书在版编目（CIP）数据

明清吴江沈氏世家百位诗人考略/李真瑜著.—合肥:安徽教育出版社,2014.3
（中国古典文学研究丛书）
ISBN 978-7-5336-6297-4

Ⅰ.①明… Ⅱ.①李… Ⅲ.①家族—研究—苏州市②诗人—人物研究—苏州市—明清时代 Ⅳ.①K820.9②K825.6

中国版本图书馆CIP数据核字（2014）第021346号

明清吴江沈氏世家百位诗人考略
Mingqing Wujiang Shenshi Shijia Baiwei Shiren Kaolüe

出 版 人:郑　可
质量总监:张丹飞
策划编辑:张丹飞
责任编辑:丁昌龙
责任印制:王　琳
装帧设计:张鑫坤

出版发行:时代出版传媒股份有限公司　安徽教育出版社
地　　址:合肥市经开区繁华大道西路398号　邮编:230601
网　　址:http://www.ahep.com.cn
营销电话:(0551)63683012,63683013
排　　版:安徽创艺彩色制版有限责任公司
印　　刷:安徽瑞隆印务有限公司

开　　本:787×1092　1/16
印　　张:22.25
字　　数:349千
版　　次:2014年4月第1版　2014年4月第1次印刷
定　　价:46.00元

（如发现印装质量问题,影响阅读,请与本社营销部联系调换）

引 言

家族制是中国封建社会结构的基础和特征之一。文化的背景是社会的形态。在中国封建社会中,一些文化(包括政治、经济等)含量较高的世家大族在社会文化的积累和传播中扮演了很重要的角色,这是中国古代社会文化的特色之一。研究文化史上的这种"中国特色",是解析和认识中国文化发展史不可缺少的。

宋以后,特别是在明清时期,随着文化地理的变迁即经济文化重心的逐渐南移,在人文环境颇为优越的江南苏、浙地区,相继出现过不少文化名门世家,其中较引人注目和有代表性的当推江苏吴江的沈氏世家。

吴江沈氏世家这一支源出于浙江乌程沈姓,自始祖南丹公沈文于明初迁居吴江后,世居此地。① 据清乾隆间沈光熙续修《吴江沈氏家谱》(以下简称《沈氏家谱》)记载(包括道光间沈桂芬的补记),沈文至沈桂芬一辈,历十七世,五百余年。

吴江沈氏世家始祖文,字子文,《沈氏家谱》中尊称"南丹公"。为布衣,元末隐居避乱,明初因事谴戍广西南丹。《吴江沈氏家传》(以下简称《沈氏家传》)"沈氏始祖南丹公传"记其生平大略云:

> 南丹公讳文。当元之乱,张士诚据有三吴之地,发民为兵,而公独深自亡匿。其后,明太祖出,张氏平。人始见公狗木铎于路,盖隐士之徒也。而竟以弃灰坐戍,戍广西之南丹卫,人莫不怜之。

沈文有子二:长子浩,"袭戍南丹"②,后又于建文间调集至河北真定;次子源,

---

① 见沈彤《吴江沈氏姓考》:"江南浙江之沈,大都为寿春、乌程之苗……"(《沈果堂集》卷二,清乾隆吴江沈氏刻本。)沈永宥《重修家谱后序》:"自我始祖南丹公居松陵,世次可纪。"徐声远《吴江沈氏家谱序》:"吴江之沈推自元季南丹公。"(《吴江沈氏家谱》卷首,抄清乾隆刻本)
② 《吴江沈氏家传·清心公传》,清同治六年重刻本。

无子嗣。

沈浩有子二：长子恭，次子敬。沈恭仍戍南丹。沈敬则使家族的社会地位发生了初步变化。《沈氏家传》中说他"以勤俭理家，家日饶吴江，故质城中人"，并"构楼三楹，可以眺远，署曰'览胜楼'"。

沈恭有子三：损、泽、润，无绩可述。

沈敬有子三：箴、箕、贲。箕，《沈氏家谱》中尊称"廷仪公"，是改变沈氏家族命运的关键人物，生于正统元年(1436)，卒于成化十一年(1475)，成化四年(1468)岁贡，《弘治吴江志》卷八"岁贡"：

> 沈箕，字廷仪。县市人。成化四年贡。卒于家。

沈氏为诗书之家始自沈箕一代。《沈氏家传》"廷仪公传"记其生平云：

> 廷仪公讳箕，钝庵公（敬）第二子也。家世隶戍，无所知名。公始业儒，每试辄在高等，成化戊子岁贡。虽不得一第以仕以终，而自此以来沈氏为诗书礼让之族矣。

沈箴有子四：奎、璧、翼、轸；沈箕有子一：娄；沈贲有子三：泰、乾、坤；此一辈为沈文五世孙。

在吴江沈氏五世中，沈奎成为这个家族中的第一位诗人。奎子汉，正德十六年(1521)中进士，官至户科左给事中。此后，沈氏遂成为一方望族。

从沈文曾孙沈箕至十七世孙沈桂芬，吴江沈氏家族以书香传家，历四百余年，代有才人，人各有集，在文坛上的地位和影响十分显露，其中文学成就最大的是沈文九世孙沈璟、十世孙沈自晋、十一世孙沈永隆这三代。沈璟和沈自晋，相继被词曲家称为"词坛盟主"①，深受范文若、袁于令、冯梦龙等戏曲家的"推服"②。此外，沈位、沈瓒、沈自征、沈自南、沈宜修、叶小纨、沈时栋、沈彤等人，也都是饮誉一时的诗文家或词曲家。正如尤侗所云：

> 沈氏之以风雅著者，如虹台（沈位）、宏所（沈珂）两先生有《柔生斋》、《净

---

① 毛以燧《曲律跋》，《中国古典戏曲论著集成》四，第184页，北京：中国戏剧出版社1959年版。
② 《吴江沈氏家传·鞠通公传》，清同治六年重刻本。

华庵》二稿,词隐(沈璟)、鞠通(沈自晋)两先生有先后订正《南词九宫谱》,嗣是而君善(沈自继)、君庸(沈自征)、君晦(沈自炳)、君服(沈自然)诸子名极一时之盛,乃至掐粉搓酥之辈亦擅偷声减字之能,如《午梦堂集》(沈宜修等著)、《闲居词》(沈友琴著)、《空翠轩词》(沈御月著),皆其尤者也。于是而吴兴骚雅遂已领袖江南矣。①

故朱彝尊称"沈氏多才"②。沈德潜则以为风雅如吴江沈氏世家者,"史书中亦不易得"③。明清两代的许多著名文学家如唐顺之、茅坤、梁辰鱼、焦竑、汤显祖、冯梦龙、王骥德、凌濛初、沈德符、吴伟业、钱谦益、朱彝尊、陈维崧、李玉、李渔、顾炎武、归庄、叶燮、戴名世、方苞等,也都与沈氏世家有不同程度的交往。因此,无论是研究明清文学史,还是文化史,对吴江沈氏世家做一番认真的研究都是必要的,但学界迄今对其尚较少专门的研讨,实是一个很大的缺憾。④

清乾隆初年,沈文十三世孙沈祖禹和沈彤曾编辑《吴江沈氏诗集录》十二卷,载诗人九十一位、作品近千篇,可谓吴江沈氏一门诗歌之大观。但由于此集编选仅限于诗人诗作,年代又止于乾隆五年,故有不少沈氏作家作品未能编入集内。

今据明清若干文献考知,吴江沈氏世家共有诗人(包括词人和曲家)十一代,一百二十九人(此外尚有非诗人作家十人)。本书将逐一考其生平、著述、交游等,以一门之风雅,见数百年文学之盛衰,并补学界研究之缺。

---

① 《古今词选序》,沈时栋《古今词选》卷首,清康熙刻本。
② 《静志居诗话》卷二十二,民国上海文瑞楼石印本。
③ 《吴江沈氏诗录序》,沈祖禹、沈彤编《吴江沈氏诗集录》卷首,清乾隆五年刻本。
④ 有关吴江沈氏世家的研究文献,在20世纪80年代以前仅有周绍良先生的《吴江沈氏世家》一文(见《文学遗产增刊》第12辑,1963),周文据《沈氏诗录》,钩稽其一门简史,述举了近五十位沈氏作家,补证了傅惜华先生《明代传奇总目》中的一些缺漏,此一研究成果,功不可没。但由于周文所据主要是《沈氏诗录》,所考作家又主要在与戏曲有关的九代,且于人物的生卒年、著述及作品存佚等未具体考之,故不免有遗漏之憾。此后迄今(2002年)有研究文章9篇,均为笔者所作,依次是:①明代一个引人注目的文学世家(《光明日报》1986.1.28)②吴江沈氏文学世家五代作家汇考(《学术之声》第4辑1989)③《吴江沈氏诗集录》集外作家汇考(《文献》1990.3)④明清吴江沈氏文学世家略论(《文学遗产》1992.2)⑤吴江沈氏文学世家女作家汇考(《中国典籍与文化论丛》第1辑1993)⑥世家·文化·文学世家(《殷都学刊》1998.4)⑦吴江沈氏文学世家作家与明清文坛之联系(《文学遗产》1999.2)⑧略论明清吴江沈氏世家之女作家(《中华女子学院学报》2001.4)⑨吴江沈氏文学世家第六代作家考略(《新亚论丛》2002.1)

目 录

第一章　吴江沈氏世家第一代诗人／1

第二章　吴江沈氏世家第二代诗人／3

第三章　吴江沈氏世家第三代诗人／7

第四章　吴江沈氏世家第四代诗人／9

第五章　吴江沈氏世家第五代诗人／23

第六章　吴江沈氏世家第六代诗人／65

第七章　吴江沈氏世家第七代诗人／141

第八章　吴江沈氏世家第八代诗人／183

第九章　吴江沈氏世家第九代诗人／207

第十章　吴江沈氏世家第十代诗人／229

第十一章　吴江沈氏世家第十一代诗人／235

附 录

吴江沈氏世家非诗人作家考略 / 239

明代一个引人注目的文学世家 / 244

明清吴江沈氏文学世家略论 / 248

吴江沈氏文学世家作家与明清文坛之联系 / 263

略论明清吴江沈氏世家之女作家 / 280

沈氏文学世家的家学传承及其文化指向 / 290

文学世家的联姻与文学的发展 / 296

周绍良先生《吴江沈氏世家》一文补正 / 305

明清文学主潮中的吴江沈氏文学世家 / 312

参考书目 / 339

后　记 / 349

第一章
吴江沈氏世家第一代诗人

吴江沈氏世家第一代诗人有沈奎一人。

沈奎,字天祥,号半闲。吴江沈氏世家始祖沈文五世孙,沈篪长子。据《沈氏家谱》卷二记:生于明景泰六年(1455)三月十二日,卒于正德六年(1511)四月十二日,年五十七岁。嘉靖元年(1522),因子汉贵赠徵仕郎刑科给事中。子一,汉,有文名。

生平见明周用《明故半闲沈君墓志铭》:

> 君少而知学,为文辞不失矩度。性孝友……昆弟四人同居,有无相通;亲戚有所不足,往往取办于君。……君既好施与,复不能事产业,家用中衰。或以为规君,辄谢曰:使吾后者贤于吾,虽无所遗,可也。如其不贤,遗之何益?于是,教其子汉成业以见志。……其后,君益自晦,不欲知于人,退而与其子治别业于县三里之柳胥,自号"半闲"。筑室樊圃,当太湖诸山之胜,每率诸孙往游其间,宾客过逢,则撷蔬行酒,相与歌呼为乐,累日来归。①

---

① 《周恭肃公集》卷二十,明嘉靖刻本。

《沈氏家传·半闲公传》亦记其生平事略。

工诗文。清沈祖禹、沈彤辑《吴江沈氏诗集录》（以下简称《沈氏诗录》）十二卷，将他列在卷一之首，并记其文学活动云："……周恭肃公撰公墓志称公为文辞不失矩度。历世久远，篇章散佚，仅存二诗，句句从至性流出。风格淳古，直逼汉魏。盖非仅矩度不失而已，其亦足开吾家文学之先欤！"据此可知，沈奎是吴江沈氏世家名副其实的第一代文学家。

著述未有集。作品今存诗二首：《述怀》五古二首。（载《沈氏诗录》卷一）

第二章
吴江沈氏世家第二代诗人

吴江沈氏世家第二代诗人有沈汉一人。

沈汉,字宗海,号水西。沈文六世孙,沈奎长子。据《沈氏家谱》卷二记:生于明成化十六年(1480)正月二十五日。正德十五年(1520)会试一百二十名,次年廷试二甲五名,吏部观政,除刑科给事中。嘉靖六年(1527)进户科给事中。因大狱,忤旨,廷杖诏狱,家居。卒于嘉靖二十六年(1547),年六十八岁。隆庆五年(1571)追赠中顺大夫太常寺少卿。子五:嘉猷、嘉谟、嘉谋、嘉绩、嘉禾,多有文名。周绍良《吴江沈氏世家》一文谓沈汉有子三,不确。

沈汉为官,以敢言著称。清王鸿绪《明史稿》列传八十五记其生平事迹云:

> 改元,诏书蠲四方逋税。汉以民间已纳者多饱吏橐,请已;征未解者,作来年正课。又言近籍没奸党赀数千万,请悉发以补岁入不足之数,并见采纳兴献。帝议加皇号,疏陈不可。嘉靖二年,以灾异指斥时政;尚书林浚去位,复抗章争之。天下翕然,称敢言户部。……张寅狱起,法司皆下吏,汉言祖宗之法不可坏,权倖之渐不可长,大臣不可辱,妖贼不可赦。遂并汉收系,除其名。家居二十年,卒。

《康熙吴江县志》卷三十二人物、《乾隆吴江县志》卷二十七名臣、《乾隆苏州府志》卷六十四、《沈氏家传》及《明史》卷二百〇六皆有传。

沈汉"为人倜傥有志略"①,"平生志在国家,留心经济,不屑屑于诗文,有作多散去"②。

又据茅坤《太学沈君墓志铭》记,沈汉罢归后,操范蠡之业,累赀巨万,又喜结宾客,游乐山水:

> 给事公(沈汉)少负气,魁岸自豪,既罢归,觖觖不得志。于是托计然范蠡之业,与世相浮湛,权赢缩,盛田宅,或累赀巨万,而闾里之间,望之者稍稍起矣。……给事公既以赀饶,绮纨给宾客。……给事公数北出游洞庭、虎丘诸佳山水……往往解颐而罢。③

著作一种:《水西谏疏》二卷。《弘治吴江志》卷十四典礼志四典籍表、《康熙吴江县志》卷二十二撰述表、《乾隆吴江县志》卷四十六书目、《乾隆苏州府志》卷七十六艺文一、《光绪苏州府志》卷一百三十八艺文三著录。今存《沈氏家谱》附刻本。内收疏奏十二篇。沈彤《水西谏疏后记》:"凡十二篇,皆抗直争国家要务。"

此外,诗文作品有:①《制义杂文四篇》。《沈氏诗录》卷一小传:"今所存者……制义杂文四篇……"未见著录。

②疏奏三篇:《争皇号疏》;《争安陆乐舞疏》;《争观德殿疏》。《乾隆吴江县志》卷二十七:"按《明伦大典》,汉于大礼之议有三疏:正德十六年争皇号,嘉靖二年争安陆乐舞,五年争观德殿。虽皆与同官连属名,然亦汉之大节也。故《世宗实录》载其《争观德殿疏》,而《明史》旧稿亦载其《争皇号疏》。"

---

① 《乾隆吴江县志》卷二十七,清乾隆刻本。
② 《沈氏诗录》卷一,清乾隆五年刻本。
③ 《茅坤集·茅鹿门先生文集》卷二十二,浙江古籍出版社1993年校点本。

③文三篇:《费氏宗谱序》;《上毛尚书伯温书》;《大中大夫四川布政司右参政维石吴公墓志铭》。(均载陈去病辑《松陵文集》三编卷二十二)

④诗三首:《君子行》五古一首;《陪祀朝日坛礼成恭纪》五古一首;《酬周白川次原韵》七律一首。(均载《沈氏诗录》卷一,又见于清殷增辑《松陵诗征前编》卷四)

交游可考者有周用、唐枢、毛伯温、吴岩等,多以文知名。

周用(1476—1547),字行之,号白川,一作伯川。吴江人。弘治十五年(1502)进士,官至吏部尚书,赠太子太保,谥恭肃。著有《周恭肃集》、《楚辞注略》等。为政有亮节,与汉为人有相同之处,文集中有《明故半闲沈君墓志铭》文,盛推汉父沈奎之行文操守,见上文。沈汉与其有诗唱和,今存《酬周白川次原韵》七律一首①,从"南山种豆剩年华,西掖题诗忆碧纱……济得巨川酬物望,不妨野老钓浮槎"诸句看,二人志趣与操守颇为投合。

唐枢(1497—1574),字惟中,号子一,又号一庵。归安人。嘉靖五年(1526)进士,授刑部主事。以疏请明正妖贼李福达罪,斥为民。隆庆初复官。《明史》、《明儒学案》、《归安县志》皆有传。少学于甘泉学派大师湛若水,究心理学,深造实践,学者称一庵先生。著有《木钟台集》等。沈汉与他同朝为官,又一同蒙冤,政治见解颇有相同处。沈汉卒后十二年,家刻《水西谏疏》集,唐枢为之序,文中对沈汉的政绩和为人极为推重。沈氏后人直至沈汉之曾孙沈璟一辈,与唐枢仍有交往,彼此堪称世谊之好,此详见后文沈侃、沈璟条。

毛伯温(1482—1545),字汝厉,号东塘。吉水(今属江西省)人。正德三年(1508)进士,历官绍兴府推官、工部尚书、兵部尚书、太子太保,后以防事削籍归。著有《东塘集》。他小沈汉两岁,同朝为官。沈汉遭事罢官家居后,毛伯温复欲荐之于朝,汉意不就,致书述怀云:"……始,仆少时,自负颇重。初在谏垣,与闻政事,即欲乘时有所建白以佐天子维新之治。然不审机宜,不识忌讳,首劾张桂,继

---

① 《乾隆吴江县志》卷二十七,清乾隆刻本。

弹席霍,末言张寅,触犯武定之数臣者,皆天子之股肱所亲任而信之者也。仆以疏远小臣,一旦深言若此得无犯疏闲亲之戒哉!……而此数人怨入骨髓,则未尝一日望情之不肖也。……往年,张桂、席霍相继死亡,武定近亦逮狱,仆始得高枕而卧,蔬食而乐,较之向时刀锯若其在前,芒刺若其在后,已不胜大愿,况愿其他以求仕进哉!然公之意则已藏之胸中矣。古人云,人各有志。仆今志在山水,不能从公于台鼎黼扆之侧也。"①虽志在山水,但往事仍在他内心留下很大的阴影,不平之气溢于字里行间。

吴岩(1476—1524),字瞻之,别号维石。吴江人。正德三年(1508)进士,历官工科给事中、工科都给事、四川参政。沈汉与之同朝为官,敬其为人,彼此交厚。吴出任四川参政时,沈位曾作诗相赠,作品今佚无考。嘉靖三年(1524),吴岩奉表入贺,卒于道,沈汉闻讯甚哀,后作《大中大夫四川布政司左参维石吴公墓志铭》,盛推其为人并及相交之往事:"公平生疏爽宽裕,不为琐屑,及居辅导,明习旧章,老成莫及。交游好自克无怨责于人,先公举者,不嫉,后之者,不慢视焉。呜呼!始公自工科拜命于蜀,予适以是日领擢刑垣,予作诗纪异以送公行。孰谓是行遽成永别耶!可哀也!"

---

① 《上毛尚书伯温书》,陈去病辑《松陵文集》三编卷二十二,1922年百尺楼丛书本。

第三章

吴江沈氏世家第三代诗人

吴江沈氏世家第三代诗人有沈嘉谟、沈嘉谋二人。

（一）沈嘉谟

沈嘉谟，字惟承，号祗庵。沈文七世孙，沈汉次子。据《沈氏家谱》卷二记：生于明正德二年（1507）九月十五日。治《书》，补邑庠生，入监。卒于嘉靖三十三年（1554）四月十七日，年四十八岁。天启三年（1623），以孙珣贵赠中大夫福建布政使司右参政。崇祯元年（1628）加赠通奉大夫山东布政司左布政使。唐宋派古文家茅坤为其撰墓志铭。① 子二：位、倬，皆有文名；女三。

《沈氏家传·祗庵公传》说他"为人孝谨仁厚，具远识，好读宋儒书。所为诗稳秀流逸近于唐人。惜不多见也"。

著述未有集。作品今存诗二首：《雨霁志喜》五律一首；《展柳胥先墓》七律一首。（载《沈氏诗录》卷一，第二首又见于《松陵诗征前编》卷五）

---

① 《茅坤集·茅鹿门先生文集》卷二十二。张大芝、张梦新校点本，杭州：浙江古籍出版社1993年版。

(二)沈嘉谋

沈嘉谋,字惟询,号守西。沈文七世孙,沈汉第三子。据《沈氏家谱》卷二记:生于明正德四年(1509)九月三日。治《书》,补邑庠生,入监。仕上林苑嘉蔬署署丞。卒于万历八年(1580)八月二十一日,年七十二岁。子二:侃,佐;侃有文名。

沈嘉谋为人以孝义称,"当谒选时,客蒲板杨襄毅所,有武弁以事求关,说持千金为寿,却之曰:'我义不为阿堵欺长者。'"①《沈氏家传·守西公传》说他"文学虽逊伯仲两兄,而质行过之"。《松陵文征》则谓之"平生多质行,亦能诗"。

著述未有集。作品今存诗二首:《杏花下小集》五律一首;《题金山图》七绝一首。(载《沈氏诗录》卷一,第一首又见于《松陵诗征前编》卷五)

---

① 《乾隆吴江县志》卷三十二引,清乾隆刻本。

第四章
吴江沈氏世家第四代诗人

吴江沈氏世家第四代诗人有沈位、沈倬、沈侃、沈俊等四人。

（一）沈　位

沈位,字道立,号虹台。沈文八世孙,沈嘉谟长子。据《沈氏家谱》卷二记:生于明嘉靖八年(1529)四月八日。治《书》,补邑庠增广生。隆庆二年(1568)中进士,选翰林院庶吉士。四年(1570)除检讨,与修世庙实录。五年(1571)册封肃藩,为副使。六年(1572)三月三十日卒于官,年四十四岁。清康熙三年(1664)崇祀乡贤祠。子一:瑶。

沈位卒于官任之经过,《沈氏家传·虹台公传》记之较详:

（公）辛未奉使肃藩。明年报命至邳州,舟人与漕卒哄,卒横甚,舟人尽匿。公闻,便服出舟次谕止之,悍仆从公腋傍复出指骂,漕卒愤,立水中持白梧挝仆,仆仍逸入舟,梧著公胫,又从舻头击我篙师。公以身护篙师,卒掷梧挝篙师,篙师逸而梧复著公肩。后蚁附登舟欲拥公去,舟中妇女多人挽之甚,力与漕卒两相持而不虞彼之释手也,于是公以群挽之势从船舷跌踣舱中,高下相去五六尺而公以此得重伤矣。地无良医,误以己意服补中益气汤一剂,越宿而殂。

勤于学,游唐顺之、茅坤门,以古文知名:

《沈氏家传·虹台公传》:"……公盛德美官,富文学。……初公为童子时不甚了慧,及长潜心嗜学,文必集众美如五金入大冶中矿砂脱胎精金射目,经史二学及古文辞靡不研究,体裁褒集菁英,日置几案怀袖间尹吾不休,夜既就榻复手一编,令童子执烛榻旁以缉余力至目瞑册堕而止。……"

《沈氏诗录》卷一小传:"公自少力学强识,长与唐荆川、茅鹿门二先生游,得其指授。为古今体诗文,皆见重于时。所著《柔生斋稿》四卷及《沈氏族谱》等书。愚庵朱先生鹤龄称公古文兼庐陵、眉山体法。竹垞朱先生彝尊称公诗丽以则而并惜其不永龄,可以识公之所造矣。诗作于馆阁者多。五言古体师晋宋,近体宗盛唐。"

《乾隆吴江县志》卷三十三《沈位传》:"始,位治举子业即攻古文,与唐顺之、茅坤游,得其指授。及读书中秘,肆放厥词,兼庐陵、眉山体法。论者推为吾邑古文家之首。"

传记亦见于《乾隆苏州府志》卷六十四。

著作七种:

①《尚书笔记》。《经义考》、《乾隆吴江县志》卷四十六书目、《乾隆苏州府志》卷七十五艺文五、《光绪苏州府志》卷一百三十八艺文三著录。今佚。

②《都邑便览》。《康熙吴江县志》卷二十二撰述表、《乾隆吴江县志》卷四十六书目、《乾隆苏州府志》卷七十五艺文一、《光绪苏州府志》卷一百三十八艺文三著录。今佚。

③《柔生斋历代文选》二十卷。《乾隆吴江县志》卷四十六书目、《乾隆苏州府志》卷七十五艺文一、《光绪苏州府志》卷一百三十八艺文三著录。今佚。

④《名文品汇》。《乾隆吴江县志》卷四十六书目、《乾隆苏州府志》卷七十五艺文一、《光绪苏州府志》卷一百三十八艺文三著录。今佚。

⑤《柔生斋集》四卷。《康熙吴江县志》卷二十二撰述表、《乾隆吴江县志》卷四十六书目、《乾隆苏州府志》卷七十五艺文一、《光绪苏州府志》卷一百三十八艺文三著录。今佚。

⑥《论文二十六则》。《乾隆吴江县志》卷四十六书目、《乾隆苏州府志》卷七十五艺文一、《光绪苏州府志》卷一百三十八艺文三著录。今佚。

⑦《沈氏族谱》。未见著录。《沈氏家传·虹台公传》:"所著有《族谱》。"此族谱即为清沈光熙修《沈氏家谱》之蓝本。

今诗文散存者有:

①文八篇:《宗子说》;《与茅鹿门》;《与李仰洲》;《与朱柱峰》;《与蒋生》;《上徐存翁》;《答陈静所》;《经筵赋》;(以上载陈去病辑《松陵文集》卷三十二)《沈氏家谱后序》,载《沈氏家谱》卷首。

②诗四十四首(篇目略)。分别载《明诗综》卷五十一、《松陵诗征前编》卷五、《沈氏诗录》卷一等。

交游中最著名者为唐顺之和茅坤。

唐顺之(1507—1560),字应德。武进人。嘉靖八年(1529)会试第一。曾督领兵船在崇明抗御倭寇,为古文汪洋纡折,为明中期文坛一大宗师。晚年讲学,著有《荆川集》,人称荆川先生。沈位在古文方面受其影响极大。记载已见上文。从一定程度上说,沈位也可归属于以唐顺之、茅坤为首的唐宋派古文家的行列。

茅坤(1512—1601),字顺甫,号鹿门。归安人。嘉靖十七年(1538)进士。善古文,为唐宋派古文的代表作家之一。著有《茅鹿门集》,又曾选编《唐宋八大家文抄》,影响较大。茅坤也是沈位的业师之一。沈位任翰林院庶吉士后,于隆庆三年(1569)致书茅坤时对此念念不忘云:"某无似追忆前居门下时,年尚少,闻公上下古今,私心窃独喜。"并表示"及今谢去举业司,可以服公之遗教"①。在这封书札中,沈位激烈批评了明李梦阳、何景明一派的复古文风:

> 今世谈文者,必曰《史记》;谈诗者,必曰杜少陵,至其案上所置,则曰今之五子也。问其故,则又曰今之五子李、何之徒,而李、何又《史记》、杜少陵之徒也。是犹指世俗之侩谓张无垢,而无垢为达摩转相,悖之宁有既哉!此无他,盖当为举业时则习为平淡之语以冀有司,及其为古文,率又务反其向时所为而猎取夫言词奇诡者以骇当世。此其务奇诡之心与夫习平淡之心一也,乌睹所谓文章之奥者哉!

翌年,沈位除检讨,与修世庙实录,茅坤连续写下《与沈虹台太史书》、《再与沈虹台太史书》两封书札②,对当世文坛表示了与沈位相同的看法:"明兴二百年,薄海内外雍熙累洽,独于文章之旨缺而盛。弘、正迄嘉靖间多作者,然矫命者多由草窃,倡义者独属偏陲。"他对沈位极赞赏,认为他"刻志于古之道,而非特今人所好已也",是"世之文章家之钜工也",并以知己相重道:"虹台,虹台,知我惟公耳。顷缘侄一龙以赀入太学,特遣过候门下,且令侍公署私录向来所著。倘许之,仆虽老犹能摹画公之文章之深,如古之观公孙大娘舞剑器而战斗天地者也。如何,如何!"茅坤与沈位生当李梦阳、何景明为首的前七子占据文坛之时,别属一家,对文坛的影响亦不小,二人书札中关于古文的议论,及对前七子复古文风的犀利批评无疑在当时是有意义的。惜今人论明代文学批评时对沈位和茅坤的这几篇文字未给予应有的重视。

此外,交游可考者有刘东星、朱柱峰、李仰洲、叶左庵、张秩、陈敬所、沈鹤泉、詹咫亭、张祥鸢、盛孝章、邵侍御、汤聘尹、吴自新等。

刘东星(1538—1601),字子明,号晋川。山西沁水人。隆庆二年(1568)进

---

① 《与茅鹿门》,陈去病辑《松陵文集》三编卷三十二,1922年百尺楼丛书本。
② 《茅鹿门先生文集》卷四,明刻本。

士,选庶吉士,授兵科给事中,累官吏部右侍郎、兵部尚书。性俭约,历官三十年,以廉洁称。沈位与之交善,今存诗中有《送刘晋川左迁》五古一首,写道:"夙昔盟金石,一朝化贝箕。……县河任出没,忠信当自持。居要未足贤,失路将何悲。"①二人是同科进士,又都选翰林院庶吉士,故沈位在诗中回忆了往昔的交谊,并互相以志勉励。

朱柱峰,与沈位为同年好友,诗文往来较多。沈位在《与朱柱峰》文中云:"弟与兄何等交也!……弟至庸劣,荷兄不遗殷勤诲语出于形骸之外,非如世之泛然所谓同年而已者。"并对朱柱峰不遇于时深为惋惜,劝其"邃养以俟时,不必为无益之戚戚也"。沈位今存诗中有《寄朱柱峰》七律一首,写道:"昔年谈笑蓟门东,此日萧条叹转蓬。千里断猿啼夜月,万山芳草落春鸿。渔阳烟树吾偏老,江左文章尔独工。雄剑有神终遇合,好看奏赋未央宫。"②诗意悲慨,非知己之交不会有此肝胆之言。

李仰洲,与沈位为同年交。沈位有《与李仰洲》文,云:"弟无似,然有大率,既得兄为同年交,又得同事于御史府中。见兄之容,则足以消鄙吝;听兄之语,则是足以开蔽蒙。窃自幸弟之得于史者多矣。"文中还对李仰洲"大得士民之心"的政绩极表称道,并云:"凡在同志,皆为兄喜,况弟更素有爱于兄者乎!"这说明二人交谊非浅。

叶左庵,浙江四明人。沈位僚友,今存诗中有《送叶左庵归四明》五古一首,述二人友情云:"我命非我为,奚必伤情素。月白落孤雁,江空淡烟树。长啸一分手,明朝在何处。"③浅言淡语里,流露着挚友间分别时的情谊,如东流之水,难计短长。

张秩,字以敬,号凤林。安福人。嘉靖四十四年(1565)进士,由庶吉士选授

---

① 《沈氏诗录》卷一,清乾隆五年刻本。
② 《沈氏诗录》卷一,清乾隆五年刻本。
③ 《沈氏诗录》卷一,清乾隆五年刻本。

检讨,晋编修。万历二年(1574)卒。沈位与其同在翰林院供职,自然常有往来。后张秩出使长沙,沈位作诗《送张凤林使长沙》相赠,结句道:"圣明欲问汀中事,莫向他乡久滞留。"①表达了盼其早还重逢之意。

陈敬所,有政绩。与沈位有书札往来,今不存。沈位有《答陈敬所》文,言"去岁奉别颜色,怀仰之私何日忘之!近接手书……"接下,沈位就古今吏道大发议论云:"古今言治吏者莫如汉。汉二百余年之间莫如赵广汉、尹翁归、韩延寿之徒。及今考其治行,大抵皆尚严肃,独黄霸稍以宽和名。然至种殖蓄养,靡不究意,道旁鸟盗之食,亦具知其起居而不能匿以毫发。则所谓循吏者,岂一切苟且为呴呴默默之政而已哉!"最后,沈位以琴乐之道为喻说明张弛之理,希望陈敬所如此施政,云:"琴之将御也,弛之固不成声,而张之太急亦有繁促之可畏,故于急张之时而稍宽之,则声调而足听。弟意今之从政者亦然。兄如不以狂瞽而採择焉,则今文学之英皆将援笔而次兄于汉君子之后矣。"沈位在这里向友人谈论的关于吏治之道的看法,可以使我们了解到他的思想的一个重要侧面。

沈鹤泉,沈位有《送沈鹤泉南归》七律一首,从"嗟君长啸下滹沱,抱琴吹竽竟若何!……自愧天涯劳客梦,不堪回首听骊歌"②诸句看,沈鹤泉在仕途不大得意,所以沈位送他的这首诗语意极其感慨。

詹咫亭,福建晋江人。沈位与之交往的细节已无考,仅今存诗中有《送詹咫亭还晋江》七律一首。诗云:"嗟君忠义欲何依,圣主恩深许放归。……寄语故山花莫笑,此行不负白云扉。"③据此而言,詹咫亭禀性率直,亦是一位仁人君子。

张祥鸢(1520—1568),字道卿,别号虚庵。金坛人。嘉靖三十八年(1559)进士,官至云南府知府。著有《华阳洞稿》。沈位有《茅山道中留别张虚庵户部》五律一首,道:"相逢又相别,去住独难任。五载遥天末,孤灯此夜心。论诗多好句,

---

① 《沈氏诗录》卷一,清乾隆五年刻本。
② 《沈氏诗录》卷一,清乾隆五年刻本。
③ 《沈氏诗录》卷一,清乾隆五年刻本。

对酒澹冲襟。明日丹阳道,春花树上深。"①相逢相别,虽时光不多,但对酒吟诗,亦不废言议论,可谓气类相投。

盛孝章,号淳庵。沈位僚友,有才子之称。沈位在《送盛淳庵出藩楚中》一诗里称赞他说:"才子翩翩盛孝章,旬宣有诏出长杨。……江汉采风歌大国,平原落日见高唐。知君不减登临兴,鹦鹉洲边草正芳。"②其文采风流,引人注目,由此诗不难窥识一二。

邵侍御,与沈位同官三载,后离京,沈位有《送邵侍御》七律一首相送,结句云:"骢马新蹄留不住,可无鱼雁慰离群?"③对其离去,甚为牵怀。

汤聘尹(1528—1591),字国衡,号觉轩。长洲人。隆庆二年(1568)进士,历官江西进贤知县、吏科给事中、福建左参议、南吏部郎中、广西副使。沈位有《送汤觉轩令进贤》七律一首。二人志向投合,关系较密切,沈位在送诗中说:"城隅分手思凄凄,黄叶孤云送马蹄。通籍几年同意气,分符今日各羁栖……"④其时,汤聘尹将赴江西进贤任知县,故诗中又对他的仕途前程表示了祝愿:"汉吏颂声君不减,天书早晚下金闱。"

吴自新(1541—1593),字柏恒,号韫庵,自号中和山人。江宁人。隆庆二年(1568)进士,官至南京刑部侍郎。沈位有《送吴韫庵水部》七律一首。⑤ 他与沈位是同年之友,也在朝中为官。著有《大受录集》,不存。未见有与沈位交往的作品。

(二)沈 俸

沈俸,字道章,号涵台。沈文八世孙,沈嘉谟次子。据《沈氏家谱》卷二记:生

---

① 《沈氏诗录》卷一,清乾隆五年刻本。
② 《沈氏诗录》卷一,清乾隆五年刻本。
③ 《沈氏诗录》卷一,清乾隆五年刻本。
④ 《沈氏诗录》卷一,清乾隆五年刻本。
⑤ 《沈氏诗录》卷一,清乾隆五年刻本。

于明嘉靖十九年(1540)十一月十五日。治《书》,补邑庠廪膳生。卒于隆庆四年(1570)十月十五日,年三十一岁。万历三十年(1602)赠文林郎陕西三原县知县。崇祯元年(1628)加赠通奉大夫山东布政使司左布政使。子三:琦、琥、珣,女二;三子皆有文名。

《沈氏家传·涵台公传》述其生平事迹云:

> 涵台公讳倬,祗庵公次子也。少而颖异,属对记诵皆不劳师力,诸父兄咸叹赏之。及长淹通经史,旁及古文辞诗赋诸体,失口信笔,如堕云霄不从人间来。弱冠游黉于督学公吴、耿两御史,皆受国士之知。耿公留置宾幕,携以行部,凡所评骘取藉焉。时同被礼遇者,娄东管宪志道,金陵焦太史竑,与公仅三人耳。公既气于庠,每试辄居首,文名震烁一时,而犹不自足,遇文章宗匠必北面师事之,若归安茅宪副坤,金坛张太守祥鸢是也。是时检讨公新义出流辈而公遒文缛藻与相焕烂,海内翕然称二公不减陆氏机、云也。公自辛酉迄丁卯,累不售而志益励文誉益张,视一第不啻若探囊。及庚午赴都试,疾大作,不入棘而归,归两月逝矣。公彩眉犀齿,鸢肩鹤步,风流神采,所至倾座,微吟短咏,闻者心折,谑语之中时杂韵语,期期而出,捷若飚风,画如印泥,令人惵然,不得反其意。礼法之士虽或有所不满,而好事少年辈述为美谈焉。性至孝。……盖公所得于天者奢而才不获试,所期于世者锐而志不获酬,固宜长发其祥于之子哉!

工诗文,风格特异,自成一家。《沈氏诗录》卷二小传云:

> (公)读书过目成诵。学文于归安茅副使坤,学诗于金坛张太守祥鸢。每有作,操笔立成,咸中纪律。武进吴助教欹、徐给事常吉,皆惊服折辈行与交。为诸生,负重名而连不得举,乃寄情诗酒,游览山川,遂溯江汉,登太和,历齐云,泛西湖以归。到处辄为咏歌,时皆传诵。诗有《纪志稿》三卷。古体五言得魏晋神理,七言及近体得唐中盛诸家之胜。竹垞先生称公诗清远秀

逸,品格甚高,与七子同时而不染其习者也。

著作一种:《纪志稿》三卷。《乾隆吴江县志》卷四十六书目、《乾隆苏州府志》卷七十五艺文一、《光绪苏州府志》卷一百三十八艺文三著录;《明诗综》、《沈氏诗录》均作"纪志稿诗三卷"。未见。

今存诗六十一首(篇目略)。分别收入《明诗综》卷五十、《松陵诗征前编》卷五、《沈氏诗录》卷二。

交游可考者有茅坤、张祥鸢、吴嶔、徐常吉、耿定向、焦竑、管志道、叶左庵、张凤翼、梁辰鱼、莫是龙、殷都、王复等。

茅坤,生平见上文沈位条中。沈倬向他攻习古文,受益甚大,《沈氏诗录》卷二记此事云:倬"学文于归安茅副使坤……每有作,操笔立成"。倬早卒,故《茅鹿门集》中未见交往之文,然他与兄位同为茅坤受业弟子是没有疑问的。

张祥鸢,生平见上文沈位条中。《沈氏诗录》卷二小传说沈倬"学诗于金坛张太守祥鸢"。张祥鸢与七子同时,亦相往还,然"其诗以清润为主,不染叫嚣之习,故不为时人所称"①。而作为弟子之一的沈倬,"诗清远秀逸,品格甚高,与七子同时而不染其习",正与其师的诗品一脉相承。不独诗品一道,沈倬为人率意,与张祥鸢为官不顾"触迕当路",恐怕也不无某种内在的联系。

吴嶔(1517—1580),字昆麓。江苏武进人。曾官助教。沈倬少有文名,吴嶔爱其才华,"折辈行与交"②并以女妻之。沈位与之交往的诗今存二首③。其一:《长啸亭歌》楚歌一首,题下注云:"为吴昆麓赋"。其二:《同昆麓吴丈泊舟金坛沙渚客吹凤笙饮至醉忽伤曹生感而赋此次吴韵》七律一首。吴嶔著有《诗经讲义》,另有若干散曲作品在《南词韵选》中。

徐常吉,字士彰。武进人。官刑科给事中。他也极欣赏沈倬的文才,与吴嶔

---

① 钱谦益:《列朝诗集小传》丁集上,上海古籍出版社1983年版。
② 《沈氏诗录》卷二,清乾隆五年刻本。
③ 《沈氏诗录》卷二,清乾隆五年刻本。

同"折辈行与交"。徐为人正直不阿,万历间海瑞蒙冤,徐身为给事中,为海瑞抗辩,劾房寰,朝野交口称赞。著有《谐史》四卷,辑《事词类奇》三十卷。

耿定向(1524—1596),字在伦,号楚侗。黄安(今湖北红安)人。嘉靖三十五年(1556)进士,历官御史、户部尚书。学本王守仁,有《耿天台文集》等。他好海迪后进,沈伯少时亦得其指授。《吴江县志》卷三十二《沈伯传》记:"伯……为诸生,连试第一。督学耿定向尤盛称其文……"此又见于《沈氏家传·涵台公传》:"(公)弱冠游黉于督学公吴、耿两御史,皆受国士之知。耿公留置宾幕,携以行部,凡所评骘取藉焉……"

焦竑(1540—1620),字弱侯。上元(今南京)人。万历十七年(1589)进士,除翰林修撰,选择为东宫讲学,此时上距沈伯去世近二十年。焦、沈之交在二人年轻就学于耿定向幕府期间,《沈氏家传·涵台公传》说当时在耿定向处"同被礼遇者,娄东管宪志道,金陵焦太史竑,与公仅三人耳。"《吴江县志》卷三十二《沈伯传》也说:"督学耿定向尤盛称其文,誉与管志道、焦竑埒。"二人的同窗之谊在早年间,没有在各自的诗文中留下记载。焦竑以博学称,退官后专事著述,李贽、陈季立都曾不数千里相就问学,尊为"东南儒者之宗"[①]。著有《支谈》三卷、《熙朝名人实录》、《二十九子品汇释评》,并辑《名文珠玑》十六卷。

管志道(1536—1608),字登之。太仓人。著有《惕若斋焦》四卷、《从先维俗议》五卷、《孟义订测》七卷。少时与沈伯同受督学耿定向礼遇,有同窗之好。事见上文。

叶左庵,生平见上文沈位条中。沈伯有《送叶左庵》五律一首,中云:"挥手城南道,君行不可留。……知音竟谁是,犹自抱琴游。"[②]与其兄送别叶左庵归四明诗同一情感,彼此倾慕,故以知音称。

张凤翼(1527—1613),字伯起,号灵虚。长洲(今苏州)人。会试不第,与沈

---

① 钱谦益:《列朝诗集小传》丁集下,上海古籍出版社,1983年版。
② 《沈氏诗录》卷二,清乾隆五年刻本。

倬有相似的遭遇。嘉靖四十三年(1564),沈倬与其共游,作《夜醉赠张伯起》七绝一首,云:"故人初赋上林春,病客空归白下尘。各把鞭蓉看意气,荆卿合向酒人亲。"①意气豪迈,在流俗之上,这既是写张伯起,也是写诗人自己。伯起"晚年不事干请,鬻书以自给"②,文学品格,独迈时流,为吴中度曲家之豪者。著有传奇七种,合称《阳春六集》。沈氏文学世家与吴中戏曲家的交往,大概就是从沈倬开始的。

梁辰鱼(约1521—1594),字伯龙,号少白,别号仇池外史。昆山人。以例贡为太学生,一生没有涉足官场。他风流自赏,修髯美姿容,喜游览,足迹遍吴楚间;亦好度曲,通晓音律,著有《浣纱记》传奇和散曲集《江东白苎》等。他与沈倬关系较密。隆庆元年(1567),沈倬参加鹫峰社,与梁辰鱼、殷都、莫是龙会于南京雨花台,并作纪事诗一首。③ 沈倬另有《酬梁伯龙》七绝一首,云:"绿水红蕖相映鲜,金陵明月大江天。酒徒记得高阳旧,今日相逢莫问年。"④就此诗所描述的情形而言,沈倬与梁辰鱼完全是趣好相投的同一流人物。

莫是龙(1537—1587),字廷韩,更字云卿。华亭(今上海市松江县)人。鹫峰诗社社友。少既有文名,后以例贡入国学。时人谓之"风流绝世";"尤妙于书法"⑤,深得王世贞称赏。所著有《笔麈》一卷、《石秀斋集》十卷,辑有《崇兰馆续帖》。

殷都(1531—1601),字无美,一字开美,号斗墟子。嘉定(今上海市嘉定县)人。曾任职于南京刑部,后罢归。著有《殷无美诗集》十六卷,辑有《酒史》,另有散曲作品在《南词韵选》中。他同沈倬是鹫峰诗社社友,曾在南京雨花台聚会吟诗,事见上文。沈倬今存诗中有《舟次怀诸同社》五律一首,即是为这些诗友作的,诗云:"献赋各不遂,空歌黄雀行。飘零今日事,感慨古人情。落日动秋色,江

---

① 《沈氏诗录》卷二,清乾隆五年刻本。
② 钱谦益:《列朝诗集小传》丁集中,上海古籍出版社,1983年版。
③ 周廷谔辑《吴江诗粹》卷六,稿本,据张慧剑《明清江苏文人年表》。
④ 《沈氏诗录》卷二,清乾隆五年刻本。
⑤ 钱谦益:《列朝诗集小传》丁集上,上海古籍出版社1983年版。

流起暮声。遥怜一杯酒,那得尽平生。"①

王复,沈倬以知己称,作有《山中期王复不至》五律一首,中云:"岁晏怜同调,佳期望远天……几回看破浪,不是剡溪船。"②据诗意看,王复也是位仕途上失意后寄情于山水间者。

(三) 沈 侃

沈侃,字道古,号瀛山。沈文八世孙,沈嘉谋长子。凌敬言《词隐先生年谱及其著述》谓"侃为嘉谋第三子",不确。《沈氏家传·瀛山公传》云:"瀛山公,讳侃,上林公(嘉谋)之长子也。"又据《沈氏家谱》卷二记,沈嘉谋"子二:侃,金出;佐,婢出"。据《沈氏家谱》卷二记:生于明嘉靖十二年(1533)二月。治《书》,补府庠生,入监。万历八年(1580)因子璟贵封承德郎礼部仪制司主事,十年(1582)加封奉直大夫吏部考功司员外郎,同年十月十五日卒,年五十岁。子三:璟、瓒、璨,多有文名。周绍良《吴江沈氏世家》一文云"沈侃共知有二子",不确。

《沈氏家传·瀛山公传》记其生平云:"(公)好义任事……慷慨重然诺,急人难,轻财好施。……诵读慕古之外,每好游名山水……诗词闲咏而不甚多。遗稿藏于家。"事迹不见于它书。

著述未有集。作品今存诗四首:《送人还汴》七律一首;《春日焦山与璟儿言别兼勖瓒儿》七律一首;《过彭城感赋》五绝一首;《秋闺怨》七绝一首。均载《沈氏诗录》卷一,第一首又见于《松陵诗征前编》卷五。

交游可考者有唐枢、陆稳等。

唐枢,生平见上文沈汉条中。沈氏与唐枢有世交之谊,自沈汉至沈侃子璟,历四代不衰。沈璟少时,沈侃曾携往唐枢门下就学,事见《沈氏家传·宁庵公传》:"公之垂髫也,奉直公(侃)率之游归安唐一庵、陆北川两先生之门,两先生甚

---

① 《沈氏诗录》卷二,清乾隆五年刻本。
② 《沈氏诗录》卷二,清乾隆五年刻本。

器赏之。"沈氏世家与唐枢的关系,在一定程度上反映了这一文学世家同明代东南理学的某种联系。

陆稳,字汝成,号北川。归安(今浙江吴兴)人。嘉靖二十三年(1544)进士,历官南赣巡抚、南京兵部右侍郎。嘉靖末年,沈侃曾携长子沈璟在其门下就学,事见上文。

沈侃的交游者中,还有一位沔阳(今属湖北)陈翁,名字生平无考。《沈氏家传·瀛山公传》云:"(公)诵读慕古之外,每好游名山水……所至与其贤豪长者相结。若沔阳陈翁,以数十平心期数千里相访,生订死酬,不异古人之范、张,有足多者。"

(四)沈　俊

沈俊,字道雅,号养复。沈文八世孙,沈嘉节子。据《沈氏家谱》卷二记:生于明嘉靖二十三年(1544)正月二十五日,卒于天启六年(1626)四月二十九日,年八十三岁。子嗣不详。周绍良《吴江沈氏世家》一文未考之。

著作一种:《养复诗稿》一卷。《乾隆吴江县志》卷四十六书目、《光绪苏州府志》卷一百三十八艺文三著录。今佚。

今存诗五首:《鹤阜山访殷起莘兄弟》五律一首;《登灵岩》五律一首;《携家归里聊和侄以诗见赠依韵答之》五律一首;《秦夜集聊和园亭》五律一首;《寄王良甫》七绝一首。均载《沈氏诗录》卷二,第一首又见于《松陵诗征前编》卷五。

交游可考者有文学家王徵。

王徵(1571—1644),字良甫,又字葵心。泾阳人。天启二年(1622)进士,官至登莱监军佥事。甲申之变,不食死。著有《山居咏》、《历代发蒙辨道说》等。沈俊有《寄王良甫》七绝一首,云:"门掩春风春欲过,相期花事复如何。美人只隔沧江水,望断兰桡响月波。"①托物寄兴,婉转表达出对友人的一缕思情。

---

① 《沈氏诗录》卷二,清乾隆五年刻本。

第五章
吴江沈氏世家第五代诗人

吴江沈氏世家第五代诗人有沈瑾、沈琦、沈玧、沈珣、沈璟、沈瓒、沈珂、沈玭等八人。

（一）沈　瑾

沈瑾，字忍之，号客庵。沈文九世孙，沈化长子[①]。据《沈氏家谱》卷四记：生于明嘉靖三十一年（1552）二月二十一日。治《书》，补归安县庠生。卒于万历三十二年（1604）九月二十五日，年五十三岁。子六：自镕、自镜、士哲、自宝、自达、皆自，多有文名。

少有才名，但终以不遇了此一生。《沈氏家传·客庵公传》记其生平云："客庵公……十岁能文，十二能赋，为制举义及古文辞，倏忽千言，汪洋凌厉，不属草而立就。小试累不得志，年逾三十始于苕城占籍为弟子员。每出其奇，为雄文豪吟石画以自表见于当路，当路者亦屡称赏焉，然终不遇也。……不与流俗为伍，

[①] 周绍良《吴江沈氏世家》一文（载《文学遗产增刊》第十二辑，1963年），引《沈氏诗录》记载："客庵公，名瑾，字忍之，太常公曾孙。"谓沈瑾"系出哪一支也没有说明"。今考《沈氏家谱》卷四，沈瑾为沈汉（太常公）长子嘉猷之孙，属吴江沈氏次房第一支——菀庄公派。

不与声势相依,不斤斤细务而识量过人。议论风起,淹蹇蓬门,陶然自得也。故自号曰'客庵',盖以所居为过客之庵云。"

喜为诗古文词,《沈氏家传·客庵公传》云:"闻时政得失,乡党臧否,下至蔬果花石禽鸟,靡不因事寄慨以情纬物,一发之于诗文。长者连幅,短者廖廖数语,咸可诵可思,要以吐其中之不平,其体裁之乖合不暇计也。"

著作三种:

①《元览斋》。未见著录。《沈氏家传·客庵公传》:"……所著诗文有《元览斋》、《借一斋》、《天香馆坎蛙吟》诸稿,藏于家。"未刻稿。

②《借一斋》。未见著录。据《沈氏家传·客庵公传》知,见上。未刻稿。

③《天香馆坎蛙吟》。未见著录。据《沈氏家传·客庵公传》知,见上。未刻稿。

今存诗二首:《送别》五律一首,载《沈氏诗录》卷二;《初夏》五律一首,《沈氏诗录》不载,见《松陵诗征前编》卷六。

交游可考者有杜静台、周用济等。

杜静台,字里不详。周用济,娄江(今江苏太仓)人。沈瑾与弟瑛、珑曾受业于杜静台和周用济,见《沈氏家传·客庵公传》:"(公)与同母弟瑛、珑自师相友。又率之受业于杜静台、娄江周用济两先生之门,两先生亟称之。"

(二)沈 琦

沈琦,字仲玉,号韫所。沈文九世孙,沈倬长子。据《沈氏家谱》卷五记:生于明嘉靖三十七年(1558)十月三日。治《书》,补邑庠廪膳生。万历二十三年(1595)中进士,礼部观政,授山东淄川县知县。历官陕西高陵县、三原县知县、陕西同考试官、礼部主事。万历三十四年(1606)十一月五日卒于京邸,年四十九岁。崇祯元年(1628)崇祀淄川县学名宦祠,次年,崇祀三原县学名宦祠。子四,长子自昌,四子自籍,皆有文名。

为官廉正,明于断事。《乾隆吴江县志》卷二十八《沈琦传》记云:

> 琦初授淄川知县,为政宽厚而英敏。民有讼,片言立决。……故事税银有羡余以给吏胥公用。琦谓吏胥曰:民急公若是,尔辈无所劳费及更牟羡余,充私橐耶?遂悉除去。矿税太监陈增方恣横,守令触之立碎。将至县议开采,琦以为扰民致盗,乃草疏稿数千言白上官,曰:彼来,必不令得志,倘职卑不足以当之,则上此疏于朝。……增闻,遂不敢至,境内晏然。

《康熙吴江县志》卷三十二、《乾隆苏州府志》、《乾隆济南府志》皆有传。

有文才,"长于简札,尤工案牍,故在官无掌记者"①。

著作二种:

①《珠树轩稿》。《乾隆吴江县志》卷四十六书目、《光绪苏州府志》卷一百三十八艺文三著录。未刻稿。《沈氏家传·韫所公传》:"所著家训、诗文、简案等稿俱未刻。"

②《家塾私语》一卷。《乾隆吴江县志》卷四十六书、《光绪苏州府志》卷一百三十八艺文三著录。未刻稿。

今存诗五首:《送马长山擢守槜李》七言歌行一首;《别家次诸兄弟韵》五律一首;(以上并见于《明诗综》卷五十八、《沈氏诗录》卷三、《松陵诗征前编》卷六)《送曾缉默归临川》五律一首;(并见于《沈氏诗录》卷三、《松陵诗征前编》卷六)《送王生入楚》七绝一首,载《沈氏诗录》卷三;《偶成》七绝一首,载《松陵诗征前编》卷六。

此外,存文三篇:《重兴勑建殊胜寺殿宇碑记》;《华阳顾君象赞》;《见鲁顾君象赞》。均见《松陵文集》卷四十二。

交游可考者有毛以燧、马长山等。

毛以燧,字允遂,又作允燧。吴江人。平生未仕,雅好词曲,亦工诗文,著有

---

① 《乾隆吴江县志》卷二十八,清刻本。

《粲花馆诗集》二十卷。年轻时曾受业于沈琦。《乾隆黎里志》卷九人物三:"以燧,字允遂。诸生,入太学,受业于沈仪部琦与周忠毅公宗建。"毛以燧与著名戏曲家王骥德、冯梦龙交往亦厚,王临没时即将所著《曲律》四卷托付,事见《曲律跋》。

马长山,曾官檇李知县。二人交情甚笃,沈琦有《送马长山擢守檇李》七古一首,称彼此为金石交:"我家住江南,只盺江南路。君今鼓棹江南去,却望君家又回顾。执手空嗟离别难,齐人感咽越人欢。只今南北苍生望,总向循良传里看。忆昔交君如宿契,芝兰金石盟旋缔。相逢春日春更融,相别秋风秋转厉。……送君暂作江南行,会捧征书向江北。"

(三) 沈 珫

沈珫,字季玉,号懋所。沈文九世孙,沈㤉次子。据《沈氏家谱》卷五记:生于明嘉靖四十一年(1562)九月十五日。治《书》,补邑庠生。万历二十三年(1595)中进士,礼部观政。二十八年(1600)就凤阳府学教授。历官南京国子监学正、南京刑部陕西清吏司主事、山东东昌府知府、按察司副使。四十五年(1617)致政归。卒于天启二年(1622)正月二十一日,年六十一岁。崇祯二年(1629)崇祀沂州县学名宦祠;三年(1630)崇祀东昌府学名宦祠;十二年(1639)崇祀乡贤祠。子十一:自曾、自继、自征、自凤、自炳、自龙、自然、自炯、自晓、自南、自东,女二:宜修、智瑶。除自曾、自凤、自龙外,皆有文名。

为官以廉洁称。《乾隆吴江县志》卷三十七引《东昌崇祀名宦稿》云:"沈副使珫,自通籍至能绥,不受人馈遗。东昌官舍萧条如苦行僧。……乙卯丙辰间,已迁东充副使,以行部至郡,见民多菜色,犹捐俸百余金为常平籴本,后赢及千金置一义庄,贫民赖之。"

平生好禅理。"少时欲为僧,兄琦禁之,乃止。……晚年屏居吴山,从牖隙中度饮食。家中子弟罕见其面,人谓其廉介不减吴隐之云"。① 《沈氏家传·懋所

---

① 《道光苏州府志》卷八十四人物引《康熙吴江县志》,清刻本。

公传》说他"至是归,屏居吴山之善人桥,潜心释氏书,不入城市"。曾撰《戒杀训示子孙》文,以释教义理训导子孙。

著述未有集。作品今存诗五首:《春日过大兄池亭》五律一首;《漳上草庵即事》五律一首;《送杜际之往山左家兄治所》五律一首;《拜东昌之命,幼玉弟以诗见赠,赋答》七律一首;(以上载《沈氏诗录》卷三)《漂母》七绝一首,载《明诗综》卷五十八,又见于《沈氏诗录》卷三。

此外,存文一篇:《戒杀训示子孙》。《松陵文录》、《松陵文集》皆未载,唯沈培本(英)辑《慈心宝鉴》卷二收录。

(四) 沈 珣

沈珣,字幼玉,号宏所,又作弘所。沈文九世孙,沈倬第三子。据《沈氏家谱》卷五记:生于明嘉靖四十四年(1565)十二月十九日。治《书》,补府庠生。万历三十二年(1604)中进士,吏部观政。三十四年(1606)为顺天同考试官,寻授中书舍人。历官山东道御史、福建漳南道右参政、湖广按察使司廉使、河南右布政使、山东左布政司兼整饬兖东道兵备、都察院右副都御史。崇祯四年(1631)致政归。卒于崇祯七年(1634)九月一日,年七十岁。子一:自友,有文名;女六。

为官富于谋略,有大节。《乾隆吴江县志》列入名臣传(卷二十八),记其事云:

> ……以监察御史巡按贵州,时朝廷议调水西兵赴援辽东,珣疏陈不便者十。熹宗立,疏陈太平十二要,朝野推重。……后起为福建右参政转湖广按察使,历山东左布政使。济宁为魏忠贤建生祠,大小吏咸趋拜,珣独不往……

工诗文及隶书。《沈氏诗录》卷四引周永年语评其诗稿云:"先生体惟任质,语必率真。……少之时,王、李持世,壮而袁、徐得位,老而钟、谭执政,先生曾不徇人，不附时，而始终自成一家之言。可谓名心淡而吟兴宽矣。"能于众家之外不失自家本色，实属难得。

朱彝尊《明诗综》卷五十九赞其才，并称吴江沈氏"门才之盛，甲于平江，而子姓继之，文采风流，代各有集，则尤世禄之家所难矣"。

著作四种：

①《按黔疏稿》。《乾隆吴江县志》卷四十六书目、《乾隆苏州府志》卷七十五艺文一、《光绪苏州府志》卷一百三十八艺文三著录。今佚。

②《按齐疏稿》。《乾隆吴江县志》卷四十六书目、《乾隆苏州府志》卷七十五艺文一、《光绪苏州府志》卷一百三十八艺文三著录。今佚。

③《人物考》一百五十卷。《嘉庆黎里志·撰文姓氏考》、《光绪苏州府志》卷一百三十八艺文三著录。今佚。

④《净华庵诗稿》二卷。《乾隆吴江县志》卷四十六书目、《乾隆苏州府志》卷七十五艺文一著录；《光绪苏州府志》卷一百三十八艺文三亦著录，但作"《静华庵诗稿》一卷"。今存。

上述著述之外，有古文杂著，不存。据《沈氏家传·宏所公传》："著有《按黔》、《抚齐》二疏稿、《净华庵诗稿》行世；古文杂著多不存稿，雅不欲以此擅誉也。"

《沈氏诗录》卷四收录沈珣诗极多，共一百二十首（篇目略），其中录自《明诗综》的有四首，录自徐釚辑《本事诗》的有一首。

《沈氏诗录》未收入的诗有四首：《送邹虎臣南归》七律一首；《郑州道中》七绝一首；（以上见《松陵诗征前编》卷六）《题顾道行谐赏园松化石》五绝一首，见于《松陵诗征前编》卷五引徐阴长语，云："副使（指顾大典。大典字道行，曾官至福建提学副使——抄注）园名'谐赏'，在吴江城北。园虽倾圮……松化石岿然独存，即副使为司理时所携归者。沈宏所中丞曾题句云：'苍松化白石……'邑之能诗者，至今犹歌咏之。"《周绮生卜居江上赋赠二绝》其二，见徐釚《本事诗》卷五、

顾有孝辑《闲情诗》卷五,今不易见,姑录之:

鸦黄初褪晚妆慵,独上朱楼瞻远鸿。
无赖秋光偏欲幕,恼人花外鲤学风。

另有残句二,见于《沈氏家传·宏所公传》记载:"公诗文有藻思,工隶书。善清淡而内行甚修。晚岁爱逃禅……其达观如是。尝自题斋壁曰:'眼前名利如春梦,醉后风流敌少年。'其襟怀可想见矣。"

此外,存文五篇:《粲花馆诗集序》;《续置饭僧田记》;《吴节妇范太孺人传》;《外父乡进士涵泉公暨外母屠孺人墓志铭》;《古村顾君像赞》。均载《松陵文集》卷四十四,《粲花馆诗集序》一文又见于《乾隆黎里志》卷十五艺文。

交游可考者有毛以燧、潘一桂、申王常、刘时俊、陈光赞、顾世卿、周祖、顾大典、顾庆延、王徵、王时敏、王骥德、周永年、吴仲庚等,不乏文坛名家。

毛以燧,生平见上文沈琦条中。毛与沈珣关系甚笃。崇祯三年(1630),沈珣任山东左布政司兼整饬究东道兵备,毛以燧到济南访沈珣,并留珣官廨度岁。翌年,沈珣解鲁职归,偕毛以燧还。珣详记此事云:"庚午(崇祯三年)之冬,允燧策蹇济上,过存署中,徂徕松色浮动眉宇,余挽留卒岁。时历下雪霁,余呼胡床坐啸,允燧时时吮毫伸纸,峥嵘彩笔与岁暮风烟相颉颃。辛未岁朝,余命屠苏小饮,与允燧抵掌道故,感怀忆旧,不觉呜咽失声。是春,余解组归田,偕允燧联舫南下,相约时相过从,无使江南春色笑人寂寞。"①归后不久,沈珣过访允燧处,允燧出其《粲花馆集》索序,珣欣然命笔,在序中称其诗"如时花美女粲然一笑,姿态欲绝,洵极才人之致;至于一种真率之味盎于楮墨,浅言淡语,隽永多旨,温然如玉,正所谓文如其人"。同时,沈珣用较多笔墨追溯了毛、沈两家的世交之好,云:"余家松陵与允燧世称孔、李云。……两家昆季互相师友,出则负笈同游,入则问道讲德,往来靡间,不异同根。"允燧为人潇洒,以礼法自闲若卞,令见之者畏。然时

---

① 《粲花馆诗集序》,陈去病辑《松陵文集》三编卷四十四,1922年百尺楼丛书本。

出俊语雅谑,则四座绝倒,有嵇、阮风致。

潘一桂,字无隐,一字木公。吴江人。少有诗名。《乾隆苏州府志》卷六十五记其生平云:"为诸生与镇江章诏相引重,念赋学衰废,乃杜门拟议,与友人钱元密纬以闳博相砥砺,作《东征昌言》诸赋为时所称。二十余归故里。"著有《中清堂集》二十五卷、《古韵通考》二十四卷,辑《枫叶社诗选》一卷。珣与其有书札互往,潘一桂《答沈弘所侍御》文云:"行人载至远惠佳音,发函伸纸,光彩盈手。提奖慰谕,盖未顷而情已至矣!"①珣札今佚。潘集中另有《与沈弘所侍御》文一篇②,十分感念沈珣器重之恩。潘一桂与珣侄自然、自炳亦有交往,详见该条文。

申王常,字一孺,一字景玉。吴江人。岁贡生。《松陵诗征前编》存其诗一首。珣与一孺交厚,集中有寄赠诗三首③:《偕申一孺家次兄月夜泛舟太湖》、《寄申一孺》、《寄申一孺客金陵》。《寄申一孺》诗云:"应念天涯倦游客,花前斗酒贮同倾。"发语切切,可见彼此之意气。

刘时俊,隆昌(今属四川)人。万历中官吴江县令,与沈氏世家往来较频。为官廉守,有政绩。沈瓒《近事丛残》著有专节记其为民修筑石塘事。珣诗中有《赠刘明府》七古一首,题下自注:"明府,字时俊。"诗云:"江南编户多塞民,使君到处温如春。江南豪右多贿谒,使君到处皎如雪……人言使君治第一,使君掉头意不怿。男儿志欲安寰宇,谁数循良一方绩。"④以循吏称之。

陈光赞,字季襄。吴江人。万历七年(1579)举人。与珣交往多年,珣有《赠陈季襄》五律一首,云:"月旦非时调,风期是古人。清标穷不改,交谊晚逾真……"⑤光赞洁身自好,不事干谒。著有《川流集》。

顾世卿,吴江人。沈珣与之交往事,见所作《顾世卿、沈来鹤、周瑞卿,侄君

---

① 陈去病辑《松陵文集》三编卷五十四,1922年百尺楼丛书本。
② 陈去病辑《松陵文集》三编卷五十四,1922年百尺楼丛书本。
③ 《沈氏诗录》卷四,清乾隆五年刻本。
④ 《沈氏诗录》卷四,清乾隆五年刻本。
⑤ 《沈氏诗录》卷四,清乾隆五年刻本。

克、君可送余至梁溪赋此留别》五律一首,及《季秋同顾世卿暨五侄七儿游香山寺杂记四首》。① 世卿不乐仕进,未见有集。

周祖,字叔宗。吴江人。祖父周白川与沈汉交厚,见上文沈汉条中。珣有《访周叔宗湖上》七律一首,中云:"箧里新诗青玉案,斋头清供紫莼羹。兴长未拟言迴棹,初月依依傍短楹。"②描述了彼此交往时吟诗于山水间的乐趣。

顾大典(1541—?),字道行。吴江人。隆庆二年(1568)进士,官至福建提学副使。后坐吏议,遂自免归。顾风流倜傥,才华横溢,"工书画,侈姬侍,兼有顾曲之嗜。所畜家乐,皆自教之"。③ 家有谐赏园,园中有为司理时所携归的松化石,一时称奇。珣作《题顾道行谐赏园松化石》五绝一首,云:"苍松化白石,虯鳞宛犹在。不许秦帝封,但与米颠拜。"④大典著有《清音阁集》及《青衫记》传奇等。

顾庆延,字长卿。顾大典子。与沈珣为世交,珣有《送顾长卿赴广西宪幕四首》⑤,叙离别之情,委婉感人,云:"孤蓬万里向南天,握手停尊倍黯然。""愁心不到听骊歌,木落霜寒水正波。欲倩石尤停去棹,可堪十月北风多。"长卿今存作品极少,《松陵诗征前编》卷六仅存《所见》五律一首。

王徵,字良甫。生平见上文沈俊条中。珣与其曾做山水之游,见所作《寄王良甫》七律诗,云:"缄书天外一鸿飞,有客黄冠卧翠微……青山江上诗篇满,白发人间酒伴稀。为报相知游已倦,归来同饮旧渔矶。"⑥良甫与沈瓒也有交往,此见下文。

王时敏(1592—1680),字逊之,号烟客。江苏太仓人。历官太常寺少卿。著有《西田集》、《偶偕草》、《西庐诗余》等。珣有《送王逊之尚玺》七律一首,中云:"四月都门莺语频,天涯尊酒别愁新。敢言蕙草思公子,无那蒲帆送远人……临

---

① 《沈氏诗录》卷四,清乾隆五年刻本。
② 《沈氏诗录》卷四,清乾隆五年刻本。
③ 王骥德:《曲律》卷四,中国古典戏曲论著集成本,中国戏剧出版社1959年版。
④ 殷增辑《松陵诗征前编》卷五,清光绪刻本。
⑤ 《沈氏诗录》卷四,清乾隆五年刻本。
⑥ 《沈氏诗录》卷四,清乾隆五年刻本。

岐为嘱归鞭早,圣眷今方属世臣。"①时敏与珣同朝为官,从诗意看,彼此相处得十分友好。时敏工诗文,尤精书画,"画师黄公望,八分师魏受禅碑,参用夏承碑法",②作品海内珍宝之。入清后,时敏杜门不出,操守自持。

王骥德(? —1623),字伯良,号方诸生、玉阳生,又号方诸仙史、秦楼外史。会稽(今浙江绍兴)人。一生未仕,热衷于戏剧与散曲,著有戏剧多种和曲学论著《曲律》。珣与之有文字交,今存《送王伯良归越》七律一首,中云:"穷来转觉文章贱,客久方知道路难。……五侯鲭好休重问,只有溪云可细餐。"③讥锋指向世道,为伯良及文人所受不公之待遇而感愤不平。

周永年(1582—1647),字安期。吴江人。曾祖周用,与沈汉交厚,见前。钱谦益《列朝诗集》丁集下小传称其"才器通敏,风流弘长……海内咸以通人目之。……所著诗累万首,信笔匠心,不以推敲刻钵为能事。"著有《怀响斋集》。与沈珣称世交,"过从三十年"④,为珣《净华庵诗稿》作序,盛称其诗"体惟任质,语必率真……不徇人,不附时,而始终自成一家之言"。⑤

吴仲庚,吴江人。与珣同朝为官,后出守饶州。珣作有《送吴仲庚还里》七律一首和《送吴仲庚出守饶州》七绝四首。⑥诗中描述同朝时交往之况道:"禁苑花明时并辔,小楼月满几飞筹。"并写出离别不舍之情:"垂杨不系木兰舟,把酒凄然感昔游。""从今寂寞思君夜,小阁鸿声抱影寒。"

(五) 沈 璟

沈璟,字伯英,晚字聃和,号宁庵,又自号词隐生。沈文九世孙,沈侃长子。据《沈氏家谱》卷六记,生于明嘉靖三十二年(1553)二月十四日。万历元年

---

① 《沈氏诗录》卷四,清乾隆五年刻本。
② 王豫辑《江苏诗征》卷四十六引《太仓州志》,清道光刻本。
③ 《沈氏诗录》卷四,清乾隆五年刻本。
④ 《沈氏诗录》卷四,清乾隆五年刻本。
⑤ 《沈氏诗录》卷四,清乾隆五年刻本。
⑥ 《沈氏诗录》卷四,清乾隆五年刻本。

(1573)举应天乡试第十七名。万历二年(1574)，会试第三名，廷试二甲第五名，兵部观政，授兵部职方司主事。累官至行人司司正、光禄寺丞。万历十七年(1589)告归。卒于万历三十八年(1610)正月十六日，年五十八岁。天启五年(1625)，追录谏臣，恤赠奉政大夫光禄寺少卿。子二：自鋐、自铨；女三：大荣，倩君、静专，皆有文名。

其生平事迹，见于明姜士昌《明故光禄寺丞沈伯英传》：

> 沈公讳璟者，吴江人也。字伯英。年二十一举于乡。明年成进士第三人，授兵部职方司主事，以祖母丧乞差移疾归。癸卯，补礼部仪制司主事，升员外郎。辛巳，改吏部考功司员外郎。以封公忧归。服除，补验封司员外郎。丙戌春，上方以风霾求直言。户科给事中姜应麟，言恭妃诞育元子，独不得并皇贵妃封，非制也；且言储事。奉旨降边方杂职，得山西广昌县典史。公与刑部主事孙如法各疏争之力。于是奉旨降行人司正，孙降广东潮阳县典史。吏部雄司也，公所忧者国本至计，又谓言官不当以言被谴，不惜一官争之，盖一日名重天下矣。予于是时与兵部主事刘复初、刑部主事李懋桧先后各上疏争，疏留中。亡何，公同考顺天乡试。于时柄文者偶举执政子婿，致群哗，公殊不自意以同考被疑，然公不置一语辩也。公升光禄寺丞，谒告归，所谓执政子婿者，竟举于南宫，谒选得令，以抗税使罢。于是人往往有谅公者矣。
>
> 公里居，绝无当世志，第以其感慨牢骚之气发抒于诗歌及古文辞。然郁郁不自得，竟卒。
>
> 姜生曰：沈公高志节、恬进取人也。既被推择居铨衡地，遭遇天子明圣，偕诸君子发抒其忠义慷慨，谪散秩小官，有洛阳少年风，九牧之士多慕称之。沈公恒用肮脏自快，长者为行，殊不使人疑，乃不幸为柄文者累，人亦竟疑沈公，沈公能无怏怏赍志长逝哉！"夸者死权"，沈公自信平生，夷然不屑；"烈士殉名"，沈公竟不免。悲夫！娄江王冏伯，与公先后同署，直道君子也。居

恒以予言为然。予顷晤公仲子孝廉君自铨于公里第。公可谓有贤子。语及公生平,因为公传。①

生平事迹又见于清潘柽章《沈璟传》、《沈氏家传·宁庵公传》。《沈璟传》云:

沈璟字伯英,汉曾孙。数岁颖悟,有神童称。及长,颀皙朱颜,眉目如画。万历二年举进士。授职方司主事,以病免。寻补礼部仪制司,进员外郎。调稽勋司,历验封、考功二司,以父丧归。复补验封。十四年二月,上疏为王恭妃请封号。忤旨,左迁行人司正。十六年为顺天同考官。迁光禄寺丞。明年,以疾乞归。归二十余年卒。

璟居兵、礼、吏三部时,边徼厄塞及各将领主名,皆有手记入夹袋中。亲较宗藩名封诸籍,不入吏手。询访人才,不令人知。顺天所得士有长洲李鸿,为申少师时行婿,言者以为私。璟不自白。及鸿举进士,知上饶,与税监忤。言者始息。

璟性谦谨慎,而能任事。晚乃习为和光忍辱,有非意相加者,笑遣之,因改字聃和以自况。性喜诵读,精六书。日亲卷帙,遇误字悉釐正。工诗文及行草书。生平不善饮,兼少交游。晚年,杜门谢客,寄情乐府。先是邑人沈义甫著《乐府指迷》,璟复整齐旧章,鸠集诸家,增订《九宫曲谱》,及撰《论词六则》、《正吴编》,并皆为审音者所宗。自号词隐生。天启初,追录国本建言诸臣,赠光禄少卿。②

《沈氏家传·宁庵公传》云:

宁庵公讳璟,奉直公之长子也。生而韶秀玉立,颖悟绝人。数岁属对,应声如响。授之章句,日诵千言,有神童之称。及长,颀皙靓俊,眉目如画。

---

① 《雪柏堂稿·杂著》,转引自徐朔方《沈璟集》,上海古籍出版社1991年版。
② 潘柽章:《松陵文献》卷九,清刻本。

虽卫洗马、潘黄门,不过是也。十六补邑弟子员。十八饩于庠。二十一举于乡。明年为南宫第三人,赐进士二甲五名。授职方主事。奉使归,移疾。出补仪制主事。升本司员外郎。庚辰会试为授卷官。辛巳调吏部稽勋司,历验封、考功。壬午冬丁奉直公忧。乙酉起复,仍补验封。丙戌春,上疏为王恭妃请封号,左迁行人司正。戊子为顺天同考官。其年八月,升光禄丞。明年仍以疾乞归。疾愈,而林泉之兴甚浓。虽无癸巳之察,固亦不出矣。

公之垂髫也,奉直公率之游归安唐一庵、陆北川两先生之门。两先生甚器赏之。其为诸生也,太守广平蔡公、司理泰和龙公、御史南昌刘公,皆以国士待之。文誉蔚兴,人共指为异日庙堂瑚琏之器。即其科第官资所至,世犹以为遇未酬望也。

为兵、礼两曹时,边徼厄塞及各将领主名,皆有手记入夹袋中;各宗藩名封等册,亲自校勘,不入吏手,老吏抱牍尝之后,每咋舌退。为吏部询访人才,不令人知。若管富阳之选侍御史,其一也。公阅文具只眼。家居时邑中校士,从学师借数十卷至,独赏一人,为学师亟称之。其人为邑中所遗。学师述公言,邑为附名上郡。郡院两试皆高等,其秋遂隽,辛丑成进士,竟以文学政事知名。即吕金宪纯如也。其时家甚贫,年甚少,且未知名,故以为难云。

戊子顺天之役,公所得士有长洲李鸿者,为申少师婿。谈者以为私,公不自白。及少师归,而鸿以乙未成进士。上饶之政,为世名臣。谈者始息。其他祁宪长光宗、郭吏部存谦,皆公戊子门人,尤其表表者。

公能任事。从祖少西公卒,逆奴私侵其财,宗人竞攘其产。公承父奉直公之志,力为捍护,置奴于法,虽以此得罪诸父昆弟不恤也。晚乃更习为和光忍辱,即恶声相加亦笑遣之,不与校。改字聃和,非无谓矣。

公孝友天植,事王父母,父母皆得欢心。晚事母卜太宜人,尤尽色养。事诸父、从祖及诸宗长,谦抑卑逊,不异为童子时。久而宗人化之,凌犯之风

衰焉。至其为长，宁屈己居下，若示之标准以作其弟者。其丧葬王父母及奉直公，皆独任之，不以累诸弟。与闵宜人白首相庄，终身无颣颜诤语。斯皆人情所难也。

公性喜读书。闭门手一编，悠然自得。一日不亲缥缃，若无所寄命者。公不善饮，又少交游。晚年产益落，户外之屦几绝。乃以其兼长余勇，尽寄于词。所著有《论词六则》《正吴编》及诸传奇杂咏，并增订《九宫词谱》行于世。自元明诸名家以来，未有集成如公者也。夫公之文企班、马，诗宗少陵，书则行楷久珍于世，乃一不以自炫，而徒以词隐名。此其意岂浅夫所能窥哉！

壮年犹不废山水花月之游，晚则屏居深念，与世缘渐疏，意默默不自得矣。丙午，次子自铨举于乡，人皆为公喜。公乃不久遘疾，三年余不起。诗文若干卷，未刻。天启初，追录国本建言诸臣，赠光禄寺少卿。①

《康熙吴江县志》卷三十二、《乾隆吴江县志》卷二十八、《明史》卷二百〇六亦有传。

沈璟"性酷好声律"②自居官之时已见端倪。李鸿《南词全谱序》云："词隐先生少仕于朝，尝从礼官侍祠典乐，慨然有意于古明堂之奏……"③清人沈雄在所著《古今词话·词评》卷下据《明诗纪事》叙沈璟因度曲罹狱佚闻一则：

沈璟成进士后，善音律，好游戏。一日，将泛西湖，途中自按红牙度曲，逻卒疑其有异，置之狱。时诸昆咸历显秩，号为五凤齐鸣者，共诣钱塘狱，问起居，冠盖络绎，县令待罪去。

此未见于他书记载，真实与否难以确知。辞官家居后，沈璟对戏曲音律更为

---

① 《沈氏家传》，清同治六年重刻本。
② 王骥德：《新校注古本西厢记·附记》，1930年影印明万历刻本。
③ 沈璟：《南九宫十三调曲谱》卷首，明刻本。

痴迷。此数见于时人著述:

> 李鸿《南词全谱序》:"(词隐先生)隐于震泽之滨,息轨杜门,独寄情于声韵。……间从高阳之侣,出入酒社间,闻有善讴,众所属和,未尝不倾耳而注听。"①
>
> 吕天成《曲品》:"(词隐)妙解音律,花月总堪主盟;雅好词章,兄妹每共登场。"②
>
> 王骥德《曲律》卷四:"(词隐)屏迹郊居,放情词曲,精心考索者垂三十年。雅善歌,与同里顾学宪道行先生并蓄声伎,为香山、洛社之游。……每客至,谈及声律,辄娓娓剖析,终日不倦。"

在去世数日前,沈璟还就《南词全谱》(又名《南曲全谱》,全称《增定南九宫曲谱》或《南九宫十三调曲谱》)中的有关问题致信王骥德,③于戏曲音律,可谓死而后已。明清曲家,多以曲坛盟主宗之:

> 王骥德《新校注古本西厢记·自序》云:"今之词家,吴郡词隐先生实称指南。"
>
> 吕天成《曲品》云:"(沈光禄)乐府之匠石……词坛之庖丁。此道赖以中兴,吾党甘为北面。"
>
> 吕天成《义侠记序》又云:"松陵词隐先生,表章词学,直剖千古之迷。一时吴越词流,如大荒逋客、方诸外史、桐柏中人,遵奉功令唯谨。"④
>
> 沈宠绥《曲律跋》云:"吾邑词隐先生,为词坛盟主。"⑤

---

① 沈璟:《南九宫十三调曲谱》卷首,明刻本。
② 《曲品》卷下,清乾隆杨志鸿抄本、吴书荫校注本。
③ 王骥德:《新校注古本西厢记·附记》,1930年影印明万历刻本。
④ 沈璟:《义侠记》卷首,明继志斋刊本。
⑤ 王骥德:《曲律》,中国古典戏曲论著集成本,中国戏剧出版社1959年版。

张琦《衡曲麈谈》云:"至沈宁庵则究心精微,羽翼谱法,后学之南车也。"①

徐复祚《曲论》云:"(沈璟)所作《南曲全谱》……令作者知其所向往,皎然词林指南车也。"②

沈璟晚年字聃和,心仪老庄之学,所作词曲中屡有表露。幼女静专在《适适草自序》中对沈璟晚年的心态亦言之颇详。此序文从未见研究者征引,姑节录如下:

> 余家世松陵……先大人位不过铨曹,家不渝靖节,而弹琴饮酒,游戏尘寰,亦何乐也!先大人曰:以若所言,是庄生所云适人之适,而不自适其适也。余分舞雪,耳闻是语。嗣后每思先大人自适之旨。……但抚孤影之空寂,志先人之癖词,缘景绘心,借情入事,殊有萧然自适之趣。回念吾家词隐先生,清风师世,所言庄生自适,或亦质之余而有合乎。③

沈璟著述丰富,今人徐朔方辑《沈璟集》搜罗较备④。是集附录三《沈璟著作出版流传简况》,考证沈作版本亦详,不赘,唯《南词全谱》有可补考之处,此书除今存明文治堂刊本外,尚存者还有二:①明龙骧刻本和清传抄明龙骧校刻本,后者今藏于北京师范大学图书馆。②明三乐斋刻本,四川师范大学图书馆藏。凌敬言《词隐先生年谱及其著述》一文所云"清初三乐斋(或题丽正堂)刻",似为同一版本。

沈璟之交游可考者有唐枢、陆北川、吕允昌、吕天成、王骥德、孙鑛、孙如法、顾大典、卜世臣、冯梦龙、凌濛初、王世贞、沈德符、李鸿、姜士昌、周道登、沈俊、劳惟明、沈正宗、沈懋孝等。

---

① 中国古典戏曲论著集成本,中国戏剧出版社1959年版。
② 中国古典戏曲论著集成本,中国戏剧出版社1959年版。
③ 转引自胡文楷《历代妇女著作考》(增订本)明代一,上海古籍出版社1985年版。
④ 朱万曙《沈璟三考》(《戏曲研究》第21期)所考沈璟词四首亦有收录。

唐枢、陆北川,皆是浙江归安(今吴兴)人。沈璟与他们的关系,见于《沈氏家传·宁庵传》:

> 公之垂髫也,奉直公率之游归安唐一庵、陆北川两先生之门。两先生甚器赏之。

唐一庵名枢,字惟中,一庵是他的号。生平见上文沈汉条。陆北川的生平思想,徐朔方先生所著《沈璟年谱》论之已详①,此处从略。沈璟少年时随父就学唐、陆两位理学家,虽然不能说这对他一生的思想有决定影响,但从他的文学创作所表现的思想倾向看,影响还是有的。沈璟就学唐、陆二人,也透露出沈氏家族与东南这一理学门派的联系。

吕允昌,字玉绳,又字麟趾,号姜山。浙江余姚人。万历十一年(1583)进士,官宣城司理、吏部主事和河南参议。平生极好小说戏曲。吕氏是沈璟的好友,曾将沈璟修改过的汤显祖《牡丹亭》送给汤显祖,事见王骥德《曲律》卷四:

> 吴江尝谓:"宁协律而不工,读之不成句,而讴之始协,是为中之之巧。"曾为临川改易《还魂》字句之不协者,吕吏部玉绳以致临川,临川不怿,复书吏部曰……

他还将沈璟的曲著寄给过汤显祖,见汤显祖《答吕姜山》:

> 寄吴中曲论良是。唱曲当知,作曲不尽当知也。此语大可轩渠。凡文以意、趣、神、色为主,四者到时,或有丽词俊音可用。尔时能一一顾九宫四声否?②

这些表明,吕允昌曾一度往来于沈、汤之间。沈璟和汤显祖,同是明后期享

---

① 载《中华文史论丛》1985年第3期。
② 徐朔方笺校《汤显祖诗文集》卷四十七,上海古籍出版社1986年版。

有盛名的戏曲家。《曲品》论此二人说:"此二公者,懒作一代之诗豪,竟成千秋之词匠。……予谓:二公譬如狂、狷,天壤间应有此两项人物。不有光禄,词硎不新;不有奉常,词髓孰抉?"但沈璟和汤显祖似乎并没有直接交往,至少从目前所知材料看是如此。据《沈氏家传·宁庵公传》记载,万历八年庚辰(1580)会试时,沈璟"为授卷官"。这次会试,汤显祖参加了,但未中。当时,二人也许见过面,不过彼此都未留意,所以日后各自也从未提起过。吕允昌同戏曲家张凤翼、汪道昆、屠隆、梅禹金都有交往,比较起来与沈璟、汤显祖的关系更近些。《玉茗堂诗》卷八今存《即事寄孙世行、吕玉绳》、《初秋邀于中父吕玉绳、孙世行之初邸阁小饮》二诗,即是他与汤氏交往频繁的明证。在沈、汤没有直接交往的情况下,吕允昌往来于二人之间,这对明代曲坛来说是格外有意义的。

吕天成(1580—约1618),吕允昌之子,字勤之,号棘津,别号郁蓝生。平生嗜曲,著有传奇及杂剧数十种,并校订过《杀狗记》等多种南戏和传奇,理论著述《曲品》两卷奠定了他在明代曲坛上的地位。他还作有小说《绣榻野史》、《闲情别传》以及《青红绝句》一卷。吕天成师事沈璟,二人关系甚密:

> 王骥德《曲律》卷四:"自词隐作词谱,而海内斐然向风,衣钵相承,尺尺寸寸守其矩矱者二人:曰吾越郁蓝生……""勤之泛澜极博,所著传奇,始工绮丽,才藻烨然;后最服膺词隐,改辙从之,稍流质易,然官调、字句、平仄,兢兢惢慎,不少假借。词隐生平著述,悉授勤之,并为刻播,可谓尊信之极,不负相知耳。"

在同时代曲家中吕天成最推重沈璟。他说:"松陵词隐先生,表章词学,直剖千古之迷。"①又说:"沈光禄……嗟曲流之泛滥,表音韵以立防;痛词法之蓁芜,订《全谱》以辟路。……此道赖以中兴,吾党甘为北面。"②在《曲品》中,他将沈璟

---

① 《义侠记序》,沈璟《义侠记》卷首,明继志斋刊本。
② 《曲品》卷下,清乾隆杨志鸿抄本、吴书荫校注本。

和汤显祖并列在同时代戏曲家之上,并先沈后汤。万历三十五年(1607),吕天成为沈璟校订《义侠记》传奇,并作序,序中云:"先生红牙馆所著传奇杂曲凡十数帙,顾人罕得窥。先是世所梓行者,惟《红蕖》、《十孝》、《分钱》、《埋剑》、《双鱼》凡五记,有《考订琵琶》、《南曲全谱》、《南词韵选》。予所梓行者,惟《合衫》;半野主人所梓行者,惟《论词六则》、《唱曲当知》及宋人之《乐府指迷》。乃予尝从先生属玉堂乞得稿本,如《义侠》、《分柑》、《桃符》、《凿井》、《鸳衾》、《珠串》、《结发》、《四异》、《奇节》,凡九记。手授副墨,藏诸棱中。"这是明人关于沈璟理论与创作基本情况的最早的记述,其中提到了沈璟的十五部传奇及其刊刻情况,由此再参证《曲品》完成的时间,还可推出沈璟最后两部传奇《坠钗记》、《博笑记》的写作年代①。吕天成除为沈璟刊刻过传奇《合衫记》、《义侠记》外,还刊刻过沈璟的散曲集《情痴寱语》、《词隐新词》②。

沈璟对吕天成也很器重,曾寄与[双调江头金桂]套曲和书信,评价了他所作的《神镜记》诸传奇,称其"音律精严,才情秀爽",感叹"真不佞所心服而不能及者"③。沈璟晚年病中致信王骥德时想起"秋深见过之约",还思"傥能与吕勤之兄同此行,尤胜事也"④,可见二人情谊之深。

吕天成与当时曲坛上的另一著名戏曲理论家王骥德关系也极密切,"称文字交垂二十年,每抵掌谈词,日昃不休"⑤。《太霞新奏》卷五存王氏作[梅花泣]《哭吕勤之》套曲,其序云:"吾友郁蓝生吕勤之氏……曩子入都,时时治牍寒暄。昨予以数行南讯,未至一日,而勤之卒矣。伤玉楼之中菱,怅朱弦之绝和,泫然雪涕,不能已已。"王骥德的名著《曲律》,就是在他和孙如法的敦促下成就的⑥。后世论者常将他与王骥德同视为沈璟一派的中坚人物。

---

① 详见拙文《沈璟戏曲创作的再认识》,载《文学遗产》1985 年第 4 期。
② 见王骥德《曲律》卷四。
③ 《曲品》附录:《词隐先生致郁蓝生书》,清杨志鸿抄本。
④ 王骥德:《新校注古本西厢记》附录《词隐先生手札二通》,1930 年影印明万历刻本。
⑤ 见王骥德《曲律》卷四。
⑥ 王骥德:《曲律》卷四:"《曲律》,故勤之及比部促成……"

王骥德,生平见上文沈珂条中。有《曲律》四卷,集明代戏曲理论之大成。王氏与沈璟、吕天成、孙鑛、孙如法等结交很厚,尤以同沈璟为最,"生平折简,往复盈箧"①。他很推重沈璟。《曲律》卷四云:

> 松陵词隐沈宁庵先生,讳璟。其于曲学法律甚精,泛澜极博。斤斤返古,力障狂澜,中兴之功,良不可没。

充分估价了沈璟对明代戏曲发展的贡献。沈璟也极赞赏王骥德的才学:

> 毛以燧《曲律跋》:"吾邑词隐先生,为词坛盟主,持法之严,鲜所当意,独服膺先生(王骥德),谓有冥契;诸所著撰,往来商榷。"

> 冯梦龙《曲律叙》:"余早岁曾以《双雄》戏笔,售知于词隐先生。先生丹头秘诀,倾怀指授,而更谆谆为余言王君伯良也。"

沈璟和王骥德常就曲学问题一同切磋:

> 《曲律》卷二云:"务头之说,《中原音韵》于北曲胪列甚详,南曲则绝无人语及之者。……词隐先生尝为余言:吴中有'唱了这高务'语,意可想矣。"卷四云:"尝一命余序《南九宫谱》,既就梓,误以'均'为韵。余请改正,先生复札,撰辞为谢。"

> 《新校注古本西厢记·自序》云:"今之词家,吴郡词隐先生实称指南。复函请参订……"

> 《词隐先生手札二通》后记云:"两书以余校注崔传而致。手墨如新,人琴已化,录置后牍,聊存典刑。"

他们的交往,直接促成了沈璟《南词全谱》的撰著:《曲律》卷四云:"……作《谱》,余实怂恿先生为之。"其于明代曲坛功德无量。

---

① 王骥德:《新校注古本西厢记》附录:《〈词隐先生手札二通〉后记》,1930年影印明万历刻本。

王骥德同吕天成一起商议修改过沈璟的《坠钗记》传奇,事见《曲律》卷四:

> 词隐《坠钗记》,盖因《牡丹亭》记而兴起者,中转折尽佳,特何兴娘鬼魂别后,更不一见,至末折忽以成仙会合,似缺针线。余尝因郁蓝之请,为补又二十七卢二舅指点修炼一折,始觉完全。

今存抄本《一种情》(即《坠钗记》)第三十出卢二舅度脱何兴娘一节,即为王氏增入的笔墨。

另据王骥德《曲律》卷四记,他曾在沈璟家里读过金元杂剧:

> 金元杂剧甚多……今余姚孙司马家藏亦三百种。余家旧藏,及见沈光禄、毛孝廉所,可二三百种。

由此,我们知道沈璟还是一位金元杂剧的收藏家。

王骥德与沈璟的堂弟沈珣也有交往,已见上文。还与沈璟从子沈自征也有诗寄赠,见下文沈自征条中。这些皆可说明沈璟及其沈氏一门文人与王骥德的密切关系。

孙鑛(1543—1613),字文融,号月峰,浙江余姚人。万历二年(1574)与沈璟同科进士,官至南京兵部尚书。孙鑛为吕允昌之舅,是著名的古文家和声律学家,也是一位元杂剧收藏家,藏有杂剧三百种。他曾在京师结交过徐渭①,并与戏曲家屠隆推为知己,《月峰先生居业次编》卷一《沈箕仲屠长卿见过》诗有云:"知己宁须故,论文不厌苛。"在他与沈璟的交往中,最有意义的事件是二人共同探讨过曲律声韵问题,此见于孙氏写给沈璟的《与沈伯英论韵学书》文,其略云:

> 向承教,谓欲于暇日作一韵书。兹弟有鄙见,敢陈之:窃谓天地间元(原)有六声,不知君家休文何以遽定为四? 其云"天子圣哲"是矣。但平有

---

① 见孙鑛《月峰先生全集》卷七《樵史序》,清嘉庆刻本。

阴、阳,入有抑、扬……故总论则止三声,平、侧、入是也;析论则有阴、阳,侧有去、上,入有抑、扬。今独于侧分去、上,而于平、入,是混而为一,且至于反切,俱不分阴、阳而混之,何其忽略也。此惟词曲中最易辨:北调以协弦管,弦管原无入音,故词亦因之。若南曲,则原有入音,自不可从北,故凡揭起调,皆宜阴、宜去、宜扬,纳下调,皆宜扬、宜上、宜抑。兄但取旧南曲,分别六声,令善歌者歌之,倘宜阳而用阴,宜去而用上,宜抑而用扬,歌来即非本字矣。宜阴、上、扬,而反之亦然,此岂非天地间自然之音乎?惟兄再详审之。如弟言有谬,愿赐驳教。……①

孙鑛同沈璟就声律问题的研讨,表明自明中叶后研究声律渐成显学,并已出现了不同学派。沈璟正是在这样一个时代,撰著了《南词全谱》等曲学著作,较系统探讨了包括声律在内的戏曲格律诸问题,"直剖千古之迷",因而被时人尊为"词林之哲匠,后学之师模"②。

孙鑛的四声阴阳之学,在当时也受到不少曲家的重视,王骥德就曾向他请教过。王氏自云:"词曲之道,词隐专厘平仄,而阴阳之辨,则先生(孙如法)诸父大司马月峰公始抉其窍……余于阴、阳二字之旨,实大司马暨先生指授为多。"③

孙如法,字世行,号俟居,别号柳城,孙鑛从子。官刑部主事。万历十四年(1586),沈璟上《定大本详大典疏》请立储,忤旨被贬,孙氏闻之,"乃奋气抗疏"④申救,也忤旨被贬。共同的遭遇,增进了二人的交谊。孙如法也是一位声律学家,其学承诸父孙鑛而来,但他对沈璟亦十分推重,曾据沈璟的曲著改定传奇的韵句:《姚江孙氏世乘》《俟居公传》云:"吴江沈光禄……林居讲词曲之学,东南风雅士咸推为词隐先生。公观其所著《论词》、《曲谱》等书,悦之,遂取其新旧传奇

---

① 孙鑛《居业次编》卷三,清刻本。
② 见王骥德《曲律》卷四。
③ 见王骥德《曲律》卷四。
④ 《姚江孙氏世乘·俟居公传》,清刻本。

数十帙,皆改正韵句。"

孙如法与吕天成、王骥德也有厚交,相互"把酒商榷词学,娓娓不倦"①。他也同沈璟一样参与了王骥德校注古本《西厢记》一事;还同汤显祖一起谈论过王骥德的《题红记》传奇。②

顾大典,生平见上文沈珣条中。蓄家乐,自教之戏曲。他与沈璟同乡,放情词曲:《曲律》卷四云:"松陵词隐沈宁庵先生……雅善歌,与同里顾学宪道行先生,并蓄声伎,为香山、洛社之游……自两先生殁,而吴中遂无复有继其迹者……"从沈璟与顾大典的声乐之兴,可以看到沈璟辞官归家后生活的一个侧面。

另据殷增《松陵诗征前编》卷五,顾大典有《送沈考功北上》诗一首,作于万历十三年(1585)沈璟起复补验封司员外郎时期。

顾大典与王骥德亦相友善,《曲律》卷四云:"顾道行先生……工书画,侈姬侍,兼有顾曲之嗜。……余尝一访先生园亭,先生论词,亦倾倒不辍。"

卜世臣,字蓝水,号大荒逋客,秀水(今浙江嘉兴)人,与沈璟的母亲同乡。所作传奇有《冬青记》、《乞麾记》二种,"奉词隐先生衣钵甚谨,往往绌词就律"③。他作《冬青记》传奇时,曾得到沈璟在声律音韵方面的指教,此见于《冬青记》附录《谈词》:

> 吴郡词隐先生阅是编,谓意象音节靡可置喙,间有点板用调处尚涉趋时,宜改遵旧式。

后世论者将卜世臣列入吴江派,大多依据于此。

冯梦龙(1574—1646),字犹龙,又字子犹,号龙子犹、墨憨斋主人、顾曲散人等。他精通音律,作有传奇《双雄记》、《万事足》两种;改编传奇较多,通称《墨憨

---

① 见王骥德《曲律》卷四。
② 见王骥德《曲律》卷四。
③ 冯梦龙编《太霞新奏》卷三卜世臣《闺情》套曲评语,民国影印清刻本。

斋定本传奇》；理论著作有《墨憨词谱》（未定稿）。冯梦龙与吴江沈氏有终生之交，早年曾求教于沈璟，所作《曲律叙》云："余早岁曾以《双雄》戏笔，售知于词隐先生。先生以丹头秘诀，倾怀指授。"沈璟去世后，他非常关切《南词全谱》增订之事，见沈自南《重定南九宫新谱序》：

> 岁乙酉（1645）之孟春，冯子犹龙氏过垂虹，造吾伯氏君善之庐，执手言曰："词隐先生为海内填词祖而君家家学之渊也。《九宫曲谱》今兹数十年耳，词人辈出，新调剧兴。幸长康作手与君在，不及今订而增益之，子岂无意先业乎？余即不敏，容作老蠹鱼……"①

沈氏诸人对他都极推重。沈璟从侄沈自晋将他列在沈璟的"赤帜"②之下，又称他为"吾苏同调"③。后世论者遂视冯梦龙为吴江派成员。从冯梦龙与沈璟的密切关系和他关于戏曲的一些见解看，把他归属于沈璟一派完全可以。冯梦龙在所编《太霞新奏》中，多次表白"一依《九宫词谱》"、"今仿词隐先生体"。吕天成论《双雄记》传奇，也说他"守词隐先生功令，亦持教之杰"④。他提出的"词家三法：曰调、曰韵、曰词"⑤，同沈璟强调"场上之曲"的思想颇有相同之处。不过，冯梦龙另一方面也是汤显祖才情论的赞同者，而且，在整个文学理论上的建树也远远超出了吴江派的理论体系，这点在研讨他与沈璟的关系也应注意到。

凌濛初（1580－1644），亦名凌波，字玄房，号初成，别号即空观主人，浙江乌程（今吴兴）人。凌氏于戏曲甚精，作有杂剧九种，理论著作有《谭曲杂札》，并评选南曲编为《南音三籁》。据其从子凌延喜《拜月亭传奇跋》记，凌濛初与沈璟有过频繁的交往，曾一同校订《拜月亭》：

---

① 沈自晋《重定南九宫词谱》卷首，民国影印清刻本。
② 沈自晋《望湖亭》传奇［临江仙］曲，古本戏曲丛刊二集影印明刻本。
③ 沈自晋《南词新谱·凡例》，《重定南九宫词谱》卷首，民国影印清刻本。
④ 《曲品》卷下，中国古典戏曲论著集成本，中国戏剧出版社1959年版。
⑤ 《太霞新奏·凡例》，民国影印清刻本。

> 《拜月亭》一记,属元词四大家之一王元美先生。……独岁月久湮,迄无善本,舛错较他曲滋甚。乃家仲父即空观主人,素与词隐生伯英沈先生善,雅称音中垺麓。每暇时,必相与寻宫摘调,订谬考误。因得渠所抄本……

此事,凌濛初在《南音三籁》中也提到过,其云:

> 余曾于白下会江右龙仲房,出所得沈伯英抄《拜月亭》不全旧本……

过去,一些论者因凌濛初在《谭曲杂札》中批评过沈璟的戏曲创作和主张,而将其视为与沈璟对立的人物。其实并不尽然,从二人相与校订《拜月亭》一事,似可重新认识他们的关系。

王世贞(1526—1590),字元美,号凤洲、弇州山人,太仓(今属江苏)人。嘉靖二十六年(1547)进士,官至南京刑部尚书。王与李攀龙同为"后七子"首领,主持文坛二十余年。其对戏曲也有一定研究,所著《艺苑卮言·曲藻》论南北曲,不乏创见。传说他还作有传奇《鸣凤记》。王与沈璟邻郡,又有姻亲关系,彼此相交不薄,此从王世贞致《沈司正伯英》书札即可看出:

> 仆衰劣过时之人,误被时趣,持节不固,滥竽一出。初缘病弟、病妻势危,朝夕料理汤荡。甫尔小间,简书急迫,仓卒就道,遂不能南造吴江,踵门谒谢,此念未遂,怒如调饥。抵白下,与次公相往还。弥月之后,忽致门下书,贶念欲走一介,以候行旌,则闻已绝江而北矣。谂还朝愈月,曹事清暇,道履佳适。以门下之高明大节,出自铨部,暂借司正,谓当亟还故物,不亦假重寅清,步武乡寺而尚尔!……无足言者,役便聊此,附侯兴居。并有薄情,侑不宣。①

万历十四年(1586),沈璟因上书请立储,忤旨,被贬为行人司司正,奉使归

---

① 《弇州山人续稿》卷一百九十一书牍,明刻本。

里。王氏此札就是这时写给他的。王氏是"后七子"的首领,所以,由此认为沈璟与"后七子"有一定关系也未尝不可,但是,信的内容未涉及文学问题,只反映出二人私交不浅。"后七子"在文学上主张文必秦汉,诗必盛唐;沈璟论杂剧和南戏,则强调遵法宋元,这似乎使人觉得二者同出一辙。其实不然。沈璟和"后七子"的文学观,无论从动机上,还是效果上都有明显不同,关于这一点,拙文《关于沈璟戏曲理论若干问题的断想》①已作论述,此不赘言。

万历八年(1580)沈璟之祖父沈嘉谋去世,王世贞为作《上林苑监嘉蔬署署丞守西沈公墓表》,文见《弇州山人四部续稿》卷一百二十五。王世贞退官居家后,亦曾有书信致沈璟,云:

> 屈指西湖良会于今十二岁矣。每念吾丈冲虚恬淡,恺悌易直,黄叔度、陶元亮之伦。出处之际如云卷舒,加以太夫人大耋,万福优游,奉侍天伦之乐靡以加矣。弟初不能早引来此,繁言幸自在家锄菜,而世纲及之,又以饵忌者口良可,可叹也。春来偶有创悟,一切放下,且作头陀行径矣。闻仲君勇割爱欲,离诸烦恼,深所敬慕,何年得谒法门,一领指示也。②

从中不难看到王世贞和沈璟晚年淡泊世事的心态。

沈璟之弟沈瓒与王世贞也有诗文赠答,详见下文沈瓒条中。

沈德符(1578—1642),字景倩,又字虎臣,浙江嘉兴人。有文名,精音律,熟谙掌故,所著《万历野获编》"事有佐证,语无偏党,明代野史未有过焉者"③。其论诗"尚及皮、陆,及陆放翁,与同时钟、谭之流,声气歙合,而格调迥别,不为苟同"④。

沈德符与明季文人交往极广。他同沈璟的关系,见所著《顾曲杂言》《拜月

---

① 载《中华戏曲》第2辑,山西人民出版社1986年出版。
② 《沈光禄》,《弇州山人续稿》卷一百九十一书牍,明刻本。
③ 朱彝尊:《静志居诗话》卷十七,民国上海文瑞楼石印本。
④ 钱谦益:《列朝诗集小传》丁集下,上海古籍出版社1983年版。

亭》条",其云:

> 余最爱《绣襦记》中"鹅毛雪"一折。皆乞儿家常口头话,熔铸浑成,不见斧凿痕迹,可与古诗"孔雀东南飞"、"唧唧复唧唧"并驱。余谓:此必元人笔,非化、治间人所能办也。后问沈宁庵吏部,云果曾于元杂剧中见之。恨其时不曾问得出是何词。

在"张伯起传奇"条,沈德符还评论了沈璟的理论与创作:

> 沈宁庵吏部,自号"词隐生",亦酷爱填词,至作三十余种,其盛行者,惟《义侠》、《桃符》、《红蕖》之属。沈工韵谱,每制曲必遵《中原音韵》、《太和正音》诸书,欲与金、元名家争长。

清姚燮《今乐考证》著录六也引有他论沈璟的话,云:"沈宁庵吏部恪守词家三尺,如庚青、真文、恒欢、寒山、先天诸韵,最易互用者,斤斤力持,不少假借,可称度曲申、韩,然词之堪入选者殊鲜。"沈德符精音律,但他不是戏曲家,未卷入吴江一派与汤显祖的理论纠纷之中,故其对沈璟理论的评价,未失公允。

李鸿,长洲(今江苏吴县)人。为沈璟门人。《沈氏家传·宁庵公传》云:"戊子顺天之役,公所得士有长洲李鸿者。"戊子,即万历十六年(1588),沈璟作为顺天(北京)乡试的同考试官录取了当时辅臣申时行的女婿李鸿。这事引起时人非议,家传上说,当时"谈者以为私……及少师(即申时行——抄注)归,而鸿以乙未(1595)成进士。上饶之政,为世名臣。谈者始息"。据《明实录》记,沈璟等人录取李鸿是做了些手脚的,①家传所记,实有讳词。

李鸿曾为沈璟《南词全谱》作序,其略云:

> 词隐先生少仕于朝,尝从礼官侍祠典乐,慨然有意于古明堂之奏。……

---

① 见徐朔方《汤显祖和沈璟》一文。

病去而隐于震泽之滨,息轨杜门,独寄情于声韵。常以为吴歈即一方之音,故当自为律度……于是始益采摘新旧诸曲,不颛以词为工,凡合于四声、中于七始,虽俚必录。……此书既成,微独歌工杜口,亦几令文人辍翰,如规矩之设而不可欺以方圆,讵不为词海之伟观乎?

序中谈到了沈璟编撰《南词全谱》的目的和对曲坛的贡献,同时,提到沈璟"尝从礼官侍祠典乐,慨然有意于古明堂之奏"这一点,使我们知道沈璟用心于声律音韵问题,由来已久,非自辞官归家后始。虽然,他后来研究的是昆曲的声律,但这与他为官时留意古乐非无联系,因为兴趣作为一个人性格的组成部分与事业的成败有直接联系。沈璟归家后"性酷好声律",正可谓他性格的本色。

姜士昌,字仲文,丹阳人。万历八年(1580)进士,除户部主事,进员外郎。曾为因请立皇储而遭贬谪的沈璟、孙如法等人申言,后因屡进谏言罢黜,"归隐十余年,从高攀龙、顾宪成讲学东林,黜浮崇实"①,成为东林党的重要成员。《明史》有传。沈璟与之交往,见其诗《姜民部仲文奉使留都便道归省》:

> 东风吹送碧油幢,使者乘春指旧邦。
> 此去关门人共识,由来江夏世无双。
> 娱亲斑管分官锦,计日王程动客艭。
> 欲寄归心与明月,随君一夜到吴江。②

此诗约作于万历十六年。③ 东林党的出现,是在万历二十二年(1594)以后,所以,就此诗而论,沈璟与姜士昌的关系还不能说明他与东林党的关系。但是,东林党人的思想并非成于一日,姜士昌以及高攀龙诸人在为官时就激烈抨击过朝中弊政。沈璟与姜士昌同仕于朝,相互交往,说明彼此有相投之处。据《苏州

---

① 《丹阳县志》卷十七《名臣》,清刻本。
② 《沈氏诗录》卷二,清乾隆五年刻本。
③ 详见拙文《沈璟年谱》,《中国古代戏曲论集》第1辑,展望出版社1986年出版。

府志》和《吴江县志》等记载,沈璟在兵、礼、吏三部时,"留心边事,询访人才"。这种对时局与国事的关切,大概也就是沈璟与姜士昌之间存在一定关系的基础。

周道登,字文岸,与沈璟同乡。万历二十六年(1598)进士,由庶吉士历迁少詹事。天启时,"廷推礼部尚书,魏忠贤削其籍。崇祯初,与李标等同入阁"①。

沈璟与之友善,作有《送周文岸太史还朝》诗一首:

> 五载居庐痛蓼莪,九重侧席望岩阿。
> 然藜已照青油舫,载笔还催白玉珂。
> 平准无书须著述,盐梅有鼎待调合。
> 东南杼轴曾留意,讲幄应传说论多。②

万历三十三年(1605),沈璟、沈瓒曾同道登一起参助乡里修整石塘,事载《乾隆吴江县志》:

> 万历三十三年,知县刘时俊修筑石塘。……按时役司出纳者,专任乡绅沈璟、沈瓒、周道登……

又见周道登《吴江新筑石塘碑记》:"……始于癸丑正月十七日,主其议而捐奉以昌者曹中丞也……沈寺丞璟……与不佞登,则出纳。"③沈瓒在《近事丛残》中也记述了此事。这些反映了沈璟归乡后生活和为人的又一个侧面。

沈俊(1544—1626),字道雅,号养复。他是沈璟同族叔父,常相与唱和于园亭,《沈氏诗录》存诗《携家归里聃和侄以诗见赠依韵答之》、《春夜集聃和园亭》等五首。诗题中所云:"聃和园亭",疑即"小潇湘"。《吴江县志》卷十《园第》:"小潇湘,在长桥南……明万历中,光禄丞沈璟葺之为'八精舍',曰'涤元斋净'……今

---

① 《明史》卷二百五十一。
② 《沈氏诗录》卷二,清乾隆五年刻本。
③ 见《沈氏诗录》卷二,清乾隆五年刻本。

仅存遗址。"

沈璟为人孝友,对长辈和昆弟"谦抑卑逊"[1],与沈俊的关系正表现出这一为人性格。这些在今天看来虽不值得过分称誉,但在研究他的创作的思想内容时,应充分考虑在内。

劳惟明,名里生平不详。为沈璟交友。沈诗中有《劳惟明别号箕山,为题其扇头画菊》一首,如下:

莫讶柴桑色,幻作箕山赏。清风飒尔来,动有羲皇想。[2]

据《乾隆吴江县志》和王骥德《曲律》记,沈璟在当时有书法家之名,"工行草书",家传上也说他"行楷久珍于世"[3]。从沈璟与劳惟明交往中的这首诗,这点似可得到证明。

沈正宗,生平不详。与沈璟同乡,为会友:

沈瓒《近事丛残》:"……是年有沈孝廉(正宗)者,以妾死不明为妾家所告,以重货求大父(上林公)居间。沈方与聃和伯兄为会友,遂为求宽于张公……"

这透露出沈璟归家后似有结社活动。但是,沈璟与沈正宗为何会之友,尚待考定。

沈懋孝(1537—1612),字幼真,浙江平湖人。隆庆二年(1568)进士,选庶吉士,授编修,进修撰,迁南司业,谪两淮盐运司判官。著有《沈司成全集》、《淇林雅咏》等。与沈璟始交于在朝为官时,去官后仍有往来,沈璟去世后,作《祭宁庵沈尚宝文》:

---

① 《沈氏家传·宁庵公传》,清同治六年重刻本。
② 殷增编《松陵诗征前编》卷六,清光绪重刻本。
③ 《沈氏家传·宁庵公传》,清同治六年重刻本。

嗟乎，人生暮晚，正如寒林坠叶，满目萧疏。迥盼四十年前海内知交，百无一二者矣。乃里闬之近，道义密新，年力方盛，宜莫如君，君亦舍余而遽举乎？畴昔之夕，梦君骑马出金门，余追送之城关下。君拜稽告我曰：别师，即日行矣。觉而疑其兆，此似非祥也。及讣至，君竟以此日逝乎。魂交神合，倘亦念予难割，恋恋有故人之情者乎？伤哉！

忆昔甲戌南宫校士，首得雄文而才之。君魁天下于妙年，美姿杰格，举朝望之以为玉树琪花也，谁不赏余之藻拔者。无何，入司马署。文经武纬，威望峨然。无何，改春官署。综经治典，朝章肃如也。无何，晋天官署。清修凝重，雅负公辅之器焉。又无何，建竑议，正纲常，犯上之严色，落一阶改尚玺丞。于是鸿名鹊起，公卿间又谁不交口诵余得人也者。入仕不十年，贤声满天下，岂不与贾长沙伯仲者哉。盛德宜人，才高得忌，两者互为伸屈，亦吾道消长之常耳。爱之者不能扶于前，而忌之者遂得操其末。夫孰非天之为也！

余素謇朴，无用于时。君且恬愉，早自韬晦。余依念庭闱，不以浮云换蔬水；而君钟情慈极，终以彩服代封章。盖我尔两人者，归田三十年，用之日少，藏之日长。山薮之味方秾，车马之情何淡。吴江越水，扁舟过从；月渚风雪，一腔鬼抱。师友之乐，亦足以忘其老矣。余所异君有淹通练运之才，用不满其才；有忠正清华之望，官不副其望；天之琢磨君亦良薄矣。谓宜与之上寿，偿所不足，而寿复仅仅若斯者，此何解也！然使君当日周旋乎三吴东越诸相知间，稍一濡足，今亦化作从风之叶，人人且吐之矣。今君超然评论，矫矫风节，早退善藏，为当世重，乃天所为厚与之德，饶与之名，所得者不既多乎！

崐璧天球，孝友合德。义方贻范，两凤鸣阳。诗礼世传，田园芜落。高标厚谊，久乃见真。乡人信焉，国史记焉，足称不朽于士君子之林矣。呜呼，修短数也。若以论于千古，直云霄一毛耳。长言送君，再作来生之案。爱君

怀君,音响仆绝。思之不得,哽咽气绝。余老矣,不能复言矣。一生交谊,如此已矣。

哀痛之情,溢于言表。

明季与沈璟有关系者,还有王世懋、王叔承、欧大任等。徐朔方《晚明曲家年谱》(一)《沈璟年谱》考之已详,故从略。此外还有吴千之、吕纯如、祁光宗、郭存谦、柴泽民诸人,分别见于《沈氏家传》、《沈氏诗录》、《明诗综》等,其与沈璟交往细节,俟博识者考之。

(六)沈 瓒

沈瓒,字孝通,一字子勺,号定庵。沈文九世孙,沈侃次子。据《沈氏家谱》卷六记:生于明嘉靖三十七年(1558)九月之十日。治《书》,补邑庠生。万历十四年(1586)中进士,兵部观政,授南京刑部江西司主事,升本部山西司郎中。历官江西按察司佥事、广东盐法道佥事。卒于万历四十年(1612)十月一日,年五十五岁。天启二年(1622)崇祀乡贤祠。子二,女一;长子肇开,女媛,皆有文名。

《沈氏家传·定庵公传》记其生平云:

> 定庵公讳瓒,奉直公次子也。与兄宁庵公少有机、云,轼、辙之目。生而丰硕白析,灼然玉举。早岁不露机颖,父兄皆以为不慧。十岁始就外傅,十三学为文,思理秀茂,师奇之。十六为诗以呈兄,兄宁庵公惊喜击节,奉直公见之,诧为吾家休文,由是知名。十九补邑弟子员。二十入太学。二十五举北畿经魁,其冬丁奉直公之艰。二十九释褐南京赐进士二甲八名,授南京刑部主事进郎中。凡五年,出为江西按察佥事,在任二年,乞身归里,年仅三十七耳,归五年而病。……居家十八年,抚按交章论荐复起补广东佥事,入境病作,卒于广州之海珠寺,春秋五十有五。公孝友……平生事宁庵公如父,病则分痛,调药,殁则衰经为位,哭之极哀,其敦伦好义,盖性之所安,非矫饰

以沽名也。公素工于诗。……岁在丁酉,公以宁庵公从事音律,二子未免失学,因躬为塾师以课之。一门之内,一徵歌度曲,一索句寻章,论者比之顾东桥兄弟云。所著有《静晖堂集》、《节演世范敷言》行世,《近事丛残》二卷,藏于家。殁后十年,邑中士民举公祀乡贤人祠之日,路人追晞公德有感慨泣下者。公可谓不朽矣。

生平事迹又见于潘柽章《松陵文献》:"瓒孝友,能周人之急,立义庄,赡族;事兄璟如父;庶叔佐坐冤狱,悉力营解,又抚其孤,分产与之平。居未尝以竿牍入公府。有年,家子为家奴所陷,坐重辟,瓒知其枉,为白之县。时知县刘时俊严绝请托,素敬瓒为,立出之,且露封答曰:使百姓闻吾过也。"①《康熙吴江县志》卷三十二人物、《道光苏州府志》卷九十二人物·孝义二、《乾隆吴江县志》卷二十八名臣、《光绪苏州府志》卷一百〇五,并有传。

工诗善词。朱彝尊《明诗综》卷五十五引李应徵《静晖堂序》语云:"子勺诗,格苍以古,致冲以远。高者何减魏、晋,次亦不失为陈、谢。"殷增《松陵诗征前编》卷六录洪雪岑语云:"子勺古诗近谢,近体诗气空笔健,得少陵一体。"又录周笠川语云:"佥事诗丽而有则,遇佳山水必流连觞泳,日昃乃返。与吴兴范东生、洞庭葛震父为文字交。"

著述五种:

①《定庵尚书大义》。《经义考》、《乾隆吴江县志》卷四十六书目、《乾隆苏州府志》卷七十五艺文一、《光绪苏州府志》卷一百三十八艺文三著录。今佚。

②《节演世范敷言》一卷。《乾隆吴江县志》卷四十六书目、《乾隆苏州府志》卷七十五艺文一、《光绪苏州府志》卷一百三十八艺文三著录。今佚。

③《沈氏义庄条约》一卷。《乾隆吴江县志》卷四十六书目、《光绪苏州府志》卷一百三十八艺文三著录。今佚。

① 《乾隆苏州府志》卷六十五引,清刻本。

④《静晖堂集》六卷。《乾隆吴江县志》卷四十六书目、《乾隆苏州府志》卷七十五艺文一、《光绪苏州府志》卷一百三十八艺文三著录。今佚。

⑤《近事丛残》二卷。《乾隆吴江县志》卷四十六书目、《光绪苏州府志》卷一百三十八艺文三著录。今存1928年北京广业书社铅印明清珍本小说集本。

今作品散存者有：

①文三篇：《池亭记》；《太学生吴字甫元配董孺人墓志铭》；《吴母朱氏墓志铭》。均载《松陵文集》卷四十一。

②诗一百首：《沈氏诗录》卷三存九十七首（篇目略），其中录自《明诗综》卷五十五三首。不见于《沈氏诗录》的三首是：《勘灾歌》七言歌行一首；《芙蓉驿雨望》五律一首；《莲花庵》五律一首，均载《松陵诗征前编》卷六，其中《勘灾歌》一首，又见于《康熙吴江县志》卷四十六艺文，名"踏荒歌"。

③词三首：《汉宫春·雪夜》；《菩萨蛮·送女弟出阁》；《满江红·雪后对新柳》。均载周铭辑《松陵绝妙词选》。颇不易见，姑依次录之如下：

雪压湖堤，顿白云失据，青山无色。平铺万雉，倒映浅波澄碧。萧条梅柳，何处认粉梢冰额。炊烟暝，听鸦声不到，庭中山斋虚寂。　簷溜垂垂欲滴，对芳樽细写，素光相射。朦胧蟾影一倍，冷侵狐腋。莫虚今夕，好乘兴山阴寻客。怕明朝，日出烟销，清景倩谁留得？

雀屏风暖新妆整，离愁欲压鸳鸯锦。渺渺望春波，其如归梦何。　箫咽鸣双凤，尽是梅花开。试问画眉郎，归途几许长？

柳眼初匀，又雪片封枝弄叶。可怜他，青帝白头时节。元亮门前寒色澹，浩然驴上长条折。算从来清景判冬春。今相接。映粉面，随游屦；笼翠袖，供吟箑。听郢中歌断，灞陵愁别。满院难藏新燕语，隔林对转饥鸟睫。正开轩把酒醉东风，飞蝴蝶。

④散曲套数七篇、小令二首：[仙吕醉扶归]《姻缘》套；[南吕双凤衔花]《见美人晒鞋》套；[商调二犯梧桐树]《咏白莲》套；[仙吕入双调步步娇]《离情》套；[商调金络索]《翻北词咏白莲》小令；(以上载冯梦龙辑《太霞新奏》)[正宫白练序]《离情》套；[商调集贤宾]《闺情》套；[商调集贤宾]《宫词》套；(并见于《太霞新奏》和张楚叔辑《吴骚合编》)[南黄钟啄木鹂]"休回首"小令一篇(并见《南词韵选》《南词新谱》卷十四)

交游可考者有王世贞、王世懋、汤显祖、赵重道、丁元荐、陈麐生、范汭、葛一龙、阎士选、李应徵、周道登、俞安期、李子执、江钟廉、吴期炤、陆万垓、邹元标等，多为文坛名家。

王世贞，生平详见上文沈璟条中。沈瓒与王世贞关系较深。王世贞官南京刑部尚书时，沈瓒隶属其下为南京刑部江西司主事、南京刑部山西司郎中等职。后王世贞辞官归里，沈瓒作《送大司寇弇州王公还吴》五律一首相送，诗云："一代文章伯，三朝执法臣。乍随优诏起，翻讶乞归频。轻舸从东路，闲身脱要津。白门杨柳色，愁杀望尘人。"①对王世贞的政绩和在文坛的地位皆极为推崇。

王世懋(1536—1588)，字敬美，号麟洲。王世贞弟。嘉靖三十八年(1559)进士，官至太常少卿。著有《王奉常集》。沈瓒兄璟之长女大荣适王世懋子士禄为妻，沈、王两家有秦晋之好，关系不比寻常。王世懋工诗文，《列朝诗集》中说他"弱冠称诗……其论诗，不规规名某氏，以不从门人者为佳。……其微词讽寄，雅不欲奉历下坛坫……"②沈瓒曾与王世懋同游能仁寺，并挥毫寄兴，今存诗有《雪后游能仁寺和王敬美先生韵》七律一首，中云："雪后云林淡似秋，逃虚真觉此山幽。……夕阳渺渺波千顷，独鹤苍茫破暝愁。"③透露出二人的趣好与心境。

汤显祖(1550—1616)，字义仍，号海若、清远道人，江西临川人。万历十一年

---

① 《沈氏诗录》卷三，清乾隆五年刻本。
② 钱谦益：《列朝诗集小传》丁集上，上海古籍出版社1983年版。
③ 《沈氏诗录》卷三，清乾隆五年刻本。

(1583)进士,任南京太常寺博士、礼部主事,因上疏弹劾大学士申时行遭贬,后任浙江遂昌知县,又以不附权贵而被议免官。著有《汤显祖集》和剧作"临川四梦"。汤显祖是当时文坛上言情文学的代表作家,论戏剧尤重才情,与沈璟的戏剧主张不同,二人因之发生过争论,各持一端,"水火既分,相争讦于怒詈"①。沈瓒与汤显祖的交往在汤、沈发生争论之前,二人同在南京为官,志趣相投。万历十九年(1591),汤显祖因弹劾申时行而被贬为广东徐闻县典史,沈瓒赋诗相赠,为其不平。诗云:

> 天子抚髀思备边,诏许文武皆推贤。君才故是筹边者,阃外谁授专征权。一朝上书触禁忌,谪向边城为小吏。圣朝谴举皆至公,失彼得此抑何异。直道无忧行路难,古来虚语徒相宽。羊肠在前翻叱驭,烈士悲心敢自安。河梁暗淡愁行色,身在天南望天北。何处相期觅远音,云中鸣雁多归翼。②

词意激切,情感深沉,足可说明彼此心心相印。至于汤、沈论争以后,沈瓒与汤显祖交往与否,今已无考。

赵重道,字公载,号文南,又号荆溪外史。江苏吴江人。隆庆二年(1568)岁贡生,授江阴宜兴县训导。著有《三馀馆集》。与沈瓒有文字交。万历十九年(1591),沈瓒升江西按察司佥事,赵重道作《送沈定庵佥宪按瑞宁》七律一首,写道:"香销粉署文名在,檄振宁台剑气横……折衡莫问崔苻泽,谭笑樽前宪府清"③,笔墨间流露出对沈瓒的文品与为人的赞许。沈瓒今存诗文中未见与赵重道交往的作品。

丁元荐,字长孺,号慎所。长兴人。万历十四年(1586)进士,授中书舍人。

---

① 沈自友:《鞠通生小传》,沈自晋《重定南九宫词谱》附录,民国影印清刻本。
② 《沈氏诗录》卷三,清乾隆五年刻本。
③ 赵作舟辑《吴江赵氏诗存》卷三,清道光刻本。

为官敢言,奸党恶之,遂罢归。高攀龙《寿丁仪部长孺丈六十序》中称赞他"长孺圣人之所谓狂也。其气烈,其行清,其志一。往而不可折,可以托六尺、寄百里,临大节而不可夺者,斯人也"。①所著《寻拙文集》中未见与沈瓒交往的作品。沈瓒今存作品中有《送丁长孺应召还朝》五古一首,写道:"志士多远虑,劲翮无早翰。……感时发悲歌,叹息不及餐。荆榛蔓四野,际海皆狂澜。不为砥柱石,宁作当门兰……"②言无虚语,皆高蹈奋进之意,可谓志同道合。又有《西湖逢丁长孺》七律一首,云:"同是乾坤澹宕人,相逢犹及武林春。生涯渐可如僧幻,踪迹翻疑与侠邻。门外湖波青眼旧,世间交态白头新。为欢莫漫论杯酒,顾渚茶香好寄频。"③从诗句中可以看到二人交谊不薄,相逢之时犹不废议论,豪气满怀。

陈麐生,字瑞甫,号太淳。吴江人。与沈瓒曾同游吴地山水,作诗《娄东舟中同沈子勺、金无相谈禅兼游澹园遇颠仙》七律一首记之。诗云:"滚滚江流不计春,扁舟载我梦中身。心空机械通禅悦,目遇云烟断俗尘。胜地追寻前代迹,浮名贻笑后时人。不知何处蓬莱境,好向颠仙一问津。"④明自中叶以后,去位里居的士大夫多好山水之游和谈禅,一时成为风尚。沈瓒与陈麐生的交往及上述诗篇,即反映了沈瓒去官后这方面生活和情趣的一个侧面。在沈瓒今存的诗文中,也不乏以这类内容为主的作品,如《雪后游莲花庵》、《同道英叔游包山宿空翠阁和怀竹上人所示卷中诗韵》、《游雪浪山缘都上人业精舍》、《自山阴还复渡江至重阳庵访朱鍊师》、《秋日访湛上人》等,⑤或记述他与僧师的直接交往:"独叩禅扉访颖师,小窗琴静日斜时。"或写他对禅道的领悟:"爱此山楼好,澄观翠亦空。……夜来多道气,湖月动微风。"

范汭,字东生。江苏乌程人。诗名于时,人序其集云:"方其苦吟时,收视反

---

① 《尊拙堂文集》,明刻本。
② 《沈氏诗录》卷三,清乾隆五年刻本。
③ 《沈氏诗录》卷三,清乾隆五年刻本。
④ 殷增编《松陵诗征前编》卷六,清光绪重刻本。
⑤ 《沈氏诗录》卷三,清乾隆五年刻本。

听,驰情结思,不傍古,不缘今,不拘律,不适耦,日断月就,岁以琢之,迂回而涵特,窈窕而奇幻……及彩绚之具,针巧之饰,文章炫然,然后各为神于法者也。"当七子之时而自成一家,至使"一时词客,不为东生许可者,希合贵人风旨,群噪东生。东生以此重困,愤懑不得志"。沈瓒与之交厚,今存诗文中虽未见彼此交往的作品,但《松陵诗征前编》卷六引周笠川语云:"佥事诗丽而有则,遇佳山水必流连觞咏,日昃乃返,与吴兴范东生、洞庭葛震父为文字交。"据此可知沈瓒与范汭是相互引为知己的文友。

葛一龙(1567—1640),字震甫,一作震父。吴县洞庭山人。与范汭同为沈瓒友。曾官云南布政司理问。做事任情,为文不拘格套,晚岁尤甚,"时时降为楚调,人谓震甫之咏于楚,犹昌谷之移于秦"。① 著有《震甫集》。沈瓒与之"为文字交",正乃声气相投所致。

阎士选(1551—1616),字俊甫,号立吾。绥德州人,著籍扬州。万历八年(1580)进士,官至山西右布政使。沈瓒与之交往是在万历十八年(1590)任南京刑部山西司郎中时,今存诗《同王用晦、霍子大、阎俊甫三曹长游栖霞寺四首》②,描述了一同游玩栖霞寺的乐趣。栖霞寺位于南京市东北的栖霞山上,据诗后小记,沈瓒在隆庆四年(1570)曾游玩过此处,当时他十三岁,故诗中有句云:"旧游曾此地,廿载复来旋。"

李应徵,吴江人。工诗文,曾为沈瓒《静晖堂集》作序,赞其诗"格苍以古,致冲以远",论者以为所评甚当。又有《秋夜归自苕水泛腾胭湖寄怀沈子勺》五古一首,中云:"淡淡波生烟,遥遥云没岘。枫林霜欲丹,蒹葭露初泣。境会心自怡,神旷理逾显。同怀寄秋水,离念得所遣。"③思念之情,溢于言表。这些说明彼此有过一段较长时间的往来。

---

① 钱谦益:《列朝诗集小传》丁集下,上海古籍出版社1983年版。
② 《沈氏诗录》卷三,清乾隆五年刻本。
③ 《乾隆平望志》卷十四上,清刻本。

申王常,字一孺,生平见上文沈珣条中。沈瓒和他的交往,见其所作《同申一孺过从子君克别业和一孺韵》,诗中记述彼此的友情道:"门人佐酒难辞醉,故友论诗易罄欢。归路不知江郭暮,棋声应向烛花弹。"①君克,即沈自昌,是沈瓒族兄琦的长子,生平详见下文该条。

王徵,字良甫。生平见上文沈俊条中。他与吴江沈氏来往较多,沈俊以外,沈珣、沈璟也与其有文字交。沈瓒同他的交往,据所作《讯王良甫和伯兄韵》可寻,诗是和沈璟《简王良甫》的,从"梅开忽复早春过,相忆离群意若何。自笑屏居成畏垒,谁能入室向维摩"②诸句看,他也是将王徵引为知己的。

周道登,字文岸。生平见上文沈璟条中。沈瓒与他的交往见所作《送周文岸太史服阕还朝》一诗。在诗中,沈瓒十分热情地写道:"共道河渠新奏绩,待君椽笔著书成。"③与沈璟诗中所云"平准无书须著述,盐梅有鼎待调合"有相同之意,流露出一片忧国忧民的心思。

俞安期(1550—1630?),字羡长。吴江人。以诗文名世,著有《翏翏集》四十卷。曾以长律一百五十韵赠王世贞,王为之倾倒。据沈瓒《近事丛残》记,俞安期幼孤,随其叔父居住在沈家,每与沈瓒"为儿曹戏",后寓居宜兴。万历十五年(1587),沈瓒为南京刑部山西司郎中时,俞安期与之重逢,甚为倾慕。遗憾的是在二人今存的诗文中没有留下记述相互交往的作品。

李子执,洛阳人。与沈瓒同僚。沈瓒今存诗中有《咏李子执曹长亭中三月桂花十韵》五古一首④,为一时寄兴之作。

江钟廉,南充人。曾为吴江县令,以廉正明决称,后居家。万历十八年(1590),沈瓒自长安归,途中往拜,时江病目不能见客,但仍口占由人代笔书成一札见谢。此事沈瓒后来写进了《近事丛残》中。

---

① 《沈氏诗录》卷三,清乾隆五年刻本。
② 《沈氏诗录》卷三,清乾隆五年刻本。
③ 《沈氏诗录》卷三,清乾隆五年刻本。
④ 《沈氏诗录》卷三,清乾隆五年刻本。

吴期炤,字问源。湖州德清人。官江西吉安府永丰令。万历十九年(1591),沈瓒任江西按察司佥事时,曾就查盘之旧例征询吴期炤,吴详述此事之弊,并对刷卷等事亦提出异议,沈瓒旋即采纳,革除了这些劳民之财的旧例。事见《近事丛残》中吴问源条。

陆万垓(1533—1598),字仲鹤。浙江平湖人。隆庆二年(1568)进士,官江西巡抚,以廉政称。沈瓒任南昌道时是他的下属,受其影响较大,他对沈瓒也颇器重。在《近事丛残》中,沈瓒叙及二人的关系云:"余事先生不半年,以身病请告归,先生批札,极力挽留,而余归志浩然,竟不可遏。故事代题请告,两院会稿,疏发始听行。余先报发,先生遣官教谕,方命入舟,候疏出乃解维而东。先生屈持斧之法,以伸挂冠之情,相知之感,镌入五内。"沈瓒记此事时上距在南昌任职已近二十年,然叙来犹很动情,可谓达到了没齿不忘的程度。

邹元标(1551—1624),字尔瞻。江西吉水人。万历进士,因得罪张居正被贬官,后任谏官,以敢言称。母死后,家居讲学近三十年,为东林党首领之一。沈瓒在南京为官时与其结识。万历三十七年(1609),时沈瓒家居,邹元标想邀之入东林书院,未成,《乾隆吴江县志》卷二十八中记载此事云:"……三十七年,主事邹元标故知瓒,欲引入东林书院,瓒曰:'我实之不足,岂敢要名?'谢弗往。"当时正是东林党名震朝野的时候,邹元标是出于对沈瓒的了解才相邀的,这说明沈瓒在政治主张上与东林党人是相通的,但沈瓒谢绝了,原因不出他自己所说。当此之际,入东林书院的不乏博取虚名、招摇过市者,从沈瓒的话可以看出,他是不愿被人目为此类投机者的,故"弗往",表现出一种务实的行操。

(七)沈 瑄

沈瑄,字轶清,号容襟。沈文九世孙,沈象道第三子。据《沈氏家谱》卷七记:生于明嘉靖四十三年(1564)三月二十日。治《书》,补邑庠生。卒于崇祯十五年(1642)十一月二十一日,年七十九岁。子四:自晋、自普、自鲁、自习,女四。自晋、自普,皆有文名。周绍良《吴江沈氏世家》一文未考之。

平生肆力古学。《沈氏家传·容襟公传》记其生平,称"公通儒术,达大礼,器局渊茂无涯矣,非世之寻章摘句者比也。……素不事生产,以诸子家骎骎起稍具甘旨,公亦泊然无所问,惟兀坐一小楼,肆力古学。"

《沈氏诗录》未收录其作品。考《沈氏家传·容襟公传》,有著作一种:《阅古笔记》。未见著录。《沈氏家传·容襟公传》:"凡纂录古今正史及百家稗官野乘不下数十卷,题曰:《阅古笔记》。"今佚。

(八) 沈 珂

沈珂,字祥止,号虚室。沈文九世孙,沈象道第四子。据《沈氏家谱》卷七记:生于明嘉靖四十四年(1565)七月十八日。治《书》,补邑庠生。卒于崇祯三年(1630)十二月七日,年六十六岁。子二:自旭、自昶,女三。周绍良《吴江沈氏世家》一文未考之。

《沈氏家传·虚室公传》记其生平云:

> 弱冠蜚声黉序,每试辄高等,自谓云霄可一蹴至,不意其啬于命也。中岁析居东郊,下帷发愤,盖攻苦不辍……晚年盖以孤介自持……既老厌弃帖括,寄情声韵,兴之所至,时拈一二小词,欣然自喜,谓可以此乐其余年也。

《沈氏诗录》未收录其作品。考《南词新谱》,有《沈巢逸散曲》,散佚。今仅存小令[南南吕太师接学士]"禅窟中藏其用"一篇,载《南词新谱》卷十二。

(九) 沈 琎

沈琎,字进王,号恒庵。沈文九世孙,沈修长子。据《沈氏家谱》卷二记:生于明崇祯三年(1630)正月二日,卒于清康熙二十八年(1689)二月十九日,年六十岁。无嗣。周绍良《吴江沈氏世家》一文未考之。

生平较少记载。据《沈氏家谱》卷二记,著名戏剧家顾大典曾为其祖父沈嘉禾撰墓志铭。

著述未有集。今存诗三首:《老婢泣》七古一首;《中秋旅夜》五律一首;《早起》七绝一首。均载《沈氏诗录》卷四。

第六章
吴江沈氏世家第六代诗人

沈氏世家第六代诗人有沈士哲、沈皆自、沈自昌、沈自籍、沈自继、沈自征、张倩倩、李玉照、沈自炳、沈自然、沈自炯、沈自南、顾孺人、沈宜修、沈智瑶、沈自晓、沈自东、沈自友、沈大荣、沈倩君、沈静专、沈肇开、沈媛、沈自鋋、沈自晋、沈自普等二十八人,其中有女诗人九位,沈氏家族出现女诗人自此一代始。

(一)沈士哲

沈士哲,字若生,一字若宇,号若字。沈文十世孙,沈瑾第三子。据《沈氏家谱》卷四记:生于明万历三年(1575)十一月二十三日。治《书》,补秀水县庠生。万历四十三年(1615),举应天乡试一百四十七名。崇祯二年(1629),选授浙江温州府永嘉县学教谕;后四年,补杭州府昌化县学教谕。崇祯九年(1636),升江西南安府南康县知县,十三年(1640),致仕归。卒于清顺治二年(1645)九月二十一日,年七十一岁。子二:永弼、永令,皆有文名;女二。

少有才名,豪迈不羁,壮乃折节自励,好理学及各类内典方书,《沈氏家传·若宇公传》云:

公执经袁了凡先生之门,究心理学,凡朱、陆以下诸异同,及近代姚江、白沙、庄渠诸家,无不折衷参伍,根究宗旨。帖括之暇,旁及人官物曲、星纬图记,以逮五花八门之属。公盖欲为大儒,不仅以科名取世资也。……晚年自坐一榻,研朱涂碧,凡左国诸史及百家稗官、内典方书,无不博鉴标识……吟咏不置。

性孝友。《乾隆震泽县志》卷十七《孝友》载其事云:

士哲事继母以孝著,父析产,悉让诸弟,丧葬则独任。从弟孝廉某没,家难纷起,馈三百金求援,士哲峻拒,仍为上书当事,保其孤全。

为官有善政。官南康时,善理讼狱,执笔以断,"长则连篇,短或数语,靡不抉情中髓,洞见隐微。《祥刑小记》若干卷,法律家所奉为著鉴也"。① 后因长子永弼赴试期间卒于旅次,于是宦情顿淡,辞官归乡。

著作七种:

①《燕游草》。《光绪苏州府志》卷一百三十八艺文三著录。

②《泼翠轩稿》。《光绪苏州府志》卷一百三十八艺文三著录,"泼"字误作"澄"。《沈氏家传·若宇公传》作《泼翠轩唐昌集》。

③《百忍堂集》。《乾隆震泽县志》卷三十一书目、《光绪苏州府志》卷一百三十八艺文三著录。

以上皆佚。《沈氏诗录》卷五小传云:"著有《燕游草》、《泼翠轩稿》、《百忍堂集》若干卷,皆亡。"

④《公车草》。未见著录。《沈氏家传·若宇公传》:"自丙辰(万历四十四年)迄戊辰(崇祯元年),凡五上公车不售。……所著《公车草》……《家乘考》……《南野公余》、《祥刑小记》,刻行于世。"今佚。

---

① 《沈氏家传·若宇公传》,清同治重刻本。

⑤《家乘考》。未见著录。据《沈氏家传·若宇公传》知。今佚。

⑥《南野公余》。《光绪苏州府志》卷一百三十八艺文三著录。今佚。

⑦《祥刑小记》。《乾隆震泽县志》卷三十一书目著录。今佚。

作品今存《周恭肃公寿先太常诗有"新年恰见两元宵"句,今又值闰正月,恭肃之曾孙女安期续赋以赠君张七弟,弟属余同次原韵》七律一首(载《沈氏诗录》卷五,又见于《松陵诗征前编》卷七)。此外,有残篇一首,仅存两句:"斗绝山城一径通,於菟白日啸风生。"①作于任杭州昌化县学教谕时。

交游可考者有文学家袁黄。

袁黄,字坤义,一字了凡。吴江人。明万历十四年(1586)进士,官至兵部主事。黄博学尚奇。凡河洛象纬律吕水利戎政,旁及勾股堪舆星命之学,莫不究涉,"生平手录几充栋"②。尝试导人持功过格,乡里称为愿人。著有《两行斋集》、《历法新书》、《皇都水利》、《评注八代文宗》、《群书备考》等。沈士哲为袁氏学门弟子,《沈氏家传·若宇公传》云:"公执经袁了凡先生之门,究心理学。"其所学,于儒门之外,旁及百家及星纬杂说,与袁黄不无相同之处。

(二)沈皆自

沈皆自,字无逸,号观宇。沈文十世孙,沈瑾第六子。据《沈氏家谱》卷四记:生于明万历二十年(1592)十二月二十七日。治《书》,补邑庠生。卒于清顺治七年(1650)十一月七日,年五十九岁。子四:祈、永襘、永仍、永祉,皆无文;女一。周绍良《吴江沈氏世家》一文未考之。

平生勤于读书,数次上京应试,皆不遇,遂以诗酒为乐。《沈氏家传·观宇公传》云:

---

① 《沈氏家传·若宇公传》,清同治重刻本。
② 丁元荐:《西山日记》卷下,清抄本。

公……晚年构数楹,种竹濬泉,操弦搦管,间作一二韵语自娱,然亦止与兄弟辈酬和。公盖拙于趋名,而未尝有所传世云。

善弈,"而不以弈名,与犹子辈对垒一二局,所谓胜固欣然,败亦可喜者也"。①

《沈氏诗录》未载其作品,据《沈氏家传·观宇公传》,沈皆自曾作诗词自娱,但所著未有集,皆佚。

(三)沈自昌

沈自昌,字君克,号潜予。沈文十世孙,沈琦长子。据《沈氏家谱》卷五记:生于明万历四年(1576)十一月七日。治《书》,补邑庠生,入监。卒于崇祯十年(1637)十二月十九日,年六十二岁。子二:永迪、永达,皆有文名;女三。庄一拂《古典戏曲存目汇考》失考,谓"字号、里居皆未详",不确。邓绍基主编《中国古代戏曲文学词典》"沈自昌"条据《传奇汇考标目》所记"沈自昌,字君克,吴人。官礼部主事,入清隐于山中",推测沈自昌"是为沈璟之子,也未可知"。此说亦误。

著有《紫牡丹记》传奇一种。《传奇汇考标目》别本附录据《海澄楼书目》著录。今佚。

作品今存诗《客夜闻笛》七律一首。载《明诗综》卷八十一上,又见于《沈氏诗录》卷五、《松陵诗征前编》卷六、《江苏诗征》卷一百一十七。

(四)沈自籍

沈自籍,字君嗣,号啸阮。沈文十世孙,沈琦第四子。据《沈氏家谱》卷五记:生于明万历二十三年(1595)三月二十日。治《书》,补邑庠廪膳生。清顺治七年(1650)岁贡,九年(1652)授庐州府无为州训导,十六年(1659)升常州府武进县教

---

① 《沈氏家传·观宇公传》,清同治重刻本。

谕,未任告归。卒于康熙九年(1670)十二月五日,年七十六岁。子四:永寅、永戊、永申、永己,皆无文;女一。

生平事迹见《沈氏家传·啸阮公传》:

> 啸阮公讳自籍,字君嗣,韫所公第四子也。幼颖悟,为韫所公所钟爱。年十一,从叔中丞公宦游,父京邸,与兄君张公键户读书,了不与世事相接。十七岁,游黉宫,旋食饩,六试棘闱,荐拔者再,而终以故黜落,屈首诸生二十年。至顺治庚寅始贡于朝,授无为州学博,孳孳以奖励人材为务,识拔张名世等四人,皆登第。后迁武进教谕,未任,为同僚有力者所排挤,当事有知之者欲代公白,公坚辞之,其人遂得公缺。未几,海寇大扰,武进残破,其人举家罹害,不知所之,人咸多公之能以恬退获福也。公为人谨厚,澹于世务,生当一门全盛之时,伯叔五人皆成进士为显官,诸兄弟头角崭然名声蔚起,吴下论人才者有"三凤八龙"之目,宾客沓至,诗坛酒社无虚日,群羡为一时豪举。而公独萧然物外,布衣疏食,纸窗木榻,奉母萧夫人承欢养志以终天年。公年未四旬而有鼓盆之戚,人咸劝公续娶,公愀然曰:吾不忍诸儿复母事事人。遂绝意不再娶。晚年卜居邑之梅里,屋数椽,隙地三四亩,环屋皆碧梧翠竹,涛声山色映带左右,公吟咏其间,陶然自得。生平不妄交一人,与之接则蔼如也。与人饮酒,虽兴酣耳热怡怡温克终席不少乱。尝自言曰:一生光阴消沉于咕哔而不能博一第以继家声,惟兢兢为寡过之人而已。

有文名。周铭《松陵绝妙词选》卷二小传称:"君嗣乌衣世胄,小负俊才。晚年好为平淡之调,令读者回环无尽。"袁景辂《国朝松陵诗征》卷一评云:"广文诗纵笔所之,不事雕琢,是得太傅一体者。"

著作一种:《啸阮集》。《乾隆吴江县志》卷四十六书目、《光绪苏州府志》卷一百三十八艺文三著录。今佚。

作品今存:①诗五首:《赠彭道者》五律一首(载《沈氏诗录》卷五);《哭十五

弟》七律一首（载《沈氏诗录》卷五、《国朝松陵诗征》卷一、《江苏诗征》卷一百一十七）；《余十七岁时谱〈载桃曲〉一阕，今更三十七年于破簏见之，口占二绝》七绝二首（载《沈氏诗录》卷五）；《感赋》七绝一首（载《沈氏诗录》卷五、《国朝松陵诗征》卷一、《江苏诗征》卷一百一十七）。

②词三首：《贺新郎·紫牡丹开觅尊赏之》一首；《虞美人·五十自寿》一首；《满庭芳·乐寿堂寓意》一首。（以上三首均载《松陵绝妙词选》卷二）

此外，曾谱《载桃曲》一阕。今存诗中有题云："余十七岁时谱《载桃曲》一阕……"今佚。

交游可考者有袁黄。

袁黄，生平详见上文沈士哲条中。自籍曾师从之，事见《沈氏家传·啸阮公传》。

（五）沈自继

沈自继，字君善，号宝威，别自号碍影居士。沈文十世孙，沈玼次子。据《沈氏家谱》卷五记：生于明万历十三年（1585）正月十日。治《书》，补平湖县庠生。国子监生。卒于清顺治八年（1651）九月八日，年六十七岁。子一：永启；女四，幼女关关与永启皆有文名。

性耿介，不喜俗。清王晫《今世说》卷八·简傲云：

> 沈君善，性不喜俗。尝持不语戒，手悬一牌，上镌"不语戒"三字。有贵人访之，曲致殷勤，君善瞠目直视，出牌示之，不交一语。贵人去。适周安期、顾茂伦及其弟留侯来，相与倾倒，雄辩四出。或讥其太过，君善指其口曰："天生我口，不解与伧（父）语；见快人不与语，又安用我口耶！"

中年后喜佛事。《沈氏家传·宝威公传》："初，公尝懋所公谒高僧紫柏莲池，悦之，欲弃家佛学。年三十即为祝发图以见志，后竟作浮屠。以紫柏莲池皆姓沈，镌私印曰'江东沈姓第三僧'，遂隐居平圩……"曾作诗自道志趣云："为逃名姓事逃禅，貌得维摩亦偶然。老去心斋只素位……梵书药灶自年年。"①沈自征亦为之作《祝发像序》及诗十首。

工诗词，尤嗜音律。周铭《松陵绝妙词选》卷一小传：

> 君善词多集唐人句为之，非强记深思，不能至也。若其转换自然，无复补缀之迹，虽使秦、黄再起，殆无以过。

殷增《松陵诗征前编》卷七：

> （君善）尤嗜音律，与从兄鞠通生辑《南词新谱》盛行于时。

《沈氏家传·宝威公传》：

> 多读书，有雄辨，好为骈体文，千言不休，为诗词喜集唐人句，一如己出。

《道光苏州府志》卷八十四沈玒传附见。

著作二种：

①《平圩集四种》。《乾隆吴江县志》卷四十六书目、《乾隆苏州府志》卷七十六艺文二、《光绪苏州府志》卷一百三十八艺文三著录。今佚。

②《针史》。未见著录。《松陵女子诗征》卷十一："杨卯君，字云和，沈自继副室。《词苑丛谈》：'卯君，沈君善之侧室。工于绣佛，名流多题咏之作。君善辑《针史》行世。'"未见。

作品今存：①诗十首：《酬君嗣弟》七律一首；《东郡将归适大兄至话别次韵》七绝一首；《春日病怀次陆泰交韵》七绝一首；《避地平湖寓怀兹竹屋岁暮将归留别》七绝二首；《和友人洞庭游草》七绝二首；《自题祝发小像》七绝二首；《题周安期小照》七绝一首。（以上十首均载《沈氏诗录》卷五，《酬君嗣弟》一首又见于《松

---

① 《酬君嗣弟》，《沈氏诗录》卷五，清乾隆刻本。

陵诗征前编》卷八）

②词七首：《西江月·杨长倩卜居西郊谱赠》二首；《南乡子·寿神宇从兄七十》一首；《南乡子·"香饭进胡麻"》一首；（以上四首均载《松陵绝妙词选》卷一）《临江仙·哭僚婿张原章》三首（载《松陵绝妙词选》卷一，其中"蜀魂啼来春寂寞"、"万户千门成野草"二首又见于《古今词选》卷三、《笠泽词征》卷二十七）。

③散曲三首：[南南吕宜春令]《自题祝发小像》套数一篇（载冯梦龙《太霞新奏》卷六）；[南正宫芙蓉满江]"鱼肠死建文"套数一篇，[南正宫太平小醉]"朝槿，将花哭损"小令一篇（载沈自晋《南词新谱》卷四）。

④词赋《亡妹宛君叶安人哀辞》一首（载《午梦堂集·鹂吹附集》）。

⑤文一篇：《重辑南九宫十三调词谱述》（载《南词新谱》卷首）。

交游可考者有僧人紫柏莲池，文学家周永年、顾有孝、吴有涯、叶绍袁、毛莹、顾咸正、杨廷枢、薛寀、杨长倩、冯梦龙等。

周永年（1582—1647），字安期。吴江人。生平见上文沈珣条中。自继有《题周安期小照》七绝一首，打趣为之。据清王晫《今世说》记，永年与自继为至交，常聚于自继舍，"相与倾倒，雄辩四出"。同为吴中非世俗礼法之辈。

顾有孝（1619—1689），字茂伦，号雪滩。吴江人。徐汝璞《怀顾茂伦》诗注云："有孝，吴江人。弃诸生，好客破家，工诗……尝自称'雪滩钓叟'。"①与沈自继义气相投，亦为倾心交往者之一，事见《今世说》卷八。有孝著述甚富，有《雪滩钓叟集》、《乐府英华》、《风雅嗣响》、《松陵文起》、《骊珠集》、《纪事诗抄》等。

吴有涯，字茂申。吴江人。明天启七年（1627）举人。历官平阳县知县，广西道御史。天启间（1621—1627）加入应社。清初，与沈自继诸人同隐吴县邓尉山。有涯赠自继诗今存《题沈君善平坵书屋》一首。诗云："浮生欲歇不须阑，尝笑英雄老备棺。野浦感忙年送莫，长天鹤小昼飞寒。绿窗薜荔藤牵画，紫架蔷薇花拂

---

① 袁景铬《国朝松陵诗征》卷十八，清乾隆刻本。

冠。转眼百年人吊古,未知将作若何看。"① 书屋即人,诗篇写出了沈自继的志趣与心境,结句略见悲凉,大概是因身处末世所致。有涯著述仅《客编》一卷,今未见。

叶绍袁(1589—1648),字仲韶,别号天寥。吴江人。明天启五年(1625)进士。明亡后,他与沈自继等人同隐吴县邓尉山为僧。另据叶绍袁《天寥自撰年谱》记载,明崇祯九年(1636)时,沈自继又曾与他及周永年、沈自然诸人游浙西天目山避暑。叶绍袁著有《叶天寥四种》、《秦斋怨》诗集等。其妻即沈珫长女、自继之妹宜修。

毛莹(1594—1670以后),字休文。吴江人。其父毛以燧曾师事自继伯父沈琦,事见上文。莹少有才学,工诗文词曲,著有《晚宜楼集》、《竹香斋词》。据叶绍袁《甲行日注》记。清顺治三年(1646),他与沈自继同遁隐吴县邓尉山。二人的文字交往,未见于集中。

顾咸正(1591—1647),字端木。昆山人。据见张大复《梅花草堂笔谈》卷十三记,万历四十四年(1616),与里中诗友张大复、归世昌等结雪堂社。又据叶绍袁《甲行日注》记,清顺治三年,他与沈自继、毛莹等一同遁隐吴县邓尉山。次年,他被清吏捕至南京遇害。② 所撰未有集。

杨廷枢(1595—1647),字维斗。吴县人。天启五年(1625),与太仓张采、张溥、金坛周铨、长洲朱隗等结成应社,有文名。明亡后参与抗清活动。清顺治三年,与沈自继同遁隐邓尉山,以示抗清之志。次年,他因吴胜兆事件被捕遇害③。著有《古柏斋集》。二人的文字交往,尚未见。

薛寀(1598—1659以后),字谐孟。武进人。明亡后,与沈自继同遁隐吴县邓尉山。据见顾炎武《亭林诗集》卷一记。清顺治四年(1647),清兵入山搜捕遣

---

① 《道光苏州府志》卷一百四十三。清道光刻本。
② 见《石匮书后集》卷三十二,清刻本。
③ 《石匮书后集》卷二十八,清刻本。

民,以僧装得免。顺治八年(1651)还里。著有《岁星集》、《堆山诗余》、《鱼罾忆录》、《山阳录》、《薛谐孟笔记》等,又曾为陈济生《天启崇祯两朝遗诗》撰序。二人的文字交往,未见于集中。

紫柏莲池,沈姓,吴江人。多与士大夫交往。自继随父谒之,遂有弃家学佛之意。据《沈氏家传·宝威公传》记,自继三十岁即为祝发图,并题诗二首,中云:"不知孔氏何形状,愿脱头冠与白云","由来举止非闲雅,且作头陀不系身"。皈归佛门之志极明。后,自继终入佛门为僧,镌私印曰"江东沈氏第三僧"。这些皆与紫柏莲池对他的影响有某种直接的关系。

杨长倩,吴江人,能诗文词。沈自继有《西江月·杨长倩卜居南郊谱赠》二首,有句云:"莫问吴趋行乐,到来诗且同吟。人依古堞坐禅深,灞上金尊未饮","心事数茎白发,一生判却归休"。既是为杨氏写意,也道出自己身入佛门后的心境。

冯梦龙,字犹龙。生平详见上文沈璟条中。冯氏与吴江沈氏世家的关系很密切,相交者亦多。他与沈自继的交往,有文字直接记载的见于沈自南《重定南九宫新谱序》,云:"岁乙酉(清顺治二年)之孟春,冯子犹龙氏过垂虹造吾伯氏君善之庐,执手言曰:'词隐先生为海内填词祖而君家学之渊源也。《九宫曲谱》今兹数十年耳,词人辈出,新调剧兴。幸长康作手与君在,不及今订而增益之,子岂无意先业乎?'"经冯氏敦促,自继助从兄自晋完成了增订《南词全谱》一事。

(六)沈自征

沈自征,字君庸。沈文十世孙,沈珫第三子。据《沈氏家谱》卷五记:生于明万历十九年(1591)十月一日。治《书》,补邑庠生。国子监生。崇祯十三年(1640)特荐贤良方正,内召同甲科录用。卒于崇祯十四年(1641)十月二十四日,年五十一岁。子二:永卿、永群;永群有文名。庄一拂《古典戏曲存目汇考》云"生卒年未详,约明崇祯中前后在世",不确。

生平见于邹漪《沈文学传》、《乾隆吴江县志》卷三十二《沈自征传》、《沈氏家传·君庸公传》等。沈自征天资颖悟,过目成诵。少年即自负,喜谈兵,为大言。其父授以田五十亩,而尽弃之,得二百金,赒周亲飨宾客立尽,慷慨之性如此。

天启末年,沈自征"历游西北边塞,窥其形胜还……于山川陆原要害,如视诸掌。居京师十年,为诸大臣等画兵事,皆中机宜,名声大振。"①这一时期,沈自征所为要事莫过于说蓟辽督师袁崇焕入京城一举,事在崇祯三年(1630),邹漪《沈文学传》记之甚详:

> 时督师袁崇焕握重兵壁城下。疑其有外心,大司马募士能入袁营探实者,予上赏。公慨然应募。司马欲予骑三百,公曰:"不可。崇焕无反心,某往必不敢加害,苟欲害某,三百骑亦不能救,徒滋疑耳。如崇焕敢杀某,则反状明白,公即知所备矣。某又何惜一死报君父!"司马乃授以令箭,夜缒城出,至袁营,厉声呼曰:"大司马有语致督师!"诸军注弓执矢欲射,视之一人耳,乃不疑,令入。公说曰:"天子新践祚,即不次擢公,可谓公知己。固知公必不负朝廷,但公列营城外而不入朝,天下何从识公忠诚哉!台省含沙,明主投杼,公族无噍类矣。且公往杀毛文龙,人已疑公……稍不尽节,天下且争脔公肉矣,公不畏欤!"崇焕改容谢,请即日入朝。公曰:"误矣。城中人情汹汹,苟骤焉入朝,此卢杞所以阻怀光也。俟某入城具以情告,而后进,则群疑尽释,公安于泰山矣。"崇焕唯唯,惟命公具道所以于大司马。于是天子始召见崇焕,赐貂裘、玉带,慰安之。②

其后,崇祯中反间计,继召袁崇焕,下狱将其杀害,此实与沈自征已毫无关涉。《乾隆吴江县志》卷三十二《沈自征传》曾为自征辩此事,云:"按叶志(指叶绍袁撰《吴江县志》)《自征传》载其应大司马之募说袁崇焕入朝,因以崇焕之得正法

---

① 《乾隆吴江县志》卷三十二,清乾隆刻本。
② 《启祯野乘》,民国铅印本。

为自征一说为力。今考之明史，崇焕之赴援有功无罪，特为本朝所间，故庄烈帝召而诛之，则自征之用说误也。又崇焕始至，帝立召见，深加慰劳，初未有拥兵不朝之疑。既都人以骤遭兵怨崇焕，而谤其纵敌拥兵，帝闻乃不能无惑，故本朝之间得行。是自征用说当在此时，然当时廷议恐其拒命，而崇焕本无他意，则其请入朝，亦岂尽由自征陈说大义之力乎？"

自征多计谋，任侠负气，排难解纷，公卿达官争召之。《沈氏家传·君庸公传》载："当庄烈帝（崇祯）之入继熹庙也，公为翰林某撰拟劝进笺，而院长谓必以厂臣拥戴为主，属某改之。厂臣者，魏忠贤也。公闻而愤甚，语某曰：'此灭族计也。劝进有不出天下臣民之公者乎？岂惟不可改，宜更即录一周送阁，设他人改之，英主责问，明公犹可凭阁稿为湔洗地。'某大悟，乃力争诸院长而止。及忠贤败，而某愈服。"又曾为兵使张椿计平复遵化、永平两县。事成之后，慕鲁仲连之为人，长揖策蹇去。性亦疏荡，居京期间，人"或见名媛丽姬数十环侍，极绮罗歌管之胜；或见其独卧败席，灶上惟盐虀数茎；又或见峨冠大盖，三公九卿前席请教；又或见其呼卢唱筹，穷市井谑詈以为欢，终莫定为何如人"①。后归隐于邑之西乡，茨屋躬耕。崇祯七年（1634），御史叶绍颙巡按广东，时逢海寇为乱，遣使问策，自征为之策划而终使两广平定。后六年，朝中以贤良方正辟，自征不就，喟然曰："吾肆志已久，岂能带腰冠首受墨吏束缚耶？"②自征知天下将乱，"造渔船千艘，匿于湖"③，以备不虞。后其弟自炳、自炯收其船以集兵，参加吴中抗清义军。

其博学多才，为诗文立就，无定体，尤长于乐府。颇为论者称道。周铭《松陵绝妙词选》云："世所传《渔阳三弄》，其自寓也。读其词，所谓感慨悲歌，出于其性者哉。"徐釚《词苑丛谈》云："沈负才任侠。所著《霸亭秋》、《鞭歌伎》、《簪花髻》，名《渔阳三弄》，与徐文长并传。"王士正《古夫于亭杂录》云："吴江沈君庸自征作

---

① 《沈氏家传·君庸公传》，清同治重刻本。
② 《乾隆吴江县志》卷三十二，清乾隆刻本。
③ 徐鼒：《小腆纪年》卷十，清光绪刻本。

《霸亭秋》、《鞭歌伎》二剧,浏漓悲壮,其才不在徐文长下。"朱彝尊《明诗综》卷八十一云:"君庸亦善填词,所撰《鞭歌伎》、《霸亭秋》诸杂剧,慨当以慷。世有续《录鬼簿》者,当目之为第一流。"所言皆中肯之语。

著作四种:

①《脍残篇》。《乾隆吴江县志》卷四十六书目、《光绪苏州府志》卷一百三十八艺文三著录。今佚。

②《渔阳三弄》三卷,即《霸亭秋》、《鞭歌伎》、《簪花髻》三种杂剧。《乾隆吴江县志》卷四十六书目、《乾隆苏州府志》卷七十六艺文二、《远山堂剧品·妙品》、《今乐考证》等著录。今存《盛明杂剧》本,其中《鞭歌伎》一种又有《古今名剧合选·酹江集》本。

③《冬青树》传奇。未见著录。邹漪《沈文学传》:"君庸诗文散佚,闻有《冬青树》一剧,不减燕市悲歌,亦复化为异物。"今佚。

④《沈君庸先生集》二卷。未见著录。今存民国间北平图书馆抄本。无序跋,内收文三十篇,诗一百八十四首,词曲三十九首。

⑤集外文三篇:《鹂吹集序》,载《午梦堂集》卷一;《祭甥女琼章文》,载《午梦堂集·返生香附》;《鸳鸯梦小序》,载《午梦堂集》卷四。

又有散曲杂调[新样四时花]《燕都上元赠妓》小令一支及南北合套[双调新水令]套数一篇,分别载《南词新谱》卷二十五和《太霞新奏》。《沈氏诗录》收诗十四首,其中《徐中翰芦叶舟中即事二首》之一:"态是春云貌是莲"一首未见于集中。沈时栋《古今词选》卷六收[凤凰台上忆吹箫]《阅古今名媛诗集》词一首,亦未见于集中。据此可知今传抄本《沈君庸先生集》非完帙。

交游可考者有张椿、叶绍颙、马遐卿、陆启浤、黄履中、陈彦声、王孝仪、王家彦、高辅臣、刘时俊、陈剑南、徐清之、施垒山、严伯度、张深之等。

张椿,官永平副使。沈自征在崇祯初年曾入其幕府,为计复遵化、永平。事见邹漪《沈文学传》:"崇祯三年,遵化、永平破,副使张椿闻公知兵事,聘入幕府,公为计复遵、永。又慨然慕鲁仲连之为人,长揖策蹇去。"此又见载于《沈氏家传·君庸公传》。

叶绍颙,吴江人。官侍御史。慕沈自征之才,巡按广东时曾遣使问策。事见《沈氏家传·君庸公传》:"崇祯七年,同乡叶御史绍颙巡按广东,值海寇刘香作乱,遣使问策,公密函授计。于是绍颙悬招降令,说其党自相诛击,两广遂平。"此又见载于邹漪《沈文学传》。

马遐卿,长水人。与沈自征结社都中。自征《出塞杂咏寄都中同社》八首中其五注云:"寄马遐卿"。诗中写道:"遥挥广柳东中泪,为问衣桃树内情。笛里关山明月度,床头风雨佩刀鸣。飞扬两地悲歌发,散入胡天作楚声。"①可见彼此意气投合,心交甚深。自征另有《乙丑除夕同楚中王孝仪、李又聃、鹿城王开美、长水马遐卿、陆叔度分韵得中字》七律四首②、《春夜怀遐卿移居》七律一首③,及[如梦令]《琴生拥髻谈旧事诸子和哄不已竟潸然泪下明日遐卿出〈咏泪〉一阕相与和之》四首④,交往之密,历历可见。

陆启浤,字叔度,平湖人。贡生。著有《贲趾山房集》。与沈自征结社都中。自征自述"予与叔度向慕十年,而遇于燕市"。所作《出塞杂咏寄都中同社》八首其一、二注云:"寄陆叔度……","亦寄叔度……"其二写道:"燕市俄逢对黯然,五陵寒色锁愁烟。千篇孤愤惊初面,万死蓬飘各询年。操里商音谁最惨,世逢皮相总堪捐。相看别意无多问,去去天边落日悬。"⑤诗意慷慨悲凉,多燕赵豪气,若非知己,必难得此言语。自征又有《重阳前四日同陆叔度、吴平子集陈彦声斋限韵》七律二首⑥、《叔度移寓西城沙井分韵得江字》七律一首⑦,及《乙丑除夕同楚

---

① 见《沈君庸先生集》,民国抄本。
② 见《沈君庸先生集》,民国抄本。
③ 见《沈君庸先生集》,民国抄本。
④ 见《沈君庸先生集》,民国抄本。
⑤ 见《沈君庸先生集》,民国抄本。
⑥ 见《沈君庸先生集》,民国抄本。
⑦ 见《沈君庸先生集》,民国抄本。

中王孝仪、李又聃、鹿城王开美、长水马遐卿、陆叔度分韵得中字》七律四首①。此外,有《与陆叔度书》一篇②,这是回复陆叔度来札及诗章的,文中道:"弟执笔怅怅,不能出一语,捧读来札赠章,淋漓愤懑,歊泊如云,孤灯夜坐,再诵再歌,与边声相和。"时自征身在塞外,为挚友诗文所感,情不能已,继而写道:"不觉悢然失声,泪下盈把矣。嗟乎!叔度,天壤之间有兄有弟,得一知己……复何恨乎!"文中,自征还预见到天下将乱的发展事态:"……然边事日坏,大乱将作。八股味如鸡肋,奈何一朝有变,弟且短衣从戎去矣。吾兄间中亦一究心兵事,勿更作书生酸也。"数语无一字有书生气,且从戎之志自显其豪士刚骨。

黄履中,吴江人。工诗文,著有《冰蘖草》。自征与之有厚交,曾过访其斋,并为其诗文集作序;又有[新水令]套数一篇,题《黄履中燕都下第有掌珠之庆词以慰之》③,及《寄黄履中》五古长篇一首④,自注云:"时履中下第从燕都归,值有生儿之喜,诗以慰之。"在《黄履中冰蘖草序》⑤中,以前人论文之说,阐明了自己的文学观,其云:"子长曰:诗三百篇,大抵皆风人发愤之所作也。韩子曰:物不得其平则鸣。信乎!夫未哀之涕不足以动人,而非衷之言不能以自致,故非情之至者不足以语于天下之至文也。今夫天地郁极而思泄,故昭而为日星,贲而为草木,宇宙之规烂焉。……然士也,屡不得已始以其文鸣。其胸中之可骇、可愕、可悲、可涕之事,呃之不可,吐之不能,夫是以披发逃虚,避人若仇。时于巉岩绝壁之下,风雨晦明之时,拊膺恸哭,愤懑自书,吊无情之湘水,叩既烂之白石,慕古道之不存,慨今人之发立,而文士之笔锋较之剑光更烈矣!此皆不平而鸣之大概也!"这种主张以真情感为文章的观点,与李贽、汤显祖等人的真情说为一同调。自征因"吾友黄履中者从燕市落魄归,愤愤不平,多所感慨",故"相与浮白,狂歌为变

---

① 见《沈君庸先生集》,民国抄本。
② 见《沈君庸先生集》,民国抄本。
③ 见《沈君庸先生集》,民国抄本。
④ 见《沈君庸先生集》,民国抄本。
⑤ 见《沈君庸先生集》,民国抄本。

徽之声,而为之言如此"。此序即是一篇发于真情的文字,如泣如歌;胸襟之磊落豪壮,卓然可见。

陈彦声,一作陈彦生。沈自征诗友。今集中有《重阳前有四日同陆叔度、吴平子集陈彦声斋限韵》七律二首,及《满江红·送陈彦声》词一首。词下阕云:"华阳馆,芳尘绝;易水上,悲风咽。叹钟期已去,拟将弦绝。四海茫茫何处是,霜花点尽英雄发。算不如及早自髡除,休劳镊。"以钟期、子牙之交比二人之友情,从词意看,陈氏正不得遇于时,故以知己推重。

王孝仪,沈自征在京都时的诗友,互有赠诗。自征[桂枝香]《王孝仪重遇孙姬赋得仙吕五阕》套曲自注述其生平事迹云:"孝仪,楚人。旧于西湖恋一孙姬,忽遇于燕社中,各有赠。"①自征又有《乙丑除夕同楚中王孝仪、李又聃、鹿诚王开美、长水马遐卿、陆叔度分韵得中字》七律四首②,中云:"候断甘泉夜漏通,天涯犹得酒人同","短发刁骚乱似蓬,剑光零落酒杯中。且将浮白狂燕市,莫问图黄斗汉宫","不信飘零浊酒中,相逢何事病偏同。已知世态如风马,但有心期付冥鸿。铜狄消磨忘岁月,金羁憔悴怯春风。"诗极狂歌之至,写出自征与王孝仪等诗友落魄不遇、长啸燕市的情态。

王家彦,字开美,号尊五,莆田人。天启二年(1622)进士,擢刑科给事中,忠直敢言,数次弹击权贵,官至户部右侍郎。与自征交善于京都,自征有《乙丑除夕同楚中王孝仪、李又聃、鹿城王开美、长水马遐卿、陆叔度分别得中字》七律四首③。

高辅臣,即高七,大司马高营堂之子,弱冠高才,举孝廉。高营堂曾招自征游偏凉汀,自征作[满江红]词三首④,其二题《即席和高七》,其三题《再酬高七》。词中写道:"八乂才,君应接,雄风唱,蘋梢灭。"对高氏颇有几分倾慕。

---

① 见《沈君庸先生集》,民国抄本。
② 见《沈君庸先生集》,民国抄本。
③ 见《沈君庸先生集》,民国抄本。
④ 见《沈君庸先生集》,民国抄本。

刘时俊，生平见上文沈珣条中。自征有《勿所刘公以星使南来展谒闻关敬呈六律》①，自注云："刘旧令吴江。"诗中云："父老争看夹道迎，褰帷重喜使东停。共嗟给事组犹墨，却识忧时鬓渐星。"对刘氏的政绩称颂备至。据其六小注记刘氏亦过其斋，索其先伯画像哭之而去。

陈剑南，官参将。自征有《赠陈剑南参将》七言排律一首②。又有《闻陈剑南参戎之讣》七绝一首③，云："少年投笔事从戎，湖海豪情尽属公。今夜灯前数行泪，感恩不独为陈翁。"

徐清之，自征有《徐中翰芦叶舟中即事》七绝五首④，为一时寄兴之作。其四云："虎丘塔火夜层层，欲访真娘挈伴登。还笑钱塘苏小小，月明歌吹冷西陵。"诗当作于在吴中时。

施垒山，为学博。自征有《和施垒山学博送别韵》八首⑤。其与自征称肝胆之交，故自征和诗中有"剑客深情语更难，鹡鹩光淬仗谁看。酒酣拔向君前赠，一片冰心照夜寒""龙古双鞬识者难，荆心一片自相看。独怜三尺延津水，未出丰城夜夜寒"诸句。

严伯度，自征与之交善，自言："一日过伯度斋中，读其近稿，不觉猎心复萌，喜而欲跃。"⑥自征称其诗，为之序，文见于集中，题《严伯度诗序》。其中，论王（世贞）、李（攀龙）、袁（宏道）、钟（惺）一节，颇为精辟："夫诗犹禅也……任你非心非佛，我只即心即佛，善哉！诗至今日，亦未法会也。王、李之扫前人，与袁、钟之扫王、李，各自向孤峰顶上讨一片坐席。多少英雄欺人在乃矮人观场不知古人鼻孔所向，争入鬼窟中作活计。"他不满意当时的诗歌创作，讥为"狐涎满世""向蜗角国中展旗立马"，强调指出："夫诗情画理，妙在可解不可解之间，即如参学一

---

① 见《沈君庸先生集》，民国抄本。
② 见《沈君庸先生集》，民国抄本。
③ 见《沈君庸先生集》，民国抄本。
④ 见《沈君庸先生集》，民国抄本。
⑤ 见《沈君庸先生集》，民国抄本。
⑥ 《严伯度诗序》，见《沈君庸先生集》，民国抄本。

事,非不阶级分明,及其到处正不可思议。"其如此论诗,明显受到宋人严羽论诗的影响。

张深之,曾校正《北西厢》秘本。据今存本卷首"参订词友",自征曾参与其事。

(七)张倩倩

张倩倩,字倩倩,一字无为。沈文十世孙自征妻。生年失载。考《沈氏家谱》卷五"沈自征"名下记:卒于明天启七年(1627)十月二十二日,年三十四岁。由此推知,当生于万历二十二年(1594)。

生平见于沈宜修《表妹张倩倩传》、《沈氏家传·君庸公配张李两孺人合传》、《乾隆吴江县志》等。沈宜修《表妹张倩倩传》记之最详,云:

> 余季女琼章幼抚于妗母张氏,张字倩倩。余弟君庸之元配,即余姑之次女,余表妹也。……倩倩小余四岁,凡簸钱斗草,弄雪吹花,嬉游燕笑,无不同之……庚戌,倩倩年十七,三星入户,黄实宜家。姑以倩倩香缨既结,俗缘都完。……甲子,君庸为贫鬼揶揄,送穷无策,蒯缑一剑,北游塞上。时倩倩已将愁潘之年矣。居岑寂,兴怆怀人,感飞蓬之叹,赋采绿之章,恹恹抱病,忽忽多愁。丙寅,余伤其幽居无伴,邀至家中数月,尝言及炎凉世态,悲感不胜,相顾泣下沾衣。余因赠词,有"留语待王孙"之句,岂意王孙归时不能语矣。丁卯初夏,余于君晦家复与倩倩数日款接,然此时病已沉绵,郁抑不堪之状,余亦无可奈何。……忽于十月之二十二日,返驾瑶京,年三十有四岁,伤哉!……倩倩姿性颖慧,风度潇洒,善谈笑,能饮酒。生三女一子,俱早亡。以余季女琼章为女。琼章小时,即教之读《离骚》、古今诗词,故清才旷致,殊有妗母风焉。倩倩亦自工诗词,作即弃去,琼章生时所能记忆者止一二耳。余不忍忘,今并录之。有《咏风》云……又《忆旧》云……又《过行春桥》云……又《春日》云……词则有《忆秦娥》云……《浣溪沙》云……《蝶恋

花》云……其才情如此,岂出李清照下乎!

传中所记诗词,明清诸名家选本如《明诗综》、《列朝诗集》、《历代诗余》、《午梦堂集·伊人思》、《林下词选》、《国朝松陵诗征》、《笠泽词征》等多有辑录。

钱谦益《列朝诗集·闰集》《张倩倩传》称其才,并记沈、叶两大家族诸才女云:

> 倩倩,吴江士人沈自征君庸之妻,即宛君之姑之女也。宛君少长于其姑,倩倩小宛君四岁。明眸皓齿,说礼惇诗,皆上流女子也。倩倩归君庸,生子女,皆不育,遂女宛君之季女琼章。琼章凤慧,儿时能诵毛诗、楚辞,倩倩教之也。君庸少年裘马,挥斥千金,自负纵横捭阖之材,好游长安塞外。倩倩美而慧,幽居食贫,抑郁不堪。年三十四病卒。工诗词,作即弃去。琼章记忆其数首。琼章亡,宛君悼其女,追怀倩倩,为倩倩作传,并附琼章所记诗,附传中。

清代诗人陈文述《西泠闺咏》卷八有《行春桥咏张倩倩》七律一首,略可见文人追忆之心,诗云:"行春桥下水潺潺,曾记香车过此间。幽涧半湾山翠合,晚云一抹月华闲。雏莺学语娇双髻,蕃马牵愁堕两鬟。何事长征人不返,天涯空忆玉门关。"

《沈氏诗录》收其作品四首:《咏风》五绝一首;《忆宛君》七绝一首;《过行春桥》七绝一首;《偶题》七绝一首。

(八)李玉照

李玉照,字玉照。浙江会稽(今浙江绍兴)人。沈文十世孙自征继妻。生年失载。考《沈氏家谱》卷五"沈自征"名下记,卒于清康熙十八年(1679)十一月二十四日,年六十三岁。又《沈氏家传·君庸公配张李两孺人合传》云:"年二十五而君庸公卒,守节三十八年,抚其二子成名,年六十三而卒。"沈自征卒于明崇祯

十四年(1641)。由此推知,李玉照生于万历四十五年(1617)。

能诗,《沈氏诗录》称"诗词秀整,并嗣美张硕人(倩倩)"。

作品无集,今存:①诗十五首:《秋窗》五律一首;《丙戌秋日》五律一首;《杂感》七律四首;《寄远》五绝一首;《传阄》五绝一首;《挽宛君姑叶安人》七绝二首("三年空望剡溪船"、"想象风姿欲见难");《酬赵子惠次韵》七绝一首;《怀女弟来舒》七绝一首;《归鸦》七绝一首;(以上十三首载《沈氏诗录》卷十一,其中四首又见于《列朝诗集·闰集》)《挽宛君姑叶安人》七绝二首("生小愚痴不识愁"、"失姑谁是最亲人"),载《午梦堂集·鹂吹集》附集,又见于《松陵女子诗征》卷一。

②词四首:《渔歌子》"愁思萦怀懒赋诗"一首;《忆王孙》"幽闺深闭日如年"一首;《如梦令·夜坐》一首;《醉公子·忆梦中美人》一首。载《笠泽词征》卷二十一。

(九)沈自炳

沈自炳,字君晦,号闻华。沈文十世孙,沈珫第五子。据《沈氏家谱》卷五记:生于明万历三十年(1602)七月三十日。治《书》,补邑庠廪膳生。恩贡授中书舍人。卒于清顺治二年(1645)八月二十日,年四十四岁。子二:永荪、永筠,皆无文;女四,长女宪英、次女华鬘,皆有文名。

少有志操,为复社成员;明亡后,矢志抗清。《乾隆吴江县志》卷三十一节义:

> 沈自炳……在复社,号为眉目。崇祯甲申,福王立南都,诏求人才,自炳献赋阙下,以恩贡授中书舍人。复渡江往扬州,与弟自炯同参阁部史可法幕。居月余,可法谘才于自炳……自炳兄弟自扬州归,与易合谋,遂部诸乡民收其船以集兵。自炳乃更造箭艘,募水卒,别立营,与易为声援。后两军皆败,易亡走,自炳赴水死。

《明史》卷二百七十七:

易走太湖，与同邑举人孙兆奎，诸生沈自炯、自炳，武进吴福之等谋举兵。旬日得千余人，屯于长白荡，出没旁近诸县，道路为梗。……八月，大清兵至，易遂败走。……自炯、自炳、福之亦死焉。

名姓与事迹亦载入明吴应箕辑《复社姓氏》和清吴山嘉撰《复社姓氏传略》。"博学工文词，下笔千言立就"①，以词翰闻江左，颇为名家称之：

朱彝尊《静志居诗话》卷二十二："君晦，昆友。以词翰闻江左，倚声尤擅场……其近体过于秾缛，盖具体温、李、韩、韦者。"

周铭《松陵绝妙词选》卷二："沈自炳……家世清华，一门鼎盛，父子兄弟，皆擅词藻。所著诗余，如百宝流苏，光采焕发。惜全稿失传。阮亭先生云：'零膏余馥，座间犹留三日香。'诚惜之也。"

沈雄《古今词话·词话》下卷："虞山牧斋师语余曰：'沈中翰词数阕，最工香奁。……若其贞性劲节，固不可以柔情艳语测之耳。'余应之曰：'［清平调］起自太白，后遂绝响，至家闻华而始为抗稀，如"凤楼百尺远垂杨，暗送莺声促晓妆。太液胭脂流不尽，人间来作杏花光。""春日溶溶春夜阑，风流帝子惜春残。三千歌舞犹不足，令抱琵琶马上弹。"低徊无限，此非仅以宫词传之者。'"

著作一种：《丹棘堂集》。《乾隆吴江县志》卷四十六书目、《乾隆苏州府志》卷七十六艺文二、《光绪苏州府志》卷一百三十八艺文三著录。今佚。

作品今存：①文四篇：《伯姊叶安人宛君遗集序》（载《午梦堂集·鹂吹集》）；《梅花诗序》（载《午梦堂集·梅花诗》）；《返生香序》（载《午梦堂集·返生香》）；《哀威期甥文并诔》（载《午梦堂集·灵护附集》）。

②诗二十首：《送人入朝诗》五古一首；《乌栖曲》五首；《招隐》五古一首；《四

---

① 《沈氏家传·闻华公传》，清同治重刻本。

时白苎歌》四首;《七哀诗》五古一首;《豫章行》五古一首;《东遥遥》七古一首;(以上十四首载清陈济生《启祯两朝遗诗》卷九,后二首又见于朱彝尊《明诗综》卷七十六)《残春》五律一首;《寒食》七律一首;《芙蓉渡》五绝一首;《宫词》二首;(以上五首载《沈氏诗录》卷五)《吴江竹枝词》一首(载《乾隆震泽县志》卷三十三)。

③词十一首:《薄命女·闺情》一首;《柳梢春·春思》一首;《踏莎行·秋恨》一首;《更漏子·忆别》一首;《虞美人·春景》一首;《浣溪沙·秋闺》一首;《中兴乐·秋思》一首;(以上七首载周铭《松陵绝妙词选》卷二,后四首又见于陈去病《笠泽词征》卷五)《兰陵玉·秋日书怀》一首(载清沈时栋《古今词选》卷十二,又见于《笠泽词征》卷二十八);《玉楼春·秋怨》一首(载《松陵绝妙词选》卷二,又见于清顾贞观《今词初集》卷上、《笠泽词征》卷五);《南歌子·翠榭沾纤雨》一首;《清平调·"夜随凤辇上林园"》一首(以上二首载《笠泽词征》卷五)。

④词赋一篇:《甥女叶琼章哀词》(载《午梦堂集·返生香附集》)。

交游可考者有军事家史可法、吴易,文学家潘一桂、叶襄、方文等。

史可法(1602—1645),字宪之,一字道邻。祥符人。崇祯元年(1628)进士。福王立,以兵部尚书大学士督师扬州,兵败,被执不屈死。著有《史忠正集》。据《吴江县志》卷三十一记载,南明时,自炳与弟自炯渡江往扬州,同参史可法慕,"居月余,可法谘才于自炳"。其后,自炳与弟回吴江,兴兵抗清。

吴易(？—1646),字日生。吴江人。崇祯十六年(1643)进士。复社成员。生有臂力,跅弛不羁。福王时授兵部主事,监史可法军。唐王授兵部侍郎,进尚书。鲁王监国,封长兴伯,率领呈中义军抗清,兵败被俘死。著有《东湖倡和集》。自炳与弟自炯自扬州归后,遂与吴易合谋抗清,"自炳乃更造箭艘,募水卒,别立营,与易为声援。后两军皆败,易亡走,自炳赴水死。"①。事亦见载于《明史》卷二百七十七。

孙兆奎,字君昌。吴江人。天启间举人。崇祯二年(1629),与沈自炳、沈自

---

① 《乾隆吴江县志》卷三十一,清乾隆刻本。

炯同入复社。南明初,同吴易、沈自炳共谋起兵抗清。《明史》卷二百七十七:"易走太湖,与同邑举人孙兆奎,诸生沈自炯、自炳,武进吴福之等谋举兵。"兵败后,自炳等死难。兆奎"虑易妻女被辱,视其死而后行,故被获。械至江宁,死之"。

吴福之,武进人。南明初,自炳与之共随吴易起兵抗清,事见《明史》卷二百七十七。兵败后,福之与自炳一同死难。

戴之俊,字公务。长洲人。与沈自炳同年入复社。南明初,起兵抗清。《乾隆吴江县志》卷五十八:"吴易……起兵,诸生沈自炳、自炯与长洲诸生戴之俊合众应之。"清顺治四年(1647),之俊说清松江提督吴胜兆反清,事败,被清军捕杀。

潘一桂,生平见上文沈珣条中。崇祯二年,与沈自炳同入复社。彼此交往甚厚,一桂尝为自炳文集作序,甚称其才学文章云:"文章未坠,必有英杰以洗其懦。吾求于世十年所矣,乃今得吾君晦也。君晦出髫龀即以风雅自命,辔骚驭史,御其华而茹其实……故其赋若诗,观则锦罳,听则瑟琴,味则甘腴,纫则兰茝,温恭博大,望而知为太平之音,其破蛊蠹而归正始廓如也。"①

叶襄(?—1655),字圣野。吴江人。崇祯二年与沈自炳同入复社。著有《红药堂诗》。

方文,字尔止。桐城人。沈自炳诗友。《同治盛湖志》卷十一:"方文……工诗。素与吴易、沈自炳、徐矿、史元辈友善。申、酉间避兵来吴江,隐居汾湖及梅墩。以占卦垂纶饮酒赋诗为事。"

(一〇)沈自然

沈自然,字君服,一作君硕。沈文十世孙,沈珫第七子。据《沈氏家谱》卷五记:生于明万历三十三年(1605)二月十二日。治《书》,补邑庠生。卒于崇祯十五年(1642)十月五日,年三十八岁。无嗣,以兄自炳次子永筠为后。周绍良《吴江

---

① 《沈君晦集序》,见《乾隆吴江县志》。

沈氏世家》考之，但未详其生卒年。

为人耿介傲俗，有至性。《乾隆苏州府志》卷六十五："沈自然……有至性，孤峭绝俗。家贫虽蔬食不给，闭门讽咏不辍。于人少所许可。竟以苦吟眉发尽落。居母丧，神伤骨立，数月而卒。族人私谥'孝介先生'。"《乾隆吴江县志》卷三十二："自然于世所称贤豪长者，一语不合，辄谩骂去，以故名不出吴中。"名姓亦载明吴应箕所辑《复社姓氏》中，事迹不详。

工诗词，与潘一桂等号称"松陵五才子"。《乾隆吴江县志》卷三十二："沈氏世有文采，而自然独工歌诗。……所为诗与潘一桂、史元、徐白、俞南史齐名，号'松陵五才子'。"清徐釚《本事诗》卷七："君服才藻纷披，集多丽句。尝赋《双燕》云……《金屋》云……纤靡浓艳，驾轶西昆，不仅步温李后尘也。"叶燮云："君服工于诗，其诗摹李义山入堂奥。年未四十死，贫不能殓。世无退之，其穷更甚于东野矣。"①

身后家贫无子，稿多散失。《沈氏家传·君服公传》："妻严孺人素贤，以痛公故数月亦卒。又无嗣。诗稿散佚，至流落卖饼家，朱长孺见之，以钱易而归，竟无人能梓行之也，后又不知若何矣。"

著作二种：

①《来思集》七卷。《乾隆吴江县志》卷四十六书目、《乾隆苏州府志》卷七十六艺文二、《光绪苏州府志》卷一百三十八艺文三著录。今佚。

②《闲情集》。《乾隆吴江县志》卷四十六书目、《乾隆苏州府志》卷七十六艺文二、《光绪苏州府志》卷一百三十八艺文三著录。今佚。

作品今存诗一百零六首。《沈氏诗录》卷五从《明诗综》、《本事诗》等诸家诗选中共辑得九十四首（篇目略）。其余作品是：《哭亡姊叶安人》七律二首（载《午梦堂集·鹂吹附集》）；《悼亡甥叶威期》五古十首（载《午梦堂集·灵护附集》）；《周文襄公大翮东行》七言歌行一首（载《乾隆震泽县志》卷三十三）；《董姬哀词》

---

① 《乾隆吴江县志》卷三十三引，清乾隆刻本。

五言长律一首(载徐釚《本事诗》卷七);《四时行乐词》七首(《春词》:"消息东来入帝畿","燠簇欢娱斗锦营";《夏词》:"广庭闲敞树交柯","重檐曲槛对江津";《秋词》:"碧空无际月初圆","疏钟晓听隔云撞";《冬词》:"蜀锦困花问紫貂";均载清顾有孝《闲情集》卷五);《检卜孟硕遗集》五律一首(《乾隆盛湖志》卷十四引自《来思集》)。

交游可考者有文学家潘一桂、史元、俞南史、徐白、卜舜年、杨弘、祁彪佳等。

潘一桂,生示见上文沈珣条中。自然足不出里,唯与潘一桂诸人交厚,相往唱和,以诗文称吴江。《乾隆吴江县志》卷三十二文学:"自然……诗与潘一桂、史元、徐白、俞南史齐名,号'松陵五才子'。"彼此之文字交往,未存于集中。

史元(?—1648),一作史玄,字弱翁。吴江人。少有才学,屡困于场屋。与吴易、赵涣研习古诗文,成《东湖倡和集》。崇祯九年(1636),同顾梦游、葛一龙等人结社南京。在吴江时,与自然交厚,文名相埒,为"松陵五才子"之一。史元亦留心经济,"尝从水道至京师,作《河行往》一卷"①。所著有《弱翁诗文集》、《梅西杂志》、《松陵耆旧传》、《旧京遗事》及《玉花记》传奇。

俞南史,字无殊,自号鹿床山人。吴江人。诸生。其父俞安期与沈瓒有交往,见上文。南史诗"出以清空"②,与自然交,称名一时,为"松陵五才子"之一。明亡后,携家隐于乡,"与高僧遗老唱和为乐,不复知世事"③。后曾助顾有孝辑《唐诗英华》。著作有《鹿床稿》。

徐白,字介白。嘉兴人,后流寓吴江。徐汝璞《怀徐介白》诗自注中说他"既于庠,不专事制举业。雅工唐句,树帜于枫叶中"④。崇祯二年入复社。与自然为"松陵五才子"之一。著有《贞白斋诗集》十卷、《竹季庵诗抄》一卷、《寒秀亭词》一卷。自然今存诗中有《酬徐白见怀之作》七绝一首,云:"病余今日强登楼,积虑

---

① 《乾隆吴江县志》卷三十二,清乾隆刻本。
② 沈德潜辑《清诗别裁集》,上海古籍出版社1979年校点本。
③ 王豫辑《江苏诗征》卷十一,清道光刻本。
④ 袁景辂辑《国朝松陵诗征》,卷十八,清乾隆刻本。

经旬又早秋。风雨满天江岛上,与君相望一时愁。"①彼此交谊之真诚,卓然可见。

卜舜年(1587—1620),字孟硕。吴江人。"有隽才"②,但不遇于时。以词曲自娱,曾向吴中乐师习昆曲,并登坛演唱。亦能诗,著有《绿晓斋集》四卷,并《拾遗》一卷、《外集》一卷。舜年早卒,自然在《检卜孟硕遗集》诗中对他的不遇和早逝深为同情,诗云:"犹疑君尚在,编简识精灵。一世人独惜,千秋此独惺。云雷生变态,冰雪炤幽明。辽海无归鹤,空余宿草青。"③

杨弘,一作杨宏。江苏青浦人,后寓吴江,故周铭《松陵绝妙词选》卷二收录,并谓其词"构思窈曲,有架空之奇"。著有《认氍笠》传奇。自然有《寄杨宏》七绝一首,云:"当今词赋与谁论,闻说闲居久杜门。欲识伊人清绝处,蒹葭风雨一孤村。"④这诗也写出了他自己的生活与精神气质。

祁彪佳(1602—1645),字弘吉,号虎子。浙江山阴人。天启二年(1622)进士,授兴化府推官。崇祯中,累官右佥都御史,巡抚江南。南都失守后,绝食死。唐王时谥忠敏。著有《祁忠敏公日记》、《锭山堂曲品》、《远山堂剧曲》等。祁彪佳巡抚江南时,知自然文名,甚重之。《沈氏家传·君服公传》云:"山阴祁公彪佳,官吴中,雅知其才。每造请燕饮,商榷不倦。"祁氏称自然所作《寓言五十韵》"以赋手写作排调,宽然自裕,点染之工,高于元、白矣"⑤。自然曾至祁氏山庄,留下了《题祁侍御山庄四首》⑥,描写"远阁"、"岫海"、"梅坡"、"试莺馆"四景。又写有《送祁侍御巡历还朝暂归山阴兼述鄙怀三十韵》五言排律一首⑦,述二人交谊道:"投迹云霄近,论交宇宙观。一言鸣得意,片晷惜余欢。"诗以较多笔墨陈述了自

---

① 《沈氏诗录》卷五,清乾隆刻本。
② 《乾隆苏州府志》卷六十五,清乾隆刻本。
③ 《盛湖志》卷十四,清乾隆刻本。
④ 《沈氏诗录》卷五,清乾隆刻本。
⑤ 顾有孝辑《闲情诗》卷五注,清乾隆刻本。
⑥ 《沈氏诗录》卷五,清乾隆刻本。
⑦ 《沈氏诗录》卷五,清乾隆刻本。

己的境遇:"下士菁华少,衰宗意气单。远郊贫屋冷,小阁倦书摊。堤柳当风脆,池荷浥露团。霜摧木叶陨,烟冷角声残。砂砾青驴坂,波涛白鹭滩。沉寥秋雁迥,凄切夜虫酸。暗惜流光逝,空嗟姓字漫。"诗结句云:"此时酬德易,今日报恩难。王路无停轨,山舟溯急湍。寸心驰越甸,飞梦绕江干。"惜别之情和感恩之意,溢于言表。

王绾,自然与其曾游西湖,并作《同王绾西湖怀古》七古一首①。

(一一)沈自炯

沈自炯,字君牧。沈文十世孙,沈琉第八子。据《沈氏家谱》卷五记:生于明万历三十四年(1606)八月二十日。治《书》,补仁和县庠生。卒于清顺治二年(1645)八月二十一日,年四十岁。子二:永固、永古;女二。

好任侠,明亡后矢志抗清,兵败殉国。《乾隆吴江县志》卷三十一云:

> 君牧为诸生,有名。貌枯羸而性跌宕,好任侠,所交皆奇杰士。时四方兵起,自炯屡以救时切务陈当事,而东南尚晏安,人莫之用。末久,岁歉,乱民兴,自炯即所居杨墓村放行朱子社仓法赈贷贫乏,不数年,旁近诸乡民咸附焉。其在可法幕,见可法躬细务,遇人姁姁,以为非戡乱才,故去而归里。既辅易起事。以易不谨斥堠日置酒高会数谏不听,辄仰天号恸。及兵溃,亦赴水死。

《明史》卷二百七十七有传,详见上文沈自炳生平部分。

善记传文,并工词。《沈氏诗录》卷六小传:"君牧公……为文章立就。诸兄弟多习徐庾体而公独喜学司马子长,故其文有奇气。……著有《亡友五君传》、《贺铁庵传》、《兄君庸公传》,共七篇行世。论者比诸李太白《溧阳贞义女碑》、陈同甫《中兴遗传》云。"周铭《松陵绝妙词选》卷一:"君牧逸气坌涌,其词有楚风,固

---

① 《沈氏诗录》卷五,清乾隆刻本。

小山之匹也。"

著作一种：《亡友五君传》一卷。《乾隆吴江县志》卷四十六书目、《乾隆苏州府志》卷七十六艺文二、《光绪苏州府志》卷一百三十八艺文三著录。今佚。

此外有文二篇：①《贺铁庵传》；②《兄君庸公传》。据《沈氏诗录》卷六小传知，今皆佚。

作品今存：

①诗三首：《咏史》五古二首；《吴江竹枝词》一首。（载《沈氏诗录》卷六，前二首又见于殷增《松陵诗征前编》卷九）

②词一首：《雨霖铃·寄怀吴日生》。（载周铭《松陵绝妙词选》卷一）

交游可考者有军事家史可法、吴易，文学家戴之俊、祁彪佳等。

史可法，生平见上文沈自炳条中。南明初，自炯与兄自炳渡江往扬州，同参史可法幕，后"见可法躬细务，遇人姁妪，以为非戡乱才，故去而归里"①。

吴易，字日生。生平见上文沈自炳条中。自炯与兄去史可法还吴江后，遂辅吴易起事。不久，自炯"以易不谨斥堠日置酒高会数谏不听，辄仰天号恸"②。然而，自炯与吴易私情甚笃，此从其所作《雨霖铃·寄怀吴日生》词可见。词云："欲言难说，日长心困，遭我愁绝。乍寒乍暑天气，千端旧恨，一时重结。解语惟兄与我，扫乾坤英杰。破袭几度吊西风，刚肠百炼还空折。　迷离俗眼谁分诀，让时流浪卖张仪舌。情深业重问何？年销铄，可怜风月。争信千秋，偏许长卿，茂陵消渴。到不若，才尽江淹，赋同灰灭。"

孙兆奎，生平见上文沈自炳条中。崇祯二年，自炯与之同入复社；南明初，共谋起兵抗清，事载《明史》卷二百七十七。详见沈自炳条。

吴福之，生平见上文沈自炳条中。自炯与其同随吴易起兵抗清，事见《明史》卷二百七十七。详见沈自炳条。

---

① 《沈氏家传·君牧公传》，清同治重刻本。
② 《沈氏家传·君牧公传》，清同治重刻本。

戴之俊,生平见上文沈自炳条中。与沈自炯同年入复社,后又合众应吴易起兵,事载《乾隆吴江县志》卷五十八。详见沈自炳条。

祁彪佳,生平见上文沈自然条中。崇祯十七年(1644),自炯送祁彪佳至杭州,与之同游赤壁庵、万松龄。①

(一二)沈自晓

沈自晓,字君初,号天胺。沈文十世孙,沈玹第九子。据《沈氏家谱》卷五记:生于明万历三十七年(1609)十一月十九日。治《书》,补邑庠生。卒于康熙十二年(1673)十月二十四日。子五:永襄、永褒、永兖、永衮、永褎,皆无文;女二。

著述未有集。作品今存诗二首:《吴江竹枝词》二首。(载《沈氏诗录》卷六,又见于《国朝松陵诗征》卷九)

(一三)沈自南

沈自南,字留侯,号恒斋。沈文十世孙,沈玹第十子。据《沈氏家谱》卷五记:生于明万历四十年(1612)正月二十六日。治《书》,补邑庠生。崇祯九年(1636)举应天乡试三十九名。清顺治十二年(1655)进士,十五年后谒选山东登州府蓬莱县知县。卒于康熙六年(1667)六月十八日,时在任所,年五十六岁。子五:永仁、永义、永礼、永智、永信,多有文名;女五。

少孤,以苦学自立。《康熙吴江县志》卷三十五云:

> 沈自南……少孤,刻苦力学。崇祯丙子举于乡,益闭户读书,不问生产,知县叶翼云以真孝廉目之。甲申、乙酉间,隐居同里湖滨,绝迹城市,为《律陶诗》四十首以见志成。

性简傲自矢,为权势者诟病。清王晫《今世说》卷八:"留侯性简亢。尝谒大

---

① 见《祁忠敏公日记·甲申》,民国绍兴铅印本。

吏,雅闻沈名,以所作诗示之。沈览毕,盛称其居官。大吏曰:'以诗文示子,子称某居官何也?'沈曰:'知公勤于政事,那有闲心检点及此。'大吏甚衔之。"《乾隆吴江县志》卷三十二:"谒选授山东蓬莱知县。清介自矢,以恩抚民,而不能事上官。上官方求瑕索垢,适至邑谕民评知县罪,竟日无一人应者,益怒,遂劾免之。自南处之怡然,但书于坐隅,曰:问今之事,天与?其人与?以吾所行贫也,非病也。无何卒于官邸。"叶燮云:"玧与自南两世为真廉吏……"①

善谈吐,勤于著书,有文名:

《沈氏家传·恒斋公传》:"公为人风流潇洒,词令韶秀,有晋人风度。虽捷南官而淡于宦情,兀坐著书,不与世务。每当良朋聚会,饮酒赋诗,清言娓娓,彻夜不倦。"

《乾隆苏州府志》卷六十五:"自南与诸兄皆以文学有盛名,乡里以为美谈。"

清袁景辂《国朝松陵诗征》卷二:"明府不矜门阀,以著述为事。所撰《艺林汇考》,牧斋序而行之,推为经籍之禁脔,文章之囿田。其昆季并擅才子,而滋蓄深厚无出明府右者。于古人诗最爱陶公,其所作古今体,又独抒情性,不袭柴桑面月,可谓善学古人。"

著作九种:

①《艺林汇考》一百七十一卷。《乾隆吴江县志》卷四十六书目、《乾隆苏州府志》卷七十六艺文二、《嘉庆同里志》卷二十二书目著录。《沈氏诗录》卷七、清王旭楼《松陵见闻录》及《光绪苏州府志》卷一百三十八艺文三,均作"《艺林汇考》二十四卷"。《沈氏家传·恒斋公传》云:"所著有《艺林汇考》二百余卷……以卷帙浩繁,先梓三十八卷行世。"今存清康熙间刻本、《四库全书》本、中华书局影印四库全书本,皆二十四卷。康熙刻本卷首有钱谦益、程邑序。《四库全书总目提

---

① 《乾隆吴江县志》卷三十二引,清乾隆刻本。

要》:"是书凡五篇,曰栋宇、曰服饰、曰饮食、曰称号、曰植物。前有秀水陈鉴题记,去此书凡二十四篇,卷帙甚多,当时所刻止此,然切于人事者略备荒矣。……其所征引,率博赡有根柢。……所论颇得其实,故特录之杂考类中,不与他类书并列焉。"

②《历代纪事考异》四十卷。《乾隆吴江县志》卷四十六书目、《乾隆苏州府志》卷七十六艺文二、《嘉庆同里志》卷二十二书目、《光绪苏州府志》卷一百三十八艺文三著录。今佚。

③《明五朝纪事本末》十八卷。《乾隆吴江县志》卷四十六书目、《乾隆苏州府志》卷七十六艺文二、《嘉庆同里志》卷二十二书目、《光绪苏州府志》卷一百三十八艺文三著录。今存清抄本,不分卷。

④《乐府笺题》二十四卷。《乾隆吴江县志》卷四十六书目、《乾隆苏州府志》卷七十六艺文二、《嘉庆同里志》卷二十二书目、《光绪苏州府志》卷一百三十八艺文三著录。《光绪苏州府志》注明:"顾有孝同撰。"今佚。

⑤《妇人名字录》四卷。《乾隆吴江县志》卷四十六书目、《乾隆苏州府志》卷七十六艺文二、《嘉庆同里志》卷二十二书目、《光绪苏州府志》卷一百三十八艺文三著录。今佚。

⑥《恒斋诗稿》四卷。《乾隆吴江县志》卷四十六书目、《乾隆苏州府志》卷七十六艺文二、《嘉庆同里志》卷二十二书目、《光绪苏州府志》卷一百三十八艺文三著录。今佚。

⑦《酬赠草》一卷。《乾隆吴江县志》卷四十六书目、《光绪苏州府志》卷一百三十八艺文三著录。今佚。

⑧《集陶》一卷,一名《律陶》。《乾隆吴江县志》卷四十六书目、《乾隆苏州府志》卷七十六艺文二、《嘉庆同里志》卷二十二书目、《光绪苏州府志》卷一百三十八艺文三著录。共四十二首,今存九首,《沈氏诗录》卷七收入八首,袁景辂《国朝松陵诗征》卷二、王豫《江苏诗征》卷一百一十七收入二首,重《沈氏诗录》一首。

⑨《吴江竹枝词》一卷。《乾隆吴江县志》卷四十六书目、《嘉庆同里志》卷二十二书目著录。与蒋自远同撰。今佚。

今存作品还有：

①文二篇：《鞠通乐府序》（载《鞠通乐府》卷首）；《重定南九宫新谱序》（载《南词新谱》卷首）。

②诗十三首：《同韩倬次雪声远登快风阁兼寄怀绎堂》七律一首（载沈德潜《清诗别载》卷四，又见于《沈氏诗录》卷七、袁景辂《国朝松陵诗征》卷二、王豫《江苏诗征》卷一百一十七）；《述怀》五古一首；《赠陈言夏》五古二首；《和徐松之九日雨宿堆山园》五律一首；《空翠阁》五律一首；《闲情和某韵》七律一首；《岁暮寄怀姚文初、金孝章、徐介白、俞无殊、包朗威、安大已诸子》七律一首；《辛丑孟春五十初度》七律一首；《过东昌有感呈应畅赞》七律一首；《送宋既庭游越州兼寄荔裳兵宪》五律一首；《朱子葆招集烟雨楼赠黄冈杜于皇、梁谿黄心甫》七律一首；（以上十一首载《沈氏诗录》卷七，后二首又见于《国朝松陵诗征》卷二、《江苏诗征》卷一百一十七）《春暮钱宗伯牧斋过访因赠》七律一首（载《国朝松陵诗征》卷二）。

③词一首：《鹧鸪天·茗战》（载沈时栋《古今词选》卷三，又见于陈去病《笠泽词征》卷二十七）。

交游可考者有经学家陈瑚，文学家徐崧、宋实颖、姚宗典、金俊明、徐白、俞南史、包振、安夏、钱谦益、顾有孝、杜濬、朱鹤龄等。

陈瑚（1613—1675），字言夏，号确庵。太仓人。崇祯十五年（1642）乡试不第，其后"与门第子为居敬穷理之学，所著《圣学入门》、《四书讲义》……及诗歌古文，学者称'安道先生'"①。明亡后，避地昆山蔚村。自南有《赠陈言夏二首》，述二人交谊之欢云："携手适乐郊，流览足赋诗。花木明以瑟，一觞与共之。"②自南于明亡初年亦隐居乡郊，县志小传说他这时"为律陶诗四十首以见志"。赠陈氏

---

① 赵经达：《归玄恭年谱·顺治八年》，民国刻本。
② 《沈氏诗录》卷七，清乾隆刻本。

二首,题下自注云:"用陶公移居诗韵",可知当是属于律陶诗四十首中的作品无疑。

徐崧(1617—1690),字松之,一字臞庵。吴江人。"少从史元游,善诗,好山水"①。著有《臞庵集》、《百城烟水》、《缬林集》等。自南与之交往较多,存诗中有《和徐松之九日雨宿堆山园》五律一首。诗云:"尊酒论文地,满城风雨时。方床聊共对,破帽不教吹。交好人逾淡,秋深气益悲。暗窗灯欲尽,佳句几寻思。"②徐氏原诗,尚未见。

宋实颖(1621—1705),字既庭,号湘尹。长洲人。清顺治十七年(1660)举人。康熙初年官兴化县教谕。早年"饮香名一时,有江东独秀之目"。为人"醇静寡欲,动止俱有常则。……四方游士无不持谒到门"③。顺治六年(1649),与尤侗、汪琬、吴兆骞、顾有孝等结慎交社,为宗主,"提倡后学,士林重之"④。自南有《送宋既庭游越州兼寄荔裳兵宪》五律一首,极推重之。诗云:"匹马下苏台,钱塘春正开。煖消兰渚雪,看放越山梅。唱和皆南雅,登临重酒杯。风流新幕府,竚尔出群才。"⑤实颖所著有《老易轩文集》三十卷、《春秋拾遗》十二卷。

姚宗典,字文初。吴县人。举人。崇祯十一年(1638),与黄宗羲、吴易等百余人列名声讨阮大铖的《留都防乱公揭》。自南有《岁暮寄怀姚文初、金孝章、徐介白、俞无殊、包朗威、安大已诸子》七律一首⑥,结句云:"莫谓岁寒潦倒尽,尚余诗句动乡关。"可知彼此常作诗文交。宗典著有《鱼目笑》、《雯庵集》、《启祯存是录》、《门户志略》等。

金俊明(1602—1675),字孝章,号耿庵,又号不寐道人。吴县人。好录异书,工诗能书,长于画梅。著有《春草闲房诗集》、《阐幽录》等。自南有诗寄赠,见

---

① 《道光苏州府志》卷一百,清道光刻本。
② 《沈氏诗录》卷七,清乾隆刻本。
③ 王晫:《今世说》,民国铅印本。
④ 沈德潜辑《清诗别裁集》,上海古籍出版社1979年校点本。
⑤ 《沈氏诗录》卷七,清乾隆刻本。
⑥ 《沈氏诗录》卷七,清乾隆刻本。

上文。

徐白，字介白。生平见上文沈自然条中。自南有诗寄赠，见上文。

俞南史，字无殊。生平见上文沈自然条中。自南有诗寄赠，见上文。

包振，字朗威。崇祯十五年(1642)举人。"不慕世荣，筑草堂于砚山，啸歌自得，诗亦跌宕自喜"①。著有《研石山房诗草》。自南有诗寄赠，见上文。

安夏，字大已。无锡人。著有《九龙山樵诗》。自南有诗寄赠，见上文。

钱谦益(1582—1664)，字受之，号牧斋，晚号蒙叟。常熟人。万历三十八年(1610)进士，授编修，参加过东林党活动。崇祯初官礼部侍郎。南明弘光时为礼部尚书。清兵南下后仕清，顺治三年(1646)辞归。居家著述至终，有《初学集》、《有学集》、《投笔集》，及编《列朝诗集》。清顺治十八年(1661)，自南著《艺林汇考》成，请钱氏作序，应之。钱氏在《艺林汇考序》中极称赞自南的学识文章云："松陵沈子留侯，珪璋特达，博达今古。端居多暇，弋猎群流。撰次一书名曰《艺林汇考》，网罗典故，包括琐碎……书成就正于蒙叟……"②在此前，钱谦益曾过访自南处，自南作有《春暮钱宗伯牧斋过访因赠》七律一首③，诗后自注云："《艺林汇考》欲求先生弁言。"诗中流露了对钱氏过访的十分欣喜之情："登仙曾羡李膺舟，何幸停桡复此留。……花飞江上御泥燕，柳绾亭边狎浪鸥。拟得三都待题品，当时元晏最风流。"

程邑，长洲人。与自南交厚。为《艺林汇考》作序④，称其书"其功于缀文采藻之家岂浅也"，又云"吾友留侯于古人书无所不读，既高宴曲江，犹横经芸室"，并重沈氏才学与人品。

顾有孝，生平见上文沈自继条中。与自南有诗文交，所作有《寄赠沈留侯偕小阮北上》七律一首，云："春风杨柳拂行舟，有美联翩共远游。入洛陆机新作赋，

---

① 《松陵诗征前编》卷八，清光绪重刻本。
② 《艺林汇考》卷首，清康熙刻本。
③ 《沈氏诗录》卷七，清乾隆刻本。
④ 《艺林汇考》卷首，清康熙刻本。

依刘王粲故多愁。旧京珠履三千士,荒冢冬青一十秋。湖上好山无恙在,独持卮酒对群鸥。"①

杜濬(1611—1687),初名绍先,字于皇,号西止,晚号茶村老人。黄冈(今湖北黄冈)人。家江宁。明副贡生。性简傲,尤恫有"杜陵布衣踞词坛,白首骂座伧与蛮"②诗句形容之。曹秋岳谓:"论诗于今日布衣之士,吾必以杜于皇为巨擘。"③著有《变雅堂诗文集》九卷。自南有诗寄赠,题为《朱子葆招集烟雨楼赠黄冈杜于皇、梁谿黄心甫》。诗云:"天涯兄弟几相过,今日同登俯逝波……狂来自分多新态,老去谁怜有醉歌……"④据诗意看,彼此交谊不薄。

朱鹤龄(1607—1683),字长孺,号愚庵。吴江人。工诗文,兼通词曲,在清初文坛上颇有名。与顾有孝交厚,合著《乐府题笺》二十四卷,又辑徐白、曹学佺诸人诗为《寒山集》。著有《愚庵小集》十五卷。长孺与自南过从较多,曾至其斋,留下了《题沈留侯村斋》七律一首,云:"踏尽溪云草径斜,乱烟茅屋野人家。竹间乳雀翻庭翠,槛外闲鱼蹴浪花。尽日采霞供笔格,有时招云护兰芽。即看此地饶濠濮,岂羡云门与若耶。"⑤诗中描述了自南居斋的环境特色,传写出主人高旷脱俗的气质。

郭濬,字彦深。海盐人。天启间,自南与之逢于杭州,共游西湖,论当世音律名家。郭氏极推重沈自征、沈自晋二人,以为非古名家不能。⑥

(一四)顾孺人

顾孺人,名字不详。沈文十世孙自南妻。诗人顾有孝姊。生年失载。考《沈

---

① 《今诗箧衍集》卷十,陈维崧编,清乾隆刻本。
② 《江苏诗征》卷一百〇二,王豫编,清道光刻本。
③ 《江苏诗征》卷一百〇二,王豫编,清道光刻本。
④ 《沈氏诗录》卷七,清乾隆刻本。
⑤ 《愚庵小集》卷五,朱鹤龄著,民国铅印本。
⑥ 见沈自南《鞠通乐府序》,民国刊本。

氏家谱》卷五"沈自南"名下记:"康熙辛未年五月十日卒,年七十九岁。"辛未,乃康熙三十年(1691)。由此推知,顾孺人生于明万历四十一年(1613)。

《沈氏诗录》称其文学云:"素不以诗词名,然有才思。尝泳墨绣[锦缠道]一阕,检讨徐先生釚极称之。"《嘉庆同里志》卷十七名媛有传。

作品无集。今存诗二首:《夏日偶吟》七绝一首;《石湖晚渡》七绝一首。均载《沈氏诗录》卷十一,又见于《国朝松陵诗征》卷二十、《松陵女子诗征》卷一。

曾作《锦缠道·墨绣》词一首,今佚。

(一五)沈自东

沈自东,字君山,自号恬静公子。沈文十世孙,沈玒第十一子。据《沈氏家谱》卷五记:生于明万历四十年(1612)十二月十一日。治《书》,补嘉善县庠生。卒于康熙二十七年(1688)十二月二十一日,年七十七岁。子三,长子永孝有文名;女三。

生平事迹见《沈氏家传·君山公传》等。性淳谨,有儒者之风。《乾隆吴江县志》卷三十三:"沈自东……为人孝悌,淳谨好学,能诗文。少为诸生,乙酉后杜门著书,人犯之不与校。……门内肃然,论者以为有万石君家风。殷增《国朝松陵诗征》卷二评其人其作云:君山与兄齐名,诗亦相当,忠义事必表以后俗。读《孙供奉》一章,其觥觥岳岳之概,可于纸上遇之矣。"并引诗论家叶燮评语云:"君山小时,有客诗中称木为卉,或非之。君山曰:诗云'山有嘉卉,侯栗侯梅',然则诗亦非耶?客服其英敏。"

著作一种:《小斋杂制十一种》。《乾隆吴江县志》卷四十六书目、《乾隆苏州府志》卷七十六艺文二、《光绪苏州府志》卷一百三十八艺文三著录。《光绪苏州府志》并列出十一种细目,即《戊己新编》、《群书备问》、《群书辨讹》、《医学博议》、《丹扆箴》、《撰美篇》(一名《千姓类编》)、《七晋》(一名《贞志赋》)、《文赋》、《墨绣赞》、《孤山竹阁集》、《湖滨步月集》。《沈氏诗录》卷七小传:"有《小斋杂制》十余种,惟《贞志赋》(一名《七晋》)、《丹扆箴》、《撰美篇》刊行于世。"今佚。

作品今存诗四首:《闲居书怀拟陶彭泽》五古一首;《怀上虞李木仙》五古一首;《读朱子文集》五律一首;《孙供奉》五古一首。(以上载《沈氏诗录》卷七,后一首又见于《清诗别裁集》卷三十五、《国朝松陵诗征》卷二)

(一六)沈宜修

沈宜修,字宛君。沈文十世女孙,沈珫长女,同邑叶绍袁妻。生卒年未见于《沈氏家谱》记载。沈自征《鹂吹集序》云:"呜呼!余安忍序吾姊哉!姊长余一岁……十六而归仲韶。"叶绍袁《亡室沈安人传》云:"沈氏名宜修,字宛君……十六岁归于余。"据《沈氏家谱》卷五记,沈自征生于明万历十九年(1591);又据沈宜修《表妹张倩倩传》:"乙巳,余于归。"乙巳,即万历三十三年(1605),由此推知,沈宜修生于万历十八年庚寅(1590)。此与叶绍袁《叶天寥年谱》万历二十六条所记"沈宛君……宪副懋所公女也,庚寅二月十六日生"相吻合。卒年,据叶绍袁《亡室沈安人传》记:"乙亥秋。书《楞严经》,资太宜人冥福,适遂遘疾,疾竟不起也。……九月四日,犹与余对谈,但稍气弱耳。至子夜,息如睡者,须臾侧卧而逝。"乙亥,即崇祯八年(1635)。周绍良《吴江沈氏世家》考之,但未详其生卒年及著述;又云"沈珫的最长似乎是女儿,名宜修",不确,考《沈氏家谱》,沈宜修有兄长自曾、自继二人,详见上文沈珫、沈自继条。

自幼"通经史,尤娴风雅"①。万历三十三年(1605),与同邑叶绍袁成婚。生三女:叶纨纨、叶小纨、叶小鸾,皆务才,人"尽称令晖、道蕴,萃于一门"②。生平事迹详见叶绍袁《亡室沈安人传》:

沈氏名宜修,字宛君,宪副沈公长女。(公讳珫。)八岁丧母顾恭人,茕茕

---

① 《沈氏诗录》卷十二,清乾隆刻本。
② 沈雄:《古今词话·词话》卷下,词话丛编本。

媛妖,即能秉壶政,以礼肃下,闺门穆然,从父少参公甚异之。(公讳瓒。)公与先大夫同籍,雅深契厚,语先大夫曰:"家季玉有女,(宪副公字。)甫后弄书之岁耳,母亡而条条媞媞如也,长必贤,是有贵征,曷以字若子。"先大夫喜甚,即为余缔襁褓之盟焉。十六岁归于余,顼然而长,鬓泽可鉴。先太宜人孤灯子影,借以娱色,爱逾于女,昕夕非妇在侧,滫瀡弗甘也。性好洁,床屏几榻,不得留纤埃。经史词赋,过目即终身不忘。喜作诗,溯古型今,几欲追步道蕴、令娴矣。时先大夫早谢世,宦橐如霜明,身后几不能谋生。强宗悍族,又以余弱子,日寻诸穿墉,以故太宜人望余,不啻朝青霄而夕紫闼也。恐以妇诗分呫哔心,君因是稍拂太宜人意。君既不敢违太宜人,又悃悃然恐失高堂欢也,清宵夜兰,衫袖为湿,其性孝而柔如此。

余少时,携簦笈,从游若思诸群子,肄业为常,不甚居家中,即居家中,亦不敢一私入君帏,非太宜人命,寒篝夜雨,竹窗纸帐,萧萧掩书室卧耳。盖太宜人止余一子,且又早孤,然爱深训挚,以慈闱兼父道焉。即通籍后,余夫妇夔夔斋栗,三十年一日也。君因太宜人不欲作诗,遂弃诗,清昼虚寂,闲庭晏然,彤管有炜,兀兀为余录帖括耳。余时发愤下帷,覃精伏生之书,每一义就,即倩君指下,哀积成帙,友人览者,靡不叹卫夫人遗风,端丽可爱也。时家季若与余比庐而居,同席而学。余文,妇书之;季若文,亦其妇书之,兄弟相对语此,亦贫士一乐。今我两人俱幸成进士,徼半通之纶,荣施及妇,而两妇俱于一岁中相继沦殒,天欤何哉!

君明鉴量宏,节概美志,行乐慷慨,外父冰蘗苦操,甚无奁具,君大度豁如也。有友人计营一椽,殊生束皙之叹,私筹于余,余曰:"我母严,我弗敢言,当谋诸妇耳。"私念妇又鲜嫁时资装,奈何!试与之言,君曰:"贫友以急告,而不能周,愧也。"即脱簪珥,鬻数十金予之。余曰:"去此,君箱箧益空,宁无怨色?"君曰:"桓少君鹿车布裳固自可,君何弗及鲍宣。"余喜谢曰:"异日当以翟冠翠翘、霞裾珠帔报若德耳。"君笑曰:"我哀王孙而进食,岂望报乎？且既委身于君,翟茀珩璜分也,又何云报？"君既婉娩太宜人左右,柔颜曼色,蔵菅繁綦之属,晨昏无少离。丙夜,太宜人犹刺刺女红不休,君不以罢或先止,太宜人命之入,乃入,然摅幽寄慨、黯风飒雨时,莺花写闷,雁影搞愁,方絮尺蹏,盈匧格矣。太宜人雅命小婢侦之,云"不作诗",即悦；或云"作诗",即䫤䫤形诸色。君由是益弃诗,究心内典,竺乾秘函,无不披睹,楞伽维摩,朗晰大旨,虽未直印密义,固已不至河汉。

戊午以后,儿女累多,禅诵之功或偶辍也。家奉杀戒甚严,蚬螺诸类,未尝入口,蟮蠕虽微,必护视之。湖蟹甚美,遂因绝蟹不食,他有血气者又更无论。儿女扶床学语,即知以放生为乐。四五岁,君即口授《毛诗》、《楚辞》、《长恨歌》、《琵琶行》,教辄成诵,标令韶采,夫妇每以此相慰。余秋风一度,一为报罢,长干里中尘,征衣染数升矣。君低眉颦黛,又恐伤余怀,只顾影呜唈耳。

乙丑,附竿南宫,交相藉幸矣。然秦淮石头,随宦冶城止五月,太宜人不欲入燕,余孤琴独剑,往返高渐离市上二三载,君留事暮年高堂,曲尽勤瘁,既以莺镜无双,锦食空烂,不无天涯梦远,他乡藁砧之思。且又家计萧条,羞囊罄涩,凡为董萱免甍,俱极焦心剂处之。玑珰组绁,襦焐炉匣,无不征价贸市,百苦支持。追忆至此,泪潸潸下,不能止矣。戊辰,余在都门,太宜人忽婴危疾,君昼夜汤药,衣不解带,呼天泣祷,蟒首蓬飞,迨及余归,不知有母病也。俯仰三十年,忽忽如瞬,前后诸境尽若此尔,有几日开颜快意者邪！

君待人慈恕,持己平易,下御婢仆,必为霁容善语,即有纰缪,悉洞原其情之所在,故无攖和之怒,亦无非理之谴。室故悬磬也,人有求者必应,曰："我犹患贫,何况若辈。我贫犹能支吾,彼无控死耳。我故不忍其饥寒死,然亦终不责其偿也。"余有从子某某,家徒四壁立,君恒念不置,每问余知二人近状否,恐必冻馁,曷稍赈之。居恒日用经费,或酬估值,或市器具。饮食非精镠,必不与人。家无藏金,俱从鬻钿卖衣中来,稍有低恶,必付匠家镕去渣滓而后乃用。用时微虽寸铢，必羡弗短也。岁荒于潦，佃者相告，余于常额外倍加减去，君更命主计者，改置小量收之。君仁心卓鉴，诸如此类。故君亡，婢女哭于室，僮仆哭于庭，市贩哭于市，村姬、农父老哭于野，几于舂不相、巷不歌矣。

君性识弘远，姿度高朗，诵薄澣我衣，即曰："后妃尚尔，我辈岂宜靡奢。"殊有桓车骑着故衣之想，经年不一更换。初婚时，一翠绡床幔，垂三十年，寒暑不易，色旧而洁整如新，然亦欲易屡矣，计值须及二金，以伤费故止。太宜人捐背，余欲改用苧，君曰："闺中姑用罗耳。"始以白罗易之。未及半载，君遂奄然。至今罗幔飘飘，覆空床也。俭德若彼，福薄又若此，天乎何可问哉！余自庚午陈情，归养太宜人，家殖益荒落，君曰："贫固不因弃官，即弃官贫，依依膝阶下，与关山游子，不庸胜乎？愿君永不作春明梦，即夫妇相对，有余荣矣。"其安于淡泊，又尔尔也。往时余所从贷之家，以贷久不偿，恐又复言贷，尽塞耳避走，故自赋归来，仅仅征藉数亩之入，君或典钗枇佐之，入既甚罕，典更几何？日且益罄，则挑灯夜坐，共诵鲍明远《愁苦行》，笑以为乐。诸子大者与论文，小者读杜少陵诗，琅琅可听。两女时以韵语作问遗，琼章未嫁，耀倾城之姿，晻映樽琴风月间，太宜人又榆景，强匕箸，君语我曰："慎勿忧贫，世间福已享尽，暂将贫字与造化藉手作缺陷害耳。"然哉然哉，昊天不庸，琼章首殒，浸寻三载，家祸频仍，君亦随以身殉之。嗟乎！安得宛君而更与我语贫也。岂不悲哉！

君于古今事理，载籍疑义，无不悉洞玄解。风仪详整，神气爽豁，潇洒旷逸之韵，如千尺寒松，清涛谡谡，下荫碧涧，纤草可数，世俗情法，夷然不屑也。浓眉秀目，长身弱骨，生平不解脂粉，家无珠翠，性亦不喜艳妆，妇女谯会，清鬟淡服而已。然好谈笑，善诙谐，能饮酒，日莳佳卉，药栏花草，清晨必命侍女执水器栉沐。桐阴映窗，帘横一几，焚香独坐，有荀令君之癖。吟咏余暇，或共琼章飘姚药径，恒有履迹焉，贫居无聊，故寻清寂之趣。

自两女亡后，拾草问花，皆滋涕泪，兴亦尽灭矣。且又恒与病缘，癸酉以来，终日惝惝药铛间耳。然甲戌春病起，犹为尼德安书《西方庵碑文》，遒逸端整，其耽情翰墨如此。拟乙亥秋，书《楞严经》，资太宜人冥福，适遂遘疾，疾竟不起也。疾时作诗《呈泐师》云："一灵若向三生石，无叶堂中愿永随。"亦可谓恬然去就之间，脱然生死之际矣。九月四日，犹与余对谈，但稍气弱耳。至子夜，息如睡者。须臾，侧卧而逝，不作儿女子片言也。伤哉！

嗟乎，古之隐于朝者，东方曼倩，滑稽玩世，虽寄意细君，不足述也。隐于市，则临邛酒垆，挟一文君，以慢世之妇而无容，士大夫而不好才者。我固不能隐于山林，王儒仲夫妇高矣，不能不愧容于令狐子伯，我亦非其伦耳。其宗炳、张愈乎？宗妇罗、张妇蒲，俱以高情协趣，贤淑有文。然张死蒲为之诔，宗以悼亡，伤衣过甚，则余于少文为似也。君以我言何如哉？

君诗多悲凉凄惋之音，夫诗以穷故工，一穷愁之况，已足工诗，矧又离别之怀，哀伤之感，诗宁能不工耶！故宜伊郁怏怳，与匣镜缕裙，并作九嶷断肠也。集名《鹂吹》，与《梅花诗》共三卷。

君归我，贫贱三十年，庚午岁，一叨恩对安人云。生卒子女，俟载志中。

叶子曰：荀奉倩云："妇人才德皆不必论，故当以色为主。"余之伤宛君，非以色也。然秀外惠中，盖亦雅人深致矣，泐师云："来自蓬瀛，非凡女子，一念好事，遂堕五浊。"然邪非然邪？我不敢知。但师方以台宗四仪，弘示宝筏，岂其先陷妄言之而欺我哉！

论者多称宛君及三女之才。钱谦益《列朝诗集·闰集》《沈宜修传》云：

沈宜修……工部郎中叶绍袁仲韶之妻也。仲韶少而韶令，有卫洗马、潘散骑之目。宛君十六来归，琼枝玉树，交相映带，吴中人艳称之。生三女：长曰纨纨，次曰蕙绸，幼曰小鸾。兰心蕙质，皆天人也。仲韶偃蹇仕宦，跌宕文史。宛君与三女相与题花赋草，镂月裁云。中庭之咏，不逊谢家；娇女之篇，有逾左氏。于是诸姑伯姊，后先娣姒，靡不屏刀尺而事篇章，弃组纴而工子墨。松陵之上，汾湖之滨，闺房之秀代兴，彤管之诒交作矣。小鸾年十七字昆山张氏，将行而卒。未几，纨纨以哭妹来归，亦死。叶氏宛君神伤心死，幽忧憔悴，又三载而卒。仲韶于是集宛君之诗曰《鹂吹》，纨纨之诗曰《愁言》，小鸾之诗曰《返生香》，及哀挽伤悼之什，都为一集，而蕙绸《鸳鸯梦》杂剧伤姊妹而作者，亦附见焉。总曰《午梦堂十集》，盛行于世。

邹漪《启祯野乘》卷十五《女仙传》云：

女仙者，吴江叶工部季女小鸾也……母沈夫人宛君。工部擅雕龙誉，宛君亦班蔡齐驱，故子女多慧绝，工诗词。①

刘泌《读叶仲韶午梦堂集感赋》云：

仲韶嫂氏沈夫人宛君以才名闻江以南。……顾《鹂吹集》中多作恨语。汤临川曰："情不知其所起，一往而深。"殆谓是乎！今称诗之闺秀，不一然博洽群书者率乏姿韵，及乎晓风残月之曲又鲜大家，娟丽高雅，《鹂吹》为僅。

钮琇《觚賸》卷三《吴觚下》评云：

我邑叶工部与其夫人沈宛君才华绝艳。子女数人，无不具有彩笔。②

徐树敏《众香词·乐集》评云：

沈宜修字宛君，水部叶仲韶室。三女俱能词。天台无叶泐子序《午梦堂集》曰："吴汾诸叶，叶叶交光。中秀双姝，尤余清丽。惊才凌乎谢雪，逸藻媲于班风。湘涛晨卷，新文与旭彩虹齐晖；金穗宵垂，细慧同夜钟较静。栽繁

---

① 民国铅印本。
② 上海古籍出版社明清笔记丛书本。

花于皓腕,剪秋月为冰心。莲舄能飞,翠膴皆语。一则天末凤栖,爰随萧史;一则春塘鸳睡,未许山阴。真连璧之倾城,洵多珠之聚掌。影闷金闺,或惟母认;名镂紫琬,不许人知。岂期赋楼虽有碧儿,侍案复须玉史。妹初奔月,姊亦凌波。嗟乎伤哉!天邪人也。观遗挂之在壁,疑魂影之犹来。痛猿泪之下三,哀雁字之失二。左思赋娇,不堪更读;中郎绝调,今复谁传?于是捡厥遗文,花花唧泪;吟其手泽,燕燕窥窗。或崔徽真在卷中,即夫人俨临殿外。授之梨氏,用告邦人。观其瑶情蕙质,洵天遣以暂来,知夫雾骨烟姿,定人留而不住。东家有女,请莫效颦;南史若来,幸为编传。遂于忏除绮语之余,有此不揣揄扬之赘。弁诸册首,留作新谭。①

陈去病《松陵文集》初编评云:

> 吾邑……名媛沈宛君、叶琼章母女,均研精文史,词采玢璘。②

著作三种:

①《鹂吹集》二卷,附集一卷,一名《午梦堂遗集》。《乾隆吴江县志》卷四十六书目、《乾隆苏州府志》卷七十六艺文二、《光绪苏州府志》卷一百三十八艺文三及清顾修《汇刻书目》等著录。今存崇祯九年(1636)《午梦堂集》原刊本、日本内阁文库藏明刊《午梦堂十种》本、清顺治刻本、清乾隆二十三年重刻《午梦堂集八种》本、民国二年(1913)叶德辉《午梦堂全集》重刻本、民国五年(1916)吴江唐氏宁俭堂排印本、中国文学珍本丛书第一辑本、《郋园先生全书》本等。集分上、下二卷。卷首有序文四:叶绍袁《鹂吹集序》、沈自征《鹂吹集序》、沈自炳《伯姊叶安人家君遗集序》、沈大荣《叶夫人遗集序》。上卷收诗五百一十四首。下卷收词及文赋。其中,词一百〇九首,清徐乃昌曾将这些词辑为《鹂吹词》一卷,收入《百家闺秀词》,此外有《忘世偈》一篇,《拟连珠》一首,《拟招·招两亡女》骚一篇,《醉芙蓉

---

① 民国影印清刻本。
② 民国刊本。

赋》、《塞闺赋》、《伤心赋》等三篇,及文三篇。

②《梅花诗》一卷,又称《鹂吹集梅花诗一百绝》或《香雪吟》。《乾隆吴江县志》卷四十六书目、《光绪苏州府志》卷一百三十八艺文三及《汇刻书目》等著录。今存崇祯九年《午梦堂集》原刊本、日本内阁文库藏明刊《午梦堂十种》本、清顺治刻本、清乾隆二十三年重刻《午梦堂集八种》本、民国二年叶德辉《午梦堂全集》重刻本、民国五年吴江唐氏宁俭堂排印本、中国文学珍本丛书第一辑本、《郋园先生全书》本。卷首有序文二:沈自炳《梅花诗序》、叶绍袁《序》。有诗一百首。

③《伊人思》一卷。《乾隆吴江县志》卷四十六书目、《光绪苏州府志》卷一百三十八艺文三及《汇刻书目》等著录。今存崇祯九年绣垂馆刻本、同年《午梦堂集》原刊本、日本内阁文库茂明刊《午梦堂十种》本、清顺治刻本、清乾隆二十三年重刻《午梦堂集八种》本、民国二年叶德辉《午梦堂全集》重刻本、民国五年吴江唐氏宁俭堂排印本、中国文学珍本丛书第一辑本、《郋园先生全书》本。卷首及卷末有叶绍袁《伊人思小引》、《跋语》各一篇。集内博搜诸家,辑得四十六位闺秀诗人的作品并"唐宋遗事"数则。

沈宜修的作品,除《沈氏诗录》录入四十六首诗外,明清诸名家选本如《明诗综》、《列朝诗集》、《闲情集》、《历代诗余》等多有辑录。

(一七)沈智瑶

沈智瑶,字少君。沈文十世女孙,沈玙幼女。同邑陈国珽妻。生年无考。卒于崇祯十七年(1644),年三十余。叶绍袁《年谱别记》"甲申条云:少君之夫'貌陋而性更悍劣,素不学,日以赌为业,无立锥也。少君怨甚,忽于今四月中自沉于水而死,时年三十余耳。"少有诗名,"才思俊赡,与宛君安人有姊妹连珠之目"[①]。

著述未有集。今存诗《忆昭齐、琼章两甥女》七绝一首,载《午梦堂集·彤奁续些》,又见于《列朝诗集·闰集》、《沈氏诗录》卷十二、《国朝松陵诗征》卷二十、

---

① 《沈氏诗录》卷十二,清乾隆刻本。

《江苏诗征》卷一百七十四。

徐树敏所辑《众香词·乐集》中有《谢池春·晓起见梨花将谢感赋》一词，题属沈智瑶作，这是因沈智瑶字与沈自友女少君字相同而误。此词最早见于《林下词选》，属沈少君名下，辑者周铭与智瑶、少君同乡同时，故当以周说为准。

(一八) 沈自友

沈自友，字君张。沈文十世孙，沈珣子。据《沈氏家谱》卷五记：生于明万历二十二年(1594)正月二十五日。治《书》，补府庠生。国子监生。卒于清顺治十一年(1654)五月二十八日，年六十一岁。子四，女十；次子永禔，女少君，皆有文名。周绍良《吴江沈氏世家》一文未考之。

有文名，兼善书法。《沈氏诗录》卷五小传："公名自友……以文学得'佳公子'称。诗宗大历，尺牍古雅，具魏晋人风致。书法居苏、米间。诗有《绮云斋稿》，其《落絮吟》一篇，又效初唐而嗣响者。"周铭《松陵绝妙词选》卷二评云："沈词如回风拂柳、舞燕穿帘，红妆粉队，想见当年豪举。"

著作一种：《绮云斋稿》。《乾隆吴江县志》卷四十六书目、《乾隆苏州府志》卷七十六艺文二、《光绪苏州府志》卷一百三十八艺文三著录。今佚。

作品今存：①诗二十首：《平沙滩》五律一首（载《明诗综》卷八十一，又见于《沈氏诗录》卷五、《江苏诗征》卷一百一十七）；《漫兴》五古一首；《落絮吟》七古一首；《南归途次口占二首》；《舟行》五律一首；《春日怀五、六两兄》七律一首；《京邸送王伯良归越》七律一首；《暮秋同友人过天宁寺感赋》七律一首；《赋得天寒白鹤守梅花》七律一首；《茉莉》七绝一首；《秋日长安邸中送君克大兄之辽左》七绝二首；《陈剑南参戎过访漫赠二首》；《送六兄入粤四首》；(以上十八首载《沈氏诗录》卷五)《威期甥……》一首(载《午梦堂集·灵护附集》)。此外，作有《哀虞生诗》一首，《震泽县志》卷二十四："按沈自友有《哀虞生诗》，其序云……"今佚。

②词二首：《南歌子·偶赠》一首；《鹧鸪天·茉莉》一首。(以上二首载《松陵

绝妙词选》卷二)

③文一篇:《鞠通生小传》(《南词新谱》附录)。

交游可考者有文学家王骥德、陈剑南、周永言等。

王骥德,字伯良。生平见上文沈珣条中。万历间,王骥德自京还越,自友作《京邸送王伯良归越》七律一首①相赠,其中有"归梦一宵春水白,交情终古越山青。天涯我亦同漂泊,留得吟肩仁柳亭"句,道出了彼此亲密的关系。

陈剑南,生平见上文沈自征条中。自友有《陈剑南参戎过访漫赠二首》②,描述了彼此酒逢知己千杯少的情态:"窗风飒飒烛花残,有客相过一剑寒。纵饮但凭豪气在,不妨人作酒徒看。"

周永言,字安仁,号禹祈。吴江人。太学生。官中书舍人。与自友交厚,曾至其斋,作有《过沈君张绮云斋》七律一首③,其中"山放云螺遥出岸,门依烟柳近茂舟。半龛香印和衣摄,几帙书签傍座搜"诸句,写出了绮云斋的环境和主人的生活情致。

(一九)沈自铉

沈自铉,字穉声,号南荣。沈文十世孙,沈璟长子。《沈氏家谱》卷六记:生于明万历十一年(1583)八月十八日。治《书》,补邑庠廪膳生。卒于万历四十三年(1615),年三十三岁。子二:永述、永祯,女一,皆无文。

有文行。《乾隆吴江县志》卷三十八:"自铉,诸生,有文行。周忠毅宗建推重之。"

著述未有集。作品今存诗《放鸥》五律一首(载《沈氏诗录》卷五,又见于《松陵诗征前编》卷七)。

---

① 《沈氏诗录》卷五,清乾隆刻本。
② 《沈氏诗录》卷五,清乾隆刻本。
③ 《道光苏州府志》卷一百四十三,清道光刻本。

交游可考者有政治家和文学家周宗建。

周宗建(1582—1626),字季侯,号来玉。吴江人。万历四十一年(1613)进士,由知县擢御史。天启间,数次上疏弹劾阉党魏忠贤,屡遭诟害,下狱死。崇祯初赠太仆侍卿,谥忠毅。周宗建与自鋐相交甚厚,《沈氏诗录》卷五小传说自鋐"与周忠毅公善,早卒,忠毅为之祭文,盛称其文行"。宗建著有《周忠毅公集》八卷。

(二〇)沈自铨

沈自铨,字穉衡,号云东。沈文十世孙,沈璟次子。据《沈氏家谱》卷六记:生于明万历十三年(1585)六月十一日。治《书》,补邑庠生。万历三十六年(1608)举人。卒于崇祯二年(1629)五月十六日,年四十五岁。子一:绣裳,有文名;女一。

著述未有集。作品今存诗《春兰》五律一首(载《沈氏诗录》卷五)。

(二一)沈大荣

沈大荣,名大荣,自号一行道人。沈文十世女孙,沈璟长女。太仓举人王士禄妻。生卒年无考。周绍良《吴江沈氏世家》一文未考之。生平仅见于《沈氏诗录》卷十二:

> 硕人,名大荣。……晚年学佛,自号一行道人。尝为宛君安人序遗集。兼善草书。

据《吴江县志》记,沈大荣父沈璟,"晚乃习为和光忍辱,有非意相加者,笑谴之,因改字聃和以自况。……工诗文及行草书。"《沈氏家传·宁庵公传》也说沈璟"晚则屏居深念,与世缘渐疏","行、楷久珍于世"。据此可知,沈大荣晚年学佛及兼善草书,乃秉承其父之风而来。

著述未有集。作品今存：①诗《雨后晓起》五律一首，载《沈氏诗录》卷十二，又见于《松陵诗征前编》卷十二、《松陵女子诗征》卷一。

②文一篇：《叶夫人遗集序》，作于崇祯九年（1636）秋，载《午梦堂集·鹂吹集》卷首。

（二二）沈倩君

沈倩君，字倩君。沈文十世女孙，沈璟次女。乌程范信臣妻。生卒年无考。《列朝诗集小传》记其生平甚简："倩君，吴江人。词隐先生季女。"《沈氏诗录》卷十二小传类之。周绍良《吴江沈氏世家》一文未考之。

著述未有集。作品今存诗十一首：《悼甥女昭齐》七绝三首；《悼甥女叶琼章》七绝三首；《悼宛君姊》七绝五首。均载《午梦堂集·彤奁续些》和《午梦堂集·鹂吹附集》，其中，悼昭齐、琼章诗中各有二首又见于《列朝诗集·闰集》、《沈氏诗录》卷十二。

（二三）沈静专

沈静专，字曼君，自号上慰道人。沈文十世女孙，沈璟幼女。同邑诸生吴昌逢妻。生年无考。崇祯十五年（1642），沈静专曾自序其诗集《适适草》，据此推知其卒年在崇祯十五年以后。周绍良《吴江沈氏世家》一文未考之。

周铭《林下词选》卷八记其生平云：

> 沈静专……词隐先生幼女也。先生尝称其才类眉山长公；而坎壈困厄，亦颇似之。故其诗词多激烈之音。适吴适之，所著名《适适草》，小词附其后。别撰《颂古》一卷，于宗门会第一义，知其得于顿悟者溪矣。自号上慰道人，为三峰法嗣云。

《沈氏诗录》小传也说她"亦好学佛，自号上慰道人。撰《颂古》一卷，人称其会宗门第一义"。

《玉镜阳秋》评其文学云：

> 曼君清新苕颖，于姊妹间别是一调。七绝佳处如新簧春炙，幺弦夜弹，泠泠可听。《十愿词》在百愿十香之间。至其染指竟陵，徒增梦呓耳。①

著作三种：

①《适适草》。《乾隆吴江县志》卷四十六书目、《光绪苏州府志》卷一百三十八艺文三著录。有吴江柳氏抄本。未见。据胡文楷《历代妇女著作考》明代一《适适草》记，是集前有崇祯十五年(1642)王瑞国(沈大荣子)、沈永导序，及曼君自序。卷首题松陵沈静专曼君撰，娄城甥王瑞国子彦定，绣里侄沈永导六水阅，松陵侄沈绣裳长文校。分体编次，凡五古十三首，七古三首，四言一首，五律十一首，七律十一首，五绝十八首，七绝二百〇三首，诗余三十七首，曲四首，赋三首。

②《颂古》一卷。《乾隆吴江县志》卷四十六书目、《光绪苏州府志》卷一百三十八艺文三著录。今佚。

③《郁华楼草》，仅王士禄《然脂集》、《宫闺氏籍艺文考略》著录。今佚。

作品今见：①诗五十三首。其中，《沈氏诗录》卷十二和《国朝松陵诗征》卷二十仅辑录《月下吟》五绝一首，《江苏诗征》卷一百七十四除此首外，并选录《水扉》七绝一首，其余五十一首皆载《松陵女子诗征》卷一。

②词八首：《长相思·春愁》一首；《菩萨蛮·春晓回文》一首；《菩萨蛮·寒夜》一首；《画堂春·春感》一首；《蝶恋花·蛱蝶花》一首；《蝶恋花·春愁》一首；《凤凰台上忆吹箫·冬闺》一首；(以上七首载《林下词选》卷八，又见于《笠泽词征》卷二十一)《南乡子·闻笛》一首，仅见于《众香词·乐集》，姑录之如下：

> 残月下回廊，阵阵飞来叶打窗。小婢背灯偏睡稳，凄凉，欲睡还倚绣枕

---

① 转引自《历代妇女著作考》，胡文楷编著，上海古籍出版社1985年版。

旁。何处笛声长，宝鸭频添隔夜香。那管愁人听不得，商量，黑甜何处破愁肠。

(3)［南吕懒莺儿］《舟次题秋》散曲小令一篇，载《南词新谱》卷十二。

(二四) 沈肇开

沈肇开，字令贻，号云门。沈文十世孙，沈瓒长子。据《沈氏家谱》卷六记：生于明万历三十七年(1609)十二月三日。治《书》，补嘉兴县庠生，入监。卒于清顺治十五年(1658)正月十三日，年五十岁。子四：世潢、永馨、永溢、永霈，多有文名；女五。周绍良《吴江沈氏世家》考之，但未详其生卒年及著述。

《沈氏家传·云门公传》说他"为人敦厚有识，临财不苟"。《沈氏诗录》卷八沈世潢小传言其"能近体诗及诗余"。

周铭《松陵绝妙词选》卷二评其词云："沈词以秀折取致，自属香奁中胜镜。"

《沈氏诗录》未收录其作品。考《苏州府志》等，有著作一种：《语石斋稿》。《光绪苏州府志》卷一百三十八艺文三著录。佚。

今存词一首：《菩萨蛮·春怨》，载清周铭编《松陵绝妙词选》卷二。

据沈自晋《南词新谱》卷七、卷八题记，肇开还参与了这两卷的阅稿。

(二五) 沈 嫒

沈嫒，字文殊，一作文淑。沈文十世女孙，沈瓒女。同邑诸生周邦鼎妻。生卒年无考。《沈氏诗录》卷十二小传记其生平极简："硕人名嫒，佥事公(沈瓒)女。适诸生周君邦鼎。"沈云《盛湖杂录·名媛纪略》称其"好吟咏"。周绍良《吴江沈氏世家》一文未考之。

著述未有集。作品今存诗六首：《挽叶昭齐甥女》七绝三首；《挽叶琼章甥女》七绝三首。均载《午梦堂集·彤奁续些》。其中，《挽叶昭齐甥女》第一、二首，《挽叶琼章甥女》第一、三首，又见于《沈氏诗集录》卷十二、《盛湖诗粹》卷十二；前者还被钱谦益收入《列朝诗集·闰集》。

沈媛女周兰秀,亦有诗名。《列朝诗集》选录所作诗《挽昭齐表妹》七绝三首,《笠泽词征》选录所作词五首。

(二六)沈自铤

沈自铤,字公捍,一字闻将,号南庄。沈文十世孙,沈璨第三子。据《沈氏家谱》卷六记:生于明万历四十六年(1618)三月十日。以荐举为行人司行人。卒于清康熙十九年(1680)八月二十四日,年六十三岁。子三:永宠、永宏、永宥,永宥有文名;女二。周绍良《吴江沈氏世家》一文未考之。

有才略,晚岁结社吴中。《国朝松陵诗征》卷三引周安《松陵诗乘》云:

> 闻将少精敏,有才略,思为世用。遭乱未展厥志。屏居邑之南村,种松莳秋,啸咏自娱,以终其身。

《沈氏家传·南庄公传》云:

> 少精敏,有才略,颇怀经世之志,后游浙东,以荐举为鲁王行人。吴易之封长兴伯,公实奉命以来。后鲁王败,遂走归隐吴家港,种松莳秋,与诸高士为诗社以终。

工诗。《沈氏诗录》卷七小传:"少颖悟,与僚婿徐臞庵崧同学,为诗,崧自谓不及。"《国朝松陵诗征》卷三:"南庄诗如初秋杨柳,风情婀娜中时带萧疏之气。"

著作二种:

①《钓闲集》。《乾隆吴江县志》卷四十六书目、《乾隆苏州府志》卷七十六艺文二、《光绪苏州府志》卷一百三十八艺文三著录。今佚。

②《南庄杂咏》。《乾隆吴江县志》卷四十六书目、《乾隆苏州府志》卷七十六艺文二、《光绪苏州府志》卷一百三十八艺文三著录。今佚。

作品今存:①诗八首:《闻歌》五古一首;《移桐》五律一首;《春日旅感》七律一首;《月夜探梅有感》七律一首;《杂诗》五绝一首;(以上五首载《沈氏诗录》卷七,《春日旅感》一首又见于《国朝松陵诗征》卷三)《刘公塘》五律一首(载《乾隆平望志》卷十五集诗);《过绮云斋忆君张七兄》七律一首(载《国朝松陵诗征》卷三,又见于《江苏诗征》卷一百一十七);《湖浦闲步》五律一首(载《道光苏州府志》卷一百四十诗集二)。

沈自铤曾作词[贺新郎]一首送沈永启,今佚。沈永启有词《贺新郎·归憩故园,用南庄叔投赠原韵》一首今存。

交游可考者有文学家徐崧。

徐崧,字松之,一字臞庵。生平见上文沈自南条中。自铤与臞庵一同学诗,臞庵自以为才不及自铤。《沈氏诗录》卷七云:"公名自铤……少颖悟,与僚婿徐臞庵崧同学为诗,臞庵自谓不及。"

(二七)沈自晋

沈自晋,字伯明,晚字长康,号西来,又自号鞠通①,又作鞠通生。沈文十世孙,沈璟长子。周绍良《吴江沈氏世家》考之,但不详其世系,云:"在《沈氏诗录》中……有两支人物无法归纳,一支就是沈自晋。……只说是沈汉的玄孙,而他系出哪一支呢,却没有交代,别的书上也无从考。"考《沈氏家谱》,自晋世系不难明了,自九世祖沈文至自晋,世系为:八世祖浩,七世祖敬,六世祖筊,五世祖奎,高祖汉,曾祖嘉绩,祖父象道,父亲璟。据《沈氏家谱》卷七记:生于明万历十一年(1583)九月十八日。治《书》,补邑庠生。卒于清康熙四年(1665)二月十六日,年

---

① 《沈氏家谱》卷七:"自晋……又号鞠通。"《沈氏家传·鞠通公传》:"晚年隐吴山,别自号鞠通。"《今乐考证》著录六沈自晋条:"伯明,一字鞠通生。"以"鞠通生"为沈自晋字,实误。沈自晋自号鞠通,有自信善度曲之意。《沈氏诗录》卷五沈自晋小传:"鞠通者,古琴中食桐蛀,有之能令弦自和曲者也。公善度曲,故以自况云。"《沈氏家传·鞠通公传》:"鞠通者,古琴中食桐蛀,有之能令弦自和曲者也。公所度曲,意新神远,安腔稳贴,押韵尖新,名优唱其词如'黄河远上'诸什,壁不胜画矣,岂止如琴中之蛀仅能和曲于既弹之后哉!"

八十三岁。子四,长子永隆有文名;女六。

传记有沈自友《鞠通生小传》、《沈氏家传·鞠通公传》、《乾隆吴江县志》卷三十三《沈自晋传》、《沈氏诗录》卷五小传。

少而颖悟,能言辞。《沈氏家传·鞠通公传》:

> 少而颖朗,饬躬清谨。弱冠补博士弟子员。恂恂弱不胜衣。无王谢轻浮习气,骤即之,落落穆穆然,徐察之,温温然。已而论说古今,扬榷风雅,缅缅忘倦,能令听者眉飞肉舞。

一生未仕。从沈璟习音律,博学能诗词,尤精曲律之道,为海内词曲家推服:

沈自南《鞠通乐府序》:"昔岁客武林,与郭子彦深遇于湖上。彦深语予曰:'音律名家,自昔希遘,近于子吴江而得二人焉。一即子家君庸氏,读其《渔阳三弄》,真北调之雄乎!其一则鞠通生,所著《翠屏山》如芙蓉出水,《望湖亭》若杨柳因风,实当今南词津梁矣!'彦深研究宫商,非一朝夕,雅称知音,故言之娓娓。然未知鞠通生之为长康氏,亦于予为雁行也。兄为词隐先生犹子,考宫叶徵,素承几砚。童而习之。及词隐殁,而乐府一脉,兄实身任之。故世调纷纷,争奇竟出,而聱牙不顾,赖正音在此,为中流之柱也。兄幼精举子业,踬于棘闱,每不为意,间作歌诗,成即弃去,实非所好,而独醉心于红牙檀板间,虽天性然欤?亦就之者专也。"

同邑汤俊民诗:"词隐先生谱《九宫》,撒盐飞絮呈家风;近来乐府推荀鸭,尤幸吴江有鞠通。"

《乾隆吴江县志》卷三十三沈自晋传:"为人谦和孝谨。工诗词,通音律。……所著有《广辑词隐先生南九宫十三调词谱》二十六卷,较原本益精详,至今词曲家通行之。"

《沈氏家传·鞠通公传》:"于书无所不览,而尤精通音律,锦囊彩笔。尝随其从伯词隐先生为东山之游,一时海内词家如范香令、卜大荒、袁幔亭、冯

犹龙诸君子群相推服。卜与袁为作传奇序，冯所选《太霞新奏》推为压卷。范有'新推袁、沈擅词场'及'幸有锺期沈、袁在'之句，其心折为何如！所著《翠屏山》《望河亭》二剧，久以脍炙人口，又《广辑词隐南九宫十三调词谱》二十六卷，较原本益精详，至今词曲家奉为金科玉律。"

《沈氏诗录》卷五沈自晋小传："公谨守家法，而词旨加秀润，若士亦击赏罚分明无间言。一时词家如上海范香令、秀水卜大荒、吾吴冯犹龙、袁令昭诸群，并推服之。"

《松陵绝妙词选》卷二沈自晋小传："鞠通精于曲律，其词宫商悉合，与世之涂抹者自异。"

《松陵诗征前编》卷八沈自晋小传："精通音律，尝随其从伯词隐先生为东山之游，海内词家群推服焉。……公之度曲，意清神远，名噪词场。"

自晋从伯父沈璟与汤显祖曾因曲律等发生抵牾，但自晋品评汤氏传奇时并未受此影响，称汤为"新词家诸名笔，古所未有"[1]，由此可见其论曲之公允。《松陵诗征前编》沿袭《沈氏家传·鞠通公传》的说法谓"尝随其从伯词隐先生为东山之游"，王骥德《曲律》中曾记云沈璟与同里顾大典为香山、洛社之游，未言游东山及沈自晋从游事。香山为吴江名胜之一，或以为东山即香山。沈璟与顾大典游香山、洛社事在其万历十七年（1589）归隐以后，其时沈自晋虽从沈璟习音律，但年尚少，故王骥德《曲律》中不载。

自晋虽名噪词场，但不以为意。明亡后，隐吴山，结青溪词社：

沈自南《鞠通乐府序》："伯兄家居著书，年故未艾也。则咸骇叹，如此才思，不驰骋五陵，使红红下豆，绛树飞声，而兀兀穷年，撚髭斗室，顾不嗟哉！虽然人贵适意，或笔墨缘深，仰屋梁著书，酒酣微吟，梦后与王敬夫、康德涵辈相角逐。且令白叟黄童，口碑所著于不朽，以此较彼，孰得而孰失耶？归

---

[1] 《重定南词新谱凡例》，《南词新谱》卷首，民国影印清刻本。

之告之兄,兄曰:'吾以寄兴耳,何暇为久远计。吾故有《赌墅余音》及《越溪诸咏》,敝诸箧笥久矣。吾岂计久远者!'"

《乾隆吴江县志》卷三十三沈自晋传:"乙酉后,隐吴山。"

《沈氏诗录》卷五沈自晋小传:"乙酉弃去,隐吴山。"

《沈氏家传·鞠通公传》:"晚年隐吴山。"

按,"乙酉",乃清顺治二年(1645)。"吴山",《中国古今地名大辞典》云:"吴山,在江苏吴县西南尧峰山东。"乙酉后沈自晋避乱隐吴山事,又见其《癸巳闰六月二十四游荷荡》散套自注,云:"乙酉五月,予避乱于乡。至闰六月,兵入江城,掠过同川。是日,又仓皇东走……"沈自晋与友人结青溪词社事,未见文献记载。青溪,江苏江宁县东北。沈自晋《不殊堂近草》散曲集中有四篇与青溪词社相关联的作品,即[南仙吕醉归花月渡]《赋得醉归花月渡》,题目下注云:"青溪词社";[南正宫玉芙蓉]《题半身美人图》,题目下注云:"青溪社稿";[南越调犯商忆莺儿]《咏落花》,题目下注云:"青溪分韵";[南仙吕八声甘州]《癸巳闰六月二十四游荷荡》,题目下注云:"青溪词社"。据此可知沈自晋结青溪词社是实有其事的。《不殊堂近草》,作者自注云"壬辰八月以后作"。壬辰,乃清顺治九年(1652)。

散曲集《黍离续奏》、《越溪新咏》、《不殊堂近草》,曲著《南词新谱》均完成于明亡后隐居时期。

著作九种:

①《南词新谱》二十六卷。全名《广辑词隐先生增定南九宫词谱》,又名《重定南九宫词谱》、《重定南词全谱》、《重辑南九宫十三调谱》。《乾隆吴江县志》卷四十六书目、《乾隆苏州府志》卷七十六艺文二、《光绪苏州府志》卷一百三十八艺文三著录。今存清顺治十二年(1655)沈氏不殊堂原刻本、北京大学影印本。又有近年北京市中国书店影印本,此影印本标注云:"据明嘉靖刻本影印",不确。明嘉靖(1522—1566)下距清顺治十二年原刻本问世近百年,下距沈自晋出世也有二十余年,不知其所标注的"明嘉靖刻本"为何物。校看此影印本的版式及文字

内容,知其据清顺治十二年原刻本影印无疑。

此曲谱是在沈璟的《南词全谱》基础上编纂而成的,作于清代初年,曾得到冯梦龙、沈自继(字君善)诸人相助。沈自晋《重定南词全谱凡例续纪》述其始末云:

> 重修词谱之役,肪于乙酉仲春。而烽火须臾,狂奔未有宁趾。丙戌夏,始得侨寓山居,犹然旦则摊书搜辑,夕则捲束置床头,以防宵遁也。渐而编次,乃成帙焉。……因忆乙酉春,予承子犹委托,而从弟君善实怂恿焉。

卷首内容有十,依次是:①《南词旧谱序》,下属"嘉靖己酉昆陵蒋孝著"。这是蒋孝为自己编著的《南九宫十三调谱》作的序,沈璟《南词全谱》曾收该序文在卷首。嘉靖己酉,即嘉靖二十八年(1549)。②《南词全谱原叙》,下属"吴郡李鸿书于红牙馆"。③《重定南九宫新谱序》,下属"乙未菊月弟自南述"。乙未,即清顺治十二年(1655)。自南,沈自晋族弟。④《重辑南九宫十三调词谱述》,下属"弟自继敬题"。自继,沈自晋族弟。⑤《重定南词新谱参阅姓氏》,列卜世臣等九十五人。⑥《重定南词全谱凡例》,下属"昔丙戌小至日寓吴山沈自晋漫书于卢氏园亭。侄永馨较录",丙戌,即清顺治三年(1646)。卢氏,沈自晋第四子永筹室,吴县人。永馨,沈自晋从侄,沈瓒孙。⑦《重定南词全谱凡例续纪》,下属"时丁亥秋七月既望,吴江沈自晋重书于越溪小隐",丁亥,即顺治四年(1647)。越溪,一名越来溪,《中国古今地名大辞典》引《吴郡志》:"溪在越城东南,与石湖通,越兵自此溪来入,故名。"在今江苏吴县西南。⑧《古今入谱词曲传剧总目》,收词曲及传奇目二百五十八种。⑨《广辑词隐先生南九宫十三调词谱目录》,这是全书二十六卷的总目。⑩《宫调总论》,下属"鞠通生纂补",自注云:"原谱失载此篇,恐各宫调用法,初学未能悉辨,特备录之。"

卷末有文两篇。①《南词新谱后叙》,下属"男永隆谨识"。②《鞠通生小传》,下属"元宵前二日从弟自友述"。自友,沈自晋族弟,为沈自晋作传事在顺治十年(1653)。

沈自晋在《凡例》中明确提出了重定此曲谱的十条原则，即："遵旧式"、"禀先程"、"重原词"、"参增注"、"严律韵"、"慎更删"、"采新声"、"稽作手"、"从诠次"、"俟补遗"。他一再申明："先词隐三尺既悬，吾辈建党足守。""先生既以作为述，予何不以述述之，所谓鲁男子善学柳下惠者也。""先词隐以精思妙裁，成一代之乐府，予则何能而妄增论注？"这些表明，沈自晋是以继承沈璟的曲学为己任的，《南词新谱》是沈璟《南词全谱》的继承和发展。

（2）《南词谱余杂论》。《乾隆吴江县志》卷四十六书目、《乾隆苏州府志》卷七十六艺文二、《光绪苏州府志》卷一百三十八艺文三著录。凌敬言《鞠通先生年谱及其著述》考沈自晋著述甚详，①但未言此书。今不存，版本、年代、内容皆无从考定，疑为沈自晋在《南词新谱》之后写的一部曲论。

（3）《耆英会》传奇。清高奕《新传奇品》、姚燮《今乐考证》著录。《新传奇品》作沈宁庵撰，误。未有全本传世，赵景深《明清传奇钩沉》辑有佚曲五支。此剧演宋人文彦博事。《越溪新咏·画眉扶皂罗》曲序云："伯范长兄八十初度，诸昆弟约为捧觞。适词友虞君倩予作《耆英会》传奇，为其尊人称寿。传成且将泛往，归期可待，赋此以订。"

（4）《翠屏山》传奇。清高奕《新传奇品》、姚燮《今乐考证》著录。《新传奇品》作沈宁庵撰，误。全剧二十七出。演梁山人物杨雄、石秀事。《曲海总目提要》称"剧中情节，全本《水演义》，虽小有点窜，而大段无殊"。今存旧抄本，《古本戏曲丛刊二集》据以影印。郑振铎《中国文学史》第五十八章谓有明刊本，所据不详。

（5）《望湖亭》传奇。清高奕《新传奇品》、姚燮《今乐考证》著录。《新传奇品》作沈宁庵撰，误。全剧三十五出。取材于小说《醒世恒言·钱秀才错占凤凰俦》，演秀才钱万选与白英巧合婚姻事。今存《玉夏斋传奇十种》本，《古本戏曲丛刊二集》据以影印。

《耆英会》、《翠屏山》、《望湖亭》三种传奇等，凌敬言《鞠通先生年谱及其著

---

① 见《撷芬室文存》，凌敬言、谢伯阳编著《诸宫调两种》附，济南：齐鲁书社1988年版。

述》一文考之较详,云:"(自晋)著有传奇《望湖亭》、《翠屏山》、《耆英会》三种。高奕《新传奇品》以此三本及《一种情》为词隐作,后皆从误。姚梅伯《今乐考证》正之;而以《一种情》亦先生作,所谓'矫枉过正'也。卢冀野《明清戏曲史》纪述先生云:'……又作有《耆英会》、《翠屏山》、《望湖亭》、《一种情》四种传奇。此四剧《曲品》误作沈璟撰,阅《南词新谱》,知非璟作,实自晋作也。'既见《南词新谱》,而《一种情》复失考,疏矣。"

按,《一种情》,原名《坠钗记》,为沈璟作,此明见于《南词新谱·古今入谱词曲传剧总目》《坠钗记》下注:"伯英作,俗名《一种情》。"详见沈璟条。《望湖亭》、《翠屏山》,《曲海总目提要》又误作沈自征作。

(6)《赌墅余音》。《沈氏家传·鞠通公传》:"……其他杂著则有《赌墅余音》、《越溪新咏》、《不殊堂近稿》……"未见其他书目著录。《南词新谱》列入《鞠通乐府》之一,但后来刊刻时已佚。

(7)《黍离续奏》。《乾隆吴江县志》卷四十六书目、《光绪苏州府志》卷一百三十八艺文三著录。与《越溪新咏》、《不殊堂近草》总名《鞠通乐府》。自注"甲申以后作"。收小令二十二首、套数五篇。有清初原刻本、民国间沈氏重印本、饮虹簃刻本。

按,卢前曾谓沈自晋有《黍离新奏》未传,不知何据,或以为乃《黍离续奏》之误。凌敬言《鞠通先生年谱及其著述》云:"卢氏谓伯明有《黍离新奏》、《赌墅余音》两书未传。但《南词新谱》、《鞠通生小传》、《沈氏家传》皆有《续奏》而无《新奏》。盖《黍离续奏》者,续黍离之奏也。非别有新奏而自续也。"黍离,《诗经·王风》篇名。《诗序》:"《黍离》,闵宗周也。周大夫行役至于宗周,过故宗庙宫室,尽为禾黍。闵周室之颠覆,彷徨不忍去而作是诗。"谓东周大夫出行至旧都镐京,见宗庙宫室毁坏,感伤而作此诗。沈自晋作《黍离续奏》,命题亦取哀明朝覆亡之意。甲申,即明崇祯十七年(1644),明朝亡于此年。

(8)《越溪新咏》。《乾隆吴江县志》卷四十六书目、《光绪苏州府志》卷一百三十八艺文三著录。与《黍离续奏》、《不殊堂近草》总名《鞠通乐府》。自注"丁亥以后作"。收小令十九首、套数七篇。有清初原刻本、民国间沈氏重印本、饮虹簃刻本。

按,丁亥,即清顺治四年(1647)。

(9)《不殊堂近草》。《沈氏家传·鞠通公传》中作"《不殊堂近稿》"。《南词新谱》列入《鞠通生散曲》(即《鞠通乐府》)之一。未见其他书目著录。与《黍离续奏》、《越溪新咏》总名《鞠通乐府》。自注"壬辰八月以后作"。收小令二十四首、套数七篇。有清初原刻本、民国间沈氏重印本、饮虹簃刻本。

按,壬辰,即清顺治九年(1652)。集内[南仙吕皂罗袍]《八十自慰》题下注云:"壬寅岁旦咏。"壬寅,乃康熙元年(1662),上距《南词新谱》刊刻有七年。据此可考知,《不殊堂近草》初名为《不殊堂近稿》,结集后又有新作增入,最后定名为《不殊堂近草》。

上述散曲集皆为沈自晋入清以后作,此前所作散曲,系散见于《南词新谱》、《吴骚合编》、《太霞新奏》、《南九宫大全》中。凌敬言《鞠通先生年谱及其著述》辑考详备,姑录之如下:

> [仙吕醉扶归]《周生别妓赋此纪情》套曲(见《吴骚合编》、《太霞新奏》)
>
> [仙吕桂子着罗袍]《晓发句曲道中》小令(见《南词新谱》)
>
> [羽调四时花]《题情》套曲(见《吴骚合编》、《太霞新奏》,套中[簇林莺]一曲,并见《南词新谱》)
>
> [正宫白练序]《和词隐咏美人红裩》套曲(见《太霞新奏》)
>
> [正宫玉芙蓉]《题美人画竹扇面》小令(见《太霞新奏》)
>
> [正宫三仙序]《翻北咏柳忆别》套曲(见《南词新谱》)
>
> [南吕宫琐窗花]《咏园梅》小令二首(见《南词新谱》)
>
> [南吕宫懒画眉]《断桥闲步》小令(见《太霞新奏》)
>
> [南吕宫一江风]《咏钩臂》小令(见《太霞新奏》)

[南吕宫大胜乐]《闺思》小令(见《太霞新奏》)

[南吕宫三学士]《吊古》小令(见《太霞新奏》)

[商调字字锦]《赠月来》套曲(见《吴骚合编》、《太霞新奏》)

[商调金梧桐]《咏相思》套曲(见《吴骚合编》、《太霞新奏》)

[商调集贤宾]《绝蟾姬》套曲(见《太霞新奏》)

[商调金梧桐]《伤秋》套曲(见《太霞新奏》)

[商调黄莺儿]《西湖即事》套曲(见《太霞新奏》)

[商调金衣插宫花]"词隐昔年心"残套(见《南词新谱》,《南九宫谱大全》)

[商调字字啼春色]《甲申三月作》残套(见《南词新谱》,《南九宫谱大全》)

[仙吕入双调风入三松]"娇娥一捻粉团香"小令(见《南词新谱》,《南九宫谱大全》)

[杂宫调醉歌小帐缠春姐]《偶题》套曲(见《太霞新奏》)

[杂宫调巫山十二峰]《序梦》套曲(见《太霞新奏》,《吴骚合编》误为沈璟作)

集外的其他作品有:(1)诗五首:《题通晖楼》五古一首,《吴江竹枝词》二首,载《沈氏诗录》卷五,《和子犹辞世原韵》七律二首,见《南词新谱凡例续纪》。(2)词二首:《鹧鸪天·美人》,《鹧鸪天·别顾八公》,载《松陵绝妙词选》卷二。(3)文两篇:《重定南词全谱凡例》、《重定南词全谱凡例续纪》,均载《南词新谱》卷首,详见上文。

交游可考者有冯梦龙等六十余人,依次考述如下:

冯梦龙,字犹龙,又字子犹,号龙子犹。生平见上文沈璟条中。冯梦龙与吴江沈氏世家有世交,在沈璟去世后,与沈自晋等交往频繁。曾竭力敦促沈自晋重修沈璟的《南词全谱》,沈自晋视其为良友,事见《重定南词全谱凡例续纪》:

先是甲申冬杪,子犹送安抚祁公至江城,即谆谆以修谱促予,予唯唯。越春初,子犹为苕溪武林游,道经垂虹言别,杯酒盘桓,连宵话榻,丙夜不知倦也。别时与余为十旬之约,不意鼙鼓动地……友人为余言冯先生已骑箕尾去,予大惊惋。……予忘故人乎?而故人乃以临死未竟之业相授,乃不潜心探索,寻其遗绪而更进竿头,不几幽冥中负我良友!

冯梦龙去世后,其子将《墨憨词谱》及遗书托顾来屏转致沈自晋,自晋修谱时多有采入,并在书中一一作了注明。《重定南词全谱凡例续纪》云:

将细定之,适顾甥来屏寄语:曾入郡,访冯子犹先生讼嗣赞明,出其先人易箦时手书致嘱,将所辑《墨憨词谱》未完之稿,及他词若干,异我卒业。六月初,始携书,并其遗笔相示。翰墨淋漓,手泽可挹,展玩怆然,不胜人琴之感。虽遗编失次而典型具存,其所发明者多矣。……于是即予所裒辑,印合于《墨憨》,凡论列未备者,时从其说。且捐己见而裁注之,必另注冯稿云何,非余见所及也。

沈自晋对冯梦龙的去世十分悲痛,作《和子犹辞世原韵》七律二首,云:

忆昔离筵思黯然,别君犹是太平年。杯深吐胆频忘醉,漏尽论词剧未眠。计日幸瞻行旆返,逾期惊听讣音传。生刍一束烽烟阻,肠断苍茫山水边。

感托遗编倍怆然,填修乐府已经年。豕讹几字疑成梦,枣到三更喜不眠。词隐琴亡凭汝寄,墨憨薪尽问谁传。芳魂逝矣犹相傍,如在长歌短叹边。

诗中回忆彼此杯酒论词的往事及别时约期的情景,可见交谊之深。

在曲学上,二人彼此相互引以为重。沈自晋从沈璟精研曲律,冯梦龙与吴越词家群相推服。沈自晋对冯梦龙的《墨憨词谱》评价也极高,谓之沈璟曲学的继承者,并比较自己的新谱,云:"大抵冯则详于古而忽于今,予则备于今而略于古。考古者谓不如是则法不备,无以尽其旨而析其疑。从今者谓不如是则调不传,无以通其变而广其教。两人意不相若,实相济以有成也。"①

冯梦龙子焴,字赞明。承家学,亦晓词曲。他曾托顾来屏转去冯梦龙的遗稿,其时,《南词新谱》初稿已就,但沈自晋仍"既从冯参旧,且不惜以所收新曲,时取证《墨憨》。仍恐作者趋今忘古,失我友遗意耳。"②后冯焴同冯梦龙一起列名为《南词新谱》参阅人。

《重定南词全谱凡例续纪》中所言"祁公",即祁彪佳,是著名戏剧批评家,著有《远山堂曲品》、《远山堂剧品》等。天启二年(1622)进士。崇祯中累官右佥都御史,巡抚江南。推重沈璟等吴江沈氏世家词人。《凡例续纪》:"子犹送安抚祁公至江城"句下自注云:"祁公前来巡按时,托子犹遍索先词隐传奇及余拙刻并吾家诸弟侄辈诸词殆尽。"祁彪佳与沈自晋族弟沈自然交谊尤厚。详见上文沈自然条中。祁彪佳子鸿孙、理孙、班孙,皆通词曲,后均列名为《南词新谱》参阅人。

范文若(1587—1634),初名景文,字更生,号香令,又号吴侬荀鸭。上海(今上海市上海县)人。著有传奇《花筵赚》、《鸳鸯棒》、《梦花酣》等多种。与沈自晋以知音推许。自晋子永隆《南词新谱后序》云:

> 迨乎,郑卫风淆,丽则乖雅,巴人高唱,郢客响沉。家君于是奋然以釐定乐章,用为继美。时惟云间荀鸭,雅推家君。汉大而自号夜郎,然两人并沾沾以各得锺期,无惭鼓吹。

范文若《勘皮靴》、《生死夫妻》剧作终场诗中盛推沈自晋和袁于令。范氏卒后,清顺治二年(1645),沈自晋为重定《南词新谱》,亲至苏州范文若子彤弧处搜

---

① 《重定南词全谱凡例续纪》,《南词全谱》卷首,民国影印清刻本。
② 《重定南词全谱凡例续纪》,《南词全谱》卷首,民国影印清刻本。

寻其遗稿归。《重定南词全谱凡例续纪》记云：

> 因忆乙酉春，予承子犹委托，而从弟君善实怂恿焉。知云间荀鸭多佳词，访其两公子于金阊旅舍，以倾盖交。得出其尊人遗稿相示。其刻本，为《花筵赚》、《鸳鸯棒》、《梦花酣》；录本，为《勘皮靴》、《生死夫妻》；稿本，为《花眉旦》、《雌雄旦》、《金明池》、《欢喜冤家》。及阅目录，尚有《闹樊楼》、《金凤钗》、《晚香亭》、《绿衣人》等记数种，未见。乃悉简诸稿，得曲样新奇者，誊及百余阕，珍重而归。

彤弧，字树鏃。范文若子。承家学，亦通词曲。后与其父俱列名为《南词新谱》参阅人。

袁于令(1592—1674)，原名韫玉，又名晋，字令昭，号箨庵，又号幔亭仙史、吉衣道人等。吴县人。明末诸生。清兵南下时乡里挽其所作降表进呈，以功叙荆州知府，然终日以围棋度曲自娱。师从戏曲家叶宪祖，著有《西楼记》传奇及杂剧若干。晚年寓居会稽。与沈自晋交厚，列名为《南词新谱》参阅人。清顺治十六年(1659)，袁氏访自晋于吴江，彼此有人生之叹。张贵胜《遗愁集》卷一记云："己亥，京口被海氛之祸，袁荆州箨庵时在武林，其家室寓江宁，闻乱，遄归省亲。道经吴江，沈长康其老友也，因过访，谓长康曰：'我二人齿暮矣，相去迢递，恐无再见之期矣。'沈为之黯然。"己亥，即清顺治十六年(1659)，时沈自晋七十七岁，袁于令六十八岁。

顾来屏，字鸣凡，又字必泰。昆山人。沈自晋甥，堂弟自旭女婿。工词曲，著有《耕烟集》及传奇《摘金园》等。清初沈自晋避兵山中，顾来屏亲至吴县访冯梦龙子焴，为沈自晋携回冯梦龙遗稿①。后列名为《南词新谱》参阅人。

顾悦，字八公。吴江人。列名为《南词新谱》参阅人。沈自晋《越溪新咏》中有[南仙吕鹧鸪天]《别顾八公先生》小令一首，可见彼此心交之深：

---

① 《重定南词全谱凡例续纪》，《南词全谱》卷首，民国影印清刻本。

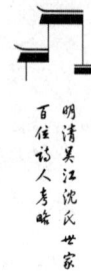

　　似水交情及水深,淡交今见久交心。玄亭正想分奇字,白云翻愁去独吟。人别也,思难禁,武陵回首隔深林。知君不问归来路,占断幽蹊满绿荫。

　　卜世臣,生平见上文沈璟条中。名列《南词新谱》参阅人首位。其与沈自晋的关系,属于世交之好。

　　吴伟业(1609—1672),字骏公,号梅村。太仓(今江苏太仓)人。复社成员。崇祯间进士,官左庶子。南明弘光朝任少詹事。入清后官国子祭酒。著有《梅村家藏稿》、传奇《秣陵春》及杂剧《通天台》、《临春阁》等。列名为《南词新谱》参阅人。

　　宋存标,字子建,号秋士,别署蒹葭秋士。华亭(今上海松江)人。明崇祯贡生,候补翰林院孔目。复社成员。通词曲,著有《翠娱阁集》、《秋士香词》、《国策本论》及杂剧《兰台嗣响》等。列名为《南词新谱》参阅人。其子思玉有文思,亦列名为《南词新谱》参阅人。《江苏诗征》卷一百二十六引《漱芳斋诗话》盛称之,云:"秋士三子,长思玉,字楚鸿;次思宏,字汉鹭;次思璟,字唐鹗,俱以神童称。秋士癸申间《凤想楼集》,楚鸿诗已有附入。"

　　郭濬,生平见上文沈自南条中。天启间,与沈逢于杭州,盛称沈自晋所作《望湖亭》传奇,以为"非古名家不能,恨不得拜其下风"[1]。晓音律。列名为《南词新谱》参阅人。

　　陆世廉,字起顽,号生公,又号晚庵。吴县人。列名为《南词新谱》参阅人。庄一拂《古典戏曲存目汇考》述其生平云:"弘光时,官光禄卿。明亡,隐居不出,生卒年均无考。"著有《西台记》杂剧及《八叶霜》传奇。

　　杨宏,一作杨弘。江苏青浦人,后寓居吴江。工词曲,《松陵绝妙词选》卷二称其词"构思窈曲,有架空之奇"。著有《认氍毹》传奇。列名为《南词新谱》参阅人。与沈自晋族弟沈自然交往亦厚,见上文沈自然条中。

---

[1] 沈自南:《鞠通乐府序》,《鞠通乐府》卷首,民国刊本。

宋徽璧，初名存楠，字尚木。华亭（今上海松江）人。复社成员。崇祯十五年（1642）进士。入清官潮州知府。著有《抱真堂集》。列名为《南词新谱》参阅人。行为有为人称道者，《江苏诗征》卷一百二十五引王文简语云："尚木以膏粱年少匹马入京师，从有司之举。时椓人窃国柄，君贳酒悲歌燕市一中，肮脏厄塞发于诗。"又引吴伟业语云："尚木以其身为才子，为宿业，为廉吏，为劳臣。"

徽璧从弟徽舆（1618—1667），字辕文，一字直方，别号佩月主人、佩月骚人。亦列名为《南词新谱》参阅人。清顺治四年（1647）进士，官至都察院左副都御史。为诸生时与陈子龙、李雯等倡畿社，名传世林，吴伟业序其集云："天下言诗者辄首云间，而直方与大樽（陈子龙）、舒草（李雯）齐名。"著有《林屋诗草》、《林屋文稿》，并辑《全闽诗选》。

叶绍袁（1589—1648），字仲韶，别号天寥。吴江人。生平见上文沈自继条中。明天启五年（1625）进士，官工部主事。明亡后，与沈自晋族弟沈自继（自征兄）等人隐吴县邓尉山为僧。列名为《南词新谱》参阅人。著有《秦斋怨》诗集及《叶天寥四种》。又据《天寥自注年谱》记，叶绍袁曾在崇祯九年（1636）与沈自继、沈自然诸人同游浙西天目山避暑。

绍袁长子叶世佺（1614—1658），字云期。府学生。工诗文，亦列名为《南词新谱》参阅人。

绍袁六子叶燮（1627—1703），初名世倌，字星期，号已畦。寓居横山，时称横山先生。亦列名为《南词新谱》参阅人。清康熙九年（1670）进士，官宝应县令，以忤长官被参落职。以诗论见称，所作《原诗》论"数千年之诗正变盛衰之所以然"，自成一家之言。另著有《己畦诗文集》。

绍袁孙叶舒胤（1631—1694以后），字学山。清顺治十四年（1657）副榜。著有《叶学山遗集》十卷，亦列名为《南词新谱》参阅人。与自晋族子沈永令、沈永禋、沈世潢、沈永馨、沈永溢等皆有交往。文行有令世人称道者。《江苏诗征》卷一百六十云："学山性洒脱，终日呻哦，不事生产，中年后家渐落，淡如也。其工于言情，色遒丽而不艳，意沉著而不浮，如楚客丛兰，湘君芳杜，对之令人惆怅。"

陆圻（1614—？），字丽京。浙江钱塘人。列名为《南词新谱》参阅人。生平见《启祯两朝遗民诗》卷十二："文学辞家。不知所之。"著有《威凤堂集》、《从同集》、《西陵新语》、《灵兰堂墨守》。

毛奇龄（1623—1713），字大可，号初晴，别署于一、斋于、晚晴、河右僧，又以郡望称西河。萧山（今浙江萧山）人。明诸生，清初隐居山中。康熙时召试博学鸿词，授翰林院检讨，后以病乞归，不复出。工诗古文，精音律。著有传奇《不放偷记》、《不卖嫁记》及《西河文集》二百五十九卷。列名为《南词新谱》参阅人。对吴江沈氏词家沈璟、沈自晋、沈自征十分推重，云："词隐、鞠通，素推南词宗匠。君庸《渔阳三弄》，尤为北词绝伦。"① 与沈自晋族孙沈时栋（沈自继孙）亦有交往，曾为沈时栋《瘦吟楼词》定稿。②

周永年（1582—1647），字安期。吴江人。生平见上文沈珣条中。列名为《南词新谱》参阅人。著有《怀响斋集》。与吴江沈氏世家有世交之谊。曾祖周用与沈自晋高祖汉交厚，以诗唱和，汉诗今存《酬周白川次原韵》七律一首可证，白川，周用号。永年与沈自晋族父沈珣"过从三十年"，并为珣《净华庵诗稿》作序。详见上文沈汉、沈珣条。

黄家舒（1600—1669），字汉臣。无锡人。列名为《南词新谱》参阅人。庄一拂《古典戏曲存目汇考》述其生平云："明诸生。启、祯间，与钱陆灿、唐德亮等，号听社十七子。甲申以后，遣弃一切，体素羸，与病始终。坐卧斗室，交窗密护。竟日之需，脱粟半器而已。其学无所不窥，皆务究根柢。周栎园极重视之，携其全稿，欲为付梓。会抄籍，其稿遂亡，仅有《焉文堂初稿》行世。"另著有《城南寺》杂剧。

孟称舜（1600？—1655以后），字子塞，又作子若，号卧云子、花屿仙史。浙

---

① 评［疏烟淡月·金庭远眺］语，《瘦吟楼词》，沈时栋著，1928年饮虹簃刊本。
② 见《瘦吟楼词·题记》，民国刊本。

江会稽(今绍兴)人。复社成员。清顺治六年(1649)举为贡生,任松阳训导。列名为《南词新谱》参阅人。以戏曲知名于世,著有传奇、杂剧各五种,又编辑《古今名剧合选》,大行于世。

沈祖孝,初名果,字因生,一字雪樵,号雪渔。乌程(今浙江吴兴)人。列名为《南词新谱》参阅人。生平见《松陵诗征》卷一:"有《湖干》、《砚俪》、《当泣》、《陶年》、《吟安》、《下帘》等集。朱竹垞云:'雪樵至性之士,诗皆从肺腑流出。'周美斯云:'雪樵明季避乱吴江之岩墓村,与吴宗潜兄弟结惊隐社,以诗相倡和。'"康熙十二年(1673),与吴江吴之纪、张尚瑗等重举慎交社。沈自晋族子沈永馨,与之为惊隐诗社社友。

张安茂,字蓼莪,一作蓼匪。华亭(今上海松江)人。畿社成员。列名为《南词新谱》参阅人。有文名,著有《乐英堂集》十卷、《蕈溪诗稿》等。

卜不矜,字去贤,号竽公。浙江嘉兴人。列名为《南词新谱》参阅人。不矜是著名戏曲家卜世臣从侄。明亡后,隐居啸傲,专事吟咏,尤工曲律。著有《复觚集》及传奇《杖头钱》、《鸳鸯扇》等。

金俊明(1602—1675),字孝章,号耿庵,又号不寐道人。苏州人。列名为《南词新谱》参阅人。工诗能书,长于画梅,尤喜录异书。著有《春草闲房诗集》、《阐幽录》等。与沈自晋族弟沈自南交往较密,自南作有寄怀金俊明诸友诗一首,见《沈氏诗录》卷七。

周永言,字安仁,号禹祈。吴江人。太学生,官中书舍人。列名为《南词新谱》参阅人。有文《晚宜楼集跋》存世,[①]与沈自晋族弟沈自友(沈珂子)交厚,曾至其斋,作《过沈君张绮云斋》七律一首。详见上文沈自友条。

归庄(1613—1673),一名祚明,字尔礼,又字玄恭,一作元恭,号恒轩。昆山人。复社成员。列名为《南词新谱》参阅人。归庄是归有光曾孙,有文名。清初,与吴炎等结惊隐诗社。沈自晋族侄沈永馨与其交往甚厚,有寄怀诗二首:其一

---

① 见《松陵文集》三编卷五十一,陈去病编,民国百尺楼丛书本。

《麻溪别业寄玉峰归元恭》五律一首；其二《怀友二首》之一，自注："怀归元恭"。详见下文沈永馨条。归庄所作文集散佚，后人辑有《归玄恭遗著》《归玄恭文续抄》。

顾有孝(1619—1689)，字茂伦，号雪滩、雪滩钓叟。吴江人。生平见上文沈自继条中。列名为《南词新谱》参阅人。彼此交厚。沈自晋作有[南商调金衣公子]《为顾茂伦表兄题濯足图》套曲，云：

[南商调金衣公子]蟠冢向东流，泛沧浪一钓舟，楚卧遗恨如君否？独醒将自谋，独清还自求，纵芒鞋不索向尘埃薮。且优游，江涛万里，贳却洗吾愁。

[啭林莺儿][啭林莺]听无情楚梦发棹讴，莞然独笑沧州。任尘踪惹得烽烟透，赖寒滩有水堪投。纵使脚跟浪走，那得似您一泓消受！[黄莺儿]影悠悠，萍开踏浪，免得下纶钓。

[皂罗罩黄莺][皂罗袍]问谁向桃源溪口，是武陵渔者点破闲鸥。逝水飞花且夷犹，脱将齿屐随波溜。诗脾冷沁，蟾空晕浮；文心净浣，玭翻锦沤。风标不啻当年旧。[黄莺儿]展歌喉，临流获句，倚足傲千秋。

[猫儿逐黄莺][猫儿坠]休嫌高蹈，洗耳不封侯。陆海尘沙行掣肘，沉吟泽畔漫凝眸。[黄莺儿]浅矶头，开襟敛膝，珍重一羊裘。

[尾声]夸君玉趾才离垢，怎得个两脚还撑九点州？只索寄咏丹青慰好仇。

这篇套曲见于《黍离续奏》中，作于清初无疑。顾有孝与沈自晋族弟沈自继、沈自南皆有交，义气投合。

潘陆，字江如。吴江人。列名为《南词新谱》参阅人。有文名，生平见《江苏诗征》卷三十二："吴江诸生，著《穆溪集》。潘稼堂云：'公世居松陵之穆溪。……公遭乱，弃儒冠，转客江湖。故人通显者招之，不一见。其诗如老将用兵，纵横挥霍而纪律森然。"清顺治十四年(1657)，与陕西李楷、孙枝蔚等在镇江结丁酉社，声噪一时。江如与沈自晋族侄沈永馨亦有交，详见下文沈永馨条。

顾樵，字樵水，自号若耶居士。吴江人。列名为《南词新谱》参阅人。能诗善画，著有《吴郡名胜志》、《十七代诗选》等。吴江沈氏世家中有多位文人都与顾氏交厚。如沈世侔、沈永礼、沈永馨、沈永溢、沈世楸等。

徐晟(1618—1683以后)，字祯起。长洲(今苏州)人。列名为《南词新谱》参阅人。工古诗文，著有《陶园删定诗集》十二卷、《陶园文集》十卷、《陶园词》一卷。

钱肃润(1619—1699)，字礎日。无锡人。列名为《南词新谱》参阅人。为人有节。清顺治十一年(1654)，以不改明代服饰而被捕南京刑讯，折一足，因自号跛足生[①]。著有《十峰诗集》、《史论一编》七卷、《文穀》二十卷。又与沈永馨有交，为惊隐诗社社友。

王挺(1619—1677)，字周臣。江苏太仓人。列名为《南词新谱》参阅人。与吴江沈氏世家有世交之好，其父王时敏与沈自晋族父沈珣交厚，沈珣作有《送王逊之尚玺》七律一首，详见上文沈珣条。逊之，王时敏字。挺有文名，著有《减庵诗存》、《减庵文存》、《太仓文献志》等。

陈济生(1618—1667?)，字皇士。长洲人。列名为《南词新谱》参阅人。文名饮誉江南。著有《诗南》、《天启崇祯两朝遗诗》。与沈永馨亦有交往，为惊隐诗社社友。

施谭，字又王。长洲人。列名为《南词新谱》参阅人。与沈永馨亦有交往，清顺治七年(1650)入惊隐诗社。

陈三岛(1624—1660)，字鹤客。长洲人。列名为《南词新谱》参阅人。著有《雪圃遗稿》。清初，三岛仍有志复明，密与抗清志士通声气，谋起事，未成而忧愤死。

周之标，字君健。长洲人。列名为《南词新谱》参阅人。喜词曲。辑有《兰咳

---

① 见《梁溪文抄》卷二十四，清刻本。

集》五卷、《兰咳二集》七卷、《赛征歌集》六卷和《珊瑚集》等。清乾隆间,沈自征曾孙沈祖禹编辑《沈氏诗录》时,曾列《兰咳二集》为征引书目之一。

周安(?—1680),字安节,一字梅坡。吴江人。列名为《南词新谱》参阅人。世人称其人品与文品。《江苏诗征》卷八十一:"周笠川云:'安节性冲淡,遭乱,绝意进取。'《松陵诗征》:'安节喜著述而不近名,乐友朋而不泛爱。其诗风格清超,笔意苍洁,如空山老衲数点白花,不与春卉朝华同其泛艳。'潘稼堂云:'处士诗词旨清远,不激不靡,外淡中腴,萧然绝俗。'"与沈自晋族侄沈永禋、沈永馨交谊甚笃。又与沈自晋族孙沈世楸有交。世楸有《寄怀周安节兼示顾樵水》诗纪之。详各该条。

尤侗(1618—1704),字同人,更字展成,号悔庵、西堂、艮斋,晚称西堂老人。长洲人。康熙时召试博学鸿词,授翰林院检讨,与修明史,后告归。列名为《南词新谱》参阅人。为清初著名诗文家、戏曲家,著有《西堂全集》及《钧天乐》、《读离骚》等戏剧作品。与沈自晋族孙沈时栋亦有交往,康熙二十六年(1687),曾为沈时栋《瘦吟楼词》作序,十年后又为时栋所编《古今词选》作序,并盛赞吴江沈氏世家词人沈璟、沈自晋、沈自继、沈自征、沈自然、沈自炳诸人在词曲上"各极一时之盛"的卓绩。

尤本钦,字伯谐,一字上官。吴江人。列名为《南词新谱》参阅人。以词曲知名,《松陵绝妙词选》卷三谓"骀宕之致,每见于竹墨之外"。又善草书。明亡后隐居邑郊。著有《琼花馆》传奇。《南词新谱》中录有散曲作品若干。

周延禧,字长康。吴江人。诸生。列名为《南词新谱》参阅人。工诗,著有《虀谭诗稿》。与吴江沈氏世家称世交。其父周宗建与沈璟子自鋐交厚。延禧又与沈自晋族侄沈永馨、沈世潢有交往,曾与顾樵、吴锵等诗人聚于沈永馨居处。详见下文各该条。

赵瀚,字砥之,自号铜谷卧樵。吴江人。列名为《南词新谱》参阅人。诸生。是吴江赵氏世家中著名诗人。著有《和雪堂稿》。与沈自晋族侄沈永馨亦有交往，所作《沈建芳招同四明魏雪窦、吴门陈鹤客、同邑顾茂伦集周安节村居》诗，较详细记述了与永馨诸人游周安居处事。

吴江赵氏世家中与沈自晋有交往的诗人还有赵申祈、赵申禄兄弟，俱列名为《南词新谱》参阅人。赵申祈字元康，一字穀坛，号纯公。官中书舍人。以诗知名，人称其作"如春山鸣鸟，不必尽谐律吕，能使听者移情"①。著有《穀坛诗存》。赵占初，字元旭，一字蕉圃。康熙二十三年(1684)举人。豪于饱满酒，"醉后喜赋诗，顷刻千言，不假雕饰"②。词亦"婉逸多风"③。著有《蕉圃诗抄》。

吴溢，字千顷，号汪度。吴江人。列名为《南词新谱》参阅人。通音律，著有《双遇蕉》传奇。

朱士稚，字朗谊，一作朗诣。浙江会稽人。列名为《南词新谱》参阅人。有诗名。《启祯两朝遗民诗》卷十四谓其"尝以管、乐自命"。

吴炎(1624－1663)，字赤溟。吴江人。诸生。列名为《南词新谱》参阅人。为清初著名诗文家。《道光苏州府志》卷一百云："年亚诸父而才与之埒。乱后弃诸生，隐居教授。初以诗文自豪，所拟古赋及今乐府皆传诵于时。既而与所善潘柽章共撰明史。炎天才矫拔，文笔劲健。……未及成，遭乌程史案株连，遂及于难。"著有《浩然堂集》、《吴赤溟文集》、《汉铙歌解》。又与沈自晋族侄沈永馨有交，为惊隐诗社发起人之一。

杨稠，字牧工。青浦(今属上海)人，一说吴江人。列名为《南词新谱》参阅人。以词曲知名，又擅书法。《松陵绝妙词选》卷二云："牧工精篆隶，得先奉笔法。诗亦秀逸，小词不多见。"

顾万祺，字庶其。吴江人。诸生，列名为《南词新谱》参阅人。有诗名。《江苏诗征》卷一百二十九论云："庶其学诗于新城阮亭先生，宗派既正而心思才力又

---

① 《江苏诗征》卷一百〇七，王豫辑，清道光刻本。
② 《江苏诗征》卷一百〇七，王豫辑，清道光刻本。
③ 周铭：《松陵绝妙词选》卷四，清刻本。

足副之,故其诗往往拔俗。"著有《双桂轩诗抄》。阮亭,王士禛号。

潘柽章(1626—1663),字力田。吴江人。列名为《南词新谱》参阅人。为清初江南著名诗文家。清顺治七年(1650),与吴炎等在邑中结惊隐诗社,四方文士入社者甚多。后遭乌程庄氏史案株连被杀,年仅三十八岁。著有《秋声集》、《观复草庐剩稿》六卷、《国史考异》六卷、《松陵献集》十五卷、《杜诗博议》,又与吴炎合著《今乐府》及明史。又与沈自晋族侄沈永馨有交,为惊隐诗社社友。

吴锵(？—1690),字闻玮。吴江人。列名为《南词新谱》参阅人。工诗文,著有《复复堂集》。又与沈自晋族侄沈永禋、沈永令、沈永馨有交,详见下文各该条。

吴兆骞(1631—1684),字汉槎,号季子。吴江人。列名为《南词新谱》参阅人。以诗文知名。生平见《道光苏州府志》卷一百:"汉槎,吴江人。晋阳子。少有俊才,童子时作赡赋,累千余言,见者惊异。与兄兆宽、兆宫同与慎交社,名闻达远近。为人简傲,不拘细行。顺治丁酉举于乡,科场事发,遣戍宁古塔,在塞外二十余年。日与羁臣逐客饮酒赋诗,气壮而才丽,诸大师皆敬礼之。康熙癸亥,献所作《长白山赋》。"著有《秋笳集》八卷。丁酉,即顺治十四年(1657)。癸亥,即康熙二十二年(1683),此前二年兆骞被允许纳资赎归。献赋次年,客死于京邸。① 又与沈自晋族孙沈时栋有厚交,颇为诗人顾贞观称道,云:"沈君与同邑吴子汉槎、徐子虹亭倡酬,其时,沈君年最少。"②

毕映辰,一名纬前,字西临,号宿宫。吴江人。诸生。列名为《南词新谱》参阅人。工诗,著有《西临诗抄》。又与沈自晋族子沈永义(自南子)交厚,作有《病中怀二闻》五律一首。详见下文沈永义条。

于銮(1595—1675以后),字御君。金坛(今属江苏)人。列名为《南词新谱》参阅人。工诗,著有《视慧斋诗集》。

陈维崧(1625—1682),字其年,号迦陵。宜兴(今属江苏)人。列名为《南词

---

① 见叶舒胤《吴汉槎于十月十八日客死京邸,诗以哭之》,《叶学山诗稿》卷六甲子,清刻本。
② 顾贞观:《古今词选序》,《古今词选》卷首,清乾隆刻本。

新谱》参阅人。为清初著名词家。康熙十八年(1679)举博学鸿词,授翰林院检讨,参与修纂《明史》。陈廷焯《白雨斋词话》称其词"气魄绝大,骨力绝遒,填词之富,古今无两"。时人尊其为"阳羡派"词领袖。著有《湖海楼诗文词全集》五十四卷。

叶奕苞(?—1687),字九来。江苏昆山人。列名为《南词新谱》参阅人。少负异才,博雅擅诗歌,工书法,好金石。与陈维崧、归庄交,名闻远近。著有《经钼堂文稿》六卷、《经钼堂诗》十卷,及杂剧《长门赋》、《老客归》、《卢从史》、《燕子楼》等。

李玉,字玄玉,号苏门啸侣。吴县人。所居曰一笠庵。列名为《南词新谱》参阅人。为清初吴县派戏曲家领袖。著传奇数十种,代表作是《清忠谱》。《新传奇品》称其词如"康衢走马,操纵自如"。又著有《北词广正谱》,为曲家所宗。

顾伯起,字元喜。吴江人。戏曲家顾大典侄孙。列名为《南词新谱》参阅人。与吴江沈氏世家称世交。顾大典与沈自晋族父沈璟交谊颇深,详见上文沈璟条中。元喜通词曲。《南词新谱》录其散曲小令一首。

朱英,字季林。上海人。列名为《南词新谱》参阅人。以词曲知名。著有《倒鸳鸯》、《野狐禅》、《闹乌江》、《醉扬州》四种传奇。

叶时章,字雉斐。吴县人。列名为《南词新谱》参阅人。工词曲,为清初吴县派著名作家,作传奇八种,并参与过李玉《清忠谱》的创作。

梅正妍,字暎蟾。吴江人。沈自晋次婿。晓词曲。列名为《南词新谱》参阅人。《南词新谱》录其散曲若干。

沈逸,字简栖。吴江人。列名为《南词新谱》参阅人。工诗。《江苏诗征》卷一百一十九引《江苏诗事》云:"简栖居简村遥山一角,晴波十里,鸥鹭闲静,芦荻萧萧,会于目睫。而一室中,图书茗碗,位置楚楚,兴至辄吟,取适我意,不刻意求工也。"

李渔(1610—1680),字谪凡,号笠翁,别署有笠道人、湖上笠翁、随庵主人等。

浙江兰溪人。清初移家杭州，后迁金陵。列名为《南词新谱》参阅人。笠翁是清初著名戏曲家、小说家，著有《笠翁十种曲》、小说《十二楼》、《无声戏》、诗文集《一家言》等。其曲论《闲情偶寄·词曲部》，集明清戏剧理论之大成，在当时和后世都有很大影响。

蒋麟征，字瑞书，号西宿。浙江吴兴人。列名为《南词新谱》参阅人。以词曲知名，著有《白玉楼》传奇。

丁克振，字大声。浙江萧山人。列名为《南词新谱》参阅人。有诗名。与沈自晋族弟沈自然亦有交往，详见上文沈自然条。

魏耕，原名璧，字楚白，又别名甦，号雪窦山人。慈谿人。列名为《南词新谱》参阅人。明亡后有志抗清，与陈三岛、朱士稚谋起事，后事泄被杀。①

虞巍，字君哉。江苏金坛人。与沈自晋为词友。清顺治七年（1650），沈自晋应其请作《耆英会》传奇，为其尊人称寿，并作［南黄钟画眉扶皂罗］套曲纪其事，云：

> 伯范长兄八十初度，诸昆弟约为捧觞。适词友虞君倩予作《耆英会》传奇，为其尊人称寿。传成，且将泛往，归期可待，赋此以订。
>
> ［画眉序］渔阳鼙鼓下江东，寂寞玄亭老鞠通，遥怜有客问雕虫。［醉扶归］喜心见猎还能动，孤槎泛影且分纵，黄花插鬓须陪奉。［皂罗袍］甘泉碧酿，来斟寿觥；冰丝玉鲙，堪携馈兄。追随笑舞群仙从。②

吴启思，字睿公。归安（今浙江吴兴）人。列名为《南词新谱》参阅人。

沈雄，字偶僧。吴江人。参与校阅《南词新谱》第十一卷。沈自晋以同宗侄辈视之。以词曲知名，著有《柳塘词》一卷、《古今词话》六卷。

王同高，字叔庐，亦号菽庐。浙江萧山县人。诸生。著有传奇《野寺飞砖》、

---

① 见全祖望《鲒埼亭集》卷八，清刻本。
② 《鞠通乐府·越溪新咏》，民国刊本。

《旗亭画壁》二种。此外,据焦循《剧说》引毛奇龄《拟元两剧序》云:"萧山王叔庐曾谱唐人事拟元词两剧,一伤莲勺弃故剑,一慨武成主者并不识司空世族。"由此可知,"拟元两剧"是两种杂剧。王叔庐曾就此两剧求教沈自晋。清梁廷枬《曲话》卷二记其事云:"拟元两剧,萧山王叔庐撰。以质吴江沈长康(自晋),谓不合宫调,令其改作。"

(二八)沈自普

沈自普,字则平,号闻喜。沈文十世孙,沈瑄次子。据《沈氏家谱》卷七记:生于明万历十七年(1589)六月二十一日。治《书》,补邑庠生。卒于崇祯十四年(1641)四月十四日,年五十三岁。子一:永徽,无文;女一。周绍良《吴江沈氏世家》一文未考之。

自普是著名戏曲家沈自晋的仲弟,亦晓音律。《吴骚合编》卷二引岭樵随笔语称其所作[南吕宜春令]《幽期》套曲"天然风度,绝无粉脂之气。此调可与青门先生《宝花栏》一曲并传。如此等词,散曲中信不易得。至于韵调和谐,尤其剩技"。

著述未有集。作品今存套数三篇:[南吕宜春令]《幽期》,载《吴骚合编》卷二,又见于《太霞新奏》卷六;[仙吕八声甘州]《代蝉生泣送韭月》、[仙吕入双调步步娇]《寄情》,分别载《太霞新奏》卷一、卷十二。

第七章

吴江沈氏世家第七代诗人

吴江沈氏世家第七代诗人有沈永弼、沈永令、沈静筠、沈永迪、沈永达、沈世侔、沈关关、沈永启、沈永群、沈宪英、沈华鬘、沈永义、沈永礼、沈永智、沈永信、沈永孝、沈永禩、沈少君、叶小纨、沈绣裳、沈世潢、沈永馨、沈永溢、沈永瑞、沈丁昌、沈永隆、沈蕙端、沈永乔、沈永济、沈良友、沈永等三十一人,其中女诗人七位。

(一)沈永弼

沈永弼,字中郎,号元方。沈文十一世孙,沈士哲长子。据《沈氏家谱》卷四记:生于明万历三十三年(1605)七月十三日。治《书》,补邑庠生。卒于崇祯十一年(1638)正月二十六日,年三十四岁。子三,次子辛楸有文名;女四。周绍良《吴江沈氏世家》一文未考之。

生平事迹见《沈氏家传·元方公传》:

> 元方公讳永弼,字中郎,若宇公长子也。丰姿秀朗,文艺优长。未弱冠游庠,既而踬省闱,是时弟一指公尚幼,公方欲藉科名以承亲欢,每郁郁不得志。若宇公进而慰诲之,述昌黎诸生业患不能精四语垂训,公乃闭户下帷,

以三过自责:一壮岁茫无知识;一有书不能尽读;一穷居未善揣摩。颜之书室,触目动心,盖锐气故未索也。公长于肆应,若宇公以孝廉由学博擢南康令,挈公在署,一切公私内外必命公裁酌而后行。崇正戊寅以应试,南归病殁客舍,年三十有四。……公孝于亲,雄于才,其如天不假之年何?

《沈氏诗录》未收录其作品。考《沈氏家传·元方公传》,有著作一种:《雄飞馆诗文稿》。未见著录。《沈氏家传·元方公传》:"所著《雄飞馆诗文稿》,板片散佚无存,为可惜也。"

(二)沈永令

沈永令,字闻人,一作文人,号一指。① 沈文十一世孙,沈士哲次子。据《沈氏家谱》卷四记:生于明万历四十二年(1614)九月十九日。治《春秋》,补秀水县庠生。清顺治五年(1648)浙江副榜,十二年(1655)进士,次年授陕西韩城县知县,后补陕西高陵县知县。康熙二年辞官归乡。卒于康熙三十七年(1698)正月十五日,年八十五岁。子六,女五;次子澍,女蔎纫,皆有文名。庄一拂《古典戏曲存目汇考》下编传奇二云:"约明崇祯十七年前后在世",不确。

生平事迹见《乾隆震泽县志》卷十九《沈永令传》:

沈永令,字闻人,父士哲。性颖悟,弱冠县试,知县熊开元阅其文谓他日必以风雅名世。顺治五年中浙江副榜,以覃恩入国子监,选授陕西韩城知县。时前令负帑累民,邑豪梁、吉两姓鼓众匿险抗公差,当事将提兵进剿,永令单骑至其巢,推诚招抚,皆罗拜泣服。其后又叠揭请除滩粮。潼关道副使汤斌称为有才长者。明年,以母忧去官。服阕,补高陵,被劾罢归。永令为诗赋典赡藻丽,间作小词,直窥辛稼轩之奥。书画并入能品,其所写葡萄、松鼠最有名于时。家居四十余年卒,年八十五。所著有《退思日录》、《深柳堂

---

① 袁景辂《国朝松陵诗征》卷一引钱上沐语云:"闻人自号一指,因手有枝指也。"清乾隆刻本。

集七种》。

又见于沈德潜《清诗别裁》卷三十三小传：

> 沈永令,字闻人,江南吴江人。顺治戊子副榜,官高陵知县。初知韩城县时,汤文正为潼关道,以循良重之,其政治可知也。

工诗文词曲,兼擅绘画。袁景辂《国朝松陵诗征》卷一:"钱上沐云:'闻人……龆年颖悟,应县试时,知县熊鱼山奇其文,谓他日必以风雅名世。后果如其言,诗歌、书画并入能品。'"周铭《松陵绝妙词选》卷三:"龙门(指沈永令——抄注)工绘事,兼善音律。其词颇窥稼轩之奥,至秾情逸韵,则蕙草雪消不足方也。"《沈氏诗录》卷七小传:"公诗文、词典、书画,皆有名。而画葡萄、松鼠尤工。"与竟陵派同时,而能自成一家。沈德潜《清诗别裁集》卷三十三:"沈永令……诗亦宗仰唐人,不染竟陵习气。"袁景辂《国朝松陵诗征》卷一:"……一指、恒斋,尤能卓然成一家言。一指古诗驱使富有,五、七言近体,声华格律直追中盛唐,无一字一句落元和以后。尔时,钟、谭盛行,而吾邑诗派不堕蛙声,皆先生砥柱之力也。"

著作三种：

①《深柳堂集七种》。《乾隆震泽县志》卷三十一书目、《光绪苏州府志》卷一百三十八艺文三著录。七种细目是:《矜情稿》、《片石吟》、《四明草》、《雪鸿稿》、《杂体文》、《骈体文》、《嘌霞阁词》。仅《嘌霞阁词》存,有清康熙间绿荫堂刊聂先、曾王孙编《百名家词抄一百卷》本,一卷,收词三十五首。

②《退思日录》。《乾隆震泽县志》卷三十一书目、《光绪苏州府志》卷一百三十八艺文三著录。今佚。

③《桃花寨》传奇。姚燮《今乐考证》著录。本事不详。今佚。

作品今存还有:①诗二十九首:《沈氏诗录》卷七载十九首,其余十首是:《天津晚泊》五律一首;[载《国朝别裁集》(清刻本)卷三十三,又见于《江苏诗征》卷一百一十七]《再次淮上对月》五律一首;《分水龙王庙》七律一首;《咸阳寓中》五律

一首;《登华》七律一首;[以上四首载《清诗别裁集》(万有文库本)卷一,又见于《国朝松陵诗征》卷一、《江苏诗征》卷一百一十七]《避寓湖干》五律一首;《泊舟湖口》五律一首;《虎牢》五律一首;《除夕》七律一首;《柳枝词》一首。(以上五首载《国朝松陵诗征》卷一,又见于《江苏诗征》卷一百一十七)

②散曲[南仙吕入双调月上古江儿]《月夜渡江》小令一首。(载《南词新谱》卷二十三上)

③集外词三首:《永遇乐·赠友》一首;(《松陵绝妙词选》卷三收入)《酷相思·不寐》一首;(《松陵绝妙词选》卷三、《古今词选》卷四收入)《离亭燕·龙门怀古》一首(《松陵绝妙词选》卷三、《国朝词综》卷八收入)。

交游可考者有叶舒胤、吴锵、李黄、吴之纪、金释弓、檗庵禅师等。

叶舒胤,字学山。生平见上文沈自晋条中。吴江叶氏与沈氏世家向称世交,至叶学山一辈历三世之久。学山曾与永令观梅于吴县邓尉山,并作诗一首,云:"结伴花间缓缓行,春山骀宕及春晴。乱啼林鸟随风歇,古寺疏钟又一声。"①事在清康熙十一年(1672)。同观者还有陈眉生、吴锵、李黄、顾冰臣诸人。

吴锵,字闻玮。生平见上文沈自晋条中。曾与永令同去吴县邓尉山观梅,见叶舒胤《邓尉看梅,同沈文人、陈眉生、吴闻玮、吴慊庵、李经渊、顾冰臣》诗。

李黄,字经渊。吴江人。贡士,官别驾。工词。著有《仕优草》。曾与永令同去吴县邓尉山观梅。

吴之纪,字小修,号慊庵。清顺治六年(1649)进士,任荆西观察。工词曲。康熙十二年(1673)与吴江沈祖孝、张尚瑗等在吴江重举慎交社,更名时习②。此年前,曾与永令同游吴县邓尉山观梅。

金释弓,永令有《送金释弓还辽》七律一首③,及《临江仙·金释弓从辽归代

---

① 《叶学山诗集》卷三,清刻本。
② 见袁景辂《国朝松陵诗征》卷一,清乾隆刻本。
③ 《沈氏诗录》卷七,清乾隆刻本。

闺怨》词一首①。诗云:"鸿飞万里异翱翔,叫断寒云认故乡。……塞外只今书种在,更谁笔札问中郎。"

檗庵禅师,湖北嘉鱼人。明天启五年(1625)进士,知吴江县。后因进言被贬官。明亡后,弃家为僧。永令与之交往在天启年间,至清康熙十四年(1675)未断,有《赠檗庵禅师》七律一首②,作于此年。

(三)沈静筠

沈静筠,字玉霞,号玉霞内史。沈文十一世女孙,沈自征第三女,同邑吕律妻。生卒年无考。周绍良《吴江沈氏世家》一文未考之。

工诗词。周铭《林下词选》卷十四称其词"语意超旷,殆飘飘欲仙矣"。其夫吕律,字元洲,号山人,亦通诗词。

著作一种:《橙香亭词》。未见著录。徐树敏《众香词·乐集》小传:"沈静筠,字玉霞,太史位孙女,吕元洲室,《橙香亭词》。"佚。

《沈氏诗录》卷十二沈少君传谓沈静筠"其诗今不可得见矣",不确。考《松陵诗征前编》等,今存作品有:①诗一首:《赠吕山人律》,载《松陵诗征前编》卷十二。②词二首:《满宫花·秋闺》、《鹧鸪天·乩上示元洲》,载《众香词·乐集》。后一首,又见于《林下词选》卷十四。此外有残句二:"平波澹荡烟无际,碧落清虚月有痕。"亦见于《林下词选》卷十四。

(四)沈永迪

沈永迪,字德振,号南村。沈文十一世孙,沈自昌长子。据《沈氏家谱》卷五记:生于明万历二十四年(1596)七月三十日。国子监生。卒于崇祯十三年(1640)七月十日,年四十五岁。子一:世㭿,有文名。周绍良《吴江沈氏世家》一

---

① 《噗霞阁词》,清康熙刻本。
② 《噗霞阁词》,清康熙刻本。

文未考之。

《沈氏诗录》未收录其作品。考《乾隆震泽县志》有著作一种:《南村遗稿》。《乾隆震泽县志》卷三十一书目著录。佚。

(五)沈永达

沈永达,字孝振,号达夫。沈文十一世孙,沈自昌次子,出为叔父自允后。据《沈氏家谱》卷五记:生于明万历二十八年(1600)二月十五日。治《易》,补秀水县庠生。卒于清顺治五年(1648)九月十一日,年四十九岁。子一:宪楸,有文名;女一。周绍良《吴江沈氏世家》一文未考之。

著作一种:《贵我斋诗集》。《乾隆震泽县志》卷三十一书目、《光绪苏州府志》卷一百三十八艺文三著录。今佚。

作品今存诗六首:《古意》五古一首;《夜宿静修禅院》五律一首;《闲居》五绝一首;《闲居》五绝一首;《坐月》五绝一首;《送友人亡燕》七绝一首;《病起》七绝一首。(以上皆载《沈氏诗录》卷七)

(六)沈世倬

沈世倬,字献臣,号退庵。沈文十一世孙,沈自凤次子。据《沈氏家谱》卷五记:生于明天启四年(1624)九月二十三日。治《书》,补邑庠生。卒于清康熙四十五年(1706)正月七日,年八十三岁。子四,女二,皆无文。周绍良《吴江沈氏世家》一文未考之。

著述未有集。作品今存诗三首:《题顾樵水书屋》五律一首;《梦友》五律一首;《南溆书庄》七律一首。(以上均载《沈氏诗录》卷七)

交游可考者有顾樵。

顾樵,字樵水。生平见上文沈自晋条中。世倬有《题顾樵水书屋》五律一首,云:"物态谁为扰,风怀尔独闲。高吟飞白雪,泼墨对青山。屋覆松千尺,溪流月一弯。此中堪自老,何事复相关。"《吴江县志》卷三十二《顾樵传》说他"志尚冲素……常稿笔游山,水绘图泳之乐而忘返"。此诗可以印证,亦可见世伴之文行品操。

(七)沈关关

沈关关,字宫音。沈文十一世女孙,沈自继幼女。乌程王玳妻。生卒年无考。周绍良《吴江沈氏世家》一文未考之。《沈氏诗录》卷十二小传记其生平活动云:"硕人名关关,字宫音。宝威公(沈自继)幼女。母杨氏名卯君,字云和。工绣佛,用发代线,号为墨绣。硕人传其技,兼缋山水人物,更得画家气韵。尝为顾茂伦先生剌《雪滩濯足图》,尤悔庵、朱竹垞、陈其年诸名流题咏,皆深赏之。"

传中所言尤侗、陈维崧题咏事,未见于二人诗文集中。惟朱彝尊题咏之词,见于朱彝尊《江湖载酒集》,调寄[迈陂塘],题目作《题顾茂伦〈雪滩濯足图〉,图为松陵女子沈关关所绣》。词云:"更无须、调铅吮粉,神针绣出天巧。江村自是科头惯,不用雨中风帽。木叶少。向独树疏阴,添个渔童小。三高绝倒。笑浅菊莎边,闲鸥矶畔,千载有同调。　蓬门在,深径客来频扫。东篱颇厌枯槁。香山诗卷牛腰重,六十平头未老。贫也好,那似我,黄尘六月和安道。秋风举棹。问斜日鲈香,卜邻定许,归计已先料。"

清代题咏沈关关所绣《雪滩濯足图》者,据今考知还有著名词家毛奇龄。所作调寄[小重山],题目作《题吴江女士沈关关为顾茂伦清绣抱甕丈人濯足图》。词云:"欲绣平原几度思,园蛾初作茧,络成丝。前溪水满雪消时,波纹起,绿似小桃枝。　投足散涟漪,夜来开绣谱,度针迟。一痕青影烟微,衔丝细,不用洗胭脂。"

著述未有集。作品今存:①诗《水扉》七绝一首,载《沈氏诗录》卷十二,又见于《国朝松陵诗征》卷二十、程孟梅《国朝闺秀正始续集》卷二、《国朝闺秀诗选》、《江苏诗征》卷一百七十四、《松陵女子诗征》卷二。

②词《临江仙·春暮》一首，载《林下词选》卷十二，又见于《闲情集》卷三、王旭《国朝词综》卷四十七、《笠泽词征》卷二十三。此词别见《词雅》和《全清词抄》，属叶小纨作，题目作《经东园故居》，字句略有出入。近人陈去病《笠泽词征》辑录此词，并云："今仍从《林下词选》，以周（铭）与沈同乡同时，较可信也。"考沈氏后人时栋所辑《古今词选》亦属沈关关作，陈氏所言极确。

交游可考者有顾有孝。

顾有孝，生平见上文沈自继条中。有孝与关关父自继交厚。关关曾为有孝刺《雪滩濯足图》，得尤侗、朱彝尊、陈维崧诸名家题咏。①

（八）沈永启

沈永启，字方思，号旋轮。沈文十一世孙，沈自继子。据《沈氏家谱》卷五记：生于明天启元年（1621）十月十九日。奉祀生。卒于清康熙三十八年（1699）七月十三日，年七十九岁。子一：时栋；女二：友琴、御月，皆有文名。周绍良《吴江沈氏世家》一文未考之。

性敦厚，重气谊，生平见《乾隆震泽县志》卷二十四："永启……师事郡人金采。顺治中，采以事株累，系江宁狱，他弟子皆避匿，永启独与圣寿寺僧敦厚往询候。采被刑，永启收其遗骸，棺敛之，复奉棺置所居吴家港家庵中，与从兄永辰等上食，皆号哭失声。人重其气谊。"

喜禅理。工诗文词，挥笔立就，常与子女唱和，时人传为美谈。袁景辂《国朝松陵诗征》卷三："周笠川云：'方思性颖敏，诗文词皆立就。……貌古朴，喜禅理，即之若悃愊者。与之谈诗文，辄如悬河倾注不竭。'朴村云：'《沈氏诗录》称先生与一子二女皆工词藻，暇辄分题倡和。子女有好句，则回环歌咏以为乐。子即成厦，女即参荇、纤阿也。谢庭咏絮，千古夸为韵事。吾乡前有《午梦堂》，后有《逊友斋》，呜呼盛哉！'"周铭《松陵绝妙词选》卷四："沈词坚韧有力，不以釐峭为工。"

---

① 见《沈氏诗录》卷十二，清乾隆刻本。

著作一种:《选友斋集》二卷,一作《逊友斋》。《乾隆震泽县志》卷三十一书目、《光绪苏州府志》卷一百三十八艺文三著录。未见。

作品今存:①诗四首:《独坐》五古一首;《秋夜泛湖》五古一首;《见吉子弟》五律一首;《春怨》五绝一首。(载《沈氏诗录》卷七,《见吉子弟》一首又见于《园朝松陵诗征》卷三、《江苏诗征》卷一百一十七)

②词二十四首:《金缕曲·送春次韵》一首;(载《松陵绝妙词选》卷四;又见于《古今词选》卷十二,无题;《笠泽词征》卷二十八收入,题目作"聂叔夏道兄剧谈旧恨为作送春词以记之")《忆秦娥·酒阑对月·》一首;(载《古今词选》卷二,又见于《笠泽词征》卷二十八)《玉楼春·仲秋晦夜效温飞卿体》一首;《玉楼春·漫言》一首;《临江仙·独坐偶成》一首;《虞美人·雨阻莲泾》一首;(以上四首载《古今词选》卷三,又见于《笠泽词征》卷六、卷二十八)《天仙子·孤灯独坐》一首;(载《古今词选》卷四,又见于《笠泽词征》卷二十八)《满江红·文将叔归隐南庄》一首;(载《古今词选》卷五,又见于《笠泽词征》卷二十八)《雨中花慢·哭醒公弟》一首;(载《古今词选》卷八,又见于《笠泽词征》卷二十八)《木兰花慢·将归平圩留别孙商声道兄》一首;《水龙吟·遣怀》一首;(以上二首载《古今词选》卷八,又见于《笠泽词征》卷二十八)《尉迟杯·书闷》一首;《惜余春慢·重阅叶蕙绸表妹遗稿》一首;(以上二首载《古今词选》卷九,又见于《笠泽词征》卷二十八)《摸鱼儿·来止兄凿池既毕草庐落成属咏》一首;《浪淘沙慢·中秋月夜》一首;《贺新郎·壬戌夏五月张焕文道兄邮寄〈四愁全集〉,冬暮余遄归故里不获一晤,谱此代别》一首;《贺新郎·归憩故园,用南庄叔投赠原韵》一首;《贺新郎·秋日闻退密师抱恙都中,谱此志怀》一首;(以上五首载《古今词选》卷十二,又见于《笠泽词征》卷二十八)《水龙吟·辛卯中秋僦居湖上忆旧》一首;(载《笠泽词征》卷六)《木兰花慢·慰陈天游甥倩悼亡》一首;《木兰花慢·秋杪将返平圩留别吴友、陈再王两表弟》一首;《沁园春·子才侄余肄业三载,庚寅春将负笈于舅氏叶云期,余己丑冬暮解馆书此为别》一首;《沁园春·庚寅秋日,馆中得内子札,书此答之》一首;《沁

园春·挽许节妇金夫人》一首。(以上五首载《笠泽词征》卷二十八)

③散曲[南南吕春溪刘月莲]《美人坐月》小令一首。(载《南词新谱》卷十二下)

交游可考者有金圣叹、孙偊等。

金圣叹(1608—1661),名采,字若采,明亡后改名人瑞,字圣叹。江苏吴县人。明诸生。才华自负,曾批点《水浒传》和《西厢记》,是著名的文学批评家。入清后,以哭庙案被杀。著有《沉吟楼诗选》。其女金法筵与永迪孙重熙为妻,亦能诗,详见下文沈重熙条。永启师事金圣叹,圣叹罹刑,不避风险,收其遗骸归葬。事载《乾隆震泽县志》卷二十四,亦见于清丁绍仪《听秋声馆词话》卷五:"方思名永启,师郡人金采。国初,采以株累系江宁狱。间关往询,候采就法,敛其遗骸归。其行谊有足多者。"

孙偊,字商声。浙江桐乡人。从学于吴江诗人张隽。性孤冷,不喜谐俗。后穷愤无聊,投苏州承天寺池水而死。著有诗集《自适草》一卷,及《海棠缘》传奇。永启有《木兰花慢·将归平坵留别孙商声道兄》一首①,中云:"多情自古多恨,怪天公付恁不寻常。客里秋风难住,临岐却惜离觞。……江干若还舣棹,望披榛觅路到寒庄。"可见彼此交谊非薄。

(九)沈永群

沈永群,庠名人龙,字焕吉,号晚香。沈文十一世孙,沈自征次子。据《沈氏家谱》卷五记:生于明崇祯十三年(1640)三月六日。秀水县庠生。卒于清康熙四十二年(1703)二月二十一日,年六十四岁。子四,女二;长子俞嘏,有文名。周绍良《吴江沈氏世家》一文未考之。

幼孤。诗作后随即散去。《沈氏诗录》卷九小传云:"二岁而孤,及长,读父书辄涕泣。著有《叩霄斋诗余》一卷,诗则兴到间作,云房山店往往有之,而不自收

---

① 沈时栋编《古今词选》卷八,清康熙刻本。

拾,存稿甚少。"

著作一种:《叩霄斋诗余》一卷。未见著录。《沈氏诗录》卷九小传:"……著有《叩霄斋诗余》一卷。"今佚。

作品今存诗五首:《雨窗对酒》五律一首;《秋日寄怀程耕野》五律一首;《迁窆两大人于匠门塘新阡》七律一首;《和汪钝翁姑苏杨柳枝词》一首;《题钓鱼图》七绝一首。(以上五首均载《沈氏诗录》卷五)

交游可考者有汪琬、程震等。

汪琬(1624—1691),字苕文,号钝庵、钝翁。长洲(今苏州)人。顺治进士。曾任刑部郎中、户部主事。康熙时举博学鸿词科,授编修。曾结庐居太湖尧峰山,时称尧峰先生。著有《钝翁类稿》、《尧峰文抄》等。永群与之有文字交,今存《和汪钝翁姑苏杨柳枝词》一首[①]。

程震,字畊野。嗜酒善书。与永群交厚。永群有《秋日寄怀程耕野》五律一首,云:"寂寞荒江上,云岩望所思。因寻昨夜梦,转忆隔年诗。秋水黄花路,苍葭白露时。酒钱犹剩否,草圣有谁知。"[②]对耕野负才寂寞的遭际深为惋叹。

(一〇)沈宪英

沈宪英,字惠思,一字兰支。沈文十一世孙女,沈自炳长女。同邑叶世儋妻。

生卒年失载。考《沈氏诗录》卷十二小传云:"硕人名宪英……适诸生叶君世儋(字威期)即工部公第三子也。婚三载,夫亡,守节四十五年卒。"《江苏诗征》卷一百七十三引王屋语云:"兰友(支)年十七适威期。威期,宛君三子也。越二年,威期卒,以节闻。"《乾隆吴江县志》卷三十五:"沈氏,名宪英……年十七而嫁,十九而儋卒。"据叶绍袁《清明祭文》记,叶世儋卒于崇祯十三年(1640):"维崇祯十有三年,岁次庚辰,闰正月二十四日丙午。第三子邑诸生世儋威期,法名灵护,年

---

① 《沈氏诗录》卷五,清乾隆刻本。
② 《沈氏诗录》卷五,清乾隆刻本。

二十二岁,卒于东村家庵圆通精舍。"依照《沈氏诗录》小传沈宪英婚后三载夫亡的说法,由叶世倧的卒年上推二十年,乃是天启元年(1621),沈宪英即生于这一年。此还可以从沈宪英的《悼宛君姑》一诗得到佐证。诗下注云:"时年十五。"沈宛君卒于崇祯八年(1635),上推十五年,恰是天启元年。再依照《沈氏诗录》所说"守节四十五年卒",由叶世倧的卒年推算,可知沈宪英卒于清康熙二十四年(1685),年六十五岁。周绍良《吴江沈氏世家》一文未考之。

工诗词。周铭《林下词选》卷十一称其"所著甚富,饶有家风"。曾作[水龙吟]一阕,有悲父死难之意。

著作一种:《惠思遗集》一卷。《乾隆吴江县志》卷四十六书目、《乾隆苏州府志》卷七十六艺文二、《光绪苏州府志》卷一百三十八艺文三著录。今佚。

作品今存:①诗十七首:《哭昭齐姊》七绝一首;《花下忆琼章姊》七绝一首;《悼宛君姑》七绝一首;(以上三首载《午梦堂集·彤奁续些》、《午梦堂集·鹂吹附集》,又见于《列朝诗集·闰集》、《明诗综》卷八十六、《沈氏诗录》卷十二、《国朝松陵诗征》卷二十等)《和舅大人初度诗原韵》七律二首;(载《松陵女子诗征》卷二)《哭威期婿》七律二首;《绝句十首》(载《午梦堂集·灵护附集》)。

②词六首:《点绛唇·忆琼章姊》一首;(载《午梦堂集·彤奁续些》,又见于《笠泽词征》卷二十二、《众香词·乐集》)《点绛唇·早春》一首;《虞美人·留别兰馀妹》一首;《水龙吟·胥江竞渡》一首;《满庭芳·中秋同六姊及素嘉甥女坐月》一首。(以上五首载《林下词选》卷十一,又见于顾贞观《今词初集》卷下、《笠泽词征》卷二十二、《众香词·乐集》)

(一一)沈华鬘

沈华鬘,字端容,一字阑馀。沈文十一世女孙,沈自炳次女。同邑诸生丁彤妻。生年失载。据所作诗《悼宛君姑》题下注"时年十四",知其较沈宪英小一岁,生于天启二年(1622)。卒年无考。周绍良《吴江沈氏世家》一文未考之。

《沈氏诗录》卷十二小传说她"幼而能诗,兼晓绘事"。

著作一种:《端容遗稿》一卷。《乾隆吴江县志》卷四十六书目、《光绪苏州府志》卷一百三十八艺文三著录。今佚。

《江苏诗征》卷一百七十三小传云"著有《绣香阁集》",不知何据。《绣香阁集》,是沈少君所著诗集名,显然《江苏诗征》误将此集张冠李戴。

作品今存:①诗六首:《春日忆琼章姊》五绝一首;《春夜忆昭齐姊》七绝一首;《悼宛君姑》七绝一首;(以上三首载《午梦堂集·彤奁续些》和《午梦堂集·鹂吹附集》,又见于《列朝诗集·闰集四》、《沈氏诗录》卷十二、《国朝松陵诗征》卷二十等)《玉兰花》五律一首;《春草》七律一首;《桃笙》五绝一首。(以上三首载《沈氏诗录》卷十二,又见于《国朝松陵诗征》卷二十、《松陵女子诗征》卷二)

②词二首:《调笑令·归》一首;《减字木兰花·题画梅》一首;仅见于《众香集·乐集》,姑录之如下:

> 杜宇,杜宇,日夜催春归云。问春还去谁家,满地纷纷落花。花落,花落,闲倚晚妆楼阁。(《调笑令·归》)

> 明窗净洁,点染数枝花似雪。疏影横斜,诗思孤山处士家。纱厨方曙,白鹤双棲竹间里。一阵幽香,六尺谿藤发墨光。(《减字木兰花·题画梅》)

(一二)沈永义

沈永义,庠名永仁,字二闻。袁景辂《国朝松陵诗征》卷四:"蓬莱五子,以仁、义、礼、智、信命名,二闻行二,以兄名补学官弟子,故诸选本作'永仁',而《沈氏诗录》作'永义'。"沈文十一世孙,沈自南次子。据《沈氏家谱》卷五记:生于明崇祯十一年(1638)九月十二日。治《书》,补邑庠生。卒于康熙四十年(1701)正月十三日,年六十四岁。子二:骧桴、廷槐;女四,皆无文。周绍良《吴江沈氏世家》一文未考之。

曾客游燕、齐、晋、楚。有诗名。《国朝松陵诗征》卷四称"其诗工于言情,浅浅语说来自能动人。蓬莱昆仲六人,并以才藻知名,二闻与诸弟又能嗣响。吴兴多才,副使之后尤独盛云"。又引清费开歧语云:"二闻性孝友,勤问学。客游燕、齐、晋、楚,皆有吟咏,风格在唐中、晚间。所著有《姓氏类编》二十卷,考据详明,尤征博洽。"

著作二种:

①《姓氏类编》二十卷。《乾隆吴江县志》卷四十六书目、《乾隆苏州府志》卷七十六艺文二、《嘉庆同里志》卷二十二书目、《光绪苏州府志》卷一百三十八艺文三著录。今佚。

②《二闻诗集》,一作《沈二闻诗稿》。《乾隆吴江县志》卷四十六书目、《乾隆苏州府志》卷七十六艺文二、《嘉庆同里志》卷二十二书目、《光绪苏州府志》卷一百三十八艺文三著录。今佚。

作品今存诗二十六首,载《沈氏诗录》卷九,其中五首又见于《国朝松陵诗征》卷四、《江苏诗征》卷一百一十八。

交游可考者有毕映辰、汪琬、潘御云等。

毕映辰,一名纬前。生平见上文沈自晋条中。映辰有《病中怀二闻》五律一首,云:"又见年华晚,行藏怯倚阑。病耽诗律细,愁得酒杯宽。夜永孤灯靓,风高万木寒。故人渺天末,梁月几回看。"①

汪琬,生平见上文沈永群条中,永义今存诗中有《赋呈汪苕文年丈》七律一首②。从"出入高乘白鼻骀,十年通显宦京华。依然诵读为儒者,肯使文章不大家"诸句看,诗当作于汪琬居家之后。

潘御云,永义有《酬潘御云次韵》七律一首③,中云:"我旋吴下尔留燕,无限

---

① 王豫编《江苏诗征》卷一百五十五,清道光刻本。
② 《沈氏诗录》卷九,清乾隆刻本。
③ 《沈氏诗录》卷九,清乾隆刻本。

离情见别筵。……晤对只凭诗卷在,一回吟罢一潸然。"御云为永义游燕时结交之友,彼此往来酬唱,交谊甚笃,故诗中作此语。

(一三)沈永礼

沈永礼,字三有,一字旗辰。沈文十一世孙,沈自南第三子。据《沈氏家谱》卷五记:生于明崇祯十三年(1640)六月十日。卒于清康熙十四年(1675)六月二十二日,年三十五岁。子一,女二,皆无文。周绍良《吴江沈氏世家》一文未考之。

生平事迹较少记载。有诗名。袁景辂《国朝松陵诗征》卷四云:"永礼,字三有。诗以工秀胜。"

著述未有集。作品今存诗二首:《余杭谒灏亭严丈》七律一首;《送顾樵水之云间兼简诸乾一》七律一首,皆载《沈氏诗录》卷九。

交游可考者有顾樵。

顾樵,生平见上文沈自晋条中,永礼有《送顾樵水之云间兼简诸乾一》七律一首[1],述及彼此之交往云:"百年坛坫尊先哲,三月莺花续旧游。襟上有题红袖拂,酒边得句锦囊收。"

(一四)沈永智

沈永智,一名志,字四明,号柳庵。沈文十一世孙,沈自南第四子。据《沈氏家谱》卷五记:生于明崇祯十四年(1641)十一月十五日。邑庠生。卒于清康熙四十一年(1702)十一月十二日,年六十二岁。子六:始树、士楷、绍休、金章、裕直、宏业;始树、士楷有文名。周绍良《吴江沈氏世家》一文未考之。

生平事迹见《沈氏家传·柳庵公传》、《嘉庆同里志》卷十忠孝《沈永智传》等。少时曾作艳词,时人诟病,后人终服其操。《乾隆吴江县志》卷三十七云:

---

[1] 《沈氏诗录》卷九,清乾隆刻本。

沈四明永智，少尝作艳词数首，以轻脱见疑于人。及访族兄于保昌署，夜独宿，有美婢入房挑之，永智坚卧不应，人始服其操。

性廉介，有晋人之风。袁景辂《国朝松陵诗征》卷五云：

恒斋出宰蓬莱，前令成某负国帑不能归，恒斋许代偿。未几，卒于官，上官檄催。时，诸兄弟惟柳庵在家，百计筹画，事赖以理，家破不悔也。所居草堂外栽花种柳，客至沦茗清淡，有东晋人风致。

工诗，所历之处多吟咏寄兴。《沈氏家传·柳庵公传》："柳庵公……幼即工诗，见者咸谓有舅氏雪滩先生之风。既壮，随恒斋公宦游齐鲁，继又南历闽粤，所过名山大川、古迹胜景，多托诸吟咏，以写其兴会之所至。"袁景辂《国朝松陵诗征》卷五云："诗多实际语，勿以少年绮丽概其生平。"

著作二种：

①《柳庵诗稿》一卷。《乾隆吴江县志》卷四十六书目、《乾隆苏州府志》卷七十六艺文二、《嘉庆同里志》卷二十二书目、《光绪苏州府志》卷一百三十八艺文三著录。《乾隆吴江县志》和《嘉庆同里志》并注明"附词"二字。今佚。

②《柳庵集》。《嘉庆同里志》卷二十二书目著录。今佚。

作品今存诗十首：《春日郊行》五律一首；《至圣勷兄保昌署》五律一首；《秋日偕同人湖滨晚眺》七律一首；《山行》五绝一首；《送钱礎日之武林》七绝二首；《夜宿山斋有感》七绝一首；《秋夜》七绝一首；《送鲁节君》七绝一首；（以上九首载《沈氏诗录》卷九，其中第二、三、九三首又见于《国朝松陵诗征》卷五、《江苏诗征》卷一百一十八）《送安大己》五律一首。（载《国朝松陵诗征》卷五，又见于《江苏诗征》卷一百一十八）

交游可考者有安夏、钱肃润等。

安夏，字大己。生平见上文沈自南条中。夏与沈氏称世交。永智有《送安大己》五律一首，写得极为昂奋："难遂平生志，移家隐薜萝。山空云色幻，庭静鸟声和。傲骨贫难减,雄谈醉更多。独怜知己少,抱膝竟如何!"①

钱肃润,字礎日。生平见上文沈自晋条中。永智与之交厚,有《送钱礎日之武林》二首②,其中写道:"当年走马到苏堤,镜里层峦画里溪","他日廻舟重过否,垂虹流月正新秋"。

(一五)沈永信

沈永信,字五玉。沈文十一世孙,沈自南第五子。据《沈氏家谱》卷五记:生于明崇祯十六年(1643)正月十三日。卒于清康熙三十八年(1699)八月二日,年五十七岁。子四:之桢、机、植、彬,皆无文。周绍良《吴江沈氏世家》一文未考之。

生平事迹,较少记载。诗以五古称。袁景辂《国朝松陵诗征》卷五云:"恒斋诸子皆工近体,惟五玉独以五古擅长。气清词达,妙在绝不摹仿前人。"

著述未有集。作品今存诗四首:《三高祠怀古》五古三首(载《沈氏诗录》卷九,又见于《国朝松陵诗征》卷五、《江苏诗征》卷一百一十八);《送余岫云年伯归龙游》七律一首(载《江苏诗征》卷一百一十八)。

(一六)沈永孝

沈永孝,字元功,一作维则。沈文十一世孙,沈自东长子。据《沈氏家谱》卷五记:生于明崇祯十年(1637)九月十日。卒于清康熙五十四年(1715)正月十八日,年七十九岁。子四,皆无文。周绍良《吴江沈氏世家》一文未考之。

生平事迹不详。

著述未有集。作品今存诗二首:《新月》五绝一首;《送春》七绝一首。(载《沈氏诗录》卷九)

---

① 《沈氏诗录》卷九,清乾隆刻本。
② 《沈氏诗录》卷九,清乾隆刻本。

(一七)沈永禮

沈永禮,字克将,一字醒公,号渔庄。沈文十一世孙,沈自友次子。据《沈氏家谱》卷五记:生于明崇祯十年(1637)六月十四日。治《书》,补邑庠生。卒于清康熙十六年(1677)七月二十七日,年四十一岁。子五,次子丹楸有文名。周绍良《吴江沈氏世家》一文未考之。

生平事迹载《沈氏家传·渔庄公传》等。少工举子业,但数奇不售,遂以歌啸自尚。《沈氏家传·渔庄公传》:"克将公讳永禮……少工制举义,有声场屋,其策问尤为时辈所推。"

周安《松陵诗乘》:"醒公风流蕴藉,仪度春容。尘俗之谈不露齿角,纨袴之习屏涤殆尽,真乌衣俊流也。少工举子业,有声场屋,以数奇不售。遂淡于进取,筑室湖干,啸歌自尚以终。"《国朝松陵诗征》卷四引陈行之语:"渔庄所居在邑之南郊,向称柳堂别业,中有'绮云斋'、'翠娱堂'、'滕花阁'、'天缋楼',梅圃荷池,小山诸胜,即宏所中丞旧第也。至今修廊曲槛,犹映带水云竹树间,过之者想见往日林亭觞咏之盛,辄裵徊不能去。"

工诗词,书法亦精。周铭《松陵绝妙词选》卷四:"沈郎风神澹远,才藻翩翩,世其家学者也,其词最为雅驯,三影之流利,三变之纤颖,斯足嗣响矣。"袁景辂《国朝松陵诗征》卷四:"渔庄风度流洒,情致缠绵,与之相接者,如对灵和殿前柳。诗尚韵致,而性情因之以出。"《沈氏家传·克将公传》:"诗及八分书皆有祖风。"《沈氏诗录》卷九小传:"……著《聆缶词》一卷,一时推为吾邑词人冠。诗曰《选梦亭稿》,多晚唐风致。《隋宫》一绝,元和何君堂以为缊藉无穷,用法精妙,真入唐人之室也。"

著作二种:

①《选梦亭诗稿》一卷。《乾隆吴江县志》卷四十六书目、《乾隆苏州府志》卷七十六艺文二、《光绪苏州府志》卷一百三十八艺文三著录。今佚。

②《聆缶词》一卷,一名《渔庄词》。《乾隆吴江县志》卷四十六书目、《乾隆苏州府志》卷七十六艺文二、《光绪苏州府志》卷一百三十八艺文三著录。今佚。

作品今存:①诗十二首:《月夜有怀》五律一首;《小忆》五律一首;《偶感》七律一首;《怜夜》七律一首;《偶赠》七绝一首;《隋宫》七绝一首;《和汪钝翁姑苏杨柳枝词》五首;(以上十一首载《沈氏诗录》卷九,其中第一、三、六三首又见于《国朝松陵诗征》卷四和《江苏诗征》卷一百一十八)《和愚庵先生牡丹诗》五律一首(载朱鹤龄《愚庵小集》卷四)。

②词十五首:《菩萨蛮·秋夜》一首;《宴清都·经过里值梨花盛开感赋》一首;《满江红·乙酉下第后作》二首;《西江月·八月十八日闻有贵游胜集吴山闻玮勒山同游赋词率和》一首;《虞美人·春尽》一首;《望湘人·茉莉》一首;《木兰花慢·冬日过谐赏园感旧》一首;(以上八首载《松陵绝妙词选》卷四,其中后四首又见于《古今词选》及《笠泽词征》卷二十八)《忆江南·"江村好"》一首;(载《古今词卷》卷一)《眼儿媚·秋夜不寐》一首;《南歌子·闺情》一首;(以上二首载《古今词选》卷二,后一首又见于《国朝词综》卷十三和《笠泽词征》卷六)《鹧鸪天·闺怨》一首;《南乡子·咏紫藤花》一首;《踏莎行·春恨》一首;(以上三首载《古今词选》卷三,又见于《笠泽词征》卷二十八)《贺新郎·感忆》一首。(载《古今词选》卷十二,又见于《笠泽词征》卷二十八,牌名作"[金缕曲]")

交游可考者有汪琬、吴镛、周铭、吴之纪、朱鹤龄、周安、叶舒胤等。

汪琬,生平见上文沈永群条中。汪琬与吴江沈氏交往较广,永禋亦有《和汪钝翁姑苏杨柳枝词》五首。①

吴镛,生平见上文沈自晋条中。永禋曾与之同游吴山,并作《西江月·八月十八闻有贵游胜集吴山闻玮勒山同游赋词率和》一首。②

周铭,字勒山。吴江人。"生平游踪最广,尝往来日本诸国,有句云:'乘槎每

---

① 《沈氏诗录》卷九,清乾隆刻本。
② 周铭编《松陵绝妙词选》卷四,清刻本。

弄扶桑日,跃马曾攀泰岱云。'撰《日本竹枝词》数十首,其国播之管弦。"①著有《华胥语业》一卷,并据叶绍袁旧辑《填词集艳》辑《林下词选》十四卷。永禋与周铭过从甚密,曾同游吴山,永禋作[西江月]词一首,见上文。周铭《华胥语业》中有《渔家傲·过醒公渔庄》、《渔家傲·又过醒公渔庄》、《百字令·除夕和醒公韵》、《百字令·元旦和醒公韵》、《满庭芳·秋日游醒公渔庄别墅,同梅坡诸君小饮时予将有都门之行》等词。其[满庭芳]词道:"茅斋堪稳卧,柴门日掩,为我今开。对一庭丛桂,招隐诗裁,便唤渔樵伴侣,倾新酿尽自诙谐。群相消,星星白发,还问郭隗台。"写出永禋歌啸自尚而不废少年志向的心态。

吴之纪,生平见上文沈永令条中。吴曾与周铭、周安诸人集永禋柳堂别业,赋诗共饮。吴有《归田乐·醒公渔庄小集同梅坡勒山诸子赋》纪其事②,中云:"拂袖归来久,向田园身闲梦稳,只合耽诗酒,白发已强半,昨非今是,好约忘机共携手。疏狂尚依旧……乐叙忘昏昼……"将诸人寄情诗酒的疏狂举态,一一陈现于笔墨间。

朱鹤龄,生平见上文沈自南条中。其与永禋交谊甚笃。永禋有《和愚庵先生牡丹诗》一首,云:"烂熳擅花场,千重组绣扬。好牵萝作幔,聊倚石为床。香色宜清昼,风光媚夕阳。坐来看不厌,蜂蝶也颠狂。"③后朱鹤龄集《愚庵小集》时,睹诗思人,深为感伤,复作诗一首,题《暇日偶捡敝箧见克将和余牡丹诗泫然有作》。诗云:"掩泪看遗笔,重吟叹俊才。名葩方斗咏,厚夜遽长埋。带草留人恨,楹书待后开。年年花发白,不忍对金罍。"④

周安,生平见上文沈自晋条中,与永禋每吟诗醉酒于柳堂别业,有《风入松·冬日沈醒公渔庄分韵》一首,词中再现了永禋的个性及二人寄情诗酒的情景:"十年栖息五湖滨,草满闲庭。道书读罢门还闭,兴来沽酒高吟。丛菊枝头自好,诗

---

① 王豫编《江苏诗征》卷八十二引《江苏诗事》,清道光刻本。
② 周铭编《松陵绝妙词选》卷三,清刻本。
③ 《愚庵小集》卷四,朱鹤龄著,民国铅印本。
④ 《愚庵小集》卷四,朱鹤龄著,民国铅印本。

篇囊里堪矜。　羡君留客倒芳尊,意气尤亲。玉山每诧当年胜,喜今宵酹唱清新。簾外寒星欲堕,天边缺月才生。"①

叶舒崟,生平见上文沈自晋条中,舒崟为永禋内侄,交往甚频。永禋曾作《寄怀绝句》与舒崟(今佚),舒崟有《答沈醒公表叔寄怀绝句》一首,云:"篝火论文忆对床,也曾纵搏少年场。而今摇落头俱白,感遇诗成泣数行。"②诗作于康熙十五年(1676),同年,舒崟还作有《寄怀沈醒公表叔》七绝一首③。后在《冬日过绮云斋寄沈克将表叔》诗中,舒崟写道:"把臂逢君发覆眉,心期何处不追随。壮怀试拟扶桑赋,险韵联吟石鼎诗。积雪未开朝对酒,残灯重剪夜围棋。回头十五年来事,缩地无由恼梦思。"④叙述了他自幼从学于永禋的情景。康熙四十一年(1702),时上距永禋去世已二十五年,舒禋又作《追忆醒公表叔》七绝一首⑤,诗的最后两句道:"当时吟啸人何处,华屋山丘两梦中。"流露出眷眷思情。

(一八)沈少君

沈少君,字少君。沈文十一世女孙,沈自友女。生卒年失载。考叶绍袁《天寥年谱别记》崇祯辛巳三月条:

> 沈君张(自友)有女,字少君,美姿容,工诗,生平极爱梨花,每以自况。所作诗即为焚去,仅留一画扇上九首,乃手书也,字画甚有姿韵。日诵《金刚经》一卷,能弹弦索。家有歌姬数人,曲误,少君必指点之。年十七,一夕忽殒。

崇祯辛巳,即崇祯十四年(1641)。据此可知沈少君卒于1641,生于天启五

---

① 《松陵绝妙词选》卷三,周铭编,清刻本。
② 《叶学山诗集》卷四,叶舒崟著,清刻本。
③ 《叶学山诗集》卷四,叶舒崟著,清刻本。
④ 《叶学山诗集》卷三,清刻本。
⑤ 《叶学山诗集》卷十,叶舒崟著,清刻本。

年即1625年。

《林下词选》卷八小传记其生平云:"幼工诗词,未字而殀。遗稿有《绣香阁集》,惜与劫火同烬,不传于世,盖亦香奁之恨事也。"周绍良《吴江沈氏世家》一文未考之。

著作一种:《绣香阁集》。《乾隆苏州府志》卷七十六艺文二、《光绪苏州府志》卷一百三十八艺文三著录。未刻。今佚。

作品今存:①诗二首:《梨花》七绝一首;《柳枝》七绝一首。(《沈氏诗录》卷十二据《林下词选》小传所引辑录,又见于《松陵女子诗征》卷二)

②词《谢池春·晓起梨花将谢感赋》一首,载《林下词选》卷八,又见于《笠泽词征》卷二十三。《林下词选》沈少君小传云:"……今于伊弟醒公(沈永禋)处觅得[谢池春]一阙……"可知此词为沈少君作无疑。然《众香词·乐集》辑录此词却误属沈智瑶名下,详见上文沈智瑶条。

(一九)叶小纨

叶小纨,字蕙绸。叶绍袁、沈宛君次女。沈文十一世孙永桢妻。据叶绍袁《自撰年谱》记,生于万历四十一年(1613)四月:"四十一年癸丑……四月,次女小纨生。"卒年,日本学者八木泽元在其所著《明代剧作家研究》《叶小纨》一章中据叶燮《午梦堂诗抄述略》(载《己畦诗集》残存卷首)中"仲姊蕙绸,归于沈。其没也,后我母二十余年。"一段话,推测在清顺治十三年(1656)至康熙三年(1664)之间,并说叶燮的这段话是有关叶小纨卒年的唯一资料。其实不确。① 庄一拂《古典戏曲存目汇考》也未载其卒年。考《沈氏家谱》卷六,在"沈永桢"名下,明确记载着叶小纨的卒年:"配叶氏,顺治丁酉年十一月五日卒,年四十五岁。"丁酉年,即顺治十四年(1657)。

《乾隆吴江县志》卷三十四记其生平云:"叶小纨,字蕙绸。诸生沈永桢妻。

---

① 详见拙文《明代戏剧家叶小纨生卒年及作品考》,载《文学遗产》1989年第2期。

幼端蕙,与昭齐、琼章以诗词相唱和,后相续夭殁。小纨痛伤之,乃作《鸳鸯梦》杂剧寄意,有贯酸斋、乔梦符之风。诗极多,晚岁汰存二十之一,名曰《存余草》,情辞黯淡,过于姊妹二人。女树荣,字素嘉,亦工诗词,适叶舒颖。"生平事迹又见叶燮《午梦堂诗抄述略》:"……余伯、仲、季三姊氏,自幼闺中唱和,追伯、季两姊氏早亡,仲姊(蕙绸)终其身如失左右手。且频年哭母,哭诸弟,无日不郁郁悲伤,竟以忧卒焉。其婿学山(舒颖)简其遗稿,有诗若干首,自题曰《存余草》,盖其生平所存仅二十之一。学山乃次而梓之。"《林下词选》卷七小传称其"精于曲律"。

著作二种:

①《存余草》。《乾隆吴江县志》卷四十六书目、《光绪苏州府志》卷一百三十八艺文三著录。今存于叶燮《己畦集》中,有诗四十九首。又有叶燮辑午梦堂诗抄本。

②《鸳鸯梦》杂剧。姚燮《今乐考证》、黄文旸《重订曲海总目》著录。今存崇祯间《午梦堂集》本、民国二年(1913)叶德辉《午梦堂全集》重刻本、民国五年(1916)吴江唐氏宁俭堂排印本、中国文学珍本丛书第一辑本、《郋园先生全书》本、《砚缘集录》本。

上述之外存世的作品还有:①《存余草》集外诗三十六首:《哭昭齐姊挽歌》七首;(载《午梦堂集·愁言附集》)《哭母》七绝一首,《哭声期弟》八首;(以上载《午梦堂集·屺雁哀》)《哭威期弟》十首;(载《午梦堂集·灵护附集》)《哭琼章妹》十首(载《午梦堂集·返生香附集》,其中两首重见于《列朝诗集·闰集四》)。

②词十一首。八木泽元《明代戏剧家研究》第九章据《明词综》考订叶小纨词仅一首:《浣溪沙·为侍女随春作》。但据笔者考证,叶小纨传世的词作至少还有十首。① 这些作品是:《浣溪沙·新月》一首;《浣溪沙·春日忆家》一首;《踏莎行·过芳草轩忆昭齐先姊》一首;《踏莎行·暮春感旧》一首;《水龙吟·愁思和母韵》一首;《菩萨蛮·暮春例句》一首;(以上载《林下词选》卷七,又见于《笠泽词

---

① 详见拙文《明代戏剧家叶小纨生卒年及作品考》,载《文学遗产》1989年第2期。

征》卷二十二;《浣溪沙·新月》一首,《菩萨蛮·暮春例句》一首,还分别见于《今词初集》卷下和《古今词选》卷一《蝶恋花·"杨柳迎风丝万缕"》一首;(载《古今词选》卷四,又见于《笠泽词征》卷三十)《蝶恋花·立秋》一首;《蝶恋花·咏兰》一首;《疏帘淡月·秋夜》一首。(以上载《众香词集·乐集》)

此外,《临江仙·经东园故居》一首,《词雅》和近人所辑《全清词抄》皆属叶小纨作,然周铭《林下词选》属沈关关作,周与沈关关、叶小纨同乡同时,所记当可信赖。详见上文沈关关条。

(二〇)沈绣裳

沈绣裳,字长文,一字素先。沈文十一世孙,沈自铨长子。据《沈氏家谱》卷六记:生于明万历四十八年(1620)五月九日。治《书》,补邑庠生。卒于清康熙四年(1665)七月十四日,年四十六岁。子一:宜楸,有文名;女二。周绍良《吴江沈氏世家》一文未考之。

生平事迹较少记载。通词曲,祖父乃著名戏曲家沈璟,曾参与校阅沈自晋《南词新谱》卷十八及卷二十。

《沈氏诗录》未收录其作品。考《南词新谱》,有著作一种:《沈长文散曲》。沈自晋《南词新谱·古今入谱词曲传剧总目》著录。未有传本。

作品今仅存散曲[南仙吕入双调]《泣咏近事》小令一首,载《南词新谱》卷二十三下。

交游可考者有吴伟业。

吴伟业,生平见上文沈自晋条中。伟业曾至其斋,并作《宿沈长文山馆》五律二首①:"一径草堂偏,湖光四壁天。焙茶松灶火,浴茧竹篱泉。玉鼠仙人洞,银鲈钓客船。前松呼种树,偶语石桥边。""过山思便住,此地信堪留。谋食因溪碓,斋心在石楼。渔舟帆六面,橘井树千头。长共鸥夷子,翩然结伴游。"表达了与其

---

① 吴伟业:《梅村家藏稿》卷十三,清宣统刻本。

结伴同游的愿望。

(二一)沈世潢

沈世潢,字茂宏,一作茂弘,号耕道。沈文十一世孙,沈肇开长子。据《沈氏家谱》卷六记:生于明崇祯二年(1629)正月十五日。治《书》,补邑庠生。卒于清康熙三十年(1691)正月十七日,年六十三岁。子二,女一;次子俊有文名。周绍良《吴江沈氏世家》一文未考之。

生平事迹见《乾隆吴江县志》卷三十七《沈世潢传》、《沈氏家传·耕道公传》等。嗜好殊俗,飘飘然有雅士风采。《乾隆吴江县志》卷三十七:"沈世潢……风期隽雅,以琴书自娱。年四十后,筑室湖滨,与二三素心往来而已。"《沈氏家传·耕道公传》:"耕道公讳世潢……年四十以后,筑室湖滨,有飘然尘外之想。"袁景辂《国朝松陵诗征》卷五:"耕道嗜好殊俗,遇希见之书与法书名画,不惜重价购之。又嗜茶,客至折松枝煮,折是铛相与品题赏鉴。入其室者,几不知有尘世事也。诗亦翛然绝俗,无意悦人。"

工诗词,风格如其人。周铭《松陵绝妙词选》卷三:"沈世潢……词闲述自放,极能道幽居之乐。"《沈氏诗录》卷八小传:"周梅坡安称公诗近韦、柳,不事雕绘,然七律亦有似义山者,四言一篇,木鸢朱君云:'诗品之高,如皎月当空,孤鹤警露。'"

著作三种:

①《静绿轩诗草》一卷。《乾隆吴江县志》卷四十六书目、《乾隆苏州府志》卷七十六艺文二、《光绪苏州府志》卷一百三十八艺文三著录。今佚。

②《钓梭集》一卷。《乾隆吴江县志》卷四十六书目、《乾隆苏州府志》卷七十六艺文二、《光绪苏州府志》卷一百三十八艺文三著录。今佚。

③《枫江峦影词》一卷,一名《东轩稿》。《乾隆吴江县志》卷四十六书目、《乾隆苏州府志》卷七十六艺文二、《光绪苏州府志》卷一百三十八艺文三著录。

今佚。

作品今存：①诗二十四首。《沈氏诗录》卷八收录二十三首，另一首是：《由支硎入华山登莲峰怀朱山人白民，峰下颓垣古涧即山人读书处》五律一首，载《国朝松陵诗征》卷五，又见于《江苏诗征》卷一百一十八。

②词二首：《减字木兰花·秋夜梦兰溪别业》一首；《临江仙·闲居》一首。（载《松陵绝妙词选》卷三，前一首又见于《笠泽词征》卷六）

交游可考者有周铭、袁骏、叶舒崧、顾有孝、殳丹生、赵沄、沈攀、何法等。

周铭，生平见上文沈永禋条中。周有《江城子·题耕道东轩》一首，词云："学栽五柳号先生，绿初成，便藏莺。为爱东轩，诗句构前楹。山色入轩轩入画，书满榻，酒盈瓶。 顿忘人世有浮名，梦偏真，醉偏醒。门设常关，客至懒逢迎。经济但看篱下菊，秋未老，早含英。"①《吴江县志》里说世潢"风期隽雅，以琴书自娱。年四十后，筑室湖滨，与二三素心往来而已"，此词可以佐证。

袁骏，字重其，一字序。长洲（今苏州）人。早年丧父，以孝事生母闻名吴中。工诗文。清初，与毛晋、顾有孝唱和于吴门，并辑为《吴门唱和诗》请归庄序之②。世潢与其交厚，有《送袁重其归吴厅》五律一首，结句云："盈盈只一水，分手各凄然。"③

叶舒崧，生平见上文沈自晋条中。清顺治十七年（1660），叶舒崧和顾有孝诸人同世潢在湖浦观梅，并作诗会，舒崧作《殳山夫、顾茂伦、赵山子、吴闻玮、子渊、沈耕道、霞掌、云步、何方衡湖浦看梅小集分韵》纪其事④，诗中写道："题诗彩笔争谁健，入坐香花故不分。……频呼桑落须沉醉，旧板桥头日又曛。"舒崧寄赠世潢的诗较多，集中尚有《怀沈耕道表叔》七绝一首⑤、《元夕歌寿沈耕道四十》七古一

---

① 周铭：《华胥语业》，《松陵绝妙词选》附刻本。
② 归庄：《归玄庄遗集·吴门唱和诗序》，清刻本。
③ 《沈氏诗录》卷八，清乾刻本。
④ 叶舒崧：《叶学山诗集》卷一，清刻本。
⑤ 叶舒崧：《叶学山诗集》卷一，清刻本。

首①、《秋日过江城与沈耕道表叔订晤于吴闻玮斋中不果束寄》七绝二首②等。康熙二十年(1681),舒胤与世潢同游吴中千华庵,并作《偕沈耕道表叔过千华庵即事呈古斯和尚》七绝二首③。

顾有孝,生平见上文沈自继条中。有孝曾与叶舒胤等人聚会于世潢静绿轩。叶舒胤《哭顾茂伦》诗注:"君(指顾茂伦)畏闻爆竹,余辈尝于沈耕道静绿轩中以此戏之,君乃惶怖面流汗,有绝交之语。"④又曾与世潢等游湖浦观梅。(见上文引叶学山诗)

殳丹生(1609－1678),字山夫,号贯斋。原籍浙江嘉善,清初寓居吴江震泽镇。工词曲。著有《贯斋集》三十卷,又辑有《唐诗凌云》、《杜诗引楚》、《左马班三氏叙事略》等。周铭《松陵绝妙词选》卷三称其词"善为悲壮之调,一唱三叹,足令千人共废"。清顺治十七年,贯斋曾与世潢诸人同游湖浦观梅。(见上文引叶学山诗)

赵沄(？－1676),字山子。吴江人。领清顺治八年(1651)乡荐。工词曲。周铭《松陵绝妙词选》卷四称其词"轻盈韶媚,自是天生秀骨。至其蹁跹流宕,掩映生姿,而发情止义,恰中规矩,则《洛神》所云秾纤得中、修短合度者也"。清初与长洲尤侗、汪琬、吴江、吴兆骞、顾有孝等结慎交社。曾与世潢诸人同游湖浦观梅。(见上文引叶学山诗)沄著有《雅言堂稿》、《客嚓草》。

沈攀,字云步。吴江人,领清康熙二年(1663)乡荐。工词曲,时人谓之"以娟丽之笔,写幽艳之思,正如西子、王嫱却扇一顾,足令粉黛无色"。与世潢交,曾同游湖浦观梅。(见上文引叶学山诗)

何法,字方恒,一作方衡,号明农。吴江人。一生沦落不羁,放情适志,故其

---

① 叶舒胤:《叶学山诗集》卷二,清刻本。
② 叶舒胤:《叶学山诗集》卷四,清刻本。
③ 叶舒胤:《叶学山诗集》卷五,清刻本。
④ 叶舒胤:《叶学山诗集》卷八,清刻本。

词"绝去生涩,直写胸怀"①。与世潢交,曾同游湖浦观梅。(见上文引叶学山诗)。

(二二)沈永馨

沈永馨,字建芳,一字天选,号遁庵,别号篆水。沈文十一世孙,沈肇开次子,出为叔父自铠后。据《沈氏家谱》卷六记:生于明崇祯五年(1632)十月十三日。卒于清康熙十九年(1680)八月二十一日,年四十九岁。子六:畅、畹、异、思、重、增,女四,皆无文。周绍良《吴江沈氏世家》一文未考之。

生平见《沈氏家传·天选公传》等。性自尊,不求闻达,明亡后,坚隐不仕。《沈氏家传·天选公传》:"年十三值明亡,遂志于高隐。卜居邑之麻溪,寄情诗歌,日与四方高士相赠答。"袁景辂《国朝松陵诗征》卷五:"建芳天爵自尊,不求闻达,筑别墅于麻溪之上,啸歌自得。二三知交外,车骑访之,不见也。诗格朴志,无粉饰炫耀之习。"

与同道诗人曾结"惊隐诗社"。《乾隆震泽县志》卷三十八:"国初,吾邑之高蹈而能文者,相率为惊隐诗社,四方同志咸集,今见于叶恒奏《诗稿》与其他。可考者:沈祖孝雪樵……以上并见《中秋对月寄怀同社诗》。又有……沈永馨建芳。……时定乱已四五年。迹其始起盖在顺治庚寅,诸君以故国遗民,绝意仕进,相与遁迹林泉,优游文酒,芒鞋箬笠,时往来于五湖三泖之间,而执法之吏不相谁何。……其后史案株连,同社有罹法者,社集遂辍。"

著作二种:

①《通晖楼诗稿》一卷。《乾隆吴江县志》卷四十六书目、《乾隆苏州府志》卷七十六艺文二、《光绪苏州府志》卷一百三十八艺文三著录。今佚。

②《采芝堂(一名新结草堂)诗稿》四卷。《乾隆吴江县志》卷四十六书目、《乾隆苏州府志》卷七十六艺文二、《乾隆苏州府志》卷一百三十八艺文三著录。

---

① 《松陵绝妙词选》卷四,周铭编,清刻本。

今佚。

作品今存：①诗三十二首。（载《沈氏诗录》卷八，其中七首又见于《国朝松陵诗征》卷五和《江苏诗征》卷一百一十八）

②散曲［南仙吕入双调桂花编南枝］《感怀岩桂堂作》小令一首。（载《南词新谱》卷二十三上）

交游很多，可考者有归庄等三十余人。考述如下：

归庄，生平见上文沈自晋条中。归元恭是吴中惊隐诗社的主要组织者之一。同社中，永馨与其交谊甚厚，作有《麻溪别业寄玉峰归元恭》五律一首①，写道："我家麻溪畔，相对洞庭山。……一苇东江近，何当促棹还。"又《怀友二首》其一注："怀归元恭"，诗云："菡萏花香映白波，竹林深处少人过。寒江对酒能潦倒，一别秋风恨最多。"②

顾樵，生平见上文沈自晋条中。与永馨为惊隐诗社社友。永馨今存诗中有《送樵水游燕》五律一首③，描述了送友时的惜别之情："堤柳初垂绿，东风有剩寒。送君百舍远，回首暮云端……"又有《别樵水》五律一首④，直以知己称："君醉兰陵酒，余归笠泽滨。……天涯有知己，到处可为邻。"

顾有孝，生平见上文沈自继条中。与永馨为惊隐诗社社友。曾相约游吴中石湖，永馨因事未能成行，作五古一首⑤送之，中云："岚翠半明灭，云水相淹留。浏览有同志，放怀可消忧。寻源路未迷，迟日应重游。"

吴炎，生平见上文沈自晋条中，炎为惊隐诗社著名的组织者之一。陈去病《吴节士传》云："吴节士赤民先生者，吴江之兰溪人也。讳炎字赤溟，又字晦如，号愧庵。以遭逢鼎革，系心故国，不忍背弃，故更号赤民。少承家学，为归安诸

---

① 《沈氏诗录》卷八，清乾隆刻本。
② 《沈氏诗录》卷八，清乾隆刻本。
③ 《沈氏诗录》卷八，清乾隆刻本。
④ 《沈氏诗录》卷八，清乾隆刻本。
⑤ 《沈氏诗录》卷八，清乾隆刻本。

生,有声于时。未几国变,乃遁迹湖州山中。久之始出,则与其伯叔昆季为'逃之盟'于溪上,一时吴越间高蹈能文之士,闻声相应……""逃之盟"是惊隐诗社的别一名称。

潘柽章,生平见上文沈自晋条中。与永馨为惊隐诗社社友。因乌程史案株连罹难。后吴炎弟耒官翰林,为兄与柽章鸣冤,始得昭雪。

顾炎武(1613—1682),初名绛,字宁人,尝自署蒋山傭。江苏昆山亭林镇人,学者因称亭林先生。复社成员,明亡后抗清,思想与学风对明末清初一代学者文人均有极大影响。著有《日知录》、《亭林诗文集》、《音学五书》等。他是惊隐诗社的主要组织者之一。永馨与其同社,交往自在事理之中,惟今存诗中未见。

吴宗潜,字方轮,号东篱。吴江人。秀水籍诸生。惊隐诗社主要组织者之一。殷增《松陵诗征前编》卷八云:"东篱隐居严墓,结惊隐诗社……"曾辑社中诸君子唱和之作为《惊隐篇》。所著有《东篱集》。卒后,门人私谥贞毅先生。

吴宗汉(1615—1654),字子仪,一字九畹,号南村。宗潜弟。归安籍诸生。与永馨为惊隐诗社社友。其诗"体气高迈,超然绝尘"①。著有《南村集》。

吴宗泌,字鄰仙,号西山。宗潜弟。诸生。与永馨为惊隐诗社社友。工诗。《松陵诗征前编》卷八称其诗"甚得中唐人风格"。著有《西山集》。

吴寀,字京蕃,号北窗。宗潜从弟。归安籍诸生。卒后门人私谥醇节先生。与永馨为惊隐诗社社友。《松陵诗征前编》卷八录所作《暮秋晚步》七律一首。

吴珂,字匡庐。吴江人。诸生。与永馨为惊隐诗社社友。工诗。"结撰务出人意表"②,论诗主张"从我性情中出"③。

戴笠,字耘野,又字曼公。吴江人。诸生。明亡后入吴中秀峰山为僧,旋返初服,隐居吴江郊。与永馨为惊隐诗社社友。《启祯两朝遗民诗》收其诗,谓曼公

① 殷增编《松陵诗征前编》卷八,清光绪重刻本。
② 王豫编《江苏诗征》卷十二,清道光刻本。
③ 王豫编《江苏诗征》卷十二,清道光刻本。

"大有孤山处士之遗韵"。

陈忱,字遐心,号雁宕山樵。浙江乌程人。明亡后,绝意仕进。诗多寄兴亡之感。著有小说《水浒后传》。他也是惊隐诗社的主要组织者之一。永馨与其同社,今存诗中未见有文字交往。

王锡阐(1628—1682),字寅旭,一字昭冥。吴江人。诸生。与永馨为惊隐诗社社友。博综群书,尤精历象之学。"为人耿介拔俗,诗亦不沿时习"①。著有《读史贯索》、《浩然堂集》、《困亨斋集》等。

施㮣,生平见上文沈自晋条中。与永馨为惊隐诗社社友。

程棅,字杓石。与永馨为惊隐诗社社友。杓石同吴江沈氏交往较广,曾参阅沈自晋《南词新谱》。②

陈济生,生平见上文沈自晋条中。与永馨为惊隐诗社社友,是诗社中坚人物。

钱肃润,生平见上文沈自晋条中。与永馨为惊隐诗社社友。

叶世侗(1620—1656),字开期。叶绍袁第四子。与永馨为惊隐诗社社友。清顺治十三年,在山中误食毒蘑而卒。

朱鹤龄,生平见上文沈自南条中。与永馨为惊隐诗社社友。

沈祖孝,生平见上文沈自晋条中。与永馨为惊隐诗社社友。

王扐,一作王仍,字云顽。与永馨为惊隐诗社社友。云顽亦与归庄交厚。《苏州府志》载其名姓。

徐枋(1622—1694),字昭法,号俟斋,自号泰余山人。长洲人。崇祯十五年(1642)举人。工诗画。明亡后,隐居不出。著有《居易堂集》、《俟斋集》等。永馨有《寄赠徐孝廉俟斋》五古一首③,作于俟斋隐居邓尉山时,中云:"孺子崇劲节,

---

① 殷增编《松陵诗征前编》卷八,清光绪重刻本。
② 见《南词新谱·参阅姓氏》,《南词新谱》卷首,民国影印清刻本。
③ 《沈氏诗录》卷八,清乾隆刻本。

蹑迹柴桑后。隐兹邓尉麓,绕屋山水秀……澹然世外情,结念但故旧。高标耸逸峰,令名驰宇宙。缅怀丘壑间,松风响清昼。"流露了易代之后的一种民族情绪。

王璜,字元倬。上元(今南京)人。明亡后绝意仕进,卖文养亲。著有《南陔诗集》。永馨与之称知己交,所作《访金陵王元倬》诗云:"今日逢君白发年,文章风采旧时传……平生知己真难得,惆怅钟山立马边。"①

张声,字天闻,号于野。吴江人,工词。周铭《松陵绝妙词选》卷三称其词"铸格练字,更多惊人之语"。永馨与其交厚,有《赠张于野》五律一首②,叙述了彼此重逢时的心情:"去年曾握手,经岁益相思。吴岭逢寒食,春风吹鬓丝。一杯难酹酊,孤杖少追随。迟尔寻丘壑,湖山似旧时。"

潘陆,生平见上文沈自晋条中。曾与永馨交,别后,永馨甚为思念,作《怀潘江如》五律一首③寄怀,结句云:"行踪何处是,肠断秣陵春。"

包振,字朗威,生平见上文沈自南条中。永馨今存诗中有《赠包孝廉朗威隐居灵岩山下》七律一首④,描述了朗威筑室灵岩石,与青山为友的隐逸生活。从"山中白鹤招为侣,湖上扁舟望是仙。屡响春风禅寂寂,门迎流水月娟娟"诸句,不难看出诗作者对这种隐逸生活的称许。

赵沄,生平见上文沈自潢条中。沄作有《赋赠沈建芳通晖楼》七律一首⑤,云:"不近城南尺五关,双丸如驶滞华年。漫携佳兴邀元亮,岂有羁愁等仲宣。雉堞朝烟窗外落,虹桥夜影望中悬。画帘自拥风流在,好是仙居避俗缘。"结尾一联,可以使人想见通晖楼主人高歌自尚的襟怀与气质。

赵瀚,生平见上文沈自晋条中。瀚与赵沄同辈,均为吴江赵氏世家中的知名作家。吴江赵氏世家与沈氏世家同为一方望族,交往较多尤其是在沈氏自晋、永

---

① 《沈氏诗录》卷八,清乾隆刻本。
② 《沈氏诗录》卷八,清乾隆刻本。
③ 《沈氏诗录》卷八,清乾隆刻本。
④ 《沈氏诗录》卷八,清乾隆刻本。
⑤ 赵作舟辑,《吴江赵氏诗存》卷七,清道光刻本。

馨两世。瀚作有《沈建芳招同四明魏雪窦、吴门陈鹤客、同邑顾茂伦集周安节村居》五古一首①,记与永馨诸人同游周安村居事。诗云:"携手枫林下,黄花色正新。天涯几兄弟,意气偏能真。相合以至性,沧江共乘纶。……兵戈世未息,翻覆还相循。吾党尚风雅,期不愧此身。啸咏秋花前,携樽啜芳荪。同心当失路,潦倒谁言贫。醉起踏霜叶,高谈迈等伦。"由此诗不难看出永馨与赵瀚、周安诸君子明亡后隐迹村郊,风雅自适,高谈不俗的超士风采。彼此之至性、之意气,亦卓然可见。

周安,生平见上文沈自晋条中。永馨曾与顾有孝、赵瀚诸人集周安村居,赏叶观花于枫林之下,高谈啸咏于秋花之前。(见上文引赵瀚诗)永馨还作有《怀周安节》七绝一首②,中云:"南登衡岳还归卧,奇气横胸好著书。"既是写周安,也是道自己的胸臆。周安也曾与顾茂伦、吴锵、叶舒胤诸君子集永馨通晖楼。(见下文引叶舒胤诗题)

叶舒胤,生平见上文沈自晋条中。舒胤曾与顾茂伦、顾樵、吴锵诸君子同集永馨通晖楼,并作《元夕后一日顾茂伦、樵水、陈鹤客、周长康、吴闻玮、沈茂宏同集建芳通晖楼分赋》七律一首纪其事。③

吴锵,生平见上文沈自晋条中。曾与顾茂伦、叶舒胤诸君子同集永馨通晖楼,事在清顺治十五年(1658)。(见上文引叶舒胤诗题)

(二三)沈永溢

沈永溢,字三溢,号桐斋。沈文十一世孙,沈肇开第三子。据《沈氏家谱》卷六记:生于明崇祯十年(1637)五月一日。国子监生。卒于清康熙五十五年(1716)四月十四日,年八十岁。子三,女二;次子枋,有文名。周绍良《吴江沈氏

---

① 赵作舟辑,《吴江赵氏诗存》卷六,清道光刻本。
② 《沈氏诗录》卷八,清乾隆刻本。
③ 叶舒胤:《叶学山诗集》卷一,清刻本。

世家》一文未考之。

著作一种:《桐斋诗稿》。《乾隆震泽县志》卷三十一书目、《光绪苏州府志》卷一百三十八艺文三著录。今佚。

作品今存诗四首:《登快风阁》五律一首;《秋日简顾樵水》五律一首;《题九峰主人草堂》五律一首;《寄二闻弟》五绝一首。(载《沈氏诗录》卷八)

交游可考者有顾樵、叶舒胤、吴榷等。

顾樵,生平见上文沈自晋条中。永溢与顾樵有交,曾闻樵水有淮上之行,作《秋日简顾樵水》五律一首相赠。

叶舒胤,生平见上文沈自晋条中。康熙四十一年(1702),舒胤与吴榷一同饮酒唱和于永溢斋中,并作《和酬吴超士同饮沈三溢斋中韵》纪其事。[1]以后又作《沈桐斋表叔偕德配丁孺人七十双寿》五律二首[2],为永溢祝寿。事在康熙四十四年(1705)。

吴榷,字超士。吴江人。工诗文词。著有《冰壶集》。周铭《松陵绝妙词选》卷四谓之"词格清逸,又六一居士之亚也",并收录所作《减字木兰花·春恨》词二首。超士与永溢义气投合,曾同叶舒胤饮酒唱和于永溢斋中。(见上文引叶舒胤所作诗题)

(二四)沈永瑞

沈永瑞,字云襄。沈文十一世孙,沈自晖长子。据《沈氏家谱》卷七记:生于明万历二十三年(1595)九月二十五日,卒于清康熙六年(1667)十二月三日,年七十三岁。子二,皆无文。周绍良《吴江沈氏世家》一文未考之。

生平事迹较少记载。永瑞是著名词曲家沈自晋的从侄,亦通词曲。曾参与校阅沈自晋《南词新谱》卷十七及卷十九。

---

[1] 叶舒胤:《叶学山诗集》卷十,清刻本。
[2] 叶舒胤:《叶学山诗集》卷十,清刻本。

《沈氏诗录》未收录其作品。考《南词新谱》,有著作一种:《沈云襄散曲》。沈自晋《南词新谱·古今入谱词曲传剧总目》著录。未有传本。

作品仅存散曲[南仙吕入双调]《游燕作》小令一首,载《南词新谱》卷二十三下。

(二五)沈丁昌

沈丁昌,一名昌,字子言,号圣勤。沈文十一世孙,沈自曜长子。据《沈氏家谱》卷七记:生于明天启元年(1621)十一月三日。治《书》,补秀水县庠生。清顺治五年(1648)浙江副榜,入国子监。康熙六年(1667)授广东南雄府保昌县县丞,十四年(1675)题授程乡县知县,未任,归里。卒于康熙二十二年(1683)十一月十九日,年六十三岁。子一:安,有文名;女二。周绍良《吴江沈氏世家》一文未考之。

生平事迹见《沈氏家传·圣勤公传》:

> 圣勤公讳丁昌,字子言,方洲公之子也。少多病,父母以独子故,绝爱怜之。十岁始就外傅,十八岁始发愤读书,凡子史百家靡不研穷,博览得其精奥。为诗文,落笔数千恒不假思索,兼工于填词,与族兄一指公称为双璧。年二十二占籍浙江,以幼曾抚于姑丁姓,遂以其姓游庠,越三载,应顺治戊子乡试,主司目为奇才,偶嫌文内用《周易》颜氏之子四字以为轻佻,乃屈置副车,一指公亦登其列。遇覃恩偕贡大廷,一指公自愤怀才不售,就选韩城。公独不屑小试烹鲜,愈励志棘闱,卒之数奇不偶。家道寖微,乃自悔半生碌碌不能及早禄仕娱亲,遂谒选,于康熙丁未补粤东南雄郡之保昌县丞。时兵戈乍息,岭徼粗安,兼之署冷曹闲,簿书之暇,惟检点奚囊,寄情吟咏而已。上官荐辛亥贡茶入都,便道省亲,值母吴孺人七袠诞辰奉觞上寿,亲朋毕集,又经理未了葬事并得治西祖基三凤室居之,门庐稍整,事竣回任,秩满当选。岁甲寅题升程乡县令。适逆藩吴三桂谋叛南雄,正当孔道军事倥偬,公带衔

在原任听候差调。迨丁巳事平,遂不赴程乡任而归。又数年而卒。所著有《历朝史论》、《闲余阁诗稿》、《岭外集》、《明史弹词》诸种,名手录,底本藏于家。

《乾隆吴江县志》卷三十七亦有传。

诗文词曲皆有名。《乾隆吴江县志》卷三十七:"沈昌,字子言……诗文词曲与族兄永令齐名。"袁景辂《国朝松陵诗征》卷一:"圣勷诗,工稳静细,其于诗律如法吏之慎守三章,未尝稍出入也。《诗录》称其诗与闻人齐名。圣勷于闻人为弟,词亦当兄事闻人。"

著作五种:

①《史书辨论》三卷。《乾隆苏州府志》卷七十六艺文二、《光绪苏州府志》卷一百三十八艺文三著录。今佚。

②《闲余阁诗稿》。《乾隆苏州府志》卷七十六艺文二、《光绪苏州府志》卷一百三十八艺文三著录。今佚。

③《历朝史论》。未见著录。《沈氏家传·圣勷公传》:"……所著有《历朝史论》、《闲余阁诗稿》、《岭外集》、《明史弹词》诸种,名手录,底本藏于家。"未刻稿。今佚。

④《岭外集》。未见著录。据《沈氏家传·圣勷公传》知,未刻稿。今佚。

⑤《明史弹词》。未见著录。据《沈氏家传·圣勷公传》知,未刻稿。今佚。

作品今存:①诗十八首:《早行》五律一首;《独夜思家》五律一首;《冬日送澹归大师之匡庐》五律一首;《虔州道上》五律一首;《送友归苏州》五律二首;《青山镇夜泊》七律一首;《送陈苏眉明府归公安》七律一首;《扬州》七绝一首;《淮上》七绝一首;《登泰山》七绝一首;《凌江竹枝词》二首;《渔父词》七绝一首;《有寄》七绝一首;《偶题》二首;(以上十七首载《沈氏诗录》卷七,其中第一、二、三、七、十一首又见于《国朝松陵诗征》卷一和《江苏诗征》卷一百一十七)《三水道中夜遇袁四其学博》七律一首。(载《国朝松陵诗征》卷一,又见于《江苏诗征》卷一百一十七)

②散曲［南南吕太师解绣带］《乙酉秋尽舟行》套数一篇。（载《南词新谱》卷十二下）

（二六）沈永隆

沈永隆，字治佐，号冽泉。沈文十一世孙，沈自晋长子。据《沈氏家谱》卷七记：生于明万历三十四年（1606）九月十九日。治《书》，补邑庠生。卒于清康熙六年（1667），年六十二岁。子一，女一，皆无文。

生平事迹见于《沈氏家传·冽泉公传》：

> 冽泉公讳永隆，字治佐，鞠通公长子也。邑诸生。鞠通公以词曲名家，公克嗣其音，尝续范香令未完传奇，宛然范香令也。识者谓可与《望湖亭》并传。诗格直逼盛唐，洗尽肥腻，其幽深高洁处往往令人作烟霞物外想，娄水陆寄斋亟称之。不幸遭回禄，遗书悉为煨烬，所存者惟《焚余草》一卷而已。晚年从父隐吴山，以吟咏自娱。鞠通公遗产三百亩，只自取其瘠者三十亩，余尽以让诸庶弟，事载邑志《隐逸传》，此真堪与古贤者相颉颃矣。

为复社人士，明亡后隐居吴山事又见于吴山嘉《复社姓氏传略》卷二：

> 沈永隆……诸生。乙酉后从父隐居吴山。

工诗词，能"世其家学"①，为时人推重。袁景辂《国朝松陵诗征》卷一云："鞠通生以词名家，冽泉克嗣音，尝续范香令传奇，识者谓可与《望湖亭》并传。晚隐吴山，以吟咏自娱。所遗《不殊集》，清刚隽上，洗尽肥腻，律句中往往以古气行之，其古体必有可观者，今散佚不传，可惜也。"并引陆寄斋评语云："《不殊集》格调直逼盛唐，其幽深高洁处往往令人作烟霞物外想。"《沈氏诗录》卷七小传云："诗文词曲，皆见称于人。"

---

① 沈自友：《鞠通生小传》，《南词新谱》附录，民国影印清刻本。

著作二种：

①《不殊集诗》。未见著录。《国朝松陵诗征》卷一："所遗《不殊集》……"《江苏诗征》卷一百一十七："沈永隆……著《不殊集》。"书遭火焚，《沈氏家传·冽泉公传》："不幸遭回禄，遗书悉为煨烬，所存者惟《焚余草》一卷而已。"今佚。

②续范香令传奇一种。未见著录。袁景辂《国朝松陵诗征》卷一："鞠通生以词名家，冽泉克嗣音，尝续范香令传奇，识者谓可与《望湖亭》并传。"今佚。

作品今存：①文一篇：《南词新谱后序》（载《南词新谱》卷首）。

②诗六首：《湖上小天台》五律一首、《过治平寺》五律一首、《题和九峰草堂诗》五律一首、《登吴山寺有感》七律一首（载《沈氏诗录》卷七，第三首又见于《国朝松陵诗征》卷一和《江苏诗征》卷一百一十七）、《过朱白民书屋》七律一首、《奉赠八方父迁居梅里》七律一首（载《国朝松陵诗征》卷一、《江苏诗征》卷一百一十七）。

③散曲五首：[南仙吕粧台解罗袍]《咏新枕》小令一首、[南正宫双红玉]《甲申除夕咏》小令一首、[南南吕画眉溪月琐塞郎]《寄答来屏》小令一首（分别载《南词新谱》卷一、卷四、卷十二下），[南仙吕入双调步步娇]《甲申作》套数一篇（载《甲行日注》），[南越调小桃下山]《赋乙酉近事》套数一篇（载《南词新谱》卷十六）。

交游可考者有朱鹭、顾来屏、赵沄、朱鹤龄等。

朱鹭（1553—1632），初名家栋，字白民，自号西空老人。吴江人。工古文词，博学宏览，又善绘画，尤精《易经》。著有《名山游草》等。永隆作有《过朱白民书屋》五律一首①，结句云："最怜遗草在，还望茂陵知。"诗当作于朱氏辞世以后。朱氏卒于崇祯五年，是年永隆二十六岁，二人此前有忘年之交也未可知。

顾来屏，生平见上文沈自晋条中。来屏与永隆为表兄弟，互有词曲寄赠。永

---

① 见袁景辂《国朝松陵诗征》卷一，清乾隆刻本。

隆今存散曲中有[南南吕画眉溪月琐寒郎]《寄答来屏》小令一首。① 来屏赠永隆小令已佚。

赵沄,生平见上文沈自潢条中。沄与永隆交甚厚,作有《过沈治佐山居,阅新诗及传奇本,率以五十韵赠》五言排律一首②,较详细描述了永隆隐居吴山的生活环境与情致,尤其是对他挥墨曲场的描绘甚为精彩:"韵谱休文峡,鐏开持正醨。清狂传妙剧,艳异写心期。曲误周郎顾,声残蔡橼讥。逢场调傀儡,信笔走珠玑。优孟真儒者,伶工伪简兮。唳云欺白鹤,啭景压黄鹂。壮激鼍翻浪,雄高马脱羁……"《沈氏家传》谓永隆"尝续范香令未完传奇,宛然范香令也。识者谓可与《望湖亭》并传",《国朝松陵诗征》有类似记述。赵诗的描述可以使人于此有所窥识。

朱鹤龄,生平见上文沈自南条中。永隆与鹤龄有童孺之交。永隆卒日,鹤龄作《挽沈治佐》七律一首往吊,诗云:"童孺交游尽此辰,寝门弹泪欲沾巾。几时撤瑟音无讣,隔岁披帷迹遂陈。书帙蠹乾蒿里月,笔床尘锁夜台春。修文同调知多少,好谱新辞奏玉宸。(治佐工小令)"③

(二七)沈蕙端

沈蕙端,字幽馨,一作幽芳。沈文十一世女孙,沈自旭女。昆山戏曲家顾来屏妻。生年失载。《沈氏诗录》卷十二小传云:"尝作小令挽昭齐、琼章,为时人所传,时年二十。"据叶绍袁《琼花镜跋语》、沈宛君《季女琼章传》、叶声期《祭亡姊昭齐文》等记,琼章、昭齐二人先后卒于崇祯五年(1632)十月和十二月。由此上推,沈蕙端当生于明万历四十一年(1613)。卒年不详。周绍良《吴江沈氏世家》一文未考之。

---

① 沈自晋:《南词新谱》卷十二,民国影印清刻本。
② 赵作舟辑《吴江赵氏诗存》卷七,清道光刻本。
③ 朱鹤龄:《愚庵小集》卷五,民国铅印本。

《沈氏诗录》卷十二小传记其生平云："能诗词,尤精曲律。"

著作一种:《幽芳遗稿》一卷。《乾隆吴江县志》卷四十六书目、《光绪苏州府志》卷一百三十八艺文三著录。今佚。

作品今存:①诗二首:《双燕》七绝一首(载《沈氏诗录》卷十二,又见于《国朝松陵诗征》卷二十、《江苏诗征》卷一百七十四、《松陵女子诗征》卷二);《怅怅词》七古一首(附载于《午梦堂集·彤奁续些》所录其散曲[南仙吕醉扶归]《挽昭齐、琼章》后)。

②散曲六首:[南南吕针线箱]《暮春晓起观雨》小令二首;[南商调金络丝]《夏日闺中》小令一首;(以上三首载《午梦堂集伊人思》)[南商调金梧桐]《咏佛手柑》小令一首;[南仙吕入双调过曲封书寄姐姐]"他娘在锦机"小令一首(以上二首分别载沈自晋《南词新谱》卷十八、卷二十三下)[南仙吕醉扶归]《挽昭齐、琼章》套数一篇,载《午梦堂集彤奁续些》,曲后有小记云:"昭齐、琼章与余有表谊。其闲赋万言,自有非非想,岂寻常闺秀耶!定霄涂之灵侣也。余所恨者,未经携手相谈,亦云不见若人只得玩若辞而已。至辞都韵,而人已非;月消波逝,能不伤哉!因聊吟曲以挽之,然而辞情之逊美远矣。两姊如下凡界,铁笛鸣鸣,吟凤横弄,宫商虽叶,不当笑我鄙乎!我又安敢文其鄙也。时吟就此,颇恨辞短情长,乃复作《怅怅词》一首,亦当曲之余文尔。词曰……蕙端再识。"

(二八)沈永乔

沈永乔,字友声。沈文十一世孙,沈自星长子。据《沈氏家谱》卷七记:生于明崇祯二年(1629)六月十一日,卒于清康熙十九年(1680)八月二十五日,年五十二岁。子二,女一,皆无文。周绍良《吴江沈氏世家》一文未考之。庄一拂《古典戏曲存目汇考》亦未详其生卒年。

生平事迹较少记载。永乔是著名戏曲家沈自晋侄,亦雅好词曲。曾参与校阅沈自晋《南词新谱》卷二十。①

《沈氏诗录》未收录其作品。考《今乐考证》、《传奇汇考标目》等,有著作二种:

①《丽乌媒》传奇。《今乐考证》著录。《南词新谱·古今入谱词曲传剧总目》:"《丽乌媒》传奇,未刻稿。沈友声作,名乔,伯明侄。"佚。仅存[莺满园林二月花]"长干客邸如泛槎"套数一篇,有曲六支。载《南词新谱》卷二十五。

②《玉带城》传奇。《传奇汇考标目》别本附录据《海澄楼书目》著录。佚。

(二九)沈永济

沈永济,字介俦,号耐斋。沈文十一世孙,沈自禄次子。据《沈氏家谱》卷八记:生于明崇祯四年(1631)九月二十二日,卒于清康熙三十六年(1697)九月五日,年六十七岁。无嗣,女二。周绍良《吴江沈氏世家》一文未考之。

著述未有集。作品今存诗三首:《秋兴》五律一首;《写竹寄友人》七绝一首;《望远》七绝一首。(载《沈氏诗录》卷八)

(三〇)沈良友

沈良友,字立诚,一字笠岑,号畏叟。沈文十一世孙,沈自显长子。据《沈氏家谱》卷十记:生于清康熙六年(1667)四月十一日。治《易》。补长洲邑庠廪膳生,后归籍。卒于乾隆十四年(1749)正月十六日,年八十三岁。子一曰枚,有文名;女一。周绍良《吴江沈氏世家》一文未考之。

传记见清赵兰佩《江震人物续志》卷十。《国朝松陵诗征》卷十三引费开歧语云:"畏叟好读书,工篆隶,笔法遒劲,直追汉唐。诗则和平敦厚,深得风人之旨。"《江震人物续志》卷十亦称其"工篆隶,笔法遒劲。诗亦和平温厚"。

著述未有集。《沈氏诗录》未收录其作品。考《国朝松陵诗征》等,有诗三首:

---

① 见《南词新谱·参阅姓氏》,《南词新谱》卷首,民国影印清刻本。

《题阮容画兰》五古一首;《题看云居图赠声碧上人》七律一首;《初举岁寒会病未能赴感而有作》七律一首。均载《国朝松陵诗征》卷十三,又见于《江苏诗征》卷一百一十七。

(三一)沈 永

沈永,字惊徐,一作敬齐,号雷渊。沈文十一世孙,沈自显次子。据《沈氏家谱》卷十记:生于清康熙十八年(1679)九月八日。治《易》。补邑庠廪膳生。乾隆六年(1741)岁贡。卒于乾隆八年(1743)二月一日,年六十五岁。子三,女五;第三子曰霖,有文名。周绍良《吴江沈氏世家》一文未考之。

生平事迹较少记载。《江震人物续志》卷十引《江震续志稿》谓其"性诚朴,敦内行,嗜宋儒书"。

著述未有集。《沈氏诗录》未收录其作品。考《国朝松陵诗征》等,有诗《孤云》五律一首,载《国朝松陵诗征》卷十三,又见于《江苏诗征》卷一百一十九。

第八章
吴江沈氏世家第八代诗人

吴江沈氏世家第八代诗人有沈辛楸、沈澍、沈蓝纫、沈廷扬、沈世楸、沈宪楸、沈祝楸、沈友琴、沈御月、沈时栋、沈时懋、沈俞嘏、沈三楸、沈始树、沈士楷、沈克楸、沈丹楸、沈树荣、沈宜楸、沈俊、沈枋、沈廷楸、沈安、沈岳楸、沈松楸、沈岩楸、沈曰枚、沈曰霖等二十八人,其中女诗人四位。

(一)沈辛楸

沈辛楸,字龙媒,号镜湖。沈文十二世孙,沈永弼次子。据《沈氏家谱》卷四记:生于明崇祯四年(1631)六月五日。治《书》,补嘉兴府庠生。清康熙三十四年(1695)正月一日卒,年六十五岁。子四,皆无文。周绍良《吴江沈氏世家》一文未考之。

生平事迹较少记载。工词曲,曾参与校阅沈自晋《南词新谱》卷二十五。①

《沈氏诗录》未载录其作品。考《南词新谱》,有著作一种:《沈龙媒散曲》。沈自晋《南词新谱·古今入谱词曲传剧总目》著录。未有传本。

---

① 见《南词新谱·参阅姓氏》,《南词新谱》卷首,民国影印清刻本。

作品今存［南仙吕入双调］《遇艳即事》小令一首，载《南词新谱》卷二十三下。

（二）沈 澍

沈澍，字洄闻，号浣桐。沈文十二世孙，沈永令次子。据《沈氏家谱》卷四记：生于清顺治五年（1648）三月十六日。国子监生，考授徵仕郎。卒于雍正三年（1725）二月，年七十八岁。子二：煜、之炳；女二，长女咏梅有文名。周绍良《吴江沈氏世家》一文未考之。

生平事迹较少记载。少失意于科场，游迹遍江南，有诗名。袁景辂《国朝松陵诗征》卷十云：

> 浣桐少工诗，连不得志于有司。遍游南北，所至名山巨川、荒祠古迹，莫不以诗纪之，集中登临怀古之作居十之八九。诗法唐人，不染流易纤巧诸派，盖高陵遗集字字唐音，浣桐得力固有在也。

著作一种：《浣桐诗稿》。《光绪苏州府志》卷一百三十八艺文三著录。有诗千余首。《沈氏诗录》卷十小传："公名澍……有《浣桐稿》千余首，录五章其尤注意者也……"今佚。

作品今存诗九首：《玉屏峰远眺》七律一首；《出都别家心斋叔》五律一首；《韩侯岭》七律一首；《先大父若宇公宰南康以廉惠流声，澍从粤归道此怆然有作》七律一首；《大同》七绝一首；（以上五首载《沈氏诗录》卷十，后一首又见于《国朝松陵诗征》卷十）《黄河口》七律一首；《海丰道中》七律一首；《饶州》七律一首；《七里滩即事》七言歌行一首。（以上四首载《国朝松陵诗征》卷十，后三首又见于《江苏诗征》卷一百一十九）

（三）沈蕙纫

沈蕙纫，字蕙贞。沈文十二世女孙，沈永令次女。同邑诸生吴梅妻。生卒年无考。周绍良《吴江沈氏世家》一文未考之。《沈氏诗录》载其生平云：

> 硕人名菠纫，十二三岁能吟咏。适诸生吴君梅，梅早卒，硕人守志。临殁，谓其弟浣桐曰："得诗二句：'病多未得专医肺，瘦尽何须独论腰。'"遗稿散失，浣桐力为搜辑，仅得百之一二。志洁词芳，并堪传咏。

事迹亦见于王豫《江苏诗征》卷一百七十三。

著述未有集。作品今存诗五首：《春暮》七律一首；《池塘柳影》七律一首；《月华裙》七绝一首；《帙中得亡姊遗笺》七绝一首；《咏菊》七绝一首均载《沈氏诗录》卷十二。《春暮》一首，又见于《国朝闺秀诗选》、程孟梅《国朝闺秀正始续集》卷九、《江苏诗征》卷一百七十三；《帙中得亡姊遗笺》一首，又见于《国朝松陵诗征》卷二十、《江苏诗征》卷一百七十三。

丁绍仪《国朝词综补》有《临江仙·草草妆台梳裹了》词一首，题属沈菠纫作。《笠泽词征》卷二十三照录归于沈菠纫名下，并在该词后云："惠贞词绝不见，惟丁氏《词综》补载一首，又与沈素嘉（树荣）作从同，不知何据。今姑两存之。"考周铭《林下词选》卷十三、顾贞观《今词初集》卷下，皆录选此词，属沈树荣名下，题目作《病起》。周铭和顾贞观均与沈氏同时，所记当较可信，而丁氏记载有误。

（四）沈廷扬

沈廷扬，字天将，号柯亭。沈文十二世孙，沈永禩次子。据《沈氏家谱》卷四记：生于清顺治十八年（1661）三月十四日。治《书》，补邑庠生。卒于康熙五十七年（1718）六月九日，年五十八岁。子二，女一，皆无文。周绍良《吴江沈氏世家》一文未考之。

生平事迹见《沈氏诗录》卷十小传。少有才名，与吴中名士交厚。袁景辂《国朝松陵诗征》卷十一引费开歧语云：

> 柯亭天分胜人，幼即嗜学……后迁吴门，与郡中诸名士往来唱和，击钵

豪吟,而于家乡稍为疏落,故遗诗颇少。

工诗词。《沈氏诗集录》卷十小传:"诗多警句,填词亦工。"

著作一种:《沈天将诗稿》。《乾隆震泽县志》卷三十一书目、《光绪苏州府志》卷一百三十八艺文三著录。今佚。

作品今存:(1)诗三首:《送友人屯田塞上》五律一首;《中秋后四日过张雪窗分韵得"疏"字》七律一首;《泛舟得句》七绝一首。(载《沈氏诗录》卷十,前一首又见于《国朝松陵诗征》卷十一和《江苏诗征》卷一百二十一)

(2)词一首:《念奴娇·对影》。(载《古今词选》卷七,又见于《笠泽词征》卷二十七)

交游可考者有张世炜。

张世炜(1653—1696后),字焕文,号雪窗。吴江人。以文才名吴中。"不交贵显,纸窗竹屋,日以著述为事"①。著有《秀野山房初集》、《秀野山房二集》、《临安杂诗》、《蒿径丛谈》、《读杜管窥》,并辑有《松陵诗约》、《唐人真赏罚分明集辑注》。廷扬与之交厚,所作《中秋后四日过张雪窗分韵得"疏"字》诗中有云:"清吟久隔季鹰居,把酒今宵乐有余。明镜共邀深夜月,新秋曾寄一行书。韵于拈后方知险,交到真时不论疏……"②

(五)沈世㮣

沈世㮣,字旃美,一字初授,号默斋。沈文十二世孙,沈永迪子。据《沈氏家谱》卷五记:生于明万历四十七年(1619)二月二十一日,卒于清康熙二十三年(1684)十二月十八日,年六十六岁。处士刘献廷志墓。子一:重熙,有文名;女二。周绍良《吴江沈氏世家》一文未考之。

---

① 袁景辂编《国朝松陵诗征》卷十,清乾隆刻本。
② 《沈氏诗录》卷十,清乾隆刻本。

生平事迹见《沈氏家传·初授公传》：

> 初授公讳世楸，南村公之子，韫所公曾孙也。好古力学，工于诗。事亲以孝闻。乙酉后绝意进取，弃其城西旧第，奉母避兵下乡，与同邑顾有孝、吴旦、周安等偕隐相唱酬，人以隐士目之。母治家严肃，稍拂意即怒，甚不食，公长跪榻前，不命之起不敢起，年过五十承欢如孩提。没之日，宗人私谥"贞孝先生"。有诗文若干卷。

又见于《乾隆震泽县志》卷二十《沈世楸传》：

> 沈世楸，字初授，曾祖琦。世楸好古力学，工于诗。乙酉后与顾有孝、周安辈偕隐相倡酬。其事亲以孝闻，母治家严肃，稍拂意即怒，甚不食。世楸长跪榻前，不命起即不敢起，年迈五十承欢如孩提。有诗文集若干卷。

好古力学，明亡后绝意仕进，有文名。《乾隆震泽县志》卷二十："世楸好古力学，工于诗。乙酉后，与顾有孝、周安辈偕隐相唱酬。"《国朝松陵诗征》卷八引刘献廷语："默斋人晋而诗唐，文亦不在南宋下。"周铭《松陵绝妙词选》卷三："初授词清丽，不入凡艳，足以砭俗。"

著作一种：《听斫斋诗》。《乾隆震泽县志》卷三十一书目、《光绪苏州府志》卷一百三十八艺文三著录。今佚。

作品今存：(1)诗十三首：《水仙》五律一首；《过奉先寺访能前上人留宿》五律一首；《鸳湖夜泊》五律一首；《旅思》五律一首；《重阳前四日过建芳叔麻溪别业》五律一首；《西郊晚眺》五律一首；《寄怀周安节兼示顾樵水》七律一首；《刘继庄移寓临安》七律一首；《杂诗》五绝二首；《清明》七绝一首；《春日杂咏》七绝二首；(以上十三首载《沈氏诗录》卷十，其中第四、十二、十三三首又见于《国朝松陵诗征》卷八和《江苏诗征》卷一百一十八)

(2)词一首：《虞美人·"小楼蕉雨丝丝冷"》。(载《松陵绝妙词选》卷三)

(3)散曲一首:[南黄钟恨更长]"梦未成"小令一首。(载《南词新谱》卷十四)

交游可考者有周安、顾樵、刘继庄、叶舒胤、顾有孝、吴旦等。

周安,生平见上文沈自晋条中。世楺曾与之往来吟唱,其乐陶陶,见所作《寄怀周安节兼示顾樵水》诗①,中云:"小圃幽幽久未过,江村风物近如何。……羡君偕隐来同调,月上平皋起浩歌。"

顾樵,生平见上文沈自晋条中。世楺与之有文字交,曾作《寄怀周安节兼示顾樵水》七律一首②。

刘继庄,一名献庭,字君贤。顺天大兴(今北京大兴)人。祖籍吴江。寓居临安、吴江等地。"其学主于经世,自象纬、律历、边塞、关要、财赋、军政之属,旁及岐黄释老家言,无不穷究",并"参明史馆事"③。世楺慕其为人,有《刘继庄移寓临安》七律一首赞云:"落落乾坤到处家,西泠移去为梅花。……无著天亲新伴侣,药炉书卷旧生涯……"④

叶舒胤,生平见上文沈自晋条中。康熙十六年(1677),世楺六十之际,作诗自寿,叶舒胤有和诗二首为寿,题《寿沈授表兄六十和自寿原韵》⑤。其二云:"惊人句欲问青天,腹笥便便肯让边。稽古不知三老贵,承家只喜一经传。霸留硕果甘匏系,石抱陵阳类瓦全。长向春风寻乐事,柳吟花醉记年年。"颇可见世楺潇洒自如的晋人风致。

顾有孝,生平见上文沈自继条中。明亡后,世楺正直壮岁,绝意仕进。据《乾隆震泽县志》卷二十载,其时日与"顾有孝、周安辈偕隐相唱酬"。惜今存诗中未有与顾有孝交往之作品。

吴旦,吴江人。能诗文。明亡后,世楺与之同顾有孝等偕隐于吴江郊野,事

---

① 《沈氏诗录》卷十,清乾隆刻本。
② 《沈氏诗录》卷十,清乾隆刻本。
③ 李元度:《国朝先正事略》卷十,清光绪铅印本。
④ 《沈氏诗录》卷十,清乾隆刻本。
⑤ 《叶学山诗集》卷四,清刻本。

见《沈氏家传·初授公传》:"乙酉后……奉母避兵下乡,与同邑顾有孝、吴旦……偕隐相唱酬。"

(六)沈宪楸

沈宪楸,原名宪,字禄天,号西豹。沈文十二世孙,沈永达长子。据《沈氏家谱》卷五记:生于明天启六年(1626)二月十七日。治《书》,补吴县庠生。卒于清康熙三十二年(1693)十月一日,年六十八岁。无嗣,女三。周绍良《吴江沈氏世家》一文未考之。

生平事迹较少记载。以词曲知名,曾参与校阅沈自晋《南词新谱》卷二十五。①

《沈氏诗录》未收录其作品。考《南词新谱》,有著作一种:《沈西豹散曲》。《南词新谱·古今入谱词曲传剧总目》著录。未有传本。

作品今存[南中吕驻云听]《偶咏》小令一首,载《南词新谱》卷八。

(七)沈祝楸

沈祝楸,庠名祝,字松友,号觉庵。沈文十二世孙,沈永邰长子。据《沈氏家谱》卷五记:生于清顺治十年(1653)正月四日。治《书》,补桐乡县增广生。卒于康熙四十六年(1707)九月二十三日,年五十四岁。子一,女三,皆无文。周绍良《吴江沈氏世家》一文未考之。

生平事迹较少记载。能诗。

著述未有集。作品今存诗二首:《五色石》七绝一首;《黄虞美人》七绝一首。(载《沈氏诗录》卷十)

---

① 见《南词新谱·参阅姓氏》,《南词新谱》卷首,民国影印清刻本。

(八)沈友琴

沈友琴,字参苻。沈文十二世女孙,沈永启长女。同邑周钰妻。生卒年无考。周绍良《吴江沈氏世家》一文未考之。

《乾隆震泽县志》卷二十四记其生平云:

> 沈友琴……与妹御月俱工诗词,以和长洲汪琬《姑苏杨柳枝词》得名,时称连璧。

周铭《林下词选》也称她与沈御月,"歌词往往有能传诵于人者"①。

著作一种:《静闲居稿》一卷,一作《静闲居词》。《乾隆苏州府志》卷七十六艺文二、《光绪苏州府志》卷一百三十八艺文三著录。今佚。

作品今存:(1)诗四首:《灵岩》七绝一首;(载《沈氏诗录》卷十二,又见于《松陵女子诗征》卷三)《拟闺怨》七绝一首;(载《沈氏诗录》卷十二,又见于《江苏诗征》卷一百七十四、《松陵女子诗征》卷三)《姑苏杨柳枝词》"池塘最爱护黄鹂"一首;(载汪琬《姑苏杨柳枝词》,又见于《沈氏诗录》卷十二、《松陵女子诗征》卷三)《姑苏杨柳枝词和汪钝翁》"绿条风静雨初收"一首(载《国朝松陵诗征》卷二十,又见于《江苏诗征》卷一百七十四)。

(2)词九首:《临江仙·为烈女顾季繁赋》一首(载《林下词选》卷十三,又见于《笠泽词征》卷二十三),《减字木兰花·风前杨柳》"池塘楼外"一首(载《古今词选》卷一,又附载于沈时栋《瘦吟楼词》中《减字木兰花·风前杨柳》一词后),《减字木兰花·风前杨柳》"清露酿花烟"一首(附载于《瘦吟楼词》中《减字木兰花·风前杨柳》一词后),《浪淘沙·月下桃花》一首(载《古今词选》卷二,又见于王昶《国朝词综》卷四十七、《笠泽词征》卷二十三),《南乡子·庚子除夕元旦和百末词二阕》二首(附载于《瘦吟楼词》中《南乡子·元旦和百末词》后,清叶舒颖论此词

---

① 《林下词选》卷十三,周铭编,清刻本。

云:"内家咏絮,凤擅才华。悼亡之余,恍成隔世。今读和韵诸阕,犹记闺伴联吟时也,不胜泫然。"),《少年游·春闺》一首、《子夜歌·"鸣鸠柳外催新寸"》一首、《南乡子·感悼》一首(以上三首载《众香词·乐集》)。

(九)沈御月

沈御月,字纤阿。沈文十二世女孙,沈永启次女。同邑皇甫锷妻。生卒年无考。周绍良《吴江沈氏世家》一文未考之。

生平详见上文沈友琴条中。诗词与姊沈友琴齐名。

著作一种:《空翠轩稿》一卷,一作《空翠轩词》。《乾隆苏州府志》卷七十六艺文二、《光绪苏州府志》卷一百三十八艺文三著录。今佚。

作品今存:(1)诗五首:《姑苏杨柳枝词》三首;(载汪琬《姑苏杨柳枝词》,又见于《沈氏诗录》卷十二、《国朝闺秀正始续集》卷九、《国朝闺秀诗选》等)《秋日》七律一首;《秋夜》七律一首(均载《沈氏诗录》卷十二,又见于《松陵女子诗征》卷三)。

(2)词七首:《南歌子·画扇赠女伴》一首;(载《古今词选》卷二,又见于《笠泽词征》卷三十)《虞美人影·送春和韵》一首;(载《林下词选》卷十三,又见于《国朝词综》卷四十七、《众香词·乐集》、《笠泽词征》卷二十三)《南乡子·"爆竹破寒烟"》一首;《南乡子·"晓起动梳奁"》一首;(以上两首附载于《瘦吟楼词》中《南乡子·元旦》后)《潇湘夜雨·寄怀王树百表妹》一首;《虞美人·对雪》一首;《南乡子·元夜和百末词》一首(以上三首《众香词·乐集》)。

(一〇)沈时栋

沈时栋,字成厦,一作城霞,号焦音,又号瘦吟词客。沈文十二世孙,沈永启子。据《沈氏家谱》卷五记:生于清顺治十三年(1656)九月一日,卒于康熙六十一年(1722)八月十一日,年六十七岁。子二,女二,皆无文。周绍良《吴江沈氏世

家》一文未考之。

生平事迹见《沈氏诗录》小传等。有词癖。曾自云:"仆生耽词癖,雅负情痴……早岁依人,频年作客。弹铗登楼之暇,拨雄心于滴粉搓酥;砰琴击筑之余,耗壮气于裁红晕碧。"①

工古诗文,与同邑词家唱和往来,名播远近,而词尤为名家交口称之:

顾贞观《古今词选序》:"沈君与同邑吴子汉槎、徐子虹亭倡酬。其时沈君年最少,余因二君得深交焉。至其家学之流传,则九宫谱诸书久矣宪章海内,而沈君之才,则十声之泠又遍播长安。"

王旭楼《松陵见闻录》卷四引尤侗《艮斋倦稿》语:"吴江沈子成厦,以瘦吟名其词何?居岂追隐侯之余风耶!……其长短句,同人交口称之。"

尤侗《古今词选序》:"焦音工于诗古文词,而于长短句尤号专家。忆卯、辰间,予假归梓里,尝序沈子所著《瘦吟楼词》。……彭十羡门亦自都城邮寄一序,有'花繁兴庆,何年捧砚辱肥环。枫冷吴江,此时挥毫矜瘦沈'之句。夫羡门词之雄也,其击赏罚分明沈子之词犹若是,而况予乎!……故同人有'前有张三影,后有沈十声'之誉。"

袁景辂《国朝松陵诗征》卷十一:"焦音工词,有'前有张三影,后有沈十声'之誉,盖集中《美人十声》诸咏为时所推重也。诗,肉中有骨,非靡靡之音,尤为词家所难。"

著作三种:

(1)《古今词选》十二卷。《乾隆震泽县志》卷三十一书目、《乾隆苏州府志》卷七十六艺文二、《光绪苏州府志》卷一百三十八艺文三著录。今存清康熙五十五年(1716)瘦吟楼精刻本。序三:尤侗《古今词选序》;顾贞观《古今词选序》;沈时栋《古今词选自序》。内收唐迄清初词近千首,"其从诸家选本摭拾而外,尤多摘

---

① 沈时栋:《古今词选·自序》,《古今词选》卷首,清康熙刻本。

自秘帙,其中豪放、纤柔、奇正、浓淡,各种兼备"①,历时三十余年而成。

(2)《词谱》一卷。《乾隆震泽县志》卷三十一书目、《光绪苏州府志》卷一百三十八艺文三著录。今佚。

(3)《瘦吟楼词》。《乾隆震泽县志》卷三十一书目、《乾隆苏州府志》卷七十六艺文二、《光绪苏州府志》卷一百三十八艺文三著录。今存非完本,仅一卷,附刊于沈自晋《鞠通乐府》后,民国十七年(1928)吴梅刊。吴梅《瘦吟楼词跋》云:"……《瘦吟楼词初集》一卷,则未完本也,而版式参差,似经撮拾而成,非原帙矣。……《松陵词征》著录有《瘦吟词稿》,未记卷数。然不仅初集一卷似可断言,盖所采多有不见于初集者,可为一证。"吴梅所言甚是。今《瘦吟楼词》共有九十八首,考《古今词选》、《昭代词选》、《国朝词综》、《笠泽词征》等,集外词尚有二十二首。

除上述著述作,作品今存还有诗六首:《深院》五律一首;《送春》五律一首;《登武昌黄鹤楼》七律一首;《莺湖竹枝词》二首;(以上五首载《沈氏诗录》卷十)《禊饮江东古祠》七律一首(载《国朝松陵诗征》卷十一,又见于《江苏诗征》卷一百一十九)。

交游可考者有尤侗、顾贞观、毛奇龄、宗无鼎、顾有孝、吴兆骞、徐釚、叶舒璐、毛鹤舫等。

尤侗,生平见上文沈自晋条中。尤侗极重沈氏之才,以为虹台(沈位)、宏所(沈珣)、词隐(沈璟)、鞠通(沈自晋)、君善(沈自继)、君庸(沈自征)、君晦(沈自炳)、君服(沈自然)诸子,"各极一时之盛",遂使吴兴骚雅"已领袖江南"②。康熙二十六年(1687),他为时栋《瘦吟楼词》作序。十年后,时栋编《古今词选》十二卷成,尤侗复为之序,赞云:

第八章
吴江沈氏世家
第八代诗人

---

① 尤侗:《古今词选序》,《古今词选》卷首,清康熙刻本。
② 尤侗:《古今词选序》,《古今词选》卷首,清康熙刻本。

今焦音烂熳天才,渊源家学……故同人有'前有张三影,后有沈十声之誉'。而焦音既自穷其幻妙,尤欲尽出其枕中之秘以广渊源,于是纵览穷搜,芟芜撷秀,上自李唐,迄于昭代,得词近千首,釐为十二卷……其中豪放、纤柔、奇正、浓淡,各体兼备……足令读者识风气之后先,见源流之同异,然后知沈子非特富于文,又复精于律也。合綦组以成文,列锦绣而为质,沈子其将以此被服天下矣乎!

尤侗为清初词坛名家,其评价自然有一定代表性。

顾贞观(1637—1714),字华峰,号梁汾。无锡人。康熙五年(1666)举人,官至内阁中书。诗文词皆有名,著述较富,有《征纬堂诗》二卷、《楚颂亭诗》二卷、《清平遗调》一卷、《弹指词》二卷、《芦塘集》一卷,并编《宋诗删》二十五卷、《古文选略》等。康熙五十三年(1714)秋,为时栋《古今词选》作序,称所选"其体备而可知不伤,其罗广而赏罚分明不滥",并言因吴江诗人吴兆骞、徐釚,而得与时栋"深交焉"。

毛奇龄,生平见上文沈自晋条中。奇龄为清初词坛名家,据《瘦吟楼词》题记,他为该著定稿者之一。彼此关系由此可知。他极器重时栋,评其《疏烟淡月·金庭远眺》词云:"词隐、鞠通,素推南词宗匠。君庸《渔阳三弄》,尤为北词绝伦。此词雄迈,亦足武后尘矣。"①

宗元鼎(1620—1698),字定九,号梅岑。江都(今江苏扬州)人。清初词坛名家,著有《芙蓉集》二十卷、《新柳塘集》等。据《瘦吟楼词》题记,他为该著审定者之一。时栋作有《貂裘换酒·寄怀广陵宗梅岑先生》词一首。②

顾有孝,生平见上文沈自继条中。顾与吴江沈氏称世交。据《瘦吟楼词》题记,他为该著审定者之一。时栋曾从其登山临水,作有《摸鱼儿·九日从雪滩顾

---

① 沈时栋:《瘦吟楼词》初集,民国吴梅刊本。
② 沈时栋:《瘦吟楼词》初集,民国吴梅刊本。

夫子登快风阁》词纪其事。①

吴兆骞，生平见上文沈自晋条中。时栋与之交谊甚笃，往来酬唱，曾为顾贞观称道，并记其事云："沈君与同邑吴子汉槎、徐子虹亭倡酬。其时，沈君年最少。"②

徐釚(1636—1708)，字电发，号虹亭，又号竹庄。吴江人。康熙时召试博学鸿词，官翰林院检讨。工诗文词，著有《南州草堂集》、《词苑丛谈》等。与时栋往来酬唱，为词家称道，事见上文。时栋今存作品中有《月华清·白鹇同虹亭韵》词一首③，为彼此酬唱唯一可见者。

叶舒璐(1663—1723后)，字镜泓，一作景鸿。吴江人。能诗文。著有《分干诗抄》四卷。时栋作有《满江红·酬叶景鸿表兄叠原韵》词一首④，可见彼此文字之交。

毛鹤舫，新定(今浙江遂安)人。工诗文词。曾评时栋所作《疏影·芭蕉》词云："沉思刻入，不袭人唾余，此词家白描手也。"⑤时栋与之亦以词学一道相推，作有《迈陂塘·题张太史雪霁南辕图叠新定毛鹤舫先生原韵》词一首。⑥

(一一)沈时懋

沈时懋，字禹让。沈文十二世孙，沈永卿长子。据《沈氏家谱》卷五记：生于清顺治十六年(1659)八月二十二日。治《书》，补邑庠增广生。康熙五十二年(1713)举人。卒于雍正三年(1725)九月，年六十七岁。子二，女三，皆无文。周绍良《吴江沈氏世家》一文未考之。

---

① 沈时栋：《瘦吟楼词》初集，民国吴梅刊本。
② 顾贞观：《古今词选序》，《古今词选》卷首，清康熙刻本。
③ 陈去病编《笠泽词征》卷二十九，民国铅印本。
④ 沈时栋：《瘦吟楼词》初集，民国吴梅刊本。
⑤ 沈时栋：《瘦吟楼词》初集，民国吴梅刊本。
⑥ 沈时栋：《瘦吟楼词》初集，民国吴梅刊本。

生平事迹较少记载。能诗。

著述未有集。作品今存诗《咏史》五古一首(载《沈氏诗录》卷十)。

(一二)沈俞嘏

沈俞嘏,庠名济国,字锡纯,号鹿岩。沈文十二世孙,沈永群长子。据《沈氏家谱》卷五记:生于顺治十六年(1659)十二月二日。崇明县庠生。卒年缺。子三,女一;长子祖禹,三子祖尹,皆有文名。周绍良《吴江沈氏世家》一文未考之。生平事迹较少记载。

著述未有集。作品今存诗三首:《秋夜寄怀友人》五律一首;《题画》五绝一首;《溪上纳凉》七绝一首。(载《沈氏诗录》卷十)

(一三)沈三楸

沈三楸,原名金镕,又改名楞,字天安。沈文十二世孙,沈永荪长子。据《沈氏家谱》卷五记:生于明崇祯十七年(1644)八月二十四日。治《书》,补嘉兴县庠生,复补奉天府海城县庠廪生。岁贡。教习满洲。卒年缺。子一,无文。周绍良《吴江沈氏世家》一文未考之。

生平事迹较少记载。有词名。周铭《松陵绝妙词选》卷四云:"沈词婉折遒丽,足继家声。"

著作一种:《青溪堂诗稿》。《光绪苏州府志》卷一百三十八艺文三著录。今佚。

作品今存:(1)诗二首:《长安秋怀》七律二首。(载《沈氏诗录》卷十)

(2)词一首:《菩萨蛮·回文》。(载《松陵绝妙词选》卷四)

(一四)沈始树

沈始树,字景冯,号真崖,别号雨銮。沈文十二世孙,沈永智长子。据《沈氏家谱》卷五记:生于清顺治十五年(1658)五月二十日,卒于乾隆二年(1737)正月十九日,年八十岁。子三,长子彤,有文名。周绍良《吴江沈氏世家》一文未考之。

勤于读书,淡于名利,工诗古文,为时人推重。《沈氏诗录》卷十小传云:

> 公……好读经史九流百家之书。自少至老,非清淡啜茗,听鸟观花,览山水之胜无一时辍。尝与竹垞先生纵谈今古,竹垞极以博洽推之。长洲陈君景云称公诗古文格律并高。然平生不多作,作亦辄自毁弃,存者仅若干篇。木鸢朱君云公诗寄托遥深,自是高人风致。

沈德潜有诗誉之云:"吾兄缀道论,奋焉扫浮辞。成败昭史笔,微妙涵圣涯。边笥无不有,一任群儿讥。群儿尚华缛,用为青紫梯。青紫非不好,朝荣夕已萎。"①

著作二种:

(1)《真崖古今杂录》。《乾隆吴江县志》卷四十六书目、《乾隆苏州府志》卷七十六艺文二、《光绪苏州府志》卷一百三十八艺文三著录。今佚。

(2)《雨壑遗稿》一卷。《乾隆吴江县志》卷四十六书目、《乾隆苏州府志》卷七十六艺文二、《光绪苏州府志》卷一百三十八艺文三著录。今佚。

作品今存:

(1)诗三首:《登城楼作》五律一首;《咏竹》七律一首;《题画》五绝一首。(载《沈氏诗录》卷十)

(2)文一篇:《吴江沈氏家传》记。(载《沈氏家传》卷首)

交游可考者有沈德潜、朱彝尊等。

沈德潜(1673—1769),字确士,号归愚。长洲(今江苏吴县)人。乾隆进士,官至内阁学士兼礼部侍郎。论诗主格调,以选家著称,编有《古诗源》、《唐诗别裁》、《明诗别裁》、《清诗别裁》等,著作有《沈归愚诗文全集》七十三卷。德潜与吴

---

① 《赠真崖大兄三章》,见《乾隆吴江县志》卷五十集诗,清乾隆刻本。

江沈氏世家交往甚多,始树子彤编《吴江沈氏诗录》亦由其作序。德潜作有《赠真崖大兄三章》,称始树诗文云:"吾兄缀道论,奋焉扫浮辞。成败昭史笔,微妙涵圣涯……"①

朱彝尊(1629—1709),字锡鬯,号竹垞。秀水(今浙江嘉兴)人。康熙时举博学鸿词科,授检讨。通经史,工古诗语言词,是清代浙西词派的创立者。著有《经义考》、《日下旧闻》、《曝书亭集》,并编有《词综》、《明诗综》等。始树与之交厚,曾共论今古之事,朱氏极以博洽推重之。②

(一五)沈士楷

沈士楷,字御英,一作御膺。沈文十二世孙,沈永智次子。据《沈氏家谱》卷五记:生于清顺治十七年(1660)九月十五日,卒于乾隆三年(1738)八月二十五日,年七十九岁。无嗣。周绍良《吴江沈氏世家》一文未考之。

生平事迹较少记载。能诗。

著有诗稿一卷。名不详,未见著录。《沈氏诗录》卷十小传:"公名士楷……有诗稿一卷。"今佚。

作品今存诗三首:《春闺》七绝一首;《秋闺》七绝一首;《柳》七绝一首。(载《沈氏诗录》卷十)

(一六)沈克楸

沈克楸,字缵闻,一作缵文。沈文十二世孙,沈永褒长子。据《沈氏家谱》卷五记:生于清顺治十七年(1660)正月十八日。治《书》,补府庠廪膳生。卒于雍正元年(1723)八月,年六十四岁。子二,女三,皆无文。周绍良《吴江沈氏世家》一

---

① 《赠真崖大兄三章》,见《乾隆吴江县志》卷五十集诗,清乾隆刻本。
② 《沈氏诗录》卷十,清乾隆刻本。

文未考之。

生平事迹较少记载。工诗，但不好交友。袁景辂《国朝松陵诗征》卷十谓："此《沈氏诗录》所无者。笔意清稳，无愧雅音。"并引费开歧语云："缵文悃悃自好闭户读书，虽亲友亦罕见其面，故诗名未著，而吟咏颇多。此真暗修之士欤！"

《沈氏诗录》未收录其作品。考《国朝松陵诗征》，有著作一种：《娱情集》。未见著录。《国朝松陵诗征》卷十三："沈克楸……有《娱情集》。"佚。

作品今存诗三首：《南楼雨望》五律一首；《招隐园感旧》七律一首；《咏菊》七律一首。（均载《国朝松陵诗征》卷十三）

（一七）沈丹楸

沈丹楸，字凤歧，号井同。沈文十二世孙，沈永禋次子。据《沈氏家谱》卷五记：生于清顺治十八年（1661）八月十二日。治《书》，补邑庠廪膳生。卒于雍正八年（1730）三月四日，年七十岁。子嗣不详。周绍良《吴江沈氏世家》一文未考之。

著述未有集。《沈氏诗录》未收录其作品。考《古今词选》等，有《浣溪沙·柬焦音兄》词一首，载沈时栋《古今词选》卷一。此词亦见于《笠泽词征》卷八，题目作"柬家瘦吟"，词句亦有出入。

（一八）沈树荣

沈树荣，字素嘉。沈文十二世女孙，沈永桢女。同邑举人叶舒胤妻。生卒年无考。周绍良《吴江沈氏世家》一文未考之。

《林下词选》卷十三小传云：

> 沈树荣，字素嘉，吴江沈永桢女，叶蕙绸其母氏也。适同邑诸生叶舒胤即仲韶先生从孙。其所制家庭酬唱居多，可想见渭阳之韵事矣。

与同邑女诗人庞蕙纕(字小畹)常以诗词唱和。为时人所称。《江苏诗征》卷一百七十四云：

> 素嘉，叶蕙绸女也。承母教，工诗词。与庞小畹善，多赠答唱和之作，为时所称。

《松陵女子诗征》卷三引清代词人徐釚语云：

> 沈素嘉居与庞小畹比邻，后移居汾湖，有寄庞[点绛唇]词，曰："隔个墙头，几番同听黄昏雨。别来情绪，向北看春树。一苑藤花，底是临书处。还记取，绿窗朱户，袅袅茶烟缕。"庞次韵云："十载芳邻，自怜一别还如雨。看云愁绪，隔个江天树。佳句曾题，小楷红笺处。频看取，相思数，一瞬情千缕。"

著作二种：

(1)《希谢词》，一作《希谢稿》。《乾隆苏州府志》卷七十六艺文二、《光绪苏州府志》卷一百三十八艺文三著录。今佚。

(2)《月波词》。未见著录。清蒋重光《昭代词选》卷三十七小传："沈树荣……著有《月波词》。"《众香词·乐集》及《笠泽词征》卷二十三小传记载同。今佚。

又据《沈氏诗录》卷十二小传记，树荣"全稿为其女携归嘉善，无从索取"。

作品今存：(1)诗：《送别》七绝一首。(载《沈氏诗录》卷十二，又见于《清诗别裁集》卷三十一、《国朝松陵诗征》卷二十、《江苏诗征》卷一百七十四、《松陵女子诗征》卷三。《江苏诗征》和《松陵女子诗征》题目作"关山月"）

(2)词五首：《临江仙·病起》一首；《点绛唇·怀吴夫人庞小畹》一首（题目又作"寄庞蕙纕"、"寄吴夫人小畹"）；《如梦令·秋日》一首；《满庭芳·中秋同三妗母、六妗母坐月，和三妗母韵》一首；《水龙吟·初夏避兵惠思三妗母栖凤馆有感追和外祖母忆旧原韵》一首。(皆载《林下词选》卷十三,又分别见于《古今词选》卷三、《昭代词选》卷三十七、《今词初集》卷下、《众香词·乐集》、《笠泽词征》卷二十三)

交游可考者有庞蕙纕。

庞蕙纕,原名畹,字纫芳,号小畹。吴江人。诸生吴锵妻。年五十六卒。工词曲,著有《唾香阁集》。树荣居与小畹比邻,常有诗词唱和,今存作品中有《点绛唇·怀吴夫人庞小畹》词一首,小畹亦次韵一首。①

(一九)沈宜楸

沈宜楸,字允彪,号安素。沈文十二世孙,沈绣裳子。据《沈氏家谱》卷六记:生于清顺治十四年(1657)四月二十二日,卒于雍正六年(1728)九月二十八日,年七十二岁。子二,女六,皆无文。周绍良《吴江沈氏世家》一文未考之。

生平事迹较少记载。能诗。

著述未有集。作品今存诗二首:《春日杂感》七绝二首。(载《沈氏诗录》卷十)

(二〇)沈 俊

沈俊,字士伟,号苞山。沈文十二世孙,沈世潢次子。据《沈氏家谱》卷六记:生于清顺治七年(1650)九月二十日。卒年缺。子一,女一,皆无文。周绍良《吴江沈氏世家》一文未考之。

生平事迹较少记载。诸生,能文章。《沈氏诗录》卷十小传云:"为文章色古气茂,好作阁体书。"

著作一种:《鸿野集》。未见著录。《沈氏诗录》卷十小传:"公名俊,字士伟……诗有《鸿野集》。"今佚。

---

① 见《松陵女子诗征》卷三引徐轨语,费庆善编,民国铅印本。

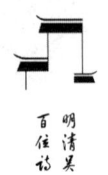

作品今存诗四首:《转蓬》五律一首;《早过靡盘山》五律一首;《村居漫兴》五律一首;《南归》七律一首。(皆载《沈氏诗录》卷十)

(二一)沈 枋

沈枋,字掌公。沈文十二世孙,沈永溢次子。据《沈氏家谱》卷六记:生于清康熙八年(1669)九月二十四日。国子监生。卒于康熙五十一年(1712)三月三日,年四十四岁。子二,女三,皆无文。周绍良《吴江沈氏世家》一文未考之。

生平事迹较少记载。能诗。

著述未有集。作品今存诗二首:《西湾闲步》七律一首;《三高祠》五绝一首。(载《沈氏诗录》卷十)

(二二)沈廷楸

沈廷楸,字冬呈。沈文十二世孙,沈永宥长子。据《沈氏家谱》卷六记:生于清康熙十年(1671)正月五日,卒于康熙二十八年(1689)四月五日,年十九岁。未娶。无嗣。周绍良《吴江沈氏世家》一文未考之。

少有诗名,然早卒。《国朝松陵诗征》卷十一沈始熙小传云:

> (始熙)与族父廷楸相唱和,各有佳句,人目为两神童。廷楸早卒,诗稿无存。

《沈氏诗录》未收录其作品。考《乾隆吴江县志》等,有著作一种:《醉花集》。《乾隆吴江县志》卷四十六书目、《光绪苏州府志》卷一百三十八艺文三著录。佚。

(二三)沈 安

沈安,字又安,号静园。沈文十二世孙,沈丁昌子。据《沈氏家谱》卷七记:生于清顺治四年(1647)十月十九日。国子监生,考授县丞。卒于康熙四十六年

(1707)八月二十三日,年六十一岁。子三,女二,皆无文。周绍良《吴江沈氏世家》一文未考之。

生平事迹较少记载。工诗,能继承家学。袁景辂《国朝松陵诗征》卷八引陈行之语云:

> 静园为予甥藻庭曾大父也。厥考保昌公殁后,沦落不偶,为人记室。尝游豫章、南粤间,多登临凭吊羁旅无聊之作。诗律工整雄秀,克绍其家学云。

《沈氏诗录》未收录其作品。考《国朝松陵诗征》等,有著作一种:《静园诗抄》。未见著录。《国朝松陵诗征》卷八、《江苏诗征》卷一百一十九小传:"沈安……著有《静园诗钞》。"今佚。

作品今存《渡赣江》五律一首,载《国朝松陵诗征》卷八,又见于《江苏诗征》卷一百一十九。

(二四)沈岳楙

沈岳楙,字尧臣,号笠轩,一作笠泽。沈文十二世孙,沈大昌长子。据《沈氏家谱》卷八记:生于明崇祯十一年(1638)九月二十五日,卒于清康熙四十四年(1705)六月二十三日,年六十八岁。子二,女三,皆无文。周绍良《吴江沈氏世家》一文未考之。

生平事迹较少记载。能诗。

著述未有集。作品今存诗二首:《寒食》七绝一首;《夜雨枕上口占》七绝一首。(载《沈氏诗录》卷十)

(二五)沈崧楙

沈崧楙,字式章,号翰周。沈文十二世孙,沈大昌次子。据《沈氏家谱》卷八记:生于清顺治四年(1647)六月二十四日,卒于康熙三十五年(1696)十月二十一

日,年五十岁。子三,女一,长子道熙,有文名。周绍良《吴江沈氏世家》一文未考之。

生平事迹较少记载。能诗。

著述未有集。作品今存诗二首:《旅夜闻箫》七绝一首;《梦归》七绝一首。(载《沈氏诗录》卷十)

(二六)沈岩楸

沈岩楸,字松来,号月湖。沈文十二世孙,沈大昌第四子。据《沈氏家谱》卷八记:生于清顺治十一年(1654)八月二十九日,卒于康熙五十年(1711)九月十六日,年五十八岁。子二,女二;皆无文。周绍良《吴江沈氏世家》一文未考之。

生平事迹较少记载。能诗。

著述未有集。作品今存诗《莺湖竹枝词》一首。(载《沈氏诗录》卷十,又见于《乾隆震泽县志》卷三十四集诗)

(二七)沈曰枚

沈曰枚,字青箱,号安庵。沈文十二世孙,沈良友长子。据《沈氏家谱》卷十记:生于清康熙四十一年(1702)正月二十四日。治《易》,补府庠生。卒于乾隆二十九年(1764)十一月二十三日,年六十三岁。无嗣,女一;无文。周绍良《吴江沈氏世家》一文未考之。

生平事迹较少记载。能诗。

著述未有集。《沈氏诗集录》未收录其作品。考《国朝松陵诗征》,有《反乞巧诗》七古一首,载《国朝松陵诗征》卷十六。

(二八)沈曰霖

沈曰霖,字骥展,一作既霁,号纫芳。沈文十二世孙,沈永第三子。据《沈氏家谱》卷十记：生于清康熙五十八年（1719）二月二十七日。治《易》，补府庠生。卒于乾隆二十七年（1762）九月八日，年四十四岁。无嗣。周绍良《吴江沈氏世家》一文未考之。

《道光苏州府志》卷一百〇二文苑传七有传，称其文名，并惜其不遇云：

> 日霖工愁善病，长于骈体，惊才绝艳，无语不新。于新其年、吴薗次、章岂绩外，另树一帜。尝客游桂林。……生前处境独恶，竟以无嗣终。同邑杨进士复吉采其《粤西琐记》及《晋人麈》入《昭代丛书》。

袁景辂《国朝松陵诗征》卷十云：

> 纫芳工愁善病，长于骈体……予友陈易门怀之，有诗曰："鼓瑟湘江韵孰聆，美人迟暮惜娉婷。秋风万里南征客，木落霜寒过洞庭。"亦可知其牢落不偶矣。

陈去病《笠泽词征》卷十引杨复吉语云：

> 先生工于诗余，入粤时曾有《粤游词》二册，铿锵幽渺，苍古悲凉，直可衙官辛、柳。此外，嘈嘈细响，更当重唾洟弃之矣。文憎命达，沉没巾箱，剑气珠光，日就消歇，又安得顾曲周郎岂诸梨枣，令词坛另建一帜耶！

著作六种：

(1)《粤西琐记》。《道光苏州府志》卷一百〇二文苑七、《光绪苏州府志》卷一百三十八艺文三、《光绪吴江县续志》卷三十五艺文等著录。今存《昭代丛书》本、《小方壶斋舆地丛抄》本。

(2)《晋人麈》。《道光苏州府志》卷一百〇二文苑七、《光绪苏州府志》卷一百三十八艺文三、《光绪吴江县续志》卷三十五艺文等著录。今存《昭代丛书》本、《申报馆丛书续集》本。

(3)《粤游词》二卷。《道光苏州府志》卷一百〇二文苑七著录。未见。

(4)《小潇湘诗抄》,一作《小潇湘诗萃》。《道光苏州府志》卷一百〇二文苑七、《光绪苏州府志》卷一百三十八艺文三等著录。未见。

(5)《小潇湘四六》。《光绪苏州府志》卷一百三十八艺文三等著录。未见。

(6)《纫芳词》。未见著录。《笠泽词征》卷十:"沈曰霖……有《纫芳词》、《粤游词》……"

今散存作品有:(1)散曲小令[南商调黄莺儿]《等第》六首,前有小序。收入凌景埏、谢伯阳辑《全清散曲》。(2)词六首:《祝英台近·抵石门》,收入清蒋重光《昭代词选》卷二十七、丁绍仪《国朝词综补》、《笠泽词征》卷十等。《齐天乐·古松》、《师师令·游龙头山》、《鬓云松游天鹅山》、《风入松·游棋盘岩》、《洞仙歌·游仙人峰》,均收入《笠泽词征》卷十。(3)诗二首:《送春》七绝一首,收入《国朝松陵诗征》卷十七、王豫辑《江苏诗征》卷一百二十一。《效高青邱补芷秀药华曲和元韵》五古一首,收入《江苏诗征》卷一百二十一。

第九章
吴江沈氏世家第九代诗人

沈氏世家第九代诗人有沈咏梅、沈重熙、金法筵、沈始熙、沈祖禹、沈祖尹、沈彤、沈凤鸣、沈凤翔、沈光熙、沈熊、沈懿如、沈斯盛、沈炯、沈廷光、沈道熙等十六人,其中女诗人二位。

(一)沈咏梅

沈咏梅,字梅林。沈文十三世女孙,沈澍女。同邑钱楷妻。生卒年无考。周绍良《吴江沈氏世家》一文未考之。袁景辂《国朝松陵诗征》卷二云:

> 梅林,杏村之配,数峰之母也。杏村性俊爽,读书外无他嗜好。梅林有同志,每荧荧一灯,相对披诵,虽寒暑不辍也。性爱梅,当花时,辄与杏村联吟,一夕各得诗三十余首,时传为佳话。

《江震人物续志》卷十小传同。

著作一种:《学吟稿》。《光绪苏州府志》卷一百三十八艺文三著录,书名作"沈氏学吟稿"。今佚。

作品今存诗四首:《灯花》七绝一首;《菊》七绝一首;(以上两首载《沈氏诗录》

卷十二,又见于《松陵女子诗征》卷三)《春雨》五绝一首;《九日怀归》七绝一首;均载《国朝松陵诗征》卷十二及《松陵女子诗征》卷三等。

(二)沈重熙

沈重熙,字明华,号六书。沈文十三世孙,沈世楸子。据《沈氏家谱》卷五记:生于清顺治七年(1650)四月二十一日。貤赠文林郎,安徽凤台县知县。卒于康熙六十一年(1722)二月四日,年七十三年。子三,女二;第三子培福有文名。周绍良《吴江沈氏世家》一文未考之。

生平事迹较少记载。工诗。

著作一种:《珠树堂稿》。未见著录。《沈氏诗录》卷十小传:"公名重熙……有《珠树堂稿》。"今佚。

作品今存诗二首:《遣意》五律一首;《重阳前一日》七律一首。(载《沈氏诗录》卷十)

(三)金法筵

金法筵,沈文十三世孙沈重熙妻。金圣叹季女。据《沈氏家谱》卷五"沈重熙"名下记:生于清顺治八年(1651),卒于康熙四十四年(1705)十一月二日,年五十五岁。周绍良《吴江沈氏世家》一文未考之。

《沈氏诗录》卷十一小传记其生平云:

> 硕人名法筵……七岁能诗,圣叹爱之,为赋"左家娇女惜余春"之句。于归后,遂以"惜春"名其轩。纺绩之余,辄事吟咏,有《惜春轩稿》一卷。词意老成,时有道气。惜零落仅存十一。

《江苏诗征》卷一百七十一引《名媛绣针》云:"法筵七岁即能诗,父爱之,比于左家娇女。"《竹净轩诗话》亦有小传。金圣叹所作"左家娇女惜余春"一诗,见金

圣叹《沉吟楼诗选》"七言律",原题"暮春早坐小女折花劝簪谢之",全诗如下:

左家娇女惜余春,剩碧残红采折新。
数朵轻身赵皇后,一枝善病李夫人。
老夫早起虽乘兴,白发斜簪已不伦。
珍重他年临此日,见爷满腹是车轮。

金圣叹集中另有《病中见诸女玩月便呼推窗一望有怀贯华》一首,云:

当时五鼓月明中,孰省繁霜与北风?
今夜一庭如积水,关窗塞户两衰翁。

不知所言玩月"诸女"内有法筵否。

著作一种:《惜春轩稿》一卷。《乾隆震泽县志》卷三十一书目、《光绪苏州府志》卷一百三十八艺文三著录。今佚。

作品今存诗九首:《勖诸儿》五古一首;《偶然作》五古一首;《新秋晓望》五古一首;《长门怨》五律一首;《观雨》七律一首;《送春》五绝一首;《苏台怀古》七绝一首;《悼二侄女》七绝一首;(以上八首载《沈氏诗录》卷十一,又见于《松陵女子诗征》卷二)《家兄归自辽左感赋》五律一首(载《国朝松陵诗征》卷二十,又见于《江苏诗征》卷一百七十一、《松陵女子诗征》卷二)。

(四)沈始熙

沈始熙,字复生,号虚船。沈文十三世孙,沈师楸子,出为世父沈宪后。据家《沈氏家谱》卷五记:生于清康熙五年(1666)十月七日。治《书》,补邑庠增广生。卒于康熙四十六年(1707)八月二十八日,年四十二岁。无嗣。周绍良《吴江沈氏世家》一文未考之。

少以神童名,能诗文。《沈氏诗录》卷十小传:"公名始熙……髫年即能赋诗,

与族父冬呈公廷楸相唱和,各有佳句,人目为两神童。"《乾隆震泽县志》卷二十四:"沈始熙,字复生。少以神童名,多记览,能诗文。"

性旷达廉直。《国朝松陵诗征》卷十一引周笠川《吴江诗粹》云:

> 虚船自幼喜吟……奋志读书,抱病而卒。自制挽章用示旷达,宗党交游争惜之。

《乾隆震泽县志》卷二十四亦云:

> 其世父无子,当以始熙为后。世父喜游侠,蓄优童,始熙讽之,不从,退而刺血写书,切谏,遂失世父意,及垂殁乃定为嗣。始熙尽其橐中金供丧葬费用,其负于人者,鬻其庐以偿之。洁身归资馆谷以糊口。生平廉直之行皆此类。

著作一种:《虚船诗草》。《乾隆震泽县志》卷三十一书目、《光绪苏州府志》卷一百三十八艺文三著录。今佚。

作品今存诗六首;《宫怨》五绝一首;《寄衣曲》五绝一首;《溪桥晚眺》七绝一首;(以上五首载《沈氏诗录》卷十)《过南庄祖居》七律一首。(载《国朝松陵诗征》卷十一,又见于《江苏诗征》卷一百一十九)

交游可考者有顾有孝、徐崧等。

顾有孝,生平见上文沈自继条中。为始熙业师。《乾隆震泽县志》卷二十四别录记其事:"沈始熙……师事顾有孝,得其指授,为诸生,益有声。"今存诗中未见有交往之作。

徐崧,生平见于上文沈自南条中。为始熙业师。《国朝松陵诗征》卷十一引周廷谔言云:"虚船自幼喜吟。尝师事徐山人崧,得其指授,奋志读书。"交往之作未见。

(五)沈祖禹

沈祖禹,字所揆,号怡亭。沈文十三世孙,沈俞嘏长子。据《沈氏家谱》卷五记:生于清康熙二十一年(1682)八月二日。国子监生。卒于乾隆十六年(1751)七月二日,年七十岁。子二,女一,皆无文。周绍良《吴江沈氏世家》一文未考之。

生平事迹较少记载。喜为诗,宗法少陵,词达笔健,有名于吴中。沈彤《族兄怡亭诗集序》云:

> 怡亭兄……喜为诗,但学少陵,其笔健词达,无哀艳之篇……其志之正,品之高,而不同于流俗也。

著作二种:

①《沈氏诗录》十二卷。与沈彤合编。乾隆《吴江县志》卷四十六书目、光绪《苏州府志》卷一百三十八艺文三著录。沈德潜序。未收录自己的作品。乾隆五年(1740)刊。今存同治六年(1867)重刻本。2013年中华书局和上海古籍出版社联合出版的《中国古籍总目》谓《沈氏诗录》有"顺治六年刻本",不确。

②《怡亭诗集》。未见著录。据沈彤《族兄怡亭诗集序》考知。

交游可考者有朱鹤龄、顾有孝、叶燮、朱彝尊、陈学洙、陈学泗、张尚瑗、周準、沈德潜等。

朱鹤龄,生平见上文沈自南条中。曾参阅祖禹所辑《沈氏诗录》。①

顾有孝,生平见上文沈自继条中。曾参阅祖禹所辑《沈氏诗录》。②

叶燮,生平见上文沈自晋条中。曾参阅祖禹所辑《沈氏诗录》。③

朱彝尊,生平见上文沈始树条中。曾参阅祖禹所辑《沈氏诗录》。④

---

① 见《沈氏诗录·鉴阅姓氏》,《沈氏诗录》卷首,清乾隆刻本。
② 见《沈氏诗录·鉴阅姓氏》,《沈氏诗录》卷首,清乾隆刻本。
③ 见《沈氏诗录·鉴阅姓氏》,《沈氏诗录》卷首,清乾隆刻本。
④ 见《沈氏诗录·鉴阅姓氏》,《沈氏诗录》卷首,清乾隆刻本。

陈学洙,字左原,一作左厚,号雪岑。长洲(今江苏苏州)人。工诗文。著有《西田诗集》十卷和《响山文集》。曾参阅祖禹所辑《沈氏诗录》。①

陈学泗,字右原,号梅庄。长洲人。工诗文。曾参阅祖禹所辑《沈氏诗录》。②

张尚瑗(1656—1713以后),字宏蘧,号损持。吴江人。著有《劳薪集》、《游赠集》、《三传析疑》、《石里杂识》、《潋水志林》等。曾参阅祖禹所辑《沈氏诗录》。③

周準(？—1756),字钦莱,号迂村。长洲人。诗文并工。著有《迂村诗抄》、《迂村文抄》、《黄海集》、《玉楮集》、《瓢中集》等。曾参阅祖禹所辑《沈氏诗录》。④

沈德潜,生平见上文沈始树条中。曾参阅祖禹所辑《沈氏诗录》。⑤

(六)沈祖尹

沈祖尹,字莘有。沈文十三世孙,沈俞畩第三子。据《沈氏家谱》卷五记:生于清康熙三十年(1691)十二月二十五日。卒年缺。子一,无文。周绍良《吴江沈氏世家》一文未考之。《沈氏诗录》卷十记其生平云:

> 莘有有名尹……诗笔颇健,亦能书。惜早卒。

著述未有集。作品今存诗三首:《村居杂咏》五律二首;《胥江怀古》七律一首。(载《沈氏诗录》卷十)

---

① 见《沈氏诗录·鉴阅姓氏》,《沈氏诗录》卷首,清乾隆刻本。
② 见《沈氏诗录·鉴阅姓氏》,《沈氏诗录》卷首,清乾隆刻本。
③ 见《沈氏诗录·鉴阅姓氏》,《沈氏诗录》卷首,清乾隆刻本。
④ 见《沈氏诗录·鉴阅姓氏》,《沈氏诗录》卷首,清乾隆刻本。
⑤ 见《沈氏诗录·鉴阅姓氏》,《沈氏诗录》卷首,清乾隆刻本。

(七) 沈 彤

沈彤,字冠云,号果堂。沈文十三世孙,沈始树长子。据《沈氏家谱》卷五记:生于清康熙二十七年(1688)十月十三日。治《书》,补邑庠生。乾隆元年(1736)荐举博学鸿词科,未入。卒于乾隆十七年(1752)十月十二日,年六十五岁。无嗣,以从弟凤鸣次子英为后。女二。周绍良《吴江沈氏世家》一文未考之。

少授业于何焯,有文名。举博学鸿词科,事罢,"荐修《三礼》、《一统志》,书成,授九品官,不就而归,以诸生终。性孝友……又雅好山水,尝游齐鲁……又沉酣典籍,故发为文章,淳原古朴。吴中言古文者,必屈指焉"。① 晚岁讲学,门徒日众。沈德潜《沈彤传》记其生平云:

> 君讳彤,字冠云,别字果堂。先世自吴兴迁江城。七世祖汉,正德庚辰进士,刑科给事中,直谏廷杖,隆庆初赠太常寺少卿。六世祖嘉谟,五世祖倬,并赠通奉大夫。高祖玧,万历乙未进士,山东按察使司副使,与兄春曹琦、弟中丞珣,称枫江三凤。曾祖自南,顺治乙未进士,山东蓬莱知县。祖永智,诸生。考始树,肆力学古,为时闻人。
>
> 君总角能文,有声庠序,屡入棘闱不售,举博学鸿词,召试保和殿,不遇。荐修《一统志》《三礼》,书成授九品官,不就。以诸生终。性孝友,年逾成童教科生徒供洁白。养母殁,哀痛呕血数斗。事考,先意承志,爱育两弟,为之婚娶。考病,自都门奔视,及归考殁,哀号五昼夜,几灭性。三年中不茹荤,不内寝,朝夕奠必哭,岁时荐新必哭,远近叹息,谓居丧者仅见。平生交契者皆一时名流。少请业何侍读义门学制义,取法先正。继游仪封张清恪、江阴杨文定之门,究心宋五子书。中岁善方阁学望溪,商订三礼,书疏往复,辨论精核。李侍郎穆堂折节定交,何尚书南村特延归训其子。雅好山水,尝游齐

---

① 《沈氏家传·果堂公传》,清同治重刻本。

鲁,登岱宗,临泗水,谒孔林,拜颜子墓,至南阳陟桐柏,访淮源,多所考证,再渡钱塘,历山阴,登越王台,谒禹陵,问贺监故宅,经旬忘返。君胚胎前光加师友之益,江山之助,又沉酣典籍,故发而为文深厚古质,吴中言古文者必屈指。君慨自古文之敝,尚法律者求工于波澜意度而根柢无存,宗考据者罗列故实惟恐不尽而性灵不属,情与文不相生焉。君本之乎六经,斟酌乎唐宋大家,专精殚思,穷年继晷,成一家言,以其不朽,岂不难哉!岂不难哉!年六十五卒,门人私谥"文孝先生"。著有《群经小疏》《果堂杂著》《气穴考略》、《内经本论》若干卷。其刊行者,《周官禄田考》三卷、《果堂集》十二卷。子培英,能继父业。论曰:有明季年,娄东王弇州文名天下,归震川以庸妄子目之。及震川没,弇州比以韩、欧阳而自悔己作。惟震川之文根本六籍不尚词华也。果堂之文一归淳朴,当世有弇州必有推为可续震川者,况内行焞焞孝亲信友,足以扶纲植常者哉!薄身厚志,身晦名彰,果堂其不死已。

生平事迹又见于沈廷芳《皇清徵士文孝沈先生墓志铭》:

吾宗有醇儒名彤,字冠云,吴江人也。少补诸生,从何义门学士游,且久。后登张清恪、杨文定两公之门,讲学不倦,故经义宏深而于程朱之传尤身体而力行之。尝言:经者,天地之心,圣人之情,而彝伦之伦也。人不穷经则悖,文不根经则驳。盖其行修于家,文重于艺林,江南之人群宗之。雍正间至京师,望溪方公见其所疏三经,谓得圣人精奥;读其文,又谓气格直似韩子。乾隆初,方辑《三礼义疏》,遂荐入馆,名动辇下。其为人,接之凝然以静,久与处温然以和,叩其学渊然以深。呜呼,可称粹美君子矣。客京师数载,惟与一二耆儒商订往籍,而不肯登贵人之门。召试博学鸿词,栖迟书局,终以不遇,其介节如此,后以亲老归。适父先数日亡,居庐哀泣三年,群叹丧礼久废,未有克尽古制如先生者,洵足为乡邦矜式。尝登岱宗观日出,探桐柏之淮源,为文以纪之,过望诸之乡,上黄金之台揽古揽,徘徊不忍去。晚居邺园,生徒日众,益以礼法自持而专志于著述。为文务造其极,有《三经小疏》九卷,《周官禄田考》三卷,《果堂集》十二卷,杂著若干卷。年六十五终于乾隆壬申十月二十五日,其年十二月十日九葬于里中之朱村。士友门人追称"文孝先生"。娶顾氏,无子,以从弟子诸生英为后。余与先生同族,同举用学行相切劘者重二十载,视予无异群季,又尝表先大夫墓,未几闻其丧,盖绝笔云。予既刊其经疏而序之,英复来请铭,曰:此先志也。予乌足以重先生,英克家子请再三,予其敢辞?铭曰:君之先自吴兴迁,枫江着望历有年。七世祖汉直谏传,高曾琬自南俱贤。给事副使蓬莱仙,三进士胥能其官。永智始树清修绵,乃祖乃父学有源。毓兹巨硕逾孝先,群经纷纶义以宣。大文发耀敷瀛壖,有韫无施造化权。克自树德人非天,儒林他日留史编。朱村松柏先人阡,祔有道孙何肖然,深藏密固永不刊。

及惠栋《沈彤墓志铭》:

乾隆十七年十月二十五日,吴江沈君果堂以疾卒,越两月,孤子培本将葬君于邑之朱村,先垄,乞余铭其墓。君行谊卓绝,经传洽孰,推为纯儒。余与君交虽晚而契独深。数年来,以道义相勖,学业相证,知余者莫若君,知君者亦莫余若也。其忍以不文辞!君讳彤,字冠云,别字果堂。系出吴兴,自元季迁吴江。七世祖汉,明正德庚辰进士,刑科给事中,以直谏忤旨,廷杖系诏狱。隆庆初赠太常少卿。六世祖嘉谟,五世祖倬,俱以孙若子贵赠通奉大夫。高祖讳琬,万历乙未进士,山东兖东道。曾祖讳自南,国朝顺治乙未进士,山东蓬莱知县,以清惠称。祖讳永智。考讳始树,生三子,君其长也。君少方古,举止若成人。弱冠从学士何公焯游,始邃于理学,继而喷意五业,著《群经小疏》若干卷,凡所发正咸有义据,侍郎方公苞绝重之。晚节尤精三礼,以周官分田制禄之法向多疑滞,因为列法数以明之,成《禄田考》三卷,二千年聚讼,一朝而决。其为文神似昌黎,有《果堂集》十二卷。生平敦孝友,抚育诸弟,辛勤载楎,亲丧居庐,称服称情。与人交,以至性相感不侵然诺,呜呼,自古理学之儒滞于禀而文不昌,经术之士汩于利而行不笃。君能去两短,集两长,非纯儒之行欤!余行不逮君而才亦诎,然好古所得往往与君同,如《尚书》后出古文,通人皆知其伪,独无以郑氏二十四篇为真古文者,余撰《尚书考》力排梅赜而扶郑氏,君见之称为卓识。又《易》为王、韩所乱,汉法已亡,余学《易》二十年,集荀、郑、虞诸家之说作《周易述》,先以数卷就正于君,君曰:此书成,《易》道明矣,惜吾不及见也。曩以君言戏耳,孰谓竟成谶耶!悲哉,悲哉!君之成《禄田考》也,读者疑信分焉,余为序而辨之。君笑谓余曰:子吾之桓谭也。君先举宏词科,报罢最后,余亦膺经术之荐谒举立丹崖黄公,公询余天下通经之士孰为最,余首举君。黄公欲荐君而未果,此事余未语君,君亦弗及知,然余与君相契之深,不忍终默也。君生于康熙二十七年戊辰,得年六十有五。配顾孺人无子,立从弟子培英以后。君女二:长适丁日曜,次适顾后澂。君之卒也,门人述其体行,谥曰文孝先生。铭曰:君敦善行,学不为人;群公休之,羔雁成群。既举大科,又预志局;君有远志,不肯录录。飘然归隐,辨章六经;钩稽官秩,识过康成。唯余与君,如夔与石;何其辰已,一旦易箦。告谥于枢,以徵大名;吾谁与归,爰志九京。

《道光苏州府志》卷九十五人物、《江震人物续志稿》卷四、《光绪吴江县续志》卷十六、《沈氏家传》等亦有传。

论者多称其文与词,袁景辂《国朝松陵诗征》卷十四云:

> 吾邑古文者,昔推改亭先生,继之者稼堂、石里两太史,后虽有作者皆非专家。果堂徵君慨然自任,以六经为根柢,唐宋大家为准则。专精殚思,穷年继晷,务成一家言。今读其文,法律谨严,气味朴茂,而考论诸作尤能援经据疏,别是非而归于至当,洵吾邑四十年来一作手也。诗非其心力所聚,然尚气骨远浮靡,望而知为有本之言。

陈去病《笠泽词征》卷二十七云：

> 彤字冠云，号果堂。……先生覃精经术，为世鸿儒而亦兼工倚声，洵自有宋时斋以来一人而已，亦见词隐先生遗泽之长，而承平闲暇得从客讲蓺也，可胜叹慕。厥后南一又以儒生工于填词，诚松陵沈氏佳话也。

著作十二种：

(1)《果堂集》十二卷。《四库全书总目》、《江震人物续志》卷十别录、《光绪吴江县续志》卷三十二书目、《光绪苏州府志》卷一百三十八艺文三等著录。今存乾隆吴江沈氏刻本、《四库全书》本。《四库全书总目提要》云："彤博究古籍，精于考据。……词虽不尚词华，而颇足羽翼经传。其实学有足取者，与文章家又别论矣。"

(2)《周官禄田考》三卷。《四库全书总目》、《松陵见闻录》卷五、《光绪苏州府志》卷一百三十八艺文三等著录。今存乾隆刻本、《四库全书》本、《果堂集》本、《皇清经解》本。《四库全书总目提要》云："自欧阳修有周礼官多田少、禄且不给之疑，后人多从其说，即有辩者，不过以摄官为词。彤独详究周制，以与之辩，因撰是书，分官爵数、公田数、禄田数三篇。凡田、爵、禄之数不见于经者，或求诸注；不见于注者，则据经起例，推阐旁通；补经所无，乃适如经之所有。其说精密淹通，于郑、贾注疏以后，可云特出。"

(3)《尚书小疏》一卷，又与《仪礼小疏》、《春秋左传小疏》合称"三经小疏"，或"群经小疏"。《四库全书总目》、《江震人物续志》卷十别录、《光绪吴江县续志》卷三十二书目、《光绪苏州府志》卷一百三十八艺文三等著录。今存乾隆刻本、《四库全书》本、《果堂集》本、《皇清经解》本。《四库全书总目提要》云："是编所解，自尧典至禹贡仅数十则，而往往失之好异……盖彤长于《三礼》，而《尚书》非其所精。"

(4)《仪礼小疏》一卷。《四库全书总目》、《光绪苏州府志》卷一百三十八艺文三等著录。今存乾隆刻本、《四库全书》本、《果堂集》本。《四库全书总目提要》云:"是书取仪礼,士冠礼,士惛礼,公食大夫礼,丧服士丧礼五篇,为之疏笺,各数十条。每篇后又各为蓝本刊误。卷末附《左右异尚考》一篇。考证颇为精核。"

(5)《春秋左氏传小疏》一卷。《四库全书总目》、《光绪苏州府志》卷一百三十八艺文三等著录。今存乾隆刻本、《四库全书》本、《果堂集》本、《皇清经解》本。《四库全书总目提要》云:"是编以赵汸、顾炎武所补《左传杜注》为未尽,更为订正。其中得失互见……于读《左传》者亦有所裨也。"

(6)《释骨》一卷。《四库全书总目》、《江震人物续志》卷十别录、《光绪吴江县续志》卷三十二书目、《光绪苏州府志》卷一百三十八艺文三等著录。今存清抄本、《昭代丛书》本。

(7)《内经本论》。《光绪吴江县志》卷三十二书目、《光绪苏州府志》卷一百三十八艺文三等著录。未刻稿。《沈氏家传·果堂公传》:"……所著……亦久行世。未刻者,又有《果堂杂著》、《气穴考略》、《内经本论》若干卷。"

(8)《气穴考略》。《光绪苏州府志》卷一百三十八艺文三等著录。未刻稿。见上文引《沈氏家传·果堂公传》。

(9)《果堂杂著》。《光绪苏州府志》卷一百三十八艺文三著录。未刻稿。见上文引《沈氏家传·果堂公传》。

(10)《吴江县志》五十八卷。《光绪苏州府志》卷一百三十九著录。《江震人物续志·例言》云:"沈果堂先生江、震县志刊于乾隆丁卯,迄今几百年……"《光绪吴江县续志》卷十六《沈彤传》:"又尝为吴江、震泽二县志。震泽,吴江分邑也。分邑后修志,自彤始。全氏祖望谓二志经纬分合,有法可为,分邑修志者式云。"今存乾隆刊本。

(11)《震泽县志》三十八卷。《光绪吴江县续志》卷三十二书目著录。今存光绪十九年(1893)重刻乾隆本。

(12)《沈氏诗存》十二卷。《光绪吴江县续志》卷三十七艺文著录。此书即

《沈氏诗录》,乃沈彤与沈祖禹同辑。未收录自己的作品。沈德潜《沈氏诗集录序》云:"吴江家所攒偕从弟冠云,汇其先世诗集……名《沈氏诗集录》。"沈桂芬《重刻诗录后记》云:"吾族《诗集录》十二卷,刊于乾隆五年,果堂、竹厅二公所辑。"

上述以外,沈彤还作有词曲,并参加过沈时栋《古今词选》的校订事宜。词今存《月中行·夜雨不寐》一首,载《古今词选》卷二,又见于《笠泽词征》卷二十七。

交游可考者有何焯、沈德潜、方苞、沈廷芳、惠栋、王峻、陈祖范、陈格、沈㝛、潘旭、何堂、金去疾、陈学泗、陆耀、郁吴邑等。

何焯(1661—1722),字屺瞻,号义门。长洲(今苏州)人。康熙四十二年(1703)特赐进士,官翰林院庶吉士,赐侍讲学士。博通经史,为一代文章家,"自十三经注疏、二十一史、诸子、《离骚》、《文选》,俱一一订伪钩贯,天下共想望之"。[①] 著有《义门先生集》十二卷、《何义门读书记》五十八卷、《困学纪闻补笺》二十卷等。何氏为沈彤业师。沈廷芳《皇清徵士文孝沈先生墓志铭》:"……彤字冠云,吴江人也。少补诸生,从何义门学士游,且久。"沈德潜《沈彤传》:"(彤)少请业何侍读义门学制义,取法先正。"惠栋《沈彤墓志铭》:"君少方古,举止若成人。弱冠从学士何公焯游,始邃于理学。"沈彤《果堂集》卷十一《韩林院编修赠侍读学士义门何先生行状》自云:"彤游先生门五年,承其学行,颇有所记。"沈彤后以经史之学名于世,显然与少时从学何焯之门有直接的关系。

沈德潜,生于见上文沈始树条中,德潜与始树和沈彤父子两代皆有厚交。乾隆十四年(1749),沈彤手定自家集《果堂集》成,德潜欣然为之序,盛称其学问文章云:"家冠云徵士,少岁喜词章之学,籍学官后知学以体道达用为贵,遂究穷六经,二三十年不辍。自礼乐律历,以及田赋、官禄、学校、兵刑诸大端,皆能辨异审问,要归至当,发而为文章往往具古圣之义法……而非若世之著文者诡奇炫饰以相夸诩也。"沈彤卒后,为传复称其文章云:"果堂之文一归淳朴,当世有弇州(王

[①] 王豫编《江苏诗征》卷四十四引《国朝别裁》,清道光刻本。

世贞)必有推为可续震川(归有光)者。"

方苞(1668—1749),字灵皋,号望溪。安徽桐城人。康熙进士,官至礼部侍郎。论文提倡"义法",为桐城派创始人。著有《方望溪先生全集》三十卷。沈彤雍正间至京师,后参修三礼,为文深得方苞器重。方苞之弟子沈廷芳《皇清徵士文孝沈先生墓志铭》载其事云:"(彤)雍正间至京师,望溪方公见其所疏三经,谓得圣人精奥;读其文,又谓气格直似韩子。乾隆初,方辑《三礼义疏》,遂荐入馆,名动辇下。"沈德潜《沈彤传》亦云:"(彤)中岁善方阁学望溪,商订三礼,书疏往复,辨论精核。"沈彤亦以师事之,曾上书方苞云:"彤于先生,虽未具师弟之礼,而实以师事。"① 有《屡闻望溪先生论古有作》五古一首②,道:

> 问古知何处,桐城路不迷。穷山开石磴,障水筑金堤。马洁班应逊,韩醇柳岂齐。一朝心颇豁,数月耳从提。

又有《秋日呈灵皋先生》七律一首云:

> ……壮岁儒衣愁削迹,今朝彩笔喜通神。浩歌京邑谁知己,惟有宗工许卜邻。③

从中可知沈彤对方苞的仰重和对桐城派文章的追攀。沈彤还有致方苞的多封书札:《与望溪先生书》、《与方望溪先生书》、《与礼部方侍郎书》、《上内阁方学士书》等。④ 方苞亦曾致书沈彤。《与望溪先生书》有云:"彤顿首望溪先生阁下。甲子之秋,尝奉书谨候起居,蒙先生报以手札……"惜今传本《方望溪先生全集》及《望溪先生集外集文补遗》均未存此札。彤居京时,方苞曾至其寓所论学。《与

---

① 见《与望溪先生书》,沈彤:《果堂集》卷四,清乾隆刻本。
② 《果堂集》卷十二,清乾隆刻本。
③ 《果堂集》卷十二,清乾隆刻本。
④ 《果堂集》卷四,清乾隆刻本。

方望溪先生书》附自注云:"望溪先生得书,明日来寓斋,甚是余说。"①

沈廷芳(1703—1772),字椒园。浙江仁和人。乾隆元年(1736)应博学鸿词试得官。著有《隐拙斋集》五十卷、《盥蒙杂著》四卷、《古文指授》四卷、《续经义考》四十卷、《鉴古录》十六卷等。廷芳自言与沈彤"同族、同举,用学行相切劘者垂二十载"②。沈彤去世后,为作《皇清徵士文孝沈先生墓志铭》。

惠栋(1697—?),字定宇,号足松崖士。元和(今苏州)人。诸生是乾嘉考据学派——吴派的代表人物。《蒲褐山房诗话》谓:"惠氏四世传经,至学士而大,至徵君而精。……所著几十余种。先是,东南文士疏于经谐百有余年,及徵君出而古学大昌。"③著有《松崖文抄》等。惠栋与沈彤交谊极深,所作《沈彤墓志铭》中云:"余与君交虽晚而契独深。数年来,以道义相勖,学业相证。知余者莫若君,知君者亦莫若余也。"惠栋所作还有《周官禄田考序》,明其旨。彤称惠栋"子吾之桓谭也"。④

王峻(1694—1751),字次山,江苏常熟人。著有《艮斋集》十四卷、《汉书正误》四卷、《水经广注》等。与彤相交,切磋文章,见所作《果堂集序》,云:"余往在都门,少宗伯方望溪先生每为余称吴江沈君冠云之著述能守朴学,不事浮藻。……今年余在紫阳书院,冠云亦授徒郡城,因出其所著古文一篇视余,展读既意,乃叹曰:甚矣,望溪之能知冠云之文也。"峻还有《周官禄田考题词》一篇,称是书"真揭千古未发之覆,经解中创获之书也"。⑤

陈祖范(1676—1754),字亦韩。江苏常熟人。清雍正元年(1723)进士。官至国子司业,有文名。著有《陈司业集》十一卷。曾为彤《周官禄田考》题词,云:"钩稽准量,不爽秒忽,好学深思,得先儒所未及。"

---

① 《果堂集》卷四,清乾隆刻本。
② 沈廷芳:《隐拙斋集》卷四十八,清乾隆刻本。
③ 王豫编《江苏诗征》卷一百三十八引,清道光刻本。
④ 惠栋:《沈彤墓志铭》,《果堂集》附,清乾隆刻本。
⑤ 《周官禄田考》卷首,《果堂集》卷五,清乾隆刻本。

陈格,字良直,一作谅直,号艮峰。江苏常洲(今苏州)人。彤称其为"畏友",作有《赠陈谅直》五古一首①,中云:"陈子我畏友,豪迈见天性。弱冠同门墙,才调更纵横。读书具只眼,穿穴契贤圣。上下三千年,群史归心镜。暇时对朋好,清风生麈柄。往复其切劘,古道人所敬。晚来慕修养,万象归一静。……对子一披襟,流辈徒怅怅。"由诗亦可见沈彤的襟怀。陈格曾列名为沈彤和沈祖禹所辑《吴江沈氏诗集录》参阅人②,又为《周官禄田考题词》一篇。③

沈阎,字师闵,号立斋。吴江人。沈彤极重其文。《江苏府志》卷一百零二云:"沈阎……博学好古,不屑治举子业,善古文辞。尝以韩文为文章轨范,辑数十篇,详明其义法,成《韩文论述》一编。沈彤极重之,谓近世善论古文之法者惟桐城方艺与阎也。"彤为之作《沈师闵韩文论述序》④。师闵著有《杜诗笺注》(未刻稿)。曾参阅《沈氏诗录》⑤,又为《周官禄田考》题词,谓其"搜采之慎,会悟之妙,序次之宜,文词之法,莫不俱臻其极"。⑥

潘昶,字景昶。吴江人。诸生。工诗文词,尝作历朝宫词一千首,乾隆间受聘纂修邑志,为沈彤之助。又作《周官禄田考题词》,称是书"能取经传异说,辨晳会通"。⑦

何堂,字子未,号虹桥。吴江人。通古诗文,与彤为知己。曾参阅《沈氏诗录》⑧。彤作有《寄何子未》五古一首,可见二人交谊与沦落之状:"乙昔弱冠日,业从哲匠授。古籍时讨论,与君如兰臭。……学成少知己,时命徒乖谬。抱影寄空庐,一贫真寒陋。怜余亦同病,年来更老瘦。身名一无成,共守家风旧。"⑨

金去疾,字吉士,号药畦。吴江人,祖籍嘉兴。彤与之有文字交,曾作《送别

---

① 《果堂集》卷十二,清乾隆刻本。
② 见《沈氏诗录》卷首《参阅姓氏》,清乾隆刻本。
③ 《周官禄田考》卷首,《果堂集》卷五,清乾隆刻本。
④ 《果堂集》卷五,清乾隆刻本。
⑤ 见《沈氏诗录》卷首《参阅姓氏》,清乾隆刻本。
⑥ 《周官禄田考》卷首,《果堂集》卷五,清乾隆刻本。
⑦ 《周官禄田考》卷首,《果堂集》卷五,清乾隆刻本。
⑧ 见《沈氏诗录》卷首《参阅姓氏》,清乾隆刻本。
⑨ 《果堂集》卷十二,清乾隆刻本。

金绍衣吉士》五古一首①,结句云:"把笔念狂言,应有份离赋。"又称其"博学,工诗古文"。②

陈学泗,生平见上文沈祖禹条中。彤曾为陈学泗诗集作序,题《刻梅庄诗集序》,后收入《果堂集》卷五。事在乾隆十三年(1748)夏。

陆耀(1723—1785),字朗夫,一作朗甫,号青来。吴江人。乾隆十七年(1752)举人,官至湖南巡抚。博通书史,《江苏诗征》卷一百五十三引《蒲褐山房诗话》云:"亦多为朴实有用之学,其文集亦然。"著有《切问斋集》十六卷、《扣盘集》三卷,又编有《烟草谱》一卷、《切问斋文抄》等。《切问斋文抄》中载与沈彤杂议四篇:《沈冠云保甲论》、《沈冠云父未殡而祖亡承重议》、《沈冠云丧所生母杂议》、《沈冠云与顾肇声论墓志铭诸例书》。沈彤作有《立春日送陆朗夫兼呈内阁董学士》五律一首③。

郁吴邑,字若郐,号省斋。吴江人。廪膳生。工诗文。与沈彤交往事见柳树芳《分湖小识》卷三:"郁吴邑……平生喜结交当世贤豪长者,如……同邑沈徵君彤,咸以文字相契合。"

(八)沈凤鸣

沈凤鸣,字翰飞,号迁父。沈文十三世孙,沈模长子。据《沈氏家谱》卷五记:生于清康熙三十四年(1695)正月十五日。治《书》,补吴江邑庠廪膳生。卒于乾隆三十二年(1767)十月十二日,年七十三岁。子三,女一;次子英出为堂兄彤子,有文名。周绍良《吴江沈氏世家》一文未考之。

生平事迹较少记载。《嘉庆同里志》卷十四文学有小传,极简略。重伦理,博学有文。袁景辂《国朝松陵诗征》卷十六引陈行之语云:

---

① 《果堂集》卷十二,清乾隆刻本。
② 袁景辂编《国朝松陵诗征》卷十二引,清乾隆刻本。
③ 《果堂集》卷十二,清乾隆刻本。

迁父为果堂徵君从弟。为人真朴有至性,笃于天伦。好博览,多所记述。尝客秦中,羁孤牢落之况一一寄之于诗。晚岁杜门习静,如深山枯衲,与世相忘,其诸淡泊明志者欤！

《沈氏诗录》未收录其作品。考《国朝松陵诗征》等,有著作一种:《迁父偶存草》。《嘉庆同里志》卷二十二书目著录。今佚。

今存诗二首:《和朱放题竹林寺》五绝一首;《晓枕闻蟋蟀》七绝一首。均载《国朝松陵诗征》卷十六。

(九)沈凤翔

沈凤翔,字翼飞,一字亦枈。沈文十三世孙,沈模次子。据《沈氏家谱》卷五记:生于清康熙三十五年(1696)三月二十七日,卒于乾隆十六年(1751)十二月八日,年五十六岁。子二,女一,皆无文。周绍良《吴江沈氏世家》一文未考之。

生平事迹较少记载。《嘉庆同里志》卷十四文学有小传,极简略。重交谊,有学行。袁景辂《国朝松陵诗征》卷十六引沈彤语云:

> 予从弟翼飞,翰飞胞弟也。生平敦孝友,重交情。尝幕游楚中,有故交荆州守罢官客死,贫不能殓,弟倾箧中数十金归其榇……其客粤也,有《南行纪程》及《诗草》若干卷,于山川胜迹,古今同异之辨,考据甚详,堪资志乘云。

《沈氏诗录》未收录其作品。考《国朝松诗征》、《江苏诗征》等,有著作二种:
(1)《南行纪程》。未见著录。《国朝松陵诗征》卷十六:"其客粤也,有《南行纪程》及《诗草》若干卷。"未见。
(2)《南游诗草》。《嘉庆同里志》卷二十二书目著录。未见。

作品今存诗三首:《渡钱塘江》五律一首;《晚泊赵家河》五律一首;《岭外怀兄》七绝一首。均载《国朝松陵诗征》卷十六,《晚泊赵家河》一首又见于《江苏诗征》卷一百一十九。

(一〇)沈光熙

沈光熙,字明高,号松亭。沈文十三世孙,沈裕植长子。据《沈氏家谱》卷五记:生于清康熙五十年(1711)十二月十二日。治《书》,补震泽县庠廪膳生。乾隆十八年(1753),以五经中江宁乡试副榜。二十五年(1760)就职直隶州通判。卒于乾隆五十二年(1787)以后。子三,女二,皆无文。周绍良《吴江沈氏世家》一文未考之。

生平事迹较少记载。能文。

《沈氏诗录》未收录其作品。有著作一种:《吴江沈氏家谱》。未见著录。今存乾隆五十二年刊本。

另存文一篇:《重修家谱后序》,载《沈氏家谱》卷首。

(一一)沈 熊

沈熊,字恒如。沈文十三世孙,沈机长子。据《沈氏家谱》卷五记:生于清康熙二十九年(1690)二月九日,卒于雍正二年(1724)四月十日,年三十五岁。子一,无文。周绍良《吴江沈氏世家》一文未考之。

生平事迹较少记载。能诗。

著述未有集。作品今存诗二首:《送友之闽中》七绝二首。(载《沈氏诗录》卷十)

(一二)沈懿如

沈懿如,字介眉。沈文十三世孙,沈光扬长子。据《沈氏家谱》卷五记:生于清康熙四十六年(1707)十月十二日。治《书》,补吴江邑庠生。卒于乾隆三十年(1765)十月十七日,年五十九岁。子五,女一,皆无文。周绍良《吴江沈氏世家》一文未考之。

生平事迹较少记载。《嘉庆同里志》卷十四文学有小传,极简略。乐于吟咏,

不求闻达。袁景辂《国朝松陵诗征》卷十七引袁扶九语云：

> 介眉沈丈，居斜川，课耕陇亩间，岁时伏腊，斗酒自劳；间为诗歌，取适情不求闻达于人。人亦罕知之者。

著述未有集。《沈氏诗录》未收录其作品。考《国朝松陵诗征》、《江苏诗征》等，存诗《门外》五古一首，载《国朝松陵诗征》卷十七，又见于《江苏诗征》卷一百一十九。

(一三)沈斯盛

沈斯盛，字西京，号江干。沈文十三世孙，沈栋长子。据《沈氏家谱》卷五记：生于清康熙四十二年(1703)六月一日。治《书》，补吴江邑庠增广生。卒于乾隆四十二年(1777)十一月二十八日，年七十五岁。子四，皆无文。周绍良《吴江沈氏世家》一文未考之。

《江震人物续志》卷十一引沈大本《续采诗征小传》记其生平云：

> 沈斯盛……少有文名，屡试乡闱不售。沉酣韵学，为诗闲适达意。性喜奖励后进，尤敦族谊。著有《柳塘后处士诗集》。

《沈氏诗录》未收录其作品。考《光绪苏州府志》等，有著作一种：《柳塘后处士诗集》。《光绪苏州府志》卷一百三十八艺文三著录。未见。

(一四)沈 炯

沈炯，字逊扬。沈文十三世孙，沈畅长子。据《沈氏家谱》卷六记：生于清康熙三十二年(1693)八月十六日。治《书》，补邑庠增广生。卒于乾隆十四年(1749)十月二十二日，年五十七岁。子三，皆无文。周绍良《吴江沈氏世家》一文未考之。

有文才，精考据学。袁景辂《国朝松陵诗征》卷十五引费开歧语云：

> 逊扬为人沉静寡言笑，读书精于考辩。尝辑《禹贡纂注》一书，与《水经

注》互相发明,极为从兄果堂所称。

《江震人物续志》卷十有小传。

《沈氏诗录》未收录其作品。考《光绪苏州府志》、《清诗别裁》等,有著作二种:

(1)《南游草》。《光绪苏州府志》卷一百三十八艺文三著录。未见。

(2)《禹贡纂注》。《光绪苏州府志》卷一百三十八艺文三著录。未见。

今存诗二首:《过惶恐滩》七律一首;《书怀》七律一首。载《清诗别裁》卷二十八,又见于《国朝松陵诗征》卷十五、《江苏诗征》卷一百一十九。

(一五)沈廷光

沈廷光,字兼立,号恬斋。沈文十三世孙,沈冀长子。据《沈氏家谱》卷六记:生于清康熙三十一年(1692)正月二十三日。治《书》,补嘉善县廪膳生。例贡授乌程县儒学训导。雍正十三年(1735)举浙江乡试十名。乾隆元年(1736)会试十名。任广东韶州府仁化县知县,升内府中书科中书。乾隆二十五年(1760)二月二日卒,年六十九岁。子二,女一,皆无文。周绍良《吴江沈氏世家》一文未考之。

《沈氏家传·恬斋公传》记其生平云:

> 恬斋公,讳廷光,字兼立。寓濠公之子也。颀身玉立,英姿飒然。年十九补嘉善县庠生,旋食饩。仪封张清恪来抚吴,好奖许后进,见公文,即引入内署,讲授濂洛关闽之学。中丞尝谓人曰:"吾阅士多矣,见沈生,使人精气焕发,馀子殆白日欲寝矣。"在署岁余,学益醇茂,以例贡任乌程训导。造士有法,一时如沈厚田、闵文山、凌树屏,尤为雪中翘楚,皆公所陶镕也。雍正乙卯中乡魁,联捷南宫,授广东仁化县知县也。邑中盐贾旧有岁规,公白于制军请除之。制军曰:"君言诚是也,奈如后任何必欲如常衮之辞。堂村窃为君无取。"公遂贮诸库充为官物。甲子入闱分房校士所荐拔,皆俊髦硕学,粤中咸庆得人。后以父母年高屡乞终养,上宪不允。适内转中书,乃具陈乌

乌私情,扁舟南下,甫抵家而寓濠公已病笃矣。是秋丁父艰。越十年,丁母忧,丧葬既毕,优游林下。年近七旬,手不释卷,口不绝吟。宅后有园池亭榭之胜,寓濠公所营构也。常与老友朱剪松、沈蕁村、吴逸叟、徐泂溪诸公为"五老会",宴集赋诗,吟咏甚多,时有入少陵之室者。惜乎,今皆不存,纲罗散失,实有望于后之人焉。

有诗名,论者称焉。袁景辂《国朝松陵诗征》卷十五引费开歧语云:

恬斋知名最早,仪封张清恪公建紫阳书院,所造皆一时名士,恬斋与焉。后秉铎归安,一以明行修为训,士风为之一变。成进士后,筮仕粤东。年未五十,以亲告归。诗不肯苟作,且随手散失,故遗稿无多。

曾参与校订沈时栋编选的《古今词选》①。

《沈氏诗录》未收录其作品。考《国朝松陵诗征》等,有著作一种:《恬斋遗稿》。未见著录。《国朝松陵诗征》卷十五:"沈廷光……有《恬斋遗稿》。"今佚。

今存诗《白莲》七绝一首。载《国朝松陵诗征》卷十五,又见于《江苏诗征》卷一百二十一。

(一六)沈道熙

沈道熙,字朱传。沈文十三世孙,沈崧楸长子。据《沈氏家谱》卷八记:生于清康熙五年(1666)十一月十九日,卒于康熙三十年(1691)六月十四日,年二十六岁。无嗣。周绍良《吴江沈氏世家》一文未考之。

生平事迹较少记载。能诗。

著述未有集。作品今存诗二首:《偶书》七绝二首。(载《沈氏诗录》卷十)

---

① 见《古今词选》总目题属:"侄:彤冠云,廷光兼历同校。"

第十章

吴江沈氏世家第十代诗人

吴江沈氏世家第十代诗人有沈培福、沈英、沈培玉、沈宗德、沈墀等五人。

（一）沈培福

沈培福，字元景，号东溪。沈文十四世孙，沈重熙第三子。据《沈氏家谱》卷五记：生于清康熙二十一年（1682）八月七日。国子监生，例授儒林郎。卒于乾隆三年（1738）五月十日，年五十七岁。子二，皆无文。周绍良《吴江沈氏世家》一文未考之。

《沈氏家传·东溪公传》记其生平事迹云：

> 东溪公讳培福，字元景，六书公第三子也。公外笃于师友，内孝于亲，平居无事，恂恂似无他奇，及当患难死生之际则一种敦懿恳挚之性，有非人所能及者。曾有受业师因事在缧绁，平昔缟纻交皆坐观不一藉手，即二三国亲，亦徒扼腕叹，莫可如何也。惟公以一身周旋其间，晨夕具橐饘不少懈迫。陆平原情悲鹤唳，嵇中散调绝广陵，公又为之具棺敛醵金归葬，当时知其事者无不哀其义而曲全之。

公七岁能属文,少有声于童子场中,后以奔走四方,遂授例入北闱,然不得售,乃需次。州司马内外大僚多公才识,争延致幕中为上宾。当在蜀中臬署时,有藩司某公旧东笠盟也,为当事所诬刻祸且不测,舆情共骇,公闻之即急往抚宪戟门求见,具白其冤,抚宪亦为感动,事赖以寝。公于师友间慷慨仗义大率类此。其居家孝谨承颜,禀命务得亲欢心。母病剧,割股肉和药以进,人或谓公曰:"此非不敢毁伤之正义也。"公泣然曰:"吾知其母耳,不暇顾身也,奚知其他哉!"处昆弟间亦怡怡和顺,财产毫无所竞,公之孝友亦略可见矣。年五十七,卒于蜀旅,榇归,诸先达咸作诗以挽之。吾乡李玉洲先生绝句六章,具道其孝亲、事师、交友诸大节,可考而知也。

生平著作甚富,《诗录》所选,特金豹之一斑耳。尝辑先代诗文若干卷,将付梓,以久客不果,今藏于家。

性廉直,笃于师友之谊,"慷慨好义",[①]时人重之。《沈氏家传》所言受业师即康熙时的文坛大家戴名世。事又见于《乾隆震泽县志》卷二十四:

沈培福……弱冠师事戴名世,名世贵,招之入都;未几,名世见法,无以敛,培福与其所亲醵金棺敛而归葬之。

著作二种:

(1)《东溪诗稿》。《乾隆震泽县志》卷三十一书目、《光绪苏州府志》卷一百三十八艺文著录。今佚。

(2)辑先代诗文稿若干卷。名不详,未见著录。未刻稿。《沈氏家传·东溪公传》:"尝辑先代诗文若干卷,将付梓,以久客不果。今藏于家。"《沈氏诗录》卷十小传:"尝辑先代诗文稿若干卷,将编次总集,以客游未果。"未见。

作品今存诗二十一首。(其中十六首载《沈氏诗录》卷十;五首载《国朝松陵

[①] 袁景辂辑《国朝松陵诗征》卷十五引沈彤语,清乾隆刻本。

诗征》卷十五,又见于《江苏诗征》卷一百二十)

交游可考者有戴名士、吴雷发等。

戴名士(1653—1713),字田有,一字褐夫,号药身,又号忧庵。安徽桐城人。少已史才自负,喜好收集明代逸事。既穷而游,多愤时疾俗之论。康熙四十八年(1709)进士,授翰林院编修。后因所著《南山集》中有南明三王年号而遭劾下狱,又两年后被杀。培福弱冠时师事戴名士,戴罹难后,培福与其亲棺敛而归葬之。

吴雷发,字起蛟,号夜钟,又号寒塘。吴江人。诸生。著有《琴余集》。与培福互有诗歌赠答。吴诗未存,培福所作载《沈氏诗录》卷十,题《答寄吴起蛟》。诗云:"三年楚客怅离群,目断家山家里云。秋到转吟春日句,夕阳枫岸倍思君。"

(二) 沈　英

沈英,初名培本,字海榖。沈文十四世孙,沈凤鸣次子,出为沈肜后。据《沈氏家谱》卷五记:生于清雍正二年(1724)六月十二日。治《书》,补吴江邑庠生。卒于嘉庆二年(1797)以后。子二,女一,皆无文。周绍良《吴江沈氏世家》一文未考之。

能诗善画,又精禅理。《道光苏州府志》卷九十五《沈肜传》记其生平云:

嗣子英,字海榖。邑诸生。砭砭自好,颇精禅学。著有《诵芬楼诗稿》。

江铁君《沈先生惜甫》云:

(沈英)奉道精诚不懈。善画,必勤修行者乃与之,否则求之不得也。

《沈氏诗集》未收录其作品。考《光绪苏州府志》等,有著作二种:

(1)《诵芬楼集》。《光绪苏州府志》卷一百三十八艺文三著录。《道光苏州府志》卷九十五《沈肜传》谓之"诵芬楼诗稿"。今佚。

(2)《慈心宝鉴》四卷。未见著录。江铁君《沈先生惜甫》:"先生初名培本,后

名英。吴江诸生。果堂先生子也。集《慈心宝鉴》一书,劝戒杀放生,苦心恳挚,读者怦然。"今存民国十二年(1923)重刊清乾隆刻本。

交游可考者有江铁君。

江铁君,二人交厚,引为知己。江铁君《沈先生惜甫》云:"先生初名培本,后名英。吴江诸生。果堂先生子也。……最善予,闻予馆斋失火,写两幅,酷暑走十里外赠予,时年七十六。"铁君为之作诗云:"君子胡恺恺,护生悲颇深。一编洒热血,善啼卖肝心。云烟有妙理,走赠真知音。豪端想遗躅,高风如可寻。"①诗中所云"一编"指沈著《慈心宝鉴》。

(三)沈培玉

沈培玉,字季芳,一作继芳。沈文十四世孙,沈斯盛第四子。据《沈氏家谱》卷五记:生于清乾隆五年(1740)十一月十五日。治《春秋》,补吴江邑庠生。卒于乾隆五十二年(1787)以后。子嗣不详。周绍良《吴江沈氏世家》一文未考之。

赵兰佩《江震人物续志·补遗》记其生平事迹云:

培玉,诸生。为诗归真反璞,恬愉冲淡,雅近归季思一流。

《沈氏诗录》未收录其作品。考《江震人物续志》,有著作一种:《息叹草》。未见著录。《江震人物续志·补遗》:"沈培玉……著有《息吹草》。"今佚。

(四)沈宗德

沈宗德,字翊立,号庚亭。沈文十四世孙,沈焯长子。据《沈氏家谱》卷六增补记:生于清乾隆五年(1740)八月十八日。国子监生,考授州吏目。五十四年(1789),乡试中第八十五名举人。嘉庆六年(1801),任上海靖江教谕。卒于嘉庆八年(1803)十一月二十六日,年六十四岁。子五,女一;长子钦复、次子钦临,有

---

① 江铁君《沈先生惜甫》,沈英《慈心宝鉴》卷四附,民国重刊本。

文名。周绍良《吴江沈氏世家》考之。

王旭楼《松陵见闻录》卷三记其生平云："沈宗德,字羽为,号庚亭。历署靖江上海教谕。"

有诗名。沈桂芬《庚亭公诗后记》云：

> 庚亭公笃学不倦,时文用力最深,惜稿皆散佚。古今体诗不多作,作亦随手弃去。晚年自辑诗二卷,篇什无几。桂芬复于简断编残中随时搜录,共得一百七十四首。

《沈氏诗录》未收录其作品。考《光绪苏州府志》等,有著作一种:《勤补书庄诗抄》二卷。《光绪苏州府志》卷一百三十八艺文著录。今存道光刻本。

(五) 沈 墀

沈墀,字庚伯,号寄庐。沈文十四孙,沈文灿长子。据《沈氏家谱》卷六记:生于清康熙五十九年(1720)十二月二十九日。治《书》,补吴江邑庠生。乾隆十五年(1750),举江宁乡试三十九名,例授儒林郎直隶州同知,借补广西奉议州掌印、州判。再任福建长泰县知县,借补南平县峡阳丞。卒于乾隆四十九年(1784)三月二十二日,年六十五岁。子三,女三,皆无文。周绍良《吴江沈氏世家》一文未考之。

《沈氏家传·寄庐公传》记其生平事迹云：

> 公……姿致清癯,风神峻整。早岁遵祖父母训,笃志力学,书声达户外。……壮举于乡……(为政)勤课农桑,增设小学,疏沟渠百余里……去任之日,一肩行李,宦况萧然。神衿及山谷小民争醵钱以送,公悉不受。附客舟航海而归。公一生虽无大节奇名足以惊世骇俗,然亦可谓笃行君子矣。

《沈氏诗录》未收录其作品。考《沈氏家传》,有著作一种:《合颐语》八卷。

未见著录。《沈氏家传·寄庐公传》:"公……所著诗古,有《合颐语》八卷,未梓。前太子詹事桐城张公讳曾敞为之序。"未刻稿。

第十一章
吴江沈氏世家第十一代诗人

吴江沈氏世家第十一代诗人有沈叔度、沈钦道、沈钦复、沈欣霖等四人。沈氏世家还有一位女诗人沈绮,世系不能确定,暂列入此辈,以俟博识者考之。

(一)沈叔度

沈叔度,字履中,号云洲。沈文十五世孙,沈培锦长子。据《沈氏家谱》卷四记:生于清雍正元年(1723)十一月二十七日。治《书》,补震泽邑庠生。卒于乾隆四十八年(1783)九月十四日,年六十一岁。子四,女一,皆无文。周绍良《吴江沈氏世家》一文未考之。

《江震人物续志》卷十《沈叔度传》记其生平事迹云:

> 沈叔度,字云洲。明太常卿汉裔孙。诸生。性淡定不与世务。工行楷,并善墨梅。著有《学庸显秘》、《云洲诗集》。

《沈氏诗录》未收录其作品。考《光绪苏州府志》,有著作二种:
(1)《学庸显秘》。《光绪苏州府志》卷一百三十八艺文三著录。今佚。
(2)《云洲诗集》。《光绪苏州府志》卷一百三十八艺文三著录。今佚。

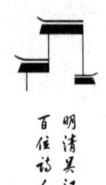

(二)沈钦道

沈钦道,字右文。沈文十五世孙,沈均长子。据《沈氏家谱》卷五记:生于清乾隆十六年(1751)十二月四日。治《书》,补吴江邑庠生。卒于乾隆五十二年(1787)以后。子嗣不详。周绍良《吴江沈氏世家》一文未考之。

生平事迹较少记载。工诗文。

《沈氏诗录》未收录其作品。考《光绪苏州府志》,有著作一种:《买山楼诗稿》。《光绪苏州府志》卷一百三十八艺文三著录。今佚。

(三)沈钦复

沈钦复,字见出,号酉山。沈文十五世孙,沈宗德长子。据《沈氏家谱》卷六增补记:生于清乾隆三十年(1765)九月一日。国子监生。卒于嘉庆九年(1804)十月初八日,年四十岁。无嗣。周绍良《吴江沈氏世家》一文未考之。

生平事迹较少记载。工诗文。

《沈氏诗录》未收录其作品。据沈桂芬《庚亭公诗后记》,有《酉山公诗抄》一种,沈桂芬辑,存诗四十四首,与沈宗德、沈钦霖的诗合集刊刻。有道光间刻本。

(四)沈钦霖

沈钦霖,原名钦临,字仲亨,号芝堂,别号织帘居士。沈文十五世孙,沈宗德次子。据《沈氏家谱》卷六增补记:生于清乾隆三十四年(1769)九月十六日。治《易》,补吴江邑庠生。五十四年(1789)中举。嘉庆六年(1801)中进士,授内阁中书。卒年,据《光绪苏州府志》卷一百〇七小传记,在道光十二年(1832)以后。子三,女一,皆无文。周绍良《吴江沈氏世家》一文未考之。

生平事迹载《光绪苏州府志》卷一百〇七人物三十四:

沈钦霖,原名钦临,字仲亨。弱冠与父宗德同举于乡。嘉庆辛酉成进士,授内阁中书。道光十年转福建平章同知,邑多盗,钦霖选捕役,设巡船,盗为敛迹。又于沿海隙地,喻民垦种杂粮数百顷,邑以大治。委署兴化府知府,督办木兰坡工程,未几,调署台湾海防同知。时台运内地兵谷积压二十万石,钦霖设法疏通之。十二年,嘉义逆匪张丙倡乱,股匪林海犯郡,钦霖率众击走之。以城守功赏戴花翎,授安徽卢府知府,留台总办军需报销。以积劳卒于官。

《光绪吴江县志》卷十七人物二"治绩",亦载其平生事迹。

《沈氏诗录》未收录其作品。考《光绪苏州府志》等,有著作一种:《织帘居士诗抄》。《光绪苏州府志》卷一百三十八艺文三著录。有清刻本。

此外存文二篇:《连卍川君家传》,载《松陵文录》卷十八;《吴江赵氏诗存序》,载《吴江赵氏诗存》卷首,又见于《光绪吴江县续志》卷三十七艺文。

(五)沈 绮

沈绮,字素君。沈文十世孙自征之裔孙女,年辈失载。《沈氏家谱》未载。费庆善《松陵女子诗征》卷七云:"沈绮,字素君。自征裔孙女,居尚湖。"江苏江阴殷塼妻。生卒年无考。年二十六卒。一说年二十一卒。① 周绍良《吴江沈氏世家》一文未考之。

生平事迹较少记载。工诗善文,博通经史。所作《寄女兄》诗道:"腕底多情笔底知,阿兄工画我能诗。题诗与订黄花约,画取秋风欲起时。"②《松陵女子诗征》卷七引郭麟语云:

> 澄江殷耐甫塼老,诗人也。以其亡室沈夫人绮《环碧轩图》属题。……
> 夫人少孤,夙慧,塾师训之识字,一过辄不忘。生时著作甚夥。诗文外兼通

---

① 费庆善编《松陵女子诗征》卷七,民国铅印本。
② 《松陵女子诗征》卷七,民国铅印本。

星纬夕桀之学。年二十六而卒。

同卷又引恽珠语云:"素君读书,数行并下,博通经史律历之学……"

《沈氏诗录》未收录其作品。考《松陵女子诗征》等,有著作五种:

(1)《环碧轩诗集》四卷。未见著录。今存清蔡殿齐辑《国朝闺阁诗抄》本,但仅有诗十首,并非全帙。

(2)《四六》二卷。未见著录。《松陵女子诗征》引恽珠言:"素君……所著有……《四六》二卷。"未见。

(3)《唾花词》一卷。未见著录。《松陵女子诗征》引恽珠言:"素君……所著有……《唾花词》一卷。"未见。

(4)《管窥一得》十二卷。未见著录。《松陵女子诗征》引恽珠言:"素君……所著有……《管窥一得》十二卷。"未见。

(5)《徐庾补注》四卷。未见著录。《松陵女子诗征》引恽珠言:"素君……所著有……《徐庾补注》四卷。"未见。

集外今存诗十二首:《录别》五古一首;《大风泊舟包山》五古一首;《喜山阴潘氏表姊月下见过》五律一首;《寄外》五律一首;《家居即事》七绝一首;《寄女兄》七绝二首;《送外》七绝二首;《赠侍婢云娃》七绝一首。(以上均载费庆善辑《松陵女子诗征》卷七)此外两首,均不见于《环碧轩诗集》和《松陵女子诗征》,姑录之如下:

暑随三伏尽,秋入五更知。潮到疑吞岸,云飞欲动山。秋雨秋风夜,思君思我时。

绮树每愁花落去,登楼又见燕归来。青山半向云边出,黄鸟多从雨后啼。

《松陵女子诗征》卷七所引郭麟语云:"夫人时因展墓,并游洞庭,皆有诗纪之。惜未见其稿,他如五言云:'暑随……'七言云'倚树……'皆清丽可诵。"

附 录

吴江沈氏世家非诗人作家考略

(一) 沈 化

沈化,字道中,号笠川。沈文八世孙,沈嘉猷长子。据《家谱》卷二记:生于明嘉靖六年(1527)九月七日。治《书》,补邑庠生,入监。卒于万历二十八年(1600)正月五日,年七十四岁。子三:瑾、瑛、珑,瑾有文名。周绍良《吴江沈氏世家》未考之。

平生雅好古文。《家传·笠川公传》说他"博极群书,文名籍甚。虽数奇不偶,卒不以此堕其志。尝汇集古今诸名家文,手披口诵不辍"。

作品未见于《沈氏诗录》,考《家传·笠川公传》,有著作三种:

① 《古文汇抄》。未见著录。未刻稿。《家传·笠川公传》:"公有《古文汇抄》、《儒宗正脉》藏于家;《蒙训编》刻行于世。"

② 《儒宗正脉》。未见著录。未刻稿。据《家传·笠川公传》考知。

③ 《蒙训编》。未见著录。据《家传·笠川公传》考知。今佚。

(二) 沈 储

沈储,字道用,号冲台。沈文八世孙,沈嘉祐长子。据《家谱》卷二记:生于明嘉靖三十四年(1555)四月九日,卒于天启七年(1627)十二月二十日,年七十三岁。子一:璘,有文名;女二。周绍良《吴江沈氏世家》未考之。

《沈氏诗录》未收其作品。考《家传·冲台公传》等,有著作一种:《谱牒》。未见著录。《家传·冲台公传》:"公……继太史(沈位)而辑成《谱牒》。"此即清乾隆间沈光熙所修《吴江沈氏家谱》之蓝本,沈永隆《续修家谱后序》:"谱之修也,于兹而三

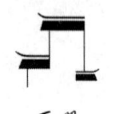

矣……虽然自先太史立谱作传以誌……而冲台公实始修辑。"

今存文一篇:《续修家谱后序》,载于《家谱》卷首。

(三) 沈 瑄

沈瑄,字轶清,号容襟。沈文九世孙,沈象道第三子。据《家谱》卷七记:生于明嘉靖四十三年(1564)三月二十日。治《书》,补邑庠生。卒于崇祯十五年(1642)十一月二十一日,年七十九岁。子四:自晋、自普、自鲁、自习,女四。自晋、自普,皆有文名。周绍良《吴江沈氏世家》未考之。

平生肆力古学。《家传·容襟公传》记其生平,称"公通儒术,达大礼,器局渊茂无涯矣,非世之寻章摘句者比也。……素不事生产,以诸子家駸駸起稍具甘旨,公亦泊然无所问,惟兀坐一小楼,肆力古学。"

《沈氏诗录》未收录其作品。考《家传·容襟公传》,有著作一种:《阅古笔记》。未见著录。《家传·容襟公传》:"凡纂录古今正史及百家稗官野乘不下数十卷,题曰:《阅古笔记》。"今佚。

(四) 沈 璘

沈璘,字文甫,号鲁沙。沈文九世孙,沈储长子。据《家谱》卷九记:生于明万历七年(1579)十月八日。治《书》,补邑庠生。卒于崇祯十五年(1642)六月二十五日,年六十四岁。无嗣,以从弟珩长子自膺为后。周绍良《吴江沈氏世家》未考之。

著述未有集。《沈氏诗录》未收录其作品。考《家谱》,有文一篇:《续修家谱后序》,载《家谱》卷首。

(五) 沈永导

沈永导,字号不详。沈文十一世孙,沈自镕长子。据《家谱》卷四记:生于明万历三十二年(1604)。秀水县庠生,后行劣,黜。卒年缺。子二:李楸、乐楸,皆无文。周绍良《吴江沈氏世家》未考之。

著述未有集。《沈氏诗录》未收录其作品。据沈静专所著《适适草》,有文一篇:《适适草序》,作于崇祯十五年(1642)。

(六)沈永宥

沈永宥,字三密,号竹轩。沈文十一世孙,沈自铤长子。据《家谱》卷六记:生于清顺治六年(1649)十月五日,卒于康熙五十七年(1718)后。子四,长子廷楸,有文名。周绍良《吴江沈氏世家》未考之。

生平事迹较少记载。

《沈氏诗录》未收录其作品。考《家谱》,作品今存文二篇:《重修家谱后序》、《家谱后记》,均载《家谱》卷首。

(七)沈吐玉

沈吐玉,字一士,号逸墅。沈文十四世孙,沈之炳次子。据《家谱》卷四记:生于清雍正元年(1723)四月七日。治《书》,补吴江邑庠廪膳生。乾隆三十五年(1770)岁贡。卒于乾隆四十八年(1783)十二月十四日,年六十一岁。子一,女一,皆无文。周绍良《吴江沈氏世家》未考之。

生平事迹较少记载。通诗文。曾助袁景辂辑《国朝松陵诗征》卷十六。

著述未有集。《沈氏诗录》未收录其作品。考《家谱》,有文一篇:《重修族谱系图说》,载《家谱》卷首。

交游可考者有袁景辂。

袁景辂(1724—1767),字质中,号朴村。吴江人。工诗文。著有《小桐庐诗稿》十卷,又编有《国朝松陵诗征》。吐玉曾参与编辑《国朝松陵诗征》卷十六。

(八)沈培生

沈培生,字骏天,一作峻天,号逸溪。沈文十四世孙,沈勋长子。据《家谱》卷五记:生于清康熙六十年(1721)九月三日。治《诗》,补吴江邑庠生。卒于乾隆五十二

年(1787)以后。子一,女二,皆无文。周绍良《吴江沈氏世家》未考之。

生平事迹较少记载。能诗文。据袁景辂《国朝松陵诗征》卷十四题记,曾参与该卷的编辑。

著述未有集,皆散佚不传。《沈氏诗录》未收录其作品。

交游可考者有袁景辂。

袁景辂,生平见上文沈吐玉条中。培生与之同道,曾参与编辑《国朝松陵诗征》卷十四。

(九)沈君平

沈君平,字明安,一字蓴含。沈文十五世孙,沈培礼长子。据《家谱》卷七记:生于清雍正七年(1729)正月二十三日。治《书》,补震泽邑庠生。卒于乾隆二十一年(1756)九月一日,年二十八岁。子四,皆无文。周绍良《吴江沈氏世家》未考之。

《沈氏诗录》未收录其作品。作品未有集。考《家谱》,有文一篇:《重修族谱后跋》,载《家谱》卷末。

(一〇)沈桂芬

沈桂芬,字经笙,沈文十七世孙。祖父即诗文家沈钦霖,父,不详。生年失载。据《清史稿》本传记载,卒于光绪六年(1880),年六十四岁。由此推算当生于嘉庆二十二年(1817)。子嗣不详。周绍良《吴江沈氏世家》未考之。

生平事迹见《清史稿》卷四百三十六《沈桂芬传》:

> 沈桂芬,字经笙,顺天宛平人,本籍江苏吴江。道光二十七年进士,选庶吉士,授编修。咸丰二年,大考一等,擢庶子。累迁内阁学士。先后典浙江、广东乡试,督陕甘学政,充会试副总裁。八年,丁父忧。服阕,补原官。晋礼部左侍郎。同治二年,出署山西巡抚,明年实授。连上移屯、练兵诸疏,并称旨。桂芬以山西民食不敷,自洋药弛禁,栽种罂粟,粮价跃增。于是刊发条约,饬属严禁。

疏陈现办情形,上韪之,颁行各省,著为令。旋丁母忧。六年,起礼部右侍郎,充经筵讲官,命为军机大臣。历户部、吏部,擢都察院左都御史,兼总理各国事务大臣。迁兵部尚书,加太子少保。光绪元年,以本官协办大学士。京畿旱,编修何金寿援汉代天灾策免三公为言,请责斥枢臣,喻交部议。桂芬坐革职,特旨改为革职留任。旋复原官,充翰林院掌院学士,晋太子太保。

桂芬遇事持重,自文祥逝后,以谙究外情称。日本之灭琉球也,廷论多主战,桂芬独言劳师海上,易损国威,力持不可。及与俄人议还伊犁,崇厚擅订约,朝议纷然;桂芬委曲斡旋,易使往议,改约始定,而言者犹激论不已。桂芬久卧病,六年,卒,年六十有四,赠太子太傅,谥文定。

桂芬躬行谨饬,为军机大臣十余年,自奉若寒素,所处极湫隘,而未尝以清节自矜,人以为难云。

《光绪吴江县续志》卷十四《选举》道光二十八亦载其人云:

沈桂芬,顺天宛平籍。现协办大学士军机大臣。

沈桂芬是吴江沈氏世家五百余年间在仕途上最显达者。于文亦有所成就,曾将曾祖沈宗德、祖父沈钦霖、伯祖父沈钦复的诗合集刊刻。

《沈氏诗集》未收录其作品。考《家谱》等,有著作一种:《大清穆宗皇帝实录》三百七十四卷,与宝鋆等共同修纂。今存内府抄本。

另有文四篇:《重刻〈水西谏疏〉后记》;《重刻〈家传〉后记》;《重刻〈诗录〉后记》;《庚亭公诗后记》。(载《家谱》卷末及《家传》卷末等)

明代一个引人注目的文学世家

随着文学探讨的深入,对文学世家的研究也应提到日程上来了。文学世家不同于文学流派,它是由同属于一个家族的几代文人构成的文学家群体。纵观中国文学史,文学世家虽不多见,但其对某一时期文学发展所起的作用还是比较明显的。例如,明后期的苏州吴江沈氏,就是一个在文坛上颇有影响的文学世家。这一家族里,前有一代曲学大师沈璟,后有著名戏曲家沈自晋、沈自征,甚至还有女戏曲家叶小纨,其整个文学活动,成就斐然,在当时颇引人注目。

吴江沈氏以文鸣世,始于第五代沈奎,他是沈璟的高祖,诗文"风格淳古,直逼汉魏"[①]。此后,沈氏一族"以诗赋文辞名者众"[②],历十一世而不衰。清乾隆时期,沈氏后人编辑《吴江沈氏诗集录》,有诗存世者多至九十余人,其中尤使人注目的是竟有女诗人二十一位。朱氏《明诗综》,亦载有沈氏十余人的作品。故清代著名文学批评家沈德潜作《吴江沈氏诗集录序》说:"古人父子能诗者,如魏征西之有丕与植,庾肩吾之有信、苏,许公之有颋为最著。兄弟则如应场、应璩,丁仪、丁廙,陆机、陆云;至唐之五窦,宋之四韩,称尤盛焉。而杜审言之有甫,则祖孙并著;王融前后四世有籍,则祖及孙曾,俱以诗名于时",然如吴江沈氏"萃于一家,历数传而未艾者,史书中亦不易得也"。

就明代文学发展看,吴江沈氏在文学上的贡献与影响,不在诗文,而在戏曲,其成就最著者,首推沈璟。朱彝尊《静志居诗话》说:"吴江沈氏多才,词隐生订正《九宫谱》,为审音者所宗,副使玠子自征,字君庸,亦善词曲,……世有续《录鬼簿》者,当目

---

① 沈祖禹:《吴江沈氏诗集录》(简称《沈氏诗录》)卷一,清乾隆刻本。
② 沈祖禹:《吴江沈氏诗集录序》。《沈氏诗录》卷首。

之为第一流。"正是就此一方面而言。词隐生即沈璟,字伯英,号宁庵。他自万历十七年(1589)辞官归家后,潜心戏曲数十年。所作传奇十七种,《义侠记》《桃符记》《坠钗记》《博笑记》等,风格奇巧浅俗,传演一时。沈璟尤精于戏曲音律之学,著有《南词全谱》《南词韵选》《吴正编》《论词六则》《唱曲当知》等多种曲著,较全面奠定了南曲研究的基础;尤其是《南词全谱》二十一卷,完整地建构了以昆曲为主体的新传奇的格律体系,为曲家所宗。同时代杰出戏曲理论家王骥德说:"今之词家,吴郡词隐先生实称指南。"①凌濛初则说:"近来知用韵者渐多,则沈伯英之力不可诬也。"②沈璟名副其实成为一代曲坛"盟主"③。

沈璟以后,沈氏以戏曲饮誉文坛的,有沈璟的从子沈自晋、沈自征诸人。沈自晋,字伯明,弱冠补诸生,后弃去,隐吴山。他以传播沈璟的曲学为己任,著成《广辑词隐先生增定南九宫词谱》二十六卷。此外,著有传奇《翠屏山》等三种,散曲《赌墅余音》等五种。范文若所谓"曲学年来久已荒,新推袁(于令)沈(自晋)擅词场"④,指出了他在曲坛上的地位。沈自征,字君庸,作有杂剧《鞭歌妓》《簪花髻》《霸亭秋》,合称《渔洋三弄》,《词苑丛谈》称其"与徐(文长)文并传"⑤。沈自晋一辈,有传奇或散曲存世的,还有沈君谟、沈自继和沈璟的三女曼君,作品散见于《广辑词隐先生增定南九宫词谱》。

沈自晋侄永乔,也是戏曲家,作有传奇《丽乌媒》《玉带城》,与之同辈的沈永令,作有传奇《桃花寨》。在沈永乔一辈中,最引人注目的是沈璟长孙永桢妻叶小纨。她是女诗人,有诗集《存余草》,她也许还是中国文学史上的第一位有剧作传世的女戏曲家,所作杂剧《鸳鸯梦》,怀旧寄意,"有贯酸斋、乔梦符之风"⑥。

从沈璟至沈自晋,沈永乔,是吴江沈氏在曲坛上的全盛时期,其间以传奇或散曲

---

① 王骥德:《新校注古本西厢记自序》,《新校注古本西厢记》卷首,明万历刻本。
② 凌濛初:《谭曲杂札》,《中国古典戏曲论著集成》本,中国戏剧出版社,1959。
③ 毛以遂:《曲律跋》,王骥德:《曲律》卷末,《中国古典戏曲论著集成》本,中国戏剧出版社,1959。
④ 范文若:《勘皮靴》末出终场诗,沈自晋《南词新谱》引,清顺治刻本。
⑤ 焦循:《剧说》卷三引沈雄《词苑丛谈》,《中国古典戏曲论著集成》本,中国戏剧出版社,1959。
⑥ 沈彤:《吴江县志》卷三十四,清乾隆刻本。

见知于世的共十三人。如此之盛,在文学史上确属罕见。

吴江沈氏,在明末清初曲坛上,占有十分显要的位置,影响巨大。沈璟是被时人公认为曲坛盟主的,明后期聚集在他周围的戏曲家有吕天成、王骥德、卜世臣、冯梦龙,后世论者称其为"吴江派"。"吴江派"是当时声势最大的戏曲流派。他们以多种理论批评著述及创作,提高了新传奇的地位,促进了它的发展。王骥德、吕天成、冯梦龙分别著有《曲律》《曲品》《墨憨斋词谱》(未定稿),其中《曲律》《曲品》与沈璟的《南词全谱》并为明代曲学最重要的收获。他们所编传奇,有四十余种,文学的繁荣是与一定的创作量成正比的。在戏曲批评、整理方面,沈璟评定过《琵琶记》《拜月亭》《西厢记》,王骥德校注过《西厢记》《琵琶记》,冯梦龙编定《墨憨斋传奇十五种》。这一切有力地促成了明代戏曲"中兴"局面的到来。"吴江派"的中心是沈璟。吕天成著《曲品》声称"入吾品者,可许流传,轶吾品者,自惭腐秽",而他品评的标准基本是"后词华而先音律"①,这是沈璟的思想。所不同的是,他与王骥德同时主张"法与词两擅其极"②,就明末清初戏曲创作的大势而言,传奇家多受此说影响。"吴江派"的戏曲活动影响到新传奇发展的方向,沈璟作为这一派的中心人物,其作用之昭著,无需赘言。

清初,沈自晋上承家学,以沈璟为"赤帜",呐喊于曲坛,也吸引了不少戏曲家,范文若、袁于令等人都活动在他周围。顺治初年,沈自晋重订沈璟《南词全谱》时,参加修订的文学家约百人,其中戏曲家二十余位,当时蜚声曲坛的人物孟称舜、吴伟业、尤侗、李渔、叶时章、李玉、叶绍袁、袁于令、卜世臣,皆在其列,足见沈氏在曲坛的声望、地位与影响。从一定意义上说,此时,吴江沈氏仍是执曲坛牛耳者。

吴江沈氏能在文坛上产生如此规模的影响,原因很多,有两点当特别指出。其一,吴江沈氏是一个文化素质极高的家族。沈璟前有沈篚、沈奎、沈汉、沈嘉谋、沈侃等五代文人;至沈璟一辈,更有沈璟、沈瓒、沈琦、沈琉、沈珣五人先后中进士,时人誉

---

① 祁彪佳:《远山堂曲品·序》,《远山堂曲品》,《中国古典戏曲论著集成》本,中国戏剧出版社,1959。
② 王骥德:《曲律》卷四,《中国古典戏曲论著集成》本,中国戏剧出版社,1959。

为"沈家五凤"①,风雅顾爱沈氏达三百年。其二,在戏曲上凝聚了几代人的心血。沈璟"放情词曲,精心考索者垂三十年"②。沈自晋步其后尘,不屑于仕进,一生寄心戏曲。沈璟去世后数十年,昆曲又有发展,他集沈氏数人之力,详略补缺,著成《广辑词隐先生增定南九宫词谱》二十六卷,复使曲学广行海内。总之,沈氏从明末至清初俨然成为曲坛盟主,非一代人之功。上述两端,大概也是吴江沈氏文学世家与文学流派不同之一二吧。

(原载《光明日报》1986年1月28日《文学遗产》副刊)

---

① 沈彤:《吴江县志》卷二十四,清乾隆刻本。
② 王骥德:《曲律》卷四,《中国古典戏曲论著集成》本,中国戏剧出版社,1959。

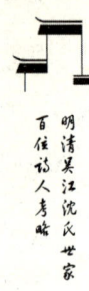

明清吴江沈氏文学世家略论

　　文学世家是中国封建时期文化发展过程中一个特有的文学和文化现象。研究这一现象,是从整体上探寻中国封建文化发展的内部结构的不可缺少的环节。就文学而言,文学世家与文学流派不同,它是由同属于一个家族的几代文人构成的文学家群体,其形态和意义都具有某种特殊性。在明清出现的一些文学世家中,江苏吴江地区的沈氏文学世家是极为引人注目和具有代表性的。它历时约四个世纪,先后共有文学家近一百四十人,在当时江南文坛上曾发挥了较明显的作用与影响。因此,对其进行一番研究是有意义的,可以增进我们对文学世家这一较特殊的文学和文化现象的了解与认识。

一　沈氏文学世家出现的诸文化因素

　　中国封建社会中多数世家大族的形成与消长,都与文化有着直接密切的关系。这二者之间的相互作用,乃是诸如吴江沈氏这类文学世家得以出现的最主要的社会文化因素之一。

　　封建世家与文化的密切关系,首先表现在文化在世家大族的形成过程中起了至关重要的作用。虽然,在封建社会中世家大族的形成有多种途径,如或因军功封侯拜相、子孙袭其封爵禄位而成,或以经商致富跻身官僚而成为一方望门,但是最普遍的还是由读书进入仕途而遗泽后代以成者。依读书而取仕,始于春秋战国,成于两汉。汉武帝尊崇儒术,设太学,置五经博士,招收弟子,为官吏之补,"自此以来,公卿大夫士吏,斌斌多文学之士矣。"(《史记·儒林列传》)故汉代的夏侯胜说:"士病不明经术;经术苟明,其取青紫如俯拾地芥耳。"(《汉书·夏侯胜传》)唐宋明清均以开科取士,使读书与仕途有了更密切的联系。无立锥之地的普通读书人,通过科场也能"以一日之长决取终生之富贵"(吕祖谦《历代制度详说·举目详说》),并成为名门望族。其情形大致如清代小说《醉醒石》中所言:"太凡大家,出于祖父,以这枝笔取功名,子孙承他的这些荫籍,高堂大厦,衣轻食肥,美姬娇妾,这样的十之七。出于祖父,以这锄头柄博豪富,子孙承他这些产业,也良田腴地,丰衣足食,呼奴使婢,这样的十之三。"这虽是小说家之言,但是以社会实况为依据的。封建时代广为流传的这两句话:"满朝赤紫贵,尽是读书人。"可以说极其扼要地道出了文化与那些依读书取仕而成为望门的世家大族的不可分割的内在联系。

封建世家在形成之后,又在一定程度上担负起传递文化的职能。因为,他们深知"缙绅家讵奕叶科第,富贵难于长守"(明王士性《广志绎》卷四),如果政治上衰落,财产随时都有被夺去的危险,所以,比财产更重要的是要使后代子孙具有跻身官场、谋取显官要职的能力。为此,他们的主要做法就是教子读书,尤其那些起家于科场的世家大族,对文化尤为看重。这样,以读书传家教子几乎成了封建世家共有的信条和家规,汉代既已流行着"遗子黄金万籯,不如一经"(《汉书·韦贤传》)的谚语就是明证。世家子弟中若有以科举取士者,则既可显耀祖先,又可添增家族的声望,甚至可以延缓其衰亡,达到振兴之目的。如果说在封建社会里,家庭是社会文化传播的媒介之一,那么,世家大族在这方面显然施展着比一般家庭更大的作用,并使之形成这样的运行轨迹:文化——仕宦——封建(官僚兼文化)世家——文化。这就是封建世家与文化之间的相互作用。

其次,封建世家在文化上往往具有"家学"的特点。中国封建时代的家族制极其强固。历代统治者为鼓励孝悌友爱等人伦道德,对世代同居之家,常有褒奖,使聚族而居的封建家族制度得到强化。在这方面,封建世家大族无疑也是最具有代表性的,那种三世同堂、九代同居、珍重门第与世系的特点,使家族由居住地域的稳定性形成一种超稳定的形态。一个家族,就是一个稳定的人际团体,从而导致文化也像家族的延续一样,在一稳定的群体内传递与延伸。这样,在上面所说的文化运行轨迹中的后一个"文化",也就具有某种"家学"的特点。譬如,东汉时期统治者力倡经

学,不少世家大族就靠经学起家,竞相以经学传授后辈,于是,某一门经学便成了某个世家大族的"家学"。著名的有汝南袁氏、弘农杨氏,前者以易经为家学,后者以欧阳尚书为家学,世世相传,家门显耀数代。宋代,理学称盛。金溪陆象山,其八世祖陆希声是唐昭宗时的宰相,至陆象山辈历二百年,家道已衰。但陆象山一辈兄弟六人中,象山、梭山、复斋三人皆精研理学,演为一代家学之盛,家世赖此得以复兴。由此看来,封建世家大族往往又在一定范围内成为封建文化的代表。

与此同时,文学成为封建世家的文化活动的主体。封建科举考试内容,主要在四书五经和诗赋方面,至于农医百工之学很少问津①。所以,世家大族器重和传授的文化,主要是一种以经学和文学为主的文人文化。

经学,在敲开仕途之门以后,往往被束之高阁,而文学由于具有交谊、记事、言志、抒怀、咏物、唱和等各种功能,自然就成了士大夫及其眷属、子弟们日常文化活动的主体。因此,士大夫之流大多也是文学天地里的骄子,至于一门风雅,代有才人之事更是屡见于史籍。清人沈德潜序《吴江沈氏诗集录》曾援举数例说:"古人父子能诗者,如魏征西之有丕与植,庾肩吾之有信,苏、许公之有颋为最著。兄弟则如应场、应璩,丁仪、丁廙,陆机、陆云;至唐之五窦,宋之四韩,称尤盛焉。而杜审言之有甫,则祖孙并著;王融前后四世有籍,则祖及孙曾,俱以诗名于时。"此类在明清世家大族中尤为多见,因此出现了像吴江沈氏这样,在几百年间以文学称誉于世的文学世家。

从文学与文化学交叉的角度看,除了上述封建世家与文化的一般规律外,吴江沈氏这类文学世家的出现,还有一些其他的文化因素。

其一是人文环境,因为就文学世家的整个情况而言,它的大量出现主要是在明清时期的江南地区,在这一点上吴江的人文环境具有普遍性意义。

吴江古称松陵平望。五代梁开平三年(909)始置吴江县,属苏州。元元贞元年(1295)升为州,属平江路。明洪武初复为县,属苏州府。清以后又分为吴江、震泽两县。其地当南之冲,左临松江,右拥太湖,山川蔚秀,灵淑所钟。历代曾有不少著名

---

① 唐时科举,于进士科外,复置秀才、明法、明书、明算诸科,是为例外。

文人墨客如宋之问、许浑、白居易、杜牧、王禹偁、范仲淹、司马光、王安石、苏轼、秦观、姜夔、杨万里、赵孟頫、高启、李梦阳、文征明、唐寅、王世贞、朱彝尊、尤侗、吴伟业……为之动情吟咏,留下了一篇篇美妙诗章。

汉志称,大江之南五湖之间,其人轻心。然唐以后,随着中国文化的南移,此地人文环境发生了较大变化。第一是在宋室南渡之后,"衣冠避难,多所萃止,文艺儒术,斯之为盛"。(《归安县志》卷十二)第二是在明中叶,出现了"东南财富地,江浙人文薮"的局面。吴江位居东南中心,物阜民殷,尤为突出,人称"财赋甲天下"(《乾隆吴江县志》卷首载旧序)。其人"尚文乐仕,而俭素之习渐移",至嘉靖、万历时,"科名之盛,甲于三吴"。(《乾隆吴江县志》)故明人所作《吴江县志序》说:"吴江之人文实自此始,而大昌于宋,盛于明。……吴江之为东南望邑,不独财赋甲天下,而亦以其人重欤。"

其二是在这种人文环境中文人的心态及文化素养。明嘉靖后,政事多变,士大夫居位难久,故多辞官隐迹于乡,享乐生活的意识较浓。或蓄乐自娱,或群聚赋诗,或读书教子。潘柽章说吴江"缙绅先生风流弘长,类多兼能。如周公用、顾公大典,并擅丹青,而曹公镀、薛公穆,为之亚;王公问、汝公泰,并工书法,而朱公应辰、凌公信,为之倡;以至吴公涵养善篆,沈公璟善四声,珣善隶。此数君子者,文章政事表表耳……足见一时文雅之盛"。(《乾隆吴江县志》卷三十三)此风所及,重文之习日渐,而世家子弟尤"闻风兴起,犹知以伦常为人品,经史为学问,诗赋古文先正制义为辞章。盖非得于师友之渊源,即得于家庭之传习"。(《乾隆吴江县志》卷三十八)所以,在明嘉靖、隆庆、万历三朝,吴江中进士者多至五十六位。如此人文环境,"多蓄道德能文章者"(李廷芳《松陵诗征前编序》),成为沈氏文学世家得以孕育而生的土壤和气候。

其三是家刻文集的风气,也对文学世家的发展起了推波助澜的作用。譬如:在吴江知名度极高的叶氏、赵氏等文学世家及本文论述的沈氏文学世家等,都曾自刻家著流行于世。这无疑在一定程度上有助于一个家族的文人在心理上的凝聚和在文坛上扩散影响。而且,这些家刻本使家族中女性作者的作品得到了保存和流传。

二 沈氏文学世家的兴衰始末

事物的发生和发展,归根到底还取决于事物自身内在的条件。一个文学世家的出现,常常要经过这个家族中几代人在文化上的积累,形成之后又会有较长的延续时期,这些也是文学世家与文学流派的不同之处。吴江沈氏文学世家的全过程,可以说是比较有代表性地反映出封建时代文学世家的形成与发展所具有的普遍规律的。其兴衰始末,可以分为四个时期。

(一)沈氏文学世家的形成时期——明弘治(1488—1505)至隆庆(1567—1572),历经沈奎(1455—1511)、沈汉(1480—1547)、沈嘉谟(1507—1554)、沈位(1529—1572)四代,有文学家八人。

沈氏文学世家的先祖是由元末移居吴江的。据《吴江沈氏家谱》记载,始祖名文,字子文。明初,"以弃灰坐戍,戍广西之南丹卫"。其长子浩、长孙恭,皆"戍袭南丹",遭遇不幸。直到沈浩次子敬,勤俭理家,使"家日饶吴江,故质城中人"(《沈氏家传·钝庵公传》),社会地位才有了初步变化。其后,给这个家族的前途带来更积极影响的是沈敬的次子沈冀(1436—1475),后世尊称"廷仪公"。《沈氏家传·廷仪公传》云:"家世隶戍,无所知名。公始业儒,每试辄在高等,成化戊子(1468)岁贡。虽不得一第以仕以卒,而自此以来沈氏为诗书礼让之族矣。"

沈奎是沈文的玄孙,沈冀长兄麓的长子。嘉靖初以子贵赠刑科给事中。他是沈氏文学世家的第一代诗人,有《述怀》二首传世。清乾隆初年,沈文十三世孙祖禹辑《吴江沈氏诗集录》十二卷,将沈奎列在卷一首位,称其"足开吾家文学之先欤"。沈奎长子汉,字宗海,号水西。正德十六年(1521)中进士,历官刑科给事中、户科左给事中,后忤旨免官。《明史》有传。隆庆间赠中顺大夫太常寺少卿。著有《水西谏疏》及诗文等。沈汉是这一家族中步入仕途的第一人,是沈氏文学世家得以形成的关键人物。

沈汉有子五人。其次子嘉谟、第三子嘉谋(1509—1580),读书取仕,皆有文名。嘉谟为国子监生,后以孙珣贵赠通奉大夫。"好读宋儒书","为诗稳秀流逸,近于唐人"(《沈氏诗集录》小传)。嘉谋官上林苑署丞,作诗取唐人之法。

沈嘉谋长子位,嘉靖四十三年(1564)举乡试第一名。隆庆二年(1568)中进士,选庶吉士,授检讨。他力学强识,诗"丽以则"(朱彝尊《静志居诗话》卷十五),文章亦"见重于时"(《沈氏诗集录》小传),深得唐宋派古文家茅坤的推赏。所著有《柔生斋稿》、《名文品汇》、《尚书笔记》、《论文二十六则》等。沈位弟倬(1540—1570),亦工诗文,并与吴中戏剧家张凤翼、梁辰鱼交厚。朱彝尊称其诗"清远秀逸,品格甚高,与七子同时而不染其习"。(《沈氏诗集录》小传引)在前辈创业的基础上,沈奎至沈位四代,先后两人中进士,数人为官;文学上亦名重于时,受到文坛的关注,至此吴江沈氏一族已成为崛起于吴中的一个文学世家。

(二)沈氏文学世家的兴盛时期——万历(1573—1620)至清顺治(1644—1661),包括沈璟(1553—1610)、沈自南(1621—1667)两代,有文学家三十八人。

自万历二年(1574)至三十二年(1604),沈氏文学世家第五代中先后有沈嘉谋孙璟、瓒和沈倬长子琦、次子珫、第三子珣等五人中进士,乡里誉为"沈家五凤"(《乾隆吴江县志》卷二十四)。此后,沈璟子自铨于万历三十四年(1606)乡试中举,沈珫子自南于清顺治十二年(1655)中进士,皆为沈氏家族中之佼佼者。

这一时期,沈氏文学世家才人辈出。在有作品传世的三十八位文学家中,女作家有九人。文学创作包括诗文、词曲、戏剧、小说和杂论等类,共著有作品集八十余部。他们之中著名的文学家有:戏剧家沈璟、沈自晋、沈自征,诗文家沈瓒、沈珣、沈自南、沈自然、沈自炳、沈宜修诸人。因此,朱彝尊论沈氏文学世家此一时期云:"门才之盛,甲于平江,而子姓继之,文采风流,代各有集。"(《静志居诗话》)

(三)沈氏文学世家继续发展的时期——康熙(1662—1722)至雍正(1723—1735),包括沈永令(1614—1698)、沈时栋(1656—1722)、沈彤(1688—1752)三代,有文学家七十七人。

这三代人中,科场及第的尚有沈永令、沈樾、沈时栋、沈廷光数人。从文学方面看,诗文、词曲、戏剧皆不乏作手,亦可谓人才济济。知名的作家有沈永令、沈永禩、沈永启、沈永馨、沈永隆、沈时栋、叶小纨、沈彤等。此数人表表一时,颇得著名文学家尤侗、朱彝尊、方苞诸人的推许。为沈氏文学世家赢得了较大的声望。

（四）沈氏文学世家的衰落时期——乾隆（1736—1795）至道光（1821—1850），包括沈宗德（1740—1803）、沈钦霖（1769—1832以后）、沈桂芬（生卒年不详）三代，有文学家十三人。

在这百年间，沈氏文学世家科场不振，仅有进士一人、举人两人。文学方面也是如此，除沈宗德、沈培福、沈钦霖、沈绮以外，少有知名者。沈培福曾师事著名古文家戴名世，著有《东溪诗稿》。沈宗德著有《勤补书庄诗抄》二卷。其子钦霖，嘉庆六年（1801）中进士，官至安徽卢州府知府，著有《织帘居士诗抄》。沈绮是沈自征裔孙女，工诗善文，自称"能诗"（《寄女兄》），所著有《环碧轩集》、《唾花词》、《四六》、《管窥一得》等。虽有此数位较知名的文学家，但是，这个曾被沈德潜惊叹"史书中亦不易得"（《沈氏诗集录序》）的有四百年历史的吴江沈氏文学世家，最终还是失去往昔姹紫嫣红的盛况，"无可奈何花落去"了。

由盛而衰，这是事物发展的自然规律。沈氏文学世家至清乾隆间逐渐衰落，若究其原因，有两点不可忽视。一是在沈宗德至沈桂芬三代，沈氏文学世家已失意官场。而仕宦是"文化——仕宦——封建世家——文化"这个封建文化运行轨迹的关键环节，失去了它，其运行必然呈现阻滞和不振的状态。二是清中叶后，北方学术的发展胜于江南文学。这种文化变迁的时代特点，使沈氏文学世家失去了以往得天独厚的人文环境。这些从主、客观方面深深影响到沈氏文学世家的命运。

三　沈氏文学世家的主要文学成就

文学世家作为一个作家群体，在进入自身的发展高峰期时，往往能够形成一种理论或创作上的优势。在这方面，沈氏文学世家是有典型性的。在明清文学的许多领域，沈氏文学世家都有不同程度的建树，成为江南众多文学世家中最为出类拔萃的一家。

从诗歌的创作看，沈氏文学世家的作者队伍极为庞大，有作品传世的作家近一百三十人，著有诗集一百余部。所以，清乾隆间沈祖禹和沈彤为这个家族编辑的唯一一部作品集，就是诗集——《吴江沈氏诗集录》。这些诗人，"有处而立孝悌仁廉礼让之行者，有出而匡君济民者，有不得志而激于时事者，有澹焉以图书自娱者，有寄托于空玄花鸟棋酒音律之中者，更有徒倚闺房伤离而痛死者"(沈彤《沈氏诗录后序》)，其中可目为诗坛骄子的有沈位、沈俾、沈珣、沈瓒、沈自然、沈宜修诸人。

《沈氏诗集录》辑录沈位的诗四十四首，其多为赠友、抒怀之作。在艺术上，这些作品取意晋宋和盛唐，并能将晋宋诗言志道情、不假绚饰的风致与盛唐诗豪迈旷远、壮阔宏丽的气象融为一体，自成风格。沈俾的诗与其兄沈位有相似之处。他少时曾学诗于金坛张祥鸢，对"前七子"论诗以法为重不以为然，作诗重在创造唐诗一样的意境，表现出对自然人生的深切体验与领悟。

在沈氏文学世家的第五代诗人中，沈珣和沈瓒比较出色。沈珣著有《净华庵诗稿》，《沈氏诗集录》收录一百二十二首。沈珣论诗也以盛唐为宗，但反对模拟，认为"诗歌以文明一代"(《粲花馆诗集序》)，时代不同，面貌也不同，并由此而激烈抨击了明中叶以来的诗歌创作弊端。他的作品以叙写人伦友情居多，发语率真，或浅言淡语如时花美女粲然一笑，或言辞激越如壮夫长啸，苍凉之中透出豪放，"始终成其一家之言"(周永年《净华庵诗稿序》)。沈珣的两位兄长沈琦、沈玩，也以诗称，皆有作品入选《明诗综》。

沈瓒著有《静晖堂集》，《沈氏诗集录》录诗九十七首。他为人醇古淡泊，作品有半数以上都是赠怀亲友之作。著名的作品有《汤祠部义仍上书被谴长句送之》和《送大司寇弇州王公还吴》等。其诗以气高意远为特色，明人谓之"格苍以古，致冲以远"(《静志居诗话》卷十六引)。此外，他的诗工于起句，如"冰合关河雪正飞，天高鸿影入云微。"(《冬日秘书弟还朝》)"放棹澄江东复东，海云回合雨濛濛。"(《自山阴还……》)等，皆气空笔健，取意不凡。

沈自然是沈氏文学世家的第六代诗人的代表，著有《来思集》、《闲情集》，《沈氏诗集录》选入九十四首。他能为五、七言各体诗，奇才自负，一生苦吟。作品大多使人可见其清冷孤寂的心境。与史元等人号称"松陵五才子"(《乾隆吴江县志》卷三十二)。

此外,在诗歌上较有成就的还有沈宜修、沈自炳和第七代诗人中的沈永义、沈永信,第八代诗人中的沈世㮵,第九代诗人中的沈彤,以及第十一、十二代诗人中的沈宗德、沈钦霖等。

清代诗论家袁景辂(吴江籍)曾说:"吾邑诗派不堕蛙声",皆赖沈氏诗人之力。(《国朝松陵诗征》卷一)明清一些影响较大的诗歌选集或总集大多选有沈氏文学世家的诗人的作品,如《列朝诗集》和《明诗综》,前者载录沈家诗人八位,后者载录十二位。这些从一个侧面反映出沈氏文学世家的诗人在诗歌上取得的成就。

在词的创作上,沈氏文学世家有三分之一左右的作家都曾笔耕于此,著有词集近二十部。在清康熙间沈时栋编选的《古今词选》中,沈氏一门词人中入选者有沈自征、沈自继、沈自炳、沈宜修、叶小纨、沈自南、沈永令、沈永启、沈永禋、沈树荣、沈友琴、沈御月、沈关关、沈廷扬、沈彤和沈时栋等十六人,作品七十四篇。这里不包括沈氏文学世家第五代和第九代以后的词人的作品。

沈氏入选《古今词选》的十六位词人,绝大多数都生活在清康熙时期,并有女词人六位,这与清初词学的繁盛不无关系。其中,成就较突出的词人有沈永令、沈永启、沈永禋、沈时栋等人。沈永令著有《嘆霞阁词》,作品雄奇与秀丽并见,尤擅写闺情。沈永启著有《选友斋集》,作品以抒写个人孤独心境的居多,手法与风格接近柳词。其女友琴、御月,亦工词曲。沈永禋著有《聆岳词》,多咏物伤时之作,深于寄托。沈时栋是沈永启长子,可谓青胜于蓝。沈时栋论词受到浙派的影响,强调音韵、句法、格调,所编《古今词选》受到江南著名词家尤侗、顾贞观等人的推重。所著《瘦吟楼词》亦获得词家称许,其中如《美人十声词》,同人有"前有张三影,后有沈十声"之誉(尤侗《古今词选序》)。与沈时栋同辈的著名词人还有沈日霖,所著有《纫芳词》、《粤游词》等,但作品不见于《古今词选》,清人蒋重光《昭代词选》有收录。其词不刻意求工,并带有以文为之的特点。

在古文方面,沈氏文学世家中深得时人推重的是沈位和沈彤。沈位在这方面的著述有《柔生斋集》、《论文二十六则》、《历代文选》二十卷和《名文品汇》等。其文不务奇诡之词以骇世,意尽言止,明达晓畅,邑中推为"古文家之首"(《乾隆吴江县志》

卷三十三)。他与唐宋派古文家茅坤交往较厚,在写给茅坤的书札中,曾激烈批评了"前七子"的复古主张。茅坤也两度致书沈位,对当世文坛表示了与其相同的看法,并推许沈位"刻志于古之道而非特今人所好已也"(《与沈虹台太史书》)。称他是"世之文章家之钜工也"(《再与虹台太史书》)。沈彤是沈位六世从孙,曾参修《一统志》等。所著《果堂全集》、《周官禄田考》、《三礼小疏》,均有《四库全书》本。他曾师事著名古文家何焯,后又数次与桐城派古文家方苞论议古文。为文不尚词华,淳厚古朴,晚年聚徒讲学,"文重于艺林,江南人群宗之"(沈廷芳《文孝沈先生墓志铭》)。以古文的成就论,沈氏其他作家未有能出沈彤之右者。清代文学家沈德潜将沈彤与明代古文大家归有光并举,说:"有明季年,娄东王弇州文名天下,归震川以庸妄子目之。及震川没,弇州比以韩、欧阳,而自悔已作。惟震川之文根本六籍而不尚词华也。果堂之文,一归淳朴,当世有弇州必有推为可续震川者。"(《沈彤传》)

较之上述几个方面,沈氏文学世家在戏曲创作和曲学理论上取得的成就更突出,优势更明显。著名的戏曲家有沈璟、沈自晋、沈自征、叶小纨。沈璟字伯英,号宁庵,又自号词隐生。他著有《属玉堂传奇十七种》,并精研曲学数十年,完成了《南词全谱》、《正吴编》、《论词六则》、《唱曲当知》、《南词韵选》等多种曲学著作和曲选。这些著作较全面奠定了南曲研究的基础,尤其《南词全谱》二十一卷,比较完整地建构了以昆曲为主体的新传奇的格律体系,为明代戏曲的发展作出了出色的贡献。沈自晋和沈自征,皆属沈璟侄辈。沈自晋字伯明,晚字长康,号西来,又自号鞠通生。他著有《南词新谱》和传奇《翠屏山》三种,及散曲集《黍离续集》、《越溪新咏》、《不殊堂近稿》等,以词曲称盛其时。沈自征字君庸,人称渔阳先生。著有杂剧《鞭歌伎》、《簪花髻》、《霸亭秋》,悲慨啸歌,《词苑丛谈》谓其"与徐(渭)文并传"(焦循《剧说》卷三引)。叶小纨字蕙绸,乃沈璟长孙永桢妻,著有《鸳鸯梦》杂剧,怀旧寄意,人称"有贯酸斋、乔梦符之风"(《乾隆吴江县志》卷三十四)。她是中国戏曲史上第一位有剧作传世的女作家。此外,编写过戏剧的作家还有沈永乔、沈永令、沈自昌、沈永隆等。

从沈璟至沈自晋、沈永隆,是沈氏在曲坛上的全盛时期,其间以剧作或散曲见之于世的有二十余人,规模与成就之大十分可观,所以,清代著名文学家朱彝尊在《静

志居诗话》里极为称许说:"吴江沈氏多才,词隐生订正《九宫谱》,为审音者所宗;副使玠子自征,字君庸,亦善词曲……世有续《录鬼簿》者,当目之为第一流。"

在戏曲这个天地里,沈氏文学世家的家学特点也体现得很明显,譬如沈自晋的《南词新谱》就是在沈璟的《南词全谱》的基础上完成的。《南词全谱》成书于万历三十年(1602)前后,被曲学家奉为圭臬,沈氏亦以家学重之并引为自豪。万历三十八年(1610)沈璟去世,其后三四十年间,戏曲又有较大发展,沈自晋遂以继承家学为己任,详略补缺,著成《南词新谱》二十六卷,使《南词全谱》得以发扬光大。沈氏的这个家学特点,是当时曲坛公认的,著名戏曲理论家冯梦龙就曾亲执自晋从弟自继之手说:"词隐先生为海内填词祖,而君家学之渊源也。《九宫曲谱》今兹数十年耳,词人辈出,新调剧兴。幸长康(沈自晋晚字)作手与君在,不及今订而增益之,子岂无意先业乎?"(沈自南《重定南九宫新谱序》)至后世,近人陈去病也说:"沈氏自词隐先生后,征特群从子姓精研律吕,即闺房之秀亦并擅倚声。"(《笠泽词征》卷二十二)明清之际,沈氏一门共有二十多位散曲家和戏剧家,这显然与其家学传统有直接关系。

四 沈氏文学世家的地位和影响

一个文学世家在文坛上的地位和影响,总是最集中体现在它理论或创作中最具有优势的方面。沈氏文学世家就是如此,其文学成就使之在明清文坛上占有重要一席之地,尤其是在这一文学世家最具有优势的戏曲领域,其地位和影响更为显著。

沈璟和沈自晋,是沈氏文学世家中最杰出的两代戏曲家,以《南词全谱》为代表的沈璟的曲学理论,基本上完成了自魏良甫改革昆腔、蒋孝整理南曲旧谱之后建立新传奇格律体系的时代要求,并强调"场上之曲"要具有"合律依腔"和语言"本色"的特点,这从根本上说符合戏曲艺术自身发展的规律。因此,沈璟被同时代的多数戏曲家尊为曲坛盟主。王骥德说:"今之词家,吴郡词隐先生实称指南。"《新校注古本西厢记自序》)吕天成则说:"沈光禄……运斤成风,乐府之匠石;游刃余地,词坛之庖丁。此道赖以中兴,吾党甘为北面。"(《曲品》卷上)张琦也说:"至沈宁庵究心精微,羽翼谱法,后学之南车也。"(《衡曲麈谈·作家偶评》)徐复祚亦谓:"至其所著《南曲全谱》、《唱曲当知》，订世人沿袭之非，铲俗师扭捏之腔，令作曲者知其所向往，皎然词林指南车也。"(《曲论》)与沈璟同邑的曲学家毛以燧更是不无几分自豪地称："吾邑词隐先生，为词坛盟主。"(《曲律跋》)

沈璟及其曲学对明后期的戏曲发展的影响是广泛而深远的。其一是吴江派的形成和这一派对戏曲发展的贡献。吴江派以沈璟为首，主要成员有吕天成、卜世臣、王骥德、冯梦龙、沈自晋等。吕天成等人与沈璟关系极密切，有的并师事沈璟(详见沈璟《致郁蓝生书》、《词隐先生手札二通》，王骥德《曲律》、《新校注古本西厢记自序》，卜世臣《冬青记》附录《谈词》，吕天成《曲品》，毛以燧《方诸馆曲律序》，冯梦龙《太霞新奏》)，受其影响，在理论上表现出基本的一致性，这就是在对南曲的研究基础上，强调格律在戏曲艺术中的突出位置，强调"场上之曲"的第一性，从而形成一个流派。如王骥德说："词藻工，句意妙，如不谐里耳，为案头之书，已落第二义。"(《曲律》卷三)又如冯梦龙提出的"词家三法"即"曰调、曰韵、曰词"(《太霞新奏·凡例》)，都是从"场上之曲"立论的。这一派以多种理论批评著述及创作，提高了新传奇的地位。沈璟著有《曲谱》等多种曲著，王骥德、吕天成分别著有《曲律》、《曲品》，沈自晋重订《曲谱》，冯梦龙著有《墨憨斋曲谱》(未定稿)，其中《曲谱》、《曲律》、《曲品》是明代曲学最重要的收获。与之同时，他们还积极从事戏曲创作，沈璟、吕天成、王骥德、卜世臣、冯梦龙、沈自晋六人共编著传奇四十七种。文学的繁荣是与一定的创作量成正比的。此外，他们还广泛从事戏曲批评活动，沈璟评定过《琵琶记》、《幽闺记》、《西厢记》三部旧传奇，王骥德校注过《西厢记》《琵琶记》；冯梦龙编定《墨憨斋传奇十五种》。王骥德说吕天成《曲品》于戏曲家多美词，是因为"勤之雅欲奖饰此道，夸炫一时，故多和光之论"(《曲律》卷四)，这实际上也是他们共有的愿望。传奇一道，经沈璟吴江派从理论上大加探讨，摇旗呐喊，声誉日渐高涨；而他们在理论和批评的多方建树，基本解决了传奇发展面临的主要问题。沈璟《曲谱》一出"海内斐然向风"(《曲律》卷四)，竟使"俚儒之稍通音律者，伶人之稍习文墨者，动辄编一传奇"(姚燮《今乐考证》著录六引沈德符语)，这在一定意义上解放了传奇、扩大了传奇的创作队伍。兼之他们与曲坛上的人物多有交游，譬如，沈璟与吕玉绳、孙鑛、孙如法、顾大

典、凌濛初,或共同研讨曲学,如与孙鑛探讨南曲的音律四声问题,此一节详见于孙鑛写的《与沈伯英论韵学书》(《居业次编》卷三),又如与凌濛初一同考订《拜月亭》(凌延喜《拜月亭传奇跋》);或相与游于乡中戏场,如与顾大典,"并蓄声伎,为香山、洛社之游"(《曲律》卷四)。沈璟以外,王骥德与顾大典、屠隆、毛以燧……;吕天成与孙如法……;冯梦龙与袁于令、范文若、叶宪祖……这些交游直接影响于曲坛,无意中形成一个以吴江派为中心的戏曲创作与研究的热潮。

其二是除吴江派以外,在苏浙地区还有相当数量的戏曲家遵奉着沈璟的曲学主张。其中较有代表性的人物是沈宠绥、徐复祚、叶宪祖、范文若、袁于令、汪廷讷等人。沈宠绥与沈璟同乡,年辈晚于沈璟。他精研音律之学,推崇沈璟,说:"《九宫谱》爰定章程,良一代宗工哉!"(《弦索辨讹序》)他忧虑时人于《曲谱》知其然而不知其所以然,于是著《度曲须知》,"凡南北曲之源流格调、字母方音、吐声收韵诸法,皆辨析其故,指示无遗",并说这是"仿词隐先生《正吴编》遗意"。(《度曲须知·北曲正讹考》)徐复祚为江苏常熟人,所作《三家村老委谈》,观点多从沈璟,称沈为"词家宗匠";评论作品多重音律,如批评屠隆《昙花》《彩毫》二记说:"惜未守沈先生三尺耳"。他把《曲谱》奉为"词林指南车",表明了自己对沈璟的理论的赞同。叶宪祖,浙江余姚人。吕天成在《义侠记序》里称他为沈璟的追随者,论其《双卿记》时又说他是"词隐高足"。(《曲品》卷下)从叶氏的整个创作看,虽与沈璟风格不同,但他在一定程度上确实是遵从沈璟的格律编著传奇的。范文若,松江人。作有《博山堂传奇》十五种及《博山堂北曲谱》。范氏守律极严,《花筵赚》凡例云:"韵悉本周德清《中原》,不旁借一字……"曲韵本《中原音韵》是沈璟一再主张的,由此看来,沈自晋把他列为沈璟追随者,也多少有些依据。袁于令,吴县人,作有《剑啸阁传奇》九种。袁氏师从叶宪祖,范文若将他与沈自晋并称,沈自晋又将他列在沈璟旗帜下,张琦也说他"奉《谱》严整",是《曲谱》的有力实施者。(《衡曲麈谈·作家偶评》)可见,说他受到沈璟的影响并不是凭空之词。汪廷讷,休宁(今属安徽)人。他守律甚严,人称"词隐高足"(《远山堂曲品》),其主张与沈璟一脉相承,所作《广陵月》第二出[二郎神]曲云:"重斟量,我曾向词源费审详。天地元声开宝藏,名虽小技,须教协律依腔。欲度新声休走样,忌的是挠喉捩嗓。纵才长,论此中规模不易低昂。"观点与沈璟毫无二致。

其三是沈璟同汤显祖关于戏曲问题的争论直接影响到戏曲发展的方向。沈璟与汤显祖对于戏曲音乐(声律)在戏曲艺术中的位置有不同认识。二人的根本分歧产生于沈璟是从"曲"的角度看问题来要求文辞服从格律的,汤显祖则是从"戏"的角度来要求格律服从文辞的。中国古典戏剧,是"戏"与"曲"的合成。"曲"相对于"戏"虽是局部,但却是整体赖以存在的基础,离开了"曲",也就根本谈不上有中国古典戏剧。沈璟一再强调作为戏曲的曲文"合律依腔"的重要性;是在使戏曲创作合于演唱的要求,不能有一丝一毫的挠嗓之处。所谓"读之不成句""讴之始协"(《曲律》卷四),表明沈璟在理论上已认识到戏曲剧本不是靠读,而是靠讴的这个区别于其他艺术形式的特点。戏曲不同于诗词,它是经过剧本写作和舞台演出两次创作才能完成的艺术。剧本不付之演出便无以见其艺术的生命,文辞只有通过舞台咏唱诵白才能作用于人们的感觉,因而文辞对音律有极大的依赖性。诗人可以写出不谐音律的好诗,但戏曲家不谐音律的剧本绝不能视为佳作,这证明戏曲中的声律对文辞的作用远比在诗词中重要得多。由此可见沈璟的理论体现出"场上之曲"的本色。汤显祖是从"戏"的角度论曲辞与格律的关系的,这也不意味着他不懂舞台演唱,而是因为他禀不羁之天赋,具卓异之才情,因而于以辞就律不以为然。他的主张,从戏曲的文学生命看,从文学的思想意趣看,都是颇可取的。但是,戏曲要直接受舞台的限制和检验,文辞再好的剧本若不合律依腔,也有成为"案头之曲"的危险。汤沈之争在实质上是一个涉及戏曲的舞台性与文学性二者的问题,所以,他们的争论震动了当时的曲坛,吸引了不少人的注意和评论,启发了后来者。吴江一派的王骥德、吕天成在《曲律》、《曲品》中对音律与文辞的关系作了进一步探讨,王氏所谓曲之神品"必法与词两擅其极"(《曲律》卷四),吕天成所谓"守词隐先生之矩矱,而运以清远道人之才情"(《曲品》卷上),都是在汤、沈的理论上取其所长而得出的新认识,给戏曲的发展以积极影响。

继沈璟之后,沈氏戏曲家执曲坛牛耳者是沈自晋。《沈氏家传》曾转引当时曲家的话,谓沈自晋"尝随其从伯词隐先生为东山之游,一时海内词家如范香令、卜大荒、

袁慢亭、冯犹龙诸君子群相推服。卜与袁为作传奇序,冯所选《太霞新奏》推为压卷。范有'新推袁、沈擅词场'及'幸有钟期沈、袁在'之句,其心折何如。"这与清初著名词人毛奇龄所说"词隐、鞠通,素推南词宗匠"(沈时栋《瘦吟楼词》引)的话,可以相引为证。清顺治初年,沈自晋修订沈璟的《南词全谱》,参阅者近百人,其中著名的戏曲家有孟称舜、李渔、吴伟业、袁于令、卜世臣、冯梦龙、毛奇龄、尤侗、尤本钦、李玉、叶时章等数十人,足见沈氏在曲坛上的地位与声望。戏曲理论家李渔在谈到音律与才情时认为:"词家绳墨,只在谱、韵二书,合谱合韵,方可言才。否则,八斗难克升合,五车不敌片纸,虽多虽富,亦奚以为!"(《闲情偶寄》)这与沈璟一再坚持的"名为乐府,须教合律依腔。……说不得才长,越有才越当着意斟量"([二郎神]套曲)的观点如出一辙。这说明凝结着沈氏几代人心血的曲学理论,在清前期曲坛上仍产生着较大的影响。

沈氏文学世家在诗词、古文等方面的地位与影响虽然不及戏曲方面,但沈位和沈彤的古文,沈瓒、沈珣和沈自然诸人的诗歌,沈永令、沈永禋和沈时栋的词都得到了时人很高的评价,而且有近百人的作品被明清以来数十种诗歌和古文选集或总集选录。这些都不同程度地可以说明沈氏文学世家在当时的地位和影响。

沈氏文学世家的文学成就、地位及影响是同它与明清文坛的广泛联系分不开的。譬如:沈位、沈偉与唐宋派,沈璟与吴江派,沈自炳、沈自然与复社,沈永馨与惊隐诗社,沈自晋与清初苏浙戏曲家群,沈时栋与浙派词人,沈彤与桐城派古文家等等。限于篇幅,这些只能有待另文论述。

(原载《文学遗产》1992年第2期)

吴江沈氏文学世家作家与明清文坛之联系

吴江沈氏文学世家作家(参见拙文《明清吴江沈氏文学世家略论》,载《文学遗产》1992年第2期)与明清文坛的联系相当广泛,这种联系既促进了沈氏文学世家的发展,同时也对这一时期的文学产生了某种程度的影响。本文试述大略,以为稽研之助。

一、沈位、沈偁与唐宋派古文家

唐宋派是明嘉、隆时期文坛上颇有声望的一个流派。这一派的代表人物,前有王慎中、唐顺之,后有茅坤、归有光。沈位、沈偁与唐宋派古文家的交往,文献中有多处记载:

位治举子业即攻古文,与唐顺之、茅坤游,得其指授。(《吴江县志》卷三十三《沈位传》)

公自少力学强识,长与荆川、茅鹿门二先生游,得其指授。(《沈氏诗集录》卷一沈位小传)

某无似追忆前居门下时年尚少,闻公上下古今,私心窃独喜。(沈位《与茅鹿门》)

公学文于归安茅副使坤……每有作,操笔立成。(《沈氏诗集录》卷二沈偁小传)

从这些记载看,沈位、沈偁同唐顺之、茅坤分别有一种师从关系。偁早卒,没有留下与唐宋派古文家交往的书札或诗文。沈位则与茅坤有过数次书信往来。

其一是沈位任翰林院庶吉士后，在隆庆三年(1569)曾致书茅坤，今所存文中《与茅鹿门》即是。

其二是隆庆四年(1570)，沈位参修世庙实录，茅坤曾接连致书沈位——《与沈虹台太史书》、《再与沈虹台太史书》。

在这些书信中，沈位和茅坤对当时文坛上以李攀龙、何景明为首的前七子的复古主义文风进行了激烈的抨击。沈位云："今世谈文者，必曰《史记》；谈诗者，必曰杜少陵；至其案上所置，则曰今之五子也。问其故，则又曰今之五子李、何之徒，而李、何又《史记》、杜少陵之徒也。是犹指世俗之侩谓张无垢，而无垢为达摩转相，悖之宁有既哉！此无他，盖当为举业时则习为平淡之语以幾有司，及其为古文，率又务反其向时所为而猎取夫言词奇诡者以骇当世。此其务奇诡之心与夫习平淡之心一也，乌睹所谓文章之奥者哉！"（《与茅鹿门》）茅坤亦云："明兴二百年，薄海内外雍熙累洽，独于文章之旨缺而盛。弘、正迄嘉靖间多作者，然矫命者多由草窃，倡义者独属偏陬。"他称赞沈位"刻志于古之道，而非特今人所好已也"（《与沈虹台太史书》），是"世之文章家之钜工"；并引以为知己道："虹台，虹台，知我惟公耳！顷缘任一龙以赏入太学，特遣过候门下，且令侍公署私录向来所著者。倘许之，仆虽老犹能摹画公之文章之深，如古之观公孙大娘舞剑器而战斗天地者也。如何，如何！"二人关于古文的议论，切中时弊，对当时文学的发展有积极的意义。沈位和沈偉，可以说是属于唐宋派古文家行列的。

沈位、沈偉与唐宋派古文家的交往，也正值沈氏文学世家的形成时期。在唐顺之、茅坤的"指授"下，沈位兄弟二人在古文上取得了较大成功，尤其是沈位，被时人称为吴江"古文家之首"（《吴江县志》），并深得茅坤的推重。这些都在较大范围内扩散了沈氏作家的影响，毫无疑问对正处在形成阶段的沈氏文学世家是至关重要的。

二、沈偉与吴中戏曲家梁辰鱼、张凤翼

吴中是明代中叶戏曲的繁盛地之一，嘉、隆时期这里先后孕育了魏良辅、梁辰鱼、郑若庸、张凤翼等一批著名戏曲家。沈氏文学世家作家与吴中戏曲家的联系，始

自沈悌与梁辰鱼、张凤翼的交往。

梁辰鱼字伯龙,昆山人。他一生未涉足官场,风流自赏,喜游览,足迹遍吴楚间;尤好度曲,著有《浣纱记》传奇和散曲集《江东白苧》等,是嘉、隆时期曲坛上的代表作家。沈悌与梁辰鱼交往较密。隆庆元年(1567),沈悌参加鹫峰诗社,曾与梁辰鱼、莫是龙、殷都等会于南京雨花台,并作诗一首纪其事(见《吴江诗粹》卷六)。沈悌的《舟次怀诸同社》五律云:"献赋各不遂,空歌黄雀行。飘零今日事,感慨古人情。落日动秋色,江流起暮声。遥怜一杯酒,那得尽平生。"诗题中的"诸同社",即指包括梁辰鱼在内的同在南京参加鹫峰诗社的朋友们。沈悌还有专门写给梁辰鱼的诗《酬梁伯龙》,云:

绿水红蕖相映鲜,金陵明月大江天。酒徒记得高阳日,今日相逢莫问年。

从诗所描述的情形看,沈悌与梁辰鱼完全是趣好相投的同一流人物。

张凤翼字伯起,长洲人。会试不第,这与沈悌在仕途上的遭遇相同。他以词曲自好,著传奇七种,合称《阳春六集》,颇为曲家们称道。嘉靖四十三年(1564),沈悌与其共游,并作《夜醉赠张伯起》七绝一首:

故人初赋上林春,病客空归白下尘。各把芙蓉看意气,荆卿合向酒人亲。

诗意豪迈,趣味在流俗之上,可知彼此相交意气之深。

沈悌与梁辰鱼、张凤翼的交往,说明沈氏文学世家的这一代作家与吴中戏曲家彼此声气相投,并不隔膜。这种交往虽无涉于戏剧创作,但与沈氏文学世家后来以戏曲著称于世不能说没有某种直接或间接的关系。

三、沈璟与明后期戏曲家

沈璟的理论和创作活动都在明万历时期,他的成就和影响,使当时乃至稍后一个时期内的不少戏曲家都与他发生了不同程度的联系,所谓"越中一二少年,学慕吴趋,遂以伯英(沈璟字)开山,私相报膺,纷纭竞作","年来俚儒之稍通音律者,伶人之

稍习文墨者,动辄编一传奇,自谓乃沈吏部《九宫正音》(即《南词全谱》)之秘"(姚燮《今乐考证》著录六引沈德符语),并非虚词。

因人因时不同,沈璟与那些和他发生联系的戏曲家的关系,有远近深浅之别,大致可以分为三个不同层次。

第一层次,是与沈璟直接发生联系和影响的戏曲家,有吕天成、卜世臣、王骥德、冯梦龙、沈自晋诸人。吕天成,字勤之,浙江余姚人。其父吕玉绳、舅祖孙镤、表伯孙如法皆与沈璟交往密切。吕天成二十八岁时曾为沈璟校订《义侠记》并作序,还为沈璟刊刻过一些传奇作品。沈璟对他极信任,"生平著作,悉授勤之"(王骥德《曲律》卷四),并致信和作[江头金桂]套曲品评他的戏剧作品。卜世臣,秀水人。早年作《冬青记》传奇时曾向沈璟请教声律音韵问题(见《冬青记》附录《谈词》)。平生与吕天成也素相友善。王骥德,浙江会稽人。他与沈璟交谊极厚。曾在沈璟家中读过不少剧本(见《曲律》卷四)。沈璟很欣赏王骥德的才华,诸所著撰,往来商榷,并在他的建议下编著了《南词全谱》,且请为之序(见《曲律》卷四),还评点过王骥德校注的《西厢记》。他二人就戏曲理论问题有广泛交谈,如王骥德在《曲律》卷二"论务头"一节里说:"词隐先生尝为余言……"冯梦龙,江苏吴县人。他早年既受到沈璟的指授,所作《方诸馆曲律序》自云:"余早岁曾以《双雄》戏笔,售知词隐先生,先生丹头秘诀,倾怀指授。"至于沈自晋,为沈璟从子,关系直接,自在事理之中。

第二层次,是沈璟间接与之发生联系和影响的戏曲家,依情况不同又可分为两种。第一种是在理论方面有一定联系的,主要有沈宠绥和徐复祚。沈宠绥与沈璟同乡,年辈稍晚。他精研音律之学,推崇沈璟,说:"《九宫谱》爰定章程,良一代宗工哉!"(《弦索辨讹序》)他忧虑时人于《南词全谱》知其然而不知其所以然,于是著《度曲须知》,凡南北曲之源流格调、字母方音、吐声收韵诸法,皆辨析其故,指示无遗,并谓这是"仿词隐先生《正吴编》遗意"(《度曲须知》卷下《北曲正讹考》)。徐复祚,江苏常熟人。他称沈璟为"词家宗匠",所作《三家村老委谈》论曲多从沈璟,偏重音律问题,如批评屠隆《昙花》《彩毫》二记说:"惜未守沈先生三尺耳。"他把《南词全谱》奉为"词林指南车",表明了自己对沈璟的理论的赞同。第二种是在创作上或多或少遵从沈璟的主张的,主要有叶宪祖和汪廷讷。叶宪祖,浙江余姚人。吕天成在《义侠记序》里称他为沈璟的追随者,论其《双卿记》传奇时又说他是"词隐高足"(《曲品》卷下)。从叶宪祖的整个戏曲创作看,虽与沈璟的风格不同,但在一定程度上确实是遵从沈璟的格律要求编著传奇的。汪廷讷,休宁(今属安徽)人。他在传奇创作上严守沈璟的格律主张,其《广陵月》第二出[二郎神]曲云:"重斟量,我曾向词源费审详。天地元声开宝藏,名虽小技,须教协律依腔,欲度新声休走样,忌的是挠喉捩嗓。纵才长,论此中规模不易低昂。"所以,祁彪佳《远山堂曲品》称他"守律甚严,不愧词隐高足"。

第三层次,包括的是活动于苏浙地区的那些从更广泛的意义上看受到沈璟影响的戏曲家。在沈自晋《南词新谱》"参阅姓氏"目,列有参订者近百人,当时苏浙地区的绝大多数戏曲家都囊括在内,著名的有号称清初三大戏曲家的吴伟业、尤侗、李渔,以及李玉、叶时章、陆世廉、杨景夏、叶绍袁、尤本钦、叶奕苞、吴溢、郭浚、卜不矜诸人。此时上距沈璟的《南词全谱》的初刻时间已有四十余年。这些戏曲家参与沈自晋修订沈璟的《南词全谱》一事本身,就可以说明他们与沈璟之间的某种影响关系。其中尤值一提的是李渔。李渔著有《闲情偶寄》,其中《词曲部》代表了我国古代戏曲理论的最高成就。事实上,李渔的理论于沈璟和王骥德的曲学多有汲取。他很重视声律音韵在戏曲中的位置,关于音律与才情问题,认为:"李白诗仙、杜甫诗圣,其才学岂出沈约下?未闻以才思纵横而跃出韵外,况其他乎?……词家绳墨,只在谱、韵二书;合谱,合韵,方可言才。否则,八斗难克升合,五车不敌片纸,虽多虽富,亦奚以为!"(《闲情偶寄》卷二)这与沈璟一再坚持的"名为乐府,须教合律依腔。……说不得才长,越有才越当着意斟量"的观点极其相似,使人隐约有汤、沈之争余绪的感觉。总的看,李渔与沈璟在理论上不无一定联系。

上述三个层次,以第一层次内的戏曲家最为重要,他们与沈璟实际上结成了一个较大的戏曲流派。这一点,他们自己也有所表白。吕天成说:"松陵词隐先生,表章词学,直剖千古之迷。一时吴越词流,如大荒逋客(卜世臣号)、方诸外史(王骥德号)、桐柏中人(叶宪祖号),遵奉功令唯谨。"(《义侠记序》)王骥德则说:"自词隐作词

谱,而海内斐然向风,衣钵相承,尺尺寸寸守其矩矱者二人:曰吾越郁蓝生(吕天成号)、曰携李大荒逋客。"(《曲律》卷四)到沈自晋则称冯梦龙为"吾苏同调"(《南词新谱·凡例》),并在所作《望湖亭》传奇[临江仙]词中将吕天成、冯梦龙等人列在沈璟"赤帜"之下。总之,这些戏曲家与沈璟结成了一个戏曲流派是无可置疑的。

沈璟与这些戏曲家结成的这个流派,即论者常说的"吴江派",不是创作上(当然他们之中的许多作品都是严守沈璟的格律理论的)而主要是一个理论上的流派。他们在理论上有基本的一致性,这就是在对南曲的研究的基础上,强调格律在戏曲艺术中的突出位置,强调"场上之曲"的第一性。如王骥德说:"词藻工,句意妙,如不谐里耳,为案头之书,已落第二义。"(《曲律》卷三)冯梦龙提出"词家三法"即"曰调、曰韵、曰词"(《太霞新奏·凡例》),也是从"场上之曲"立论的。吕天成的《曲品》在品评戏曲家的创作时,几乎都遵循着"后词华而先音律"(祁彪佳《远山堂曲品序》)的标准。

在沈璟影响下形成的吴江派,对明后期戏曲的发展起了很大的推动作用。首先,这一派在沈璟的带动下以多种理论和批评著述及创作,提高了新传奇的地位。沈璟著有《南词全谱》等多种曲著,王骥德、吕天成分别著有《曲律》、《曲品》,沈自晋重订《南词全谱》为《南词新谱》、冯梦龙著有《墨憨斋曲谱》(未定稿),其中,《南词全谱》、《曲律》、《曲品》是明代曲学最重要的收获。与之同时,他们还积极从事戏曲创作,沈璟、吕天成、王骥德、卜世臣、冯梦龙、沈自晋六人共编著传奇四十七种。文学的繁荣是与一定的创作量成正比的。此外,他们还广泛进行戏曲批评活动,沈璟评定过《琵琶记》、《幽闺记》、《西厢记》三部旧传奇,王骥德校注过《西厢记》、《琵琶记》,冯梦龙编定《墨憨斋传奇十五种》。王骥德说吕天成的《曲品》于戏曲家多美辞,是因为"勤之雅欲奖饰此道,夸炫一时,故多和光之论"(《曲律》卷四),这实际上也是他们共同的愿望。传奇一道,经沈璟吴江派从理论上大加探讨,摇旗呐喊,声誉日渐高涨;而他们在理论批评及创作上的多方面建树,基本上解决了传奇发展面临的主要问题。沈璟的《南词全谱》一出,竟使"海内斐然向风","俚儒之稍通音律者,伶人之稍习文墨者,动辄编一传奇",这无疑是在一定程度上解放了传奇、扩大了传奇的创作队伍,对戏曲创作的繁荣有深远意义。

其次,沈璟吴江派与曲坛上的人物交游极广泛。沈璟曾与著名声律学家孙鑛共同探讨过南曲的音律四声问题(见孙鑛《居业次编》卷三《与沈伯英论韵学书》);又与凌濛初一同考订《拜月亭》传奇(见凌延喜《拜月亭传奇跋》);还同顾大典"并蓄声伎,为香山、洛社之游"(《曲律》卷四)。此外,如王骥德与屠隆、汤显祖、毛以燧,吕天成与孙如法,冯梦龙与袁于令、范文若等,关系都极密切。这些交游直接影响于曲坛,无意中形成了一个以沈璟吴江派为中心的戏曲活动的热潮。

从沈璟与明后期的戏曲家的联系中可以看到,沈璟对当时戏曲家的吸引和影响是极大的。这种吸引和影响,也给沈氏文学世家带来了较大的荣誉,所以,朱彝尊说世有续《录鬼簿》者,当视沈氏作家沈璟、沈自征等人为第一流(见《静志居诗话》)。

四、沈自晋与清初戏曲家

在明末至清初这段时期,戏曲理论与创作活动仍十分活跃。这时沈氏文学世家在戏曲活动上的主要人物沈自晋,继沈璟之后与活动于苏浙地区的戏曲家继续保持着较多的联系。这些戏曲家有袁于令、范文若、冯梦龙等人。

袁于令,原名韫玉,又名晋,字令昭,号籜庵。吴县人。师从叶宪祖,以词曲知名,著有《西楼记》传奇等。与沈自晋交往甚厚,曾为沈自晋的传奇作序(《沈氏家传·鞠通公传》)。清顺治十六年(1659),袁氏自杭州赴南京途中,访自晋于吴江,事载张贵胜《遗愁集》卷一:

> 己亥(顺治十六年),京口被海氛之祸,袁荆州籜庵时在武林,其家室寓江宁,闻乱,遄归省亲。道经吴江,沈长康其老友也,因过访,谓长康曰:"我二人齿暮矣。相去迢递,恐无再见之期矣。"沈为之黯然。

袁于令列名为沈自晋《南词新谱》参阅人,后于自晋九年卒。

范文若,字更生,号香令,又号吴侬荀鸭。上海人。著有《花筵赚》传奇等。他十分推重沈自晋和袁于令,视为曲场知音,所作传奇《勘皮靴》、《生死夫妻》末出终场诗

云:"幸有钟期沈、袁在,何须摔碎伯牙琴?"清顺治二年(1645),沈自晋修《南词新谱》,时范文若已去世多年,自晋不忘旧谊,亲自到苏州访其子,得范文若所作曲集稿本归。(见《重定南词全谱凡例续记》)

冯梦龙早年师事沈璟,是吴江派戏曲家。沈璟去世后,他一直同沈自晋保持着密切关系。正是在他的再三敦促下,沈自晋才完成了《南词新谱》的修定,而且书中吸收了冯梦龙《墨憨词谱》的不少成果,《重定南词曲谱凡例续记》:

> 先是甲申(1644)冬杪,子犹送安抚祁公至江城。即淳淳以修《谱》促予,予唯唯。越春初,子犹为苕溪武林游,道经垂虹言别,杯酒盘桓,连宵话榻,丙夜不知倦也。别时,与予为十旬之约。不意鼙鼓动地,逃窜经年,想望故人,鳞鸿杳绝。迫至山头,友人为余言,冯先生已骑箕尾去。予大惊愕,即欲一致生刍往哭,而以展转流离,时作獐狂鼠窜,未能行也。予忘故人乎?而故人乃以临死未竟之业相授,乃不潜心探索寻其遗绪而更进竿头,不几幽冥中负我良友!于是即予所衰辑,印合于《墨憨》,凡论列未备者,时从其说,且捐己见而裁注之,必另注冯稿云何,非予见所及也。

《续记》中附有《和子犹辞世原韵》二律,词意哀婉,可见彼此交谊之深:

> 忆昔离筵思黯然,别君犹是太平年。杯深吐胆频忘醉,漏尽论词剧未眠。计日幸瞻行旆返,逾期惊听讣音传。生刍一束烽烟阻,肠断苍茫山水边。

> 感托遗编倍怆然,填修乐府已经年。豕讹几字疑成梦,枣到三更喜不眠。词隐琴亡凭汝寄,墨憨薪尽问谁传。芳魂逝矣犹相傍,如在长歌短叹边。

冯梦龙和活动于苏浙一带的戏曲家对沈自晋很推重,《沈氏家传·鞠通公传》云:自晋"尝随其从伯词隐先生为东山之游,一时海内词家如范香令、卜大荒、袁幔亭、冯犹龙诸君子群相推服。卜与袁为作传奇序,冯所选《太霞新奏》推为压卷。范有'新推袁、沈擅词场'及'幸有钟期沈、袁在'之句,其心折何如。"沈璟之后,成为曲坛中心人物的实际就是沈自晋,故沈自晋重修沈璟《南词全谱》时,参与其事的戏曲家有几十位,这一方面为沈璟的影响所致,另一方面显然也与沈自晋在当时曲坛上的地位和影响有直接的关系。

沈自晋与当时明末清初一些文社中的许多重要人物也有联系。复社的吴伟业、宋存标、宋征璧,惊隐诗社的沈祖孝、归庄、吴炎、钱肃润、陈济生等,皆列名为《南词新谱》参阅人。他自己在明亡后隐居吴山时期,也曾与同好结青溪词社,并写下[南仙吕醉归花月渡]《赋得醉归花月渡·青溪词社》、[南正宫玉芙蓉]《题半身美人图·青溪社稿》、[南越词犯商忆莺儿]《咏落花·青溪分韵》、[南仙吕八声甘州]《癸巳闰六月二十四游荷荡·青溪词社》等散曲多篇。

五、沈自炳、沈自然与复社

比沈自晋与复社的联系更为直接的是沈自炳和沈自然,他二人皆为复社成员。文献载:

> 《苏州府志》卷九十:"沈自炳,字君晦,吴江人……博学工文词。在复社,号为眉目。"
>
> 明吴应箕《复社姓氏·前卷》:"吴江县:沈自炳,君晦。"
>
> 《复社姓氏·后卷》:"吴江县:沈自然,君服。"
>
> 清吴山嘉《复社姓氏传略》卷二苏州府吴江县:"沈自炳,字君晦,号闻华……"

沈自炳和沈自然参入复社一事在明崇祯二年,与之同年入复社的沈氏作家还有自炳弟自炯、沈自晋子永隆,以及同邑的吴易、孙兆奎、潘一桂、徐白等人。(详见《复社姓氏传略》卷二及张慧剑《明清江苏文人年表·崇祯二年》)文献中虽未载具体事迹,但沈自炳、沈自然与吴易、孙兆奎、潘一桂、徐白等社中人物的交往还是可知的。

吴易,字日生。崇祯十六年进士。孙兆奎,字君昌,天启间举人。明亡后,沈自炳、沈自炯与其合谋举兵抗清(详见后文)。沈自炯同吴易私交甚笃,所作《雨霖铃·寄怀吴日生》云:"欲言难说,日长心困,遣我愁绝。乍寒乍暑天气,千端旧恨,一时重结。解语唯兄与我,扫乾坤英杰。破裘几度吊西风,刚肠百炼还空折。迷离俗眼谁分诀,让时流浪卖张仪舌。情深业重问何年销铄,可怜风月。争信千秋,偏许长卿,茂陵消渴。到不若,才尽江淹,赋同灰灭。"词气豪迈,肝胆照人。

潘一桂,字无隐,一字木公。以诗文名于吴中,著有《中清堂集》二十五卷。早年与沈自炳叔父沈珣(号弘所)有交往,今集中有《答沈弘所侍御》、《与沈弘所侍御》两文。沈自炳与潘一桂交谊较深,一桂为其文集作序云:"文章未坠,必有英杰以洗其懦。吾求于世十年所矣,乃今得吾君晦也。君晦出髫龀即以风雅自命,蝉骚驭史,御其华而茹其实……故其赋若诗,观则锦罭,听则瑟琴,味则甘腴,纫则兰苴,温恭博大,望而知太平之音,其破盝蠹而归正始廓如也。"对自炳的才华与文章给予了极高评价。沈自然与潘一桂也有交往,彼此唱和,同史元、徐白、俞南史合称五才子(详见《乾隆吴江县志》卷三十二)。

徐白,字介白。嘉兴人,后流寓吴江。松陵五才子之一。沈自然与之有诗词唱和,其中《酬徐白见怀之作》云:"病余今日强登楼,积虑经旬又早秋。风雨满天江岛上,与君相望一时愁。"徐白著有诗文多种,是吴中颇有影响的诗文家。

除复社人士外,沈自然与著名戏曲家祁彪佳的交往也很密切。《沈氏家传·君服公传》云:"山阴祁公彪佳,官吴中,雅知其才。每造请燕饮,商榷不倦。"沈自然曾至祁氏山庄,赋《题祁侍御山庄四首》,又作有《送祁侍御巡历还朝暂归山阴兼述鄙怀三十韵》五言一首,中云:"投迹云霄近,论交宇宙观。一言鸣得意,片晷惜余欢。"可知彼此情投意合,以知己称。祁彪佳很欣赏沈自然的才华,称赞他的《寓言五十韵》"以赋手写作排调,宽然自裕,点染之工,高于元、白矣"(《闲情集》卷五注)。沈自炳同祁彪佳也有交往。崇祯十七年(1644),自炳曾送祁彪佳至杭州,与之同游赤壁庵、万松岭等名胜。(见《祁忠敏公日记》甲申条)

祁彪佳与吴江沈氏作家的关系不独限于沈自然、沈自炳二人。他是著名的戏曲家,对沈璟、沈自晋极为尊崇。沈自晋《重定南词全谱凡例续纪》云:"祁公前来巡按时,托子犹(冯梦龙)遍索先词隐传奇及余拙刻并吾家诸弟侄辈诸词殆尽……"祁彪佳殉国后,沈自晋与其子祁鸿孙、祁理孙、祁班孙仍有往来,三人皆列名为《南词新谱》参阅人。

六、沈永馨与惊隐诗社

惊隐诗社又名"逃之盟",是清初吴中除几社之外最大的诗社。沈彤《震泽县志》记其始末云:"迹其始起盖在顺治庚寅,诸君以故国遗民,绝意仕进,相舆遁迹林泉,优游文酒,芒鞋箬笠,时往来于五湖三泖之间。其后史案株连,同社有罹法者,社集遂辍。"庚寅乃顺治七年(1650)。受史案株连的,是该社主盟者之一吴炎。吴氏于康熙二年(1663)罹难,次年社集即散。惊隐诗社有一定的组织活动形式,每年"于五月五日祀三闾大夫,九月九日祀陶征士,同社縻至,咸纪以诗"(《秋室集·书南山草堂遗集后》)。因此,"一时吴越间高蹈能文之士,闻声相应,而来者得数十百人"(陈去病《吴节士传》),其中多文坛名士。

> 松陵为东南舟车之都会,四方雄俊君子之走集,故尤盛于越中。而惊隐诗社,又为吴社之冠……今考入社名流,见于桓奏《南山堂集》者略具。苕上则范梅隐(风仁)、沈雪樵(祖孝),完城陈雁宕(忱)……玉峰则归元恭(庄)、顾宁人(炎武),梁豀则钱础日(肃润),吴门则陈皇士(济生)……同邑则吴匡庐(珂)……顾茂伦、樵水(樵),戴耘野(笠)、潘力田(柽章)、叶开期(世侗)……周暗昭(灿)、安节(安),朱长孺(鹤龄)……沈建芳(永馨)、彦博(泌)……诸君子乐志林泉,跌荡文酒,角巾野服,啸歌于五湖三泖之间……(《秋室集·书南山草堂遗集后》)

沈氏文学世家与惊隐诗社有重要关系的人物,乃是上面引文中称为社中名流的沈永馨。永馨,字建芳,一字天选,号遁庵,别号篆水。诗文家沈瓒孙,沈肇开次子。生于明崇祯五年(1632),卒于清康熙十九年(1680)。明亡时虽年少,但坚隐不仕。《沈氏家传·天选公传》云:"年十三值明亡,遂志于高隐。卜居邑之麻溪,寄情诗歌,日与四方高士相赠答。"《国朝松陵诗征》卷五小传云:"建芳天爵自尊,不求闻达,筑别墅于麻溪之上,啸歌自得。二三知交外,车骑访之,不见也。诗歌朴志,无粉饰炫

耀之习。"著有《通晖楼诗稿》一卷、《采芝堂诗稿》四卷。诗多记交游之事,如《寄赠徐孝廉俟斋》、《访金陵王元倬》、《赠张于野》、《怀潘江如》、《赠包孝廉朗咸隐居灵岩山下》等。沈建芳交往的这些诗人都是明亡后隐居不出的有节之士,《寄赠徐孝廉俟斋》中云:"孺子崇劲节,蹑迹柴桑后。……缅怀丘壑间,松风响清昼。"流露了他及其这些诗友在江山易主后的一种民族情绪,而这种情绪正是沈永馨加入惊隐诗社的主要原因。

在惊隐诗社中,沈永馨与归庄、顾樵、顾茂伦、周安诸人交谊较厚。归庄,字元恭,又字玄恭,号恒轩,昆山人。归有光曾孙。初为复社成员,是惊隐诗社的主要组织者之一。文集佚,后人辑有《归玄恭遗著》、《归玄恭文续抄》等。沈永馨有两首诗记述了彼此的友谊。

我家麻溪畔,相对洞庭山。山上秋云寂,溪边白鸟闲。鲍樽只自酌,桂树与谁攀。一苇东江近,何当促棹还。(《麻溪别业寄玉峰归元恭》)

菡萏花香映白波,竹林深处少人过。寒江对酒能潦倒,一别秋风恨最多。(《怀归元恭》,《怀友二首》其一)

从诗中看,二人志同道合,堪称契友。

顾樵,字樵水,自号若耶居士。吴江人。工诗善画,志尚冲素,与沈氏世家中不少诗人如沈永礼、沈永溢、沈世侔、沈世懋有交往。沈永馨和他的交谊见所作《送樵水游燕》、《别樵水》诸诗。诗云:

堤柳初垂绿,东风有剩寒。送君百舍远,回首暮云端。马傍金台过,花从上苑看。无妨招隐客,杖策到长安。

君醉兰陵酒,余归笠泽滨。烟波徒胜概,词赋属高人。柳折江春暮,花看岁序新。天涯有知己,到处可为邻。

二人同邑,引为知己,故交往也较频繁。诗中描述了彼此闲居无事,幽兴相同的生活情趣,反映了志在山水,不乐仕进的人生观念。

顾有孝,字茂伦,号雪滩。吴江人。据清王晫《今世说》记,与沈永馨叔父自继为至交。著述甚富,有《雪滩钓叟集》、《纪事诗抄》、《乐府英华》、《松陵文起》等。他也是惊隐诗社的组织者之一。沈永馨曾与其相约游吴中,后因事未能成行,作诗送之,中云:"岚翠半明灭,云水相淹留。浏览有同志,放怀可消忧。寻源路未迷,迟日应重游。"(《沈氏诗录》卷八《茂伦偕宏人泛石湖余以事阻不与作此送之》)永馨与顾茂伦的交往极多,上述之外,尚可知者有二。一是永馨曾于某年元夕后一日邀顾茂伦、叶舒胤等人至其居处通晖楼,叶舒胤有《元夕后一日顾茂伦、樵水、陈鹤客、周长康、吴闻玮、沈茂宏同集建芳通晖楼分赋》七律一首详记其事。二是沈永馨同顾茂伦等人曾聚于周安节处。此见于永馨友赵瀚所作《沈建芳招同四明魏雪窦、吴门陈鹤客、同邑顾茂伦集周安节村居》一诗。诗中道:"携手枫林下,黄花色正新。天涯几兄弟,意气偏能真。相合以至性,沧江共乘纶。……吾党尚风雅,期不愧此身。啸咏秋花前,携樽啜芳菸。同心当失路,潦倒谁言贫。醉起踏霜叶,高谈迈等伦。"(《吴江赵氏诗存》卷六)描写出沈永馨与顾茂伦诸君子隐迹村郊,风雅自适,高蹈时流的超士风采。

周安,字安节,一字梅坡,吴江人。为人"喜著述而不近名,乐友朋而不泛爱"(《国朝松陵诗征》),著有《草阁集》六卷。上面提到沈永馨同顾茂伦等人曾聚于周安处赏叶观花,高谈啸咏。二人之交,还见于沈永馨所作《怀周安节》(《怀友二首》其二)诗:

梅里湖山足隐居,春风桃柳绕蓬庐。南登衡岳还归卧,奇气横胸好著书。

吴江文人入惊隐诗社者为四方之冠,吴炎、潘柽章、吴宗潜、吴珂、戴笠、王锡阐、沈祖孝、朱鹤龄皆为社之组织者或中坚人物。沈永馨与这些人既是同社,又居一邑之中,交往之事尽管未见于诗文,也是可想而知的。

七、沈彤与桐城派古文家

沈彤与桐城派古文家的接触始于清雍正间。沈廷芳《皇清徵士文孝沈先生墓志铭》云:

（彤）雍正间至京师，望溪方公见其所疏三经，谓得圣人精奥，读其文，又谓气格直似韩子。乾隆初，方辑《三礼义疏》，遂荐入馆，名动辇下。

望溪方公，即方苞，他字灵皋，号望溪，安徽桐城人。康熙进士，官至礼部侍郎。方苞论文提倡"义法"，是有清一代最著名的文学流派——桐城派的创始人。沈彤同方苞有过多次接触，沈德潜《沈彤传》云："（彤）中岁善方阁学望溪，商订三礼，书疏往复，辨论精核。"沈彤《果堂集》中有两首诗描述了方苞及其古文在他心中留下的印迹：

问古知何处，桐城路不迷。穷山开石蹬，障水筑金堤。马洁班应逊，韩醇柳岂齐。一朝心颇豁，数月耳从提。（《屡闻望溪先生论古有作》）

不奈秋寒乍中人，暖风吹拂坐生春。品评自到丹青地，车马都劳侍从臣。壮岁儒衣愁削迹，今朝彩笔喜通神。浩歌京邑谁知己，惟有宗工许卜邻。（《秋日呈灵皋先生》）

对方苞的极其仰重，视桐城派为天下古文的正宗，表明了他追攀方苞桐城派文章的愿望。

桐城派古文家与沈彤接触密切的人物还有沈廷芳和王峻。沈廷芳，字椒园，浙江仁和人。他是方苞的受业弟子，以古文名，著有《隐拙斋集》、《古文指授》、《续经义考》、《鉴古录》等。自言与沈彤"用学行相切劘者垂二十载"（《文孝先生墓志铭》）。沈彤卒后，沈廷芳为之作《墓志铭》，盛称其文章与为人。

王峻，字次山，江苏常熟人。他也是方苞的受业弟子，著有《艮斋集》、《汉书正误》等。与沈彤交厚，所作《果堂集序》云："余往在都门，少宗伯方望溪先生每为余称吴江沈君冠云之著述能守朴学，不事浮藻。……今年余在紫阳书院，冠云亦授徒郡城，因出其所著古文一篇视余，展读既意，乃叹曰：甚矣，望溪之能知冠云之文也。"王峻还为沈彤《周官禄田考》作《题词》一篇，称是书"揭千古未发之覆"。

上述桐城派古文之外，沈彤与吴中著名文人何焯、沈德潜、惠栋的关系也非同一般。

何焯,字屺瞻,号义门,长洲人。官翰林院庶吉士,赐侍讲学士。博通经史,为一代文章家。著有《义门先生集》、《何义门读书记》等。何氏为沈彤业师。沈廷芳《文孝沈先生墓志铭》云:"(彤)少补诸生,从何义门学士游,且久。"沈德潜《沈彤传》云:"(彤)少请业何侍读义门学制义,取法先正。"惠栋《沈彤墓志铭》亦云:"君少方古举止若成人。弱冠从学士何公焯游,始邃于理学。"沈彤后来以经史之学显名于世,与少时受业于何焯有直接关系。何焯卒后,沈彤作《义门何先生行状》纪之,事在乾隆九年(1744)。

沈德潜,字确士,号归愚,长洲人。官至内阁学士兼礼部侍郎。论诗主格调,著有《沈归愚诗文全集》,又选有《古诗源》、《明诗别裁》、《清诗别裁》等书。与沈始树和沈彤父子两代皆有厚交。乾隆十四年(1749),沈彤手订自家集《果堂集》成,请作序,沈德潜欣然为之。沈彤卒后,他又为之传,称沈彤的文章一归淳朴,可为明代归有光的继承者。沈彤为诗词气老成,格律工稳,也多少受到沈德潜的诗论的影响。

惠栋,字定宇,元和人。他是乾嘉考据学中的"吴派"的代表人物。与沈彤为莫逆之交,所作《沈彤墓志铭》云:"余与君交虽晚而契独深。数年来,以道义相勖,学业相证。知余者莫若君,知君者亦莫若余也。"惠栋还为沈彤《周官禄田考》作序,被沈彤称为"子吾之桓谭也"(《沈彤墓志铭》)。

沈彤与桐城派古文家及何焯、惠栋等人的交往,反映出沈氏文学世家同清康乾时期文坛的联系的一个侧面。

八、其 他

沈氏文学世家与明清文坛的联系值得举出者,还有沈永启与金圣叹,沈永群与汪琬,沈时栋与毛奇龄、顾贞观,沈始树与朱彝尊,沈培福与戴名世等。

沈永启与著名文学批评家金圣叹(名采)有师从关系。清顺治十八年(1661),金圣叹因哭庙案罹刑,沈永启收其遗骸归葬。《乾隆震泽县志》卷二记此事云:"永启……师事郡人金采。顺治中,采以事株累,系江宁狱,他弟子皆避匿,永启独与圣

寿寺僧敦厚往问候。采被刑,永启收其遗骸,棺敛之,复奉棺置所居吴家港家庵中,与从兄永辰等上食,皆号哭失声。人重其气谊。"

沈永群,字唤吉,号晚香,沈自征次子。有《叩霄斋诗余》。他与著名诗文家汪琬有文字交,今存《和汪钝翁姑苏杨柳枝词》一首。汪琬字苕文,号钝庵、钝翁,长洲人。官至户部主事,后授编修。曾结庐居太湖尧峰山,时称尧峰先生。论文主经义,著有《尧峰文抄》、《钝翁类稿》等。沈氏与之有联系的还有沈永启女沈友琴、沈御月,二人也作有《姑苏杨柳枝词和钝翁》。

沈时栋与清初江南著名词家尤侗、顾贞观、毛奇龄、徐釚皆有厚交。尤侗曾为沈时栋《瘦吟楼词》作序,事在康熙二十六年(1687),十年后沈时栋编《古今词选》成,尤侗复为之序,称其"烂漫天才,渊源家学"(《古今词选序》)。顾贞观也曾为《古今词选》作序,并言及交往情形云:"沈君与同邑吴子汉槎、徐子虹亭倡酬。其时沈君年最少,余因二君得深交焉。"徐子虹亭,即徐釚,字电发,号虹亭,又号竹庄。吴江人。官至翰林院检讨。著有《南州草堂集》、《本事诗》、《词苑丛谈》等。沈时栋作有《月华清·白鹇同虹亭韵》,可见彼此倡酬之一端。毛奇龄是《瘦吟楼词》的定稿人之一,称赞沈时栋词雄迈,足可追步被尊为南词宗匠的沈璟和沈自晋。沈时栋在词的创作上明显受到了与他交往的这些词家的影响。《瘦吟楼词》的定稿人还有顾有孝(号雪滩)、宗元鼎(号梅岑)和上面提到的尤侗。沈时栋与其交往之事可见所作《摸鱼儿·九日从雪滩顾夫子登快风阁》、《貂裘换酒·寄怀广陵宗梅岑先生》二词。

沈始树,字景冯,号贞崖,沈永智长子。与浙西词派代表人物朱彝尊(号竹垞)交,《沈氏诗录》小传谓其"尝与竹垞先生纵谈今古,竹垞极以博洽推之"。朱彝尊与沈氏作家沈祖禹,也有交往,曾参阅祖禹所辑《沈氏诗录》。

沈培福,字元景,号东溪,沈重熙第三子。曾师事著名古文家戴名世。《乾隆震泽县志》卷二十四云:"沈培福……弱冠师事戴名世。名世贵,招之入都。未几,名世见法,无以敛,培福与其所亲酿金棺敛而归葬之。"

从明嘉靖至清嘉庆间,与吴江沈氏文学世家作家发生联系且见之文献的作家有四百人以上。"一个人的发展取决于和他直接或间接交往的其他一切人的发展。"

(《马恩选集》第三卷《德意志意识形态》)一个文学世家的发展也是如此。如果没有与明清文坛的这种广泛的联系,沈氏文学世家在文学上的一切成就都是难以想象的。

(原载《文学遗产》1999年第1期)

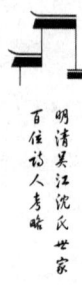

略论明清吴江沈氏世家之女作家

摘要：明清时期的江苏吴江沈氏世家,在晚明至清初这百余年间,先后有女作家二十余人。这是值得关注的文化现象。在这二十几位女作家中,既有诗人、词人,也有散曲家、戏剧家,其人其作,表表一时。研究这一时期的女性文学的发展史,对沈氏世家之女作家理应有所关注。

关键词：沈氏世家;女诗人;女词人;女散曲家;女戏剧家

曹雪芹的《红楼梦》有不少章回写到贾府大观园中女性在文学上的创作,使人们看到了封建时代世家大族中女性的文学才华。其实,这种文化现象,不独出现在《红楼梦》这样的小说中,如明清时期世居江南苏州吴江的沈氏世家就曾有过二十三位女作家,她们是沈宜修、张倩倩、李玉照、沈智瑶、顾孺人、沈大荣、沈静专、沈倩君、沈媛、沈关关、沈宪英、沈华鬘、沈少君、叶小纨、沈蕙端、沈蒨纫、沈友琴、沈御月、沈树荣、沈咏梅、金法筵、沈静筠和沈绮。彤管之盛,萃于一门,实为历代所未有。故清代著名文学家尤侗谓吴江沈氏以风雅极一时之盛,"乃至掐粉搓酥之辈亦擅偷声减字之能,如《午梦堂集》、《静闲居词》、《空翠轩词》,皆其尤者也"(《古今词选序》)。近人陈去病也说:"沈氏自词隐先生后……即闺房之秀亦并擅倚声。"(《笠泽词征》)卷二十二)在这二十三位女作家中,文学成就较突出的当推沈宜修、沈静专、张倩倩、沈宪英、沈树荣、沈友琴、沈蕙端、叶小纨诸人。

一、诗人沈宜修、沈静专、张倩倩

沈宜修(1590—1623),字宛君。诗人沈玧长女。自幼"通经史,尤娴风雅"(《沈氏诗录》卷十二)。万历三十三年(1605),年十六,与同邑叶绍袁成婚。生三女:叶纨纨、叶小纨、叶小鸾,皆有文才,人"尽称令晖、道蕴萃于一门"(沈雄《古今词话·词话》卷下)。宜修时常"与三女相与题花赋草,镂月裁云。中庭之咏,不逊谢家;娇女之篇,有逾左氏。于是诸姑伯姊,后先娣姒,靡不屏刀尺而事篇章,并组紃而工子墨。松陵之上,汾湖之滨,闺房之秀代兴,彤管之诒交作"。(钱谦益《列朝诗集·闰集》)所著有《鹂吹集》二卷(一名《午梦堂遗集》)、《梅花诗一百绝》,并辑女诗人作品成《伊人思》一卷。《鹂吹集》分上、下卷。上卷有诗五百一十四首,下卷有词及文赋一百余篇,观其吟咏,多悲怆悽楚之音,盖皆亲人多罹不幸之故,尤其是崇祯五年(1632)她的两女昭齐、琼章皆芳年早逝,使之悲痛欲绝,所作悼亡诗篇,血泪交织,令人肝肠摧折。

沈宜修的《梅花诗一百绝》,论者以为清丽淡雅,有"清润冰玉之姿,潇洒林下之气"(沈自炳《梅花诗序》)。这些诗或写梅花"高情不与众芳同"的品质,或写其"衔霜初发奈寒何"的气骨,皆有新的意趣。在咏物诗"香草美人,君子风范"的传统的表现意趣之外,沈宜修的咏梅诗更多地描写了梅花的种种情绪。譬如:

>望春春到越江头,笛里关山人倚楼。
>会诉江南无限意,满天明月一庭幽。
>舞罢霓裳乱羽衣,过风一曲落针晖。
>玉容倒影凭流水,依约东风不忍飞。

这是写梅花的多情多义。又如:

>白羽纷纷拂砌香,朝来已上汉宫妆。
>冰心不似杨花意,独向青山别恨长。
>疏香疏影向闲窗,疏风疏雨照晓缸。
>为问三湘花发日,烟波流恨满春江。

这是写梅花的离恨离愁。梅花即人,梅花的种种情绪,正是诗人内心的写照,所以诗人笔下的梅花,分明也承载着夫妻分离的苦痛:"吹落天风玉袖轻,夜深龙管作边声。芙蓉苑北愁多少,凄断金闺万里情。""怜君一种最风流,卫五苟香是一俦。梦到江南寒雨夜,尽将幽恨上眉头。"诗人自信她的感情被梅花理解了:"一枝折向画屏前,消释春风是偶然。憔悴对花花笑我,不关春色著谁怜。"

沈宜修亦善填词,《鹂吹集》下卷有词一百余首。词风较近宋代婉约一派,论者谓之"娟丽高雅"(刘泌晋《读叶仲韶午梦堂集感赋》)。清人徐乃昌曾将《鹂吹集》中的词作编为一卷,收入《百家闺秀词》,可见后世对其作品的重视。

沈静专,字曼君,自号上慰道人。戏曲家沈璟幼女。《沈氏诗录》小传言沈璟"尝称其才类眉山长公"。一生坎坷困陋,亦好学佛。著有诗集《适适草》,《松陵女子诗征》谓之"葱菁郁蔚,居然风雅,其字句局法非闺中人所知"。

《适适草》有自序,实为一篇诗论。闺秀能诗,自古有之,但有诗论留世的则如凤毛麟角。沈静专在文中阐述了她关于诗歌创作的基本观点。其一主张自然,反对雕琢,云:"窃以诗之为道,不劳而获者,虽曰浅率,似有性存。而雕琢愈工,则形神俱困,欲适反劳矣。昔人云:风行水上,自成至文"。其二主张自适,抒写性情。云:"东坡言诗以无意为佳。则吾辈旨浆是任,笔墨之业,固非望于闺阁,又焉敢作绮语以落驴胎马腹。但抚孤影之空寂,志先人之窬歌,缘景绘心,借情入事,殊有萧然自适之趣"。这些同温柔敦厚"文以载道"的传统诗教大相径庭,而与晚明公安、竟陵诸家的观点有相通之处。

观其诗作,多为感慨系之,颇见几分豪气。如《秋怀》、《小窗秋感》二首:

长天起空翠,落日影霏微。寒沙明远洲,玉虹云中溦。人生贵自适,青紫非所期。悲思感秋风,千古知己谁。美人一何渺,嗟哉山九嶷。

风归寒独树,山起乱云收。径僻苔因老,窗闲花欲留。有怀谁梦惊,无力却人谋。慷慨悲生剑,年年孟浪酬。

诗意豪壮,尽洗铅华。

沈静专作词亦工。小词"春未盈,蝶睡轻,柳外东风吹恨生,日长花气清。瘦魂惊,一声莺,羁住愁魔不放行,遥山翠半醒"(《长相思》),如轻歌曼舞,雅趣自得。

张倩倩(1593—1627),一字无为。沈自征妻。幼工诗词,作即弃去,善谈笑。年三十四病卒,沈宜修为作传并录其诗若干附传中,谓才情不在李清照之下。(《鹂吹集》《表妹张倩倩传》)钱谦益《列朝诗集》录诗五首。《忆旧》一首云:

故人别后杳沉沉,独工高楼水国阴。鸿雁不传书底恨,天涯流落到如今。

诗富于才气,有博大沉郁的意境。

二、戏剧家叶小纨

叶小纨(1613—1657),字蕙绸。叶绍袁、沈宜修次女。著名戏曲家沈璟之孙沈永桢妻。自幼聪慧,习诗文,常与母亲沈宜修和姊妹昭齐、琼章以诗词相唱和。著有《鸳鸯梦》杂剧一本和诗集《存余草》一卷。

《鸳鸯梦》杂剧有明崇祯九年(1636)《午梦堂集》原刻本存世。剧约作于崇祯六年(1633)至九年(1636)间,此前昭齐、琼章相继夭殁,"小纨痛伤之,乃作《鸳鸯梦》杂剧寄意"(《吴江县志》卷三十四)。剧正名作"三仙子吟赏凤凰台,吕真人点破鸳鸯梦",共四出。内容写昭文琴、蕙百香、琼飞玖三人一段悲欢离合的故事。三人原本是上界仙人的侍者,因性情投合,凡心少动,而被西王母谪罚降生松陵地方。某日,昭文琴、蕙百香、琼飞玖相遇于凤凰台,一见如故,时昭文琴年二十三,蕙百香年二十,琼飞玖年十七,遂结为兄弟。次日正值中秋佳节,三人复聚于凤凰台,饮酒赋诗,评古论今,共恨世道不平,皆有归隐林泉之志。临别时,三人约定一年后再聚于此地。光阴荏苒,中秋又至,蕙百香来到凤凰台,惟有秋风细雨,不见文琴、飞玖,心中十分焦虑。这时飞玖家仆人报说公子飞玖昨夜病亡,百香大恸,直奔其家。不久,百香得知文琴因琼飞玖病逝也一恸而亡,乃悲痛万分,始悟人生如梦、生死无常,遂至终南山访道寻真。吕洞宾将他前身点破,使之重返仙界,与文琴、飞玖相会,共到瑶台为西王母献寿。

剧中昭文琴、琼飞玖喻指叶小纨姐昭齐和妹琼章,二人于崇祯五年相续病亡,时琼章年十七,昭齐年二十三,蕙百香即叶小纨自己。据沈宜修《季女琼章传》记,琼章

离世前"星眸炯炯,念佛之声明朗清澈,须臾而逝",七日后"面光犹雪,唇红如故",令亲人以为其"岂凡骨,若非瑶岛玉女,必灵鹫之侍者。应是再来之人,岂能久居尘世耶?"又据叶绍袁《自撰年谱》"丙子"(崇祯九年)条叙:"八月,顾太冲来为琼章作《返驾广寒图》,点染精绝。余曰:'君善紫姑术,盍召仙来索诗以书其端乎?'太卟即焚符召之,须臾仙至,作四绝句云……寻去,又召一仙至,劝;云仙女也,作诗云……余曰:'可传信否?'曰;'即日可传音耗? 明日当与飞玖同来。'余曰:'飞玖何人?'云:'即令女琼章,前身是许飞琼妹飞玖耳。'"由此可知,叶小纨以琼飞玖隐喻琼章,这种构想不是没有缘由的。

此剧虽是痛伤昭齐、琼章而作,但所寄之意绝非局限于此。第一出[鹊踏枝]、[寄生草]两曲道:

> 几遍欲问苍穹,未语价气填胸。满腹经纶,争奈荆棘成丛。谁敢指北极半天蟛螑,只落得洒西风两袖龙钟。
>
> 看了些闹荻铎,天也则是打了冬烘。抵多少英雄火里消冰冻,繁华草工翻春梦。枉了蠹鱼筒内将人送,从今后休题他腌臜两字浪功名,我呵,山林钟鼎多无用。

将功名视如尘土,感叹英雄命蹇、世态炎凉。

《鸳鸯梦》的创作,使叶小纨成为中国文学史上第一位有剧作传世的女戏剧家。沈自征为《鸳鸯梦》作序有云:"词曲盛于元,未闻擅能闺秀者。蕙绸出其俊才,补从来闺秀所未有。"(王士禄《宫闺氏籍艺文考略》引)并谓"其俊语韵脚,不让贯酸斋、乔梦符。即其下里,犹是周宪王金梁桥下之声"。乔吉和贯云石是元代曲家中的佼佼者,作曲以长于抒情、风格豪健称,《鸳鸯梦》的曲辞,确有可与之相垒者,如第二出[正宫端正好]套:

> 今夜萧萧暮雨窗间逗,直恁的凄凄戚戚添愁,一弄儿人声寂寂秋声骤,猛忆的山林有约成虚负,又一年过了也么哥,又一年过了也么哥,可怜杀红尘滚滚还

如旧。（［叨叨令］）

思致绵渺，辞语迫切，融环境与情感为一体，令人有身临其境之感。同样如第三出［双调新水令沽美酒］曲：

洒西风血泪飘，更寒日惨荒郊，看满目凄凉枫叶凋，怎当他石尤风吼，我心急路偏遥。

悲情直泻而出，句句凄凉，但不失豪健之气。

《鸳鸯梦》在情节结构上以第二、三出为重场戏，表现出蕙芷香对昭文琴、琼飞玖铭心刻骨般的挚情。第四出则是前两场戏的升华，三人仙界重会表现了作者的一种期望，带着浪漫的色彩。

叶小纨的诗在沈氏闺秀中也是很突出的，今尚存八十五首，其中不少是悼亡亲人之作，这些诗带有浓郁的感伤色彩，读之使人黯然神伤。叶小纨晚年有一首写给女儿树荣（字素嘉）的诗，云："伤离哭死贫兼病，写尽凄凉二十年。付汝将归供一泪，莫教彤管姓名传。"此诗既道出了她后半生常遭亲人亡故的生活境遇，也概括了其作品内容上的基本特点。尽管她无意留名于世，但作为中国文学史第一位有剧作传世的女戏剧家，她是不会被后人忘记的。

三、词人沈宪英、沈树荣、沈友琴

沈宪英（1620—1685），字惠思，一字兰友。沈自炳长女。能诗词。时人称其"所著甚富，饶有家风"（周铭《林下词选》卷十一）。著有《惠思遗集》。清人所辑《众香词》和《林下词选》等著名词选收入其作品若干，其中《水龙吟·胥江竞渡》一首颇见功力，词云：

薰风池馆新篁，片红飞尽惊梅雨。纨扇初裁，罗衣乍试，又逢重午。万户千门，游人争出，俱悬艾虎。看碧蒲萦恨，朱榴沾醉，似续《离骚》旧谱。　惆怅韶华易换，最关心画船箫鼓。当年沈水，今朝寒食，依然荆楚。抉目城边，捧心台畔,恨垂千古。霎时间惟见,清江一曲,绿蓑渔父。

上阕状"竞渡"之景,井然有序,历历在目;下阕言观舟之情,哀思深沉。宪英父自炳曾举义兵抗清,事败投水死。故前人以为此词有悲父死难之意。(见陈去病《笠泽词征序》)

沈宪英作词,长篇最见气势,如《满庭芳·中秋同六婶及素嘉甥女坐月》:

莹火流空,蛮吟向夕,冰轮碾破瑶天。香飘云外,桂子静娟娟。对月几人无恙,多半隔远树苍烟。难逢足,一庭联袂,把盏看重圆。　无限凄凉况,含毫欲写,累纸盈笺。任金风拂面,玉露侵肩。还惜良宵景促,无绳系皓魄长悬。应飞去,广寒宫里,清影共愁眠。

通篇于漫空处落笔,似无边无际。结句将夜空之寥廓与愁绪之深广融作一体,境界开阔,毫无闺阁忏弱之气。此外,为人称道的佳篇还有《水龙吟·哭少君姑姑以沉水死》、《点绛唇·忆琼章姊》等。

沈树荣,字素嘉。沈永桢女,母即叶小纨。自幼承母教,习诗词,又与同邑女诗人庞蕙缥(字小畹)交善,常以诗词唱和,"为时所称"(《江苏诗征》卷一百七十四)。词集有《希谢词》、《月波词》二种,惜散佚不传。

据周铭《林下词选》记载,沈树荣的词以"家庭酬唱居多",这是封建社会里闺阁生活决定的。从存世的若干作品看,沈树荣的词颇能细腻曲致地写出闺阁女子的心态,如《如梦令·秋日》和《临江仙·病起》:

小院西风初透,一霎凉生双袖。几日怕关情,犹道芳菲时候。是否,是否,添得镜中销瘦。

草草妆台梳裹了,曲阑干外凝眸。年光荏苒又深秋,一番风似剪,两度月如钩。　病里高堂频嘱咐,而今莫要多愁。当时检点也应休,从新来眼底,依旧上眉头。

两首词写的都是秋天里的情思,既写出了女子由西风初透时的特殊感受所产生的心理变化;"几日怕关情",也写出了情思萦绕胸中不能割舍的心理特点;这里较多地借鉴了宋人闺阁词的表现手法,由细微处着笔,在情绪的变化上落墨。

沈友琴,字参荇。沈永启女。著有《静闲居词》。自幼攻习诗词,后"以和长洲汪琬《姑苏杨柳枝词》得名"(《震泽县志》卷二十四),"歌词往往有能传诵于人者"(《林下词选》卷十三)。其词以富于情趣称,如《少年游·春闺》:

> 绿波初涨雨初晴,淡月照窗明。芳草青青,莺声呖呖,人逐落花行。 昨宵梦里东风至,春色遍江城,点点扬花,双双蛱蝶,来去最多情。

通篇由一幅幅动态的画面构成,鸟语花香,春意融融,将踏花人被春天撩起的情思化为来去飞舞的蛱蝶,情趣盎然。

沈友琴妹御月,也擅词曲,"时称连璧"(《震泽县志》卷二十四)。著有词集《空翠轩稿》。《清词综》收入《虞美人影·送春和韵》一首。词云:

> 送春春去添烦恼,闲闷何时得了,试问落红多少?点破阶前草。 流莺树上啼声悄,惊破罗帏梦杳,断送镜中人老,都为春归早。

词中流露出伤春的情绪,与沈友琴的《浪淘沙·月下桃花》相比,别有一种情调。友琴和御月父沈永启、弟沈时栋俱是当时知名词家,故二人所作词,句法与声韵都称当行。一门之内,常分题唱和,时人目之为谢庭咏絮(袁景辂《松陵诗征》卷三)。

四、散曲家沈惠端

沈惠端(1612—?),字幽芳。沈自旭女,戏曲家顾来屏妻。"能诗词,尤精曲律"(《沈氏诗录》卷十二)。著有《幽芳遗稿》一卷。内容多写闺情,婉转流畅。最为人称道的作品是套数《挽昭齐、琼章》:

> [南仙吕醉扶归]日华星影佳风厚,霞明水俊气还优。毓秀生芳出名流,英英偏向闺中有。方见多夸独胜逞双修,忽又妒奇造物来相寇。
>
> [皂罗袍]忒暴终风欺茂,使联茎谢梗,同气辞秋。松毁傍林怕应忧,芝焚别

苑兰因瘦。雪轩芳变,烟凄蔓丘。疏斋香散,光寒小楼。恨蒴疏契远生无旧。

[江儿水]露悲难咏,清风感自兜。叹仙娥怎做人间友,他本赤松玄鹤神遐秀,我却高山流水弦虚扣。已矣知音莫偶!只落得展转彤苍,可惜这云心月手。

[玉交枝]莫道多才薄寿,是乾坤无缘假留。纵使春荣铜雀情闲逗,也休将怨比湘洲。却是慵听宝箫声并酬,羞看玉镜鸾双斗。因此掩胡麻攀运化游,岂待倚蒹葭标梅有求?

[川拨棹]若不往巫山右,料同归银汉口。想圭芒偶谪虚牛?特一时把芳灵踵收。自去补天珍,那管覆掌愁;一任泣星霜,还祈返魄谋。

[侥侥令引]凄云怜倚袖,惜玉慢枯眸。仙逝悠悠踪难究,这俗恨徒伤岁月稠。

[尾声]杏花嗟落春还又,止空验棠梨影稠,纵夜雨飞魂更梦草幽。

古人言长歌当哭,谓之此篇可也。作者曾于篇后自云:"昭齐、琼章与余有表谊。其闲赋万言,自有非非想,岂寻常闺秀耶!定宵涂之灵侣也。余所恨者,未经携手相谈,亦云不见若人只得玩若辞而已。至辞都韵而人已非;月消波逝,能不伤哉!因聊吟曲以挽之。然而辞情之逊美远矣。"此曲用感伤色彩较浓的南仙吕宫调,写尽无限哀婉之意,且韵律谐美,故曲成后"为时人所传"(《沈氏诗录》卷十二)。

沈氏女作家中能为散曲的,只有沈惠端和沈静专二人,后者仅存小令一首,载沈自晋《南词新谱》中。而沈惠端传世的作品也不多,除一篇套数外均为小令,分别见于《南词新谱》和叶绍袁编的《午梦堂集》,小令中写得较有情致的是[南南吕针线箱]《暮春晓起观雨》:

为昨宵峭寒无寐,听风雨三更骤起。到朝来见几树红芳坠,一带丽华俱废。烟笼池馆清波溢,雾锁溪桥弱柳低。名园里,探幽香蛱蝶空自争飞。

恰才问海棠开未,又忽早蔷薇淡矣。却教人蓦地惊心碎,时序未经春季。飘零花事随流逝,寂寞莺期羞浪啼。兰闺里,启纱窗愁对烟景凄其。

  通篇用轻描淡写的笔法,写出了闺中女子春天里的阵阵喜悦、种种期待和点点春愁。

  以上所论吴江沈氏世家之女作家,其文学创作在当时是受到关注和肯定的,她们之中有八人的诗歌被清初诗人钱谦益选入明诗总集——《列朝诗集》,此诗集一向被认为是最权威的明诗选本,由此一点不难看出吴江沈氏世家之女作家在当时文坛上的地位和影响。虽然吴江沈氏世家不能和《红楼梦》中的贾府相提并论,沈宛君、叶小纨等人也不是大观园中的林黛玉、薛宝钗……但吴江沈氏世家之女作家在文学方面的才华的确与《红楼梦》中林黛玉、薛宝钗一类女性有相通之处。物换星移,其人其作,才情不泯。

(原载《中华女子学院学报》2001年第4期)

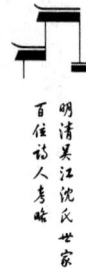

沈氏文学世家的家学传承及其文化指向
——关于文学世家的家族文化特征的探讨

摘要:文学世家是具有"中国特色"的文学和文化现象,其在理论或创作上往往表现出家学传承的特点,吴江沈氏文学世家在曲学方面的家学传承就是这种特点的体现。从沈璟的《南词全谱》到沈自晋的《南词新谱》,再到沈时栋的《古今词选》,沈氏文学世家在曲学方面的家学传承经历了两个阶段,并成为一种文化指向扩展到沈氏作家的词曲创作中。这些从一个侧面揭示出文学世家在文化意涵上与文学流派的不同之处即文学上的某种家族文化特征。

关键词:沈氏文学世家;曲学;家学传承

一

吴江沈氏世家是明清时期江浙地区著名的文学世家。文学世家与文学流派的不同之一,是其文学活动往往具有一些家族文化的特征,如吴江沈氏文学世家在文学活动的某些方面就明显表现出家学传承的特点。前人论这一文学世家的作家时于此已有所注意。譬如:尤侗《古今词选序》论沈时栋云:

> 松陵沈子焦音工于诗古文词,而于长短句尤号专家……因思沈氏之以风雅著者……各极一时之盛。……今焦音烂熳天才,渊源家学。①

周铭《松陵绝妙词选》论沈三楸云:

---

① 沈时栋:《古今词选》卷首,清康熙刻本。

> 沈词婉折遒丽,足继家声。①

袁景辂《国朝松陵诗征》卷八引陈行之语论沈安云:

> (安)诗律工整雄秀,克绍其家学云。②

沈氏作家自己也持有此见,如沈自友《鞠通生小传》论沈自晋、沈永隆父子云:

> (自晋)生有子而才能,世其家学。③

那么,沈氏世家文学上的家学表现在哪方面呢?晚明著名戏曲家冯梦龙曾与沈自晋从兄沈自继语云:

> 词隐先生为海内填词祖,而君家学之渊源也。④

清初著名浙派词人顾贞观为沈时栋《古今词选》作序时云:

> 至其家学之流传,则《九宫谱》诸书久矣。⑤

近人陈去病在论及沈彤时亦云:

> 先生覃精经术,为世鸿儒而亦兼工倚声,洵自有宋时斋以来一人而已,亦见词隐先生遗泽之长。⑥

据此可知,沈氏文学世家的家学是沈璟的《南词全谱》所代表的曲学理论。

二

《南词全谱》作为明清时期重要的曲学理论,由沈璟完成,并经沈自晋发扬光大,

---

① 卷四,民国刊本。
② 清乾隆刻本。
③ 沈自晋:《南词新谱》卷末,清顺治刻本。
④ 沈自南:《重定南词新谱序》,《南词新谱》卷首,清顺治刻本。
⑤ 沈时栋:《古今词选》卷首,清康熙刻本。
⑥ 陈去病:《笠泽词征》卷二十七,民国铅印本。

被公认为沈氏的家学。沈氏文学世家作家对这一家学的传承,可分为两个阶段。

第一阶段以沈自晋所修定的《南词新谱》为代表。沈自晋为沈璟从侄,《沈氏家传·鞠通公传》述其与沈璟的家学传承云:

> (自晋)尝随其从伯词隐先生为东山之游,一时海内词家如范香令、卜大荒、袁幔亭、冯犹龙诸君子群相推服。卜与袁为作传奇序,冯所选《太霞新奏》推为压卷……其心折为何如。①

沈自晋之所以受到同时代曲家的推重,根本原因在于他得沈璟曲学之衣钵。他自己也以传承沈璟的曲学为己任,行为是自觉的,一再申明:"先词隐三尺既悬,吾辈寻常足守。""先生既以作为述,予何不以述述之,所谓鲁男子善学柳下惠者也。""先词隐以精思妙裁,成一代之乐府,予则何能而妄增论注?"②在《重定南词全谱凡例》中,他规定了编辑《南词新谱》的十条原则,其中"遵旧式"、"禀先程"、"重原词"、"严律韵"、"慎更删"等原则,充分表现了《南词新谱》与沈璟《南词全谱》一脉相承的关系。

但传承并不等同于照搬,《凡例》中提出的另外几条原则——"采新声"、"稽作手"、"从诠次"、"俟补遗"等表明,《南词新谱》在与沈璟的《南词全谱》的曲学理论保持一致的同时也有新的发展,这主要是:

其一,删改旧本。这主要就是将《南词全谱》中"曲同而并载及冗而多讹者"删去,同时将"律拗而尚存及韵杂而难法者"更换掉,代之以先辈名词及沈璟《属玉堂传奇》的曲文。

其二,采录新声。从沈璟的《南词全谱》到《南词新谱》相距四十余年,其间"词人辈出,新调剧兴"③,南曲的音律和体式都有较大发展。沈自晋充分注意到这种现状,"肆情搜讨",增收了不少明末新创的曲体,使《南词新谱》增加到二十六卷,较沈璟的

---

① 沈始树:《吴江沈氏家传》,清同治重刻本。
② 沈自晋:《重定南词新谱凡例》,《南词新谱》卷首,清顺治刻本。
③ 沈自南:《重定南词新谱序》,《南词新谱》卷首,清顺治刻本。

旧谱多出五卷，入谱作品增至二百五十余家。

其三，考明作者。词家作曲，而每讳之，或曰无名氏，或称别号某以当之。沈自晋不满意此，他认为"声音之道通乎微，一人有一人手笔，一时有一时风气"，因此，入谱曲文应标明作者，这样可以"一览而知其人，论其世，非止浪传姓字已也"。他以沈璟编辑的《南词韵选》和冯梦龙编辑的《太霞新奏》所录姓字为根据，"博访诸词家，实核其作手"，纠正了一些关于作者的讹传。

其四，兼取律法与才情。《沈氏诗录》沈自晋小传中说："初，族父词隐先生，为乐府精于法律，临川汤若士先生，则尚意趣，两家相胜也，而不相善。公谨守家法，而词旨加秀润，若士亦击赏无间言。一时词家如上海范香令、秀水卜大荒、吾吴冯犹龙、袁令昭诸君并推服之。"①沈自晋在《南词新谱》不拘门户之见的具体表现是，在"严律韵""重原词"的同时，也极看重以文采词情胜的作品，他论汤显祖、冯梦龙、袁于令诸家说："新词家诸名笔，如临川、云间、会稽诸家，古所未有，真似宝光陆离，奇彩腾跃；及吾苏同调，如剑啸（袁令）、墨憨（冯梦龙）以下，皆表表一时。"②他的这一思想，与吕天成、王骥德等人提出的"守词隐先生之矩矱，而运以清远道人之才情"③的主张是相通的。

从《南词全谱》到《南词新谱》，正是有了这种传承，沈氏在曲学理论上的家学特点才更为显著地显现在世人面前。

三

沈氏在曲理论方面的家学传承的第二个阶段，是沈时栋的《古今词选》及其词学。由曲学到词学，传承的轨迹有了变化，但并不存在根本的区别，因为沈璟、沈自晋的曲学理论，主要在曲律声韵方面，词与曲同源，均为填词之技，所以沈时栋的词学与沈氏前辈的曲学仍属一脉相承。沈时栋在《古今词选》卷首列有"选略八则"，阐

---

① 沈祖禹：《沈氏诗录》卷五，清乾隆刻本。
② 沈自晋：《重定南词新谱凡例》，《南词新谱》卷首，清顺治刻本。
③ 吕天成：《曲品》卷上，《中国古典戏曲论著集成》本，北京：中国戏剧出版社，1959。

述了他的词学理论。他批评"今人填词恒拘字数而不严句法音律",强调"词谱惟取调体兼备,虽本调必无佳构亦须采入一首以备调",这些很明显与沈璟和沈自晋严于律而宽于词,体与调兼备的曲学思想是一致的。在沈时栋之后,传承曲学的还有沈时栋从侄沈斯盛。《江震人物续志》卷十记云:"沈斯盛……少有文名,屡试乡闱不售。沉酣韵学。"①

显然,从沈自晋到沈时栋等,沈氏家族中的后代文人有一种传承先辈的潜在意识。或可认为这种意识是自觉的。沈永隆在《南词新谱后序》中于此曾有清楚地表述:

……顾集未半而烽烟飚起,鼠窜狼奔,从叔君善冒锋镝走书家君以促令卒业。……夫子反鲁正乐,其在迹熄诗亡之后乎!家君亦犹是志也。谱既成,乃呼隆而命之曰:"向者,若肆举子业时,是谱也,吾不若见,妄意若之异日隶太常诏雅乐,当进而洞析黄钟,肇明律历,庶几煌煌炜炜,以勿坠我十五帝风,安用此游人冶女之什唱,和花间邪!……今而后,若姑从事此以卒我志。"言未既,泪且交下,隆亦不敢仰视②。

沈自晋继承了沈璟的曲学,又明确希望沈永隆能将这一家学传承下去。西方当代文学理论家博尔赫斯认为作家与他的先驱者之间的关系并非通常意义上的借鉴或经验、方法上的继承,而是一种更为神秘、隐晦的相类性。③ 我们对由《南词全谱》到《南词新谱》,再到《古今词选》及其词学,也可作如此理解。尤侗谓"词隐、鞠通两先生有先后订正《南词九宫谱》",又谓沈时栋"烂熳天才,渊源家学"④,顾贞观说"至其家学之流传,则《九宫谱》诸书久矣"⑤,也都非常清楚地看到了沈自晋和沈时栋的词曲之学与沈氏前辈的曲学在理论本质上的相类性或相同性。

---

① 赵兰佩:《江震人物续志》,清光绪刻本。
② 《南词新谱》卷末,清顺治刻本。
③ 见格非《格非散文》,166页,浙江文艺出版社2001年版。
④ 尤侗:《古今词选序》,《古今词选》卷首,清康熙刻本。
⑤ 顾贞观:《古今词选序》,《古今词选》卷首,清康熙刻本。

四

沈氏文学世家的家学传承,除了表现在曲学理论方面的继承与延伸外,还表现为一种明显的文化指向,即由曲学理论扩展到戏曲创作方面。自沈璟以后,沈氏家族中有戏剧家沈自晋、沈自征、沈自昌、沈永隆、沈永令、沈永乔、叶小纨,共七位,有散曲家沈瓒等十七位,一门之内,三代之中,有如此多的作家涉足戏曲,绝非偶然,这与沈璟作为一代曲学大师所开创的家学的文化指向是密切相关的。沈自友谓沈永隆"世其家学"①,其实也并非指其在曲学理论上有什么建树。王豫《江苏诗征》卷一百十七称:"永隆父鞠通生,以词名家。冽泉(永隆)克嗣音,尝续范香令传奇,识者谓可与《望湖亭》并传。"②《望湖亭》是沈自晋作的一部传奇。由此可知,沈自友谓沈永隆能"世其家学"是包括戏曲创作在内的。沈自征序叶小纨《鸳鸯梦》杂剧,谓"词曲盛于元,未闻擅能闺秀者。蕙绸(小纨)出其俊才,补从来闺秀所未有"。③ 叶小纨是沈璟的孙媳,她选择戏剧这种文学形式写心抒情,也使人不能不隐约感觉到此中沈氏家学传承的文化指向的作用。陈去病《笠泽词征》称:"沈氏自词隐先生后,徵特群从子姓精研律吕,即闺房之秀,亦并擅倚声。"④也就是说沈氏家学传承的文化指向一直扩展到沈氏作家的词曲创作之中。

吴江沈氏文学世家在曲学方面的家学传承,表现出文学世家具有的某种家族文化特征,这从一个侧面揭示出文学世家在文化意涵上与文学流派的不同之处,并使人们对中国文化特色有了更多的了解和认识。

(原载《中国社会科学院研究生院学报》2004年第1期)

---

① 沈自友:《鞠通生小传》,《南词新谱》卷末,清顺治刻本。
② 王豫:《江苏诗征》,清道光刻本。
③ 沈自征:《鸳鸯梦小序》,《午梦堂集》,明崇祯刻本。
④ 陈去病:《笠泽词征》卷二十二,民国铅印本。

文学世家的联姻与文学的发展

——以明清时期吴江叶、沈两家为例

摘要: 文学世家是具有"中国特色"的文学和文化现象。文学世家间的联姻实际也可以看作是一种在文化上的门当户对,其对文学是有影响的。本文以明清吴江叶、沈两大文学世家的联姻为例,从女性文学创作、文化上的优势组合、家族间的文学活动等方面,探讨了文学世家的联姻与文学的关系及所具有的积极意义。

关键词: 吴江;叶、沈;文学世家;联姻;文学

吴江的叶、沈两家是明清时期江浙地区著名的文学世家。叶氏自叶绍袁起,三代以文显名。明崇祯间,叶绍袁编辑《午梦堂集》,收入家人十种著述,引起文坛上不小的震动。沈氏则自明弘治、嘉靖间以文知名至清光绪初,历四百年有文学家十二代一百三十九人,并于乾隆间刊刻《吴江沈氏诗集录》,辑录沈氏一门九十一位诗人的近千首作品。著名文学家尤侗誉之"吴兴骚雅,领袖江南"①。叶、沈两家同居一邑,门第相当,彼此间联姻自在情理之中。而这种联姻在文化上带来的意义之一则是对文学的积极影响,尤其是与家族中女性作家的文学活动息息相关。这是研究中国封建时代的女性文学创作应关注的问题。

吴江叶、沈两大文学世家的联姻,可考知的有三代。第一代为叶氏家族的叶绍袁与沈氏家族的沈宜修。第二代为叶绍袁和沈宜修第三子叶世㑺与沈宜修弟沈自

---

① 尤侗:《古今词选序》,《古今词选》卷首,清康熙刻本。

炳之女沈宪英；叶绍袁和沈宜修次女叶小纨与戏剧家沈璟之孙沈永桢。第三代为叶绍袁从孙叶舒胤与沈永桢、叶小纨之女沈树荣。这三代中有女作家四人即沈宜修、沈宪英、叶小纨、沈树荣。

叶、沈这种文学名门世家的联姻，从社会文化学上看，也可以认为是家族与家族间一种在文化上的门当户对。这种文化上的门当户对对封建时代女性文学创作具有至关重要的作用与意义。这是因为，在中国封建社会，较之男性作家，女性作家背后的家族文化的因素起着更为明显的作用，换句话说，在一个缺少文化素养的家庭，较少接触到社会文化教育的女性成为一个诗人的可能几乎是不存在的，从这个意义上说，女性作家实为家族文化的产物，故清人袁枚说："闺秀能文，终竟出于大家。"①这里所谓的"大家"，当是指那些文化含量较高的世家大族。文学名门世家的联姻，保证了彼此间在文化上的门当户对，这也就意味着成长于文学世家中的女性在出嫁后仍然能生活在有较高文学（文化）氛围的家庭（家族）中，从而有继续进行文学活动的可能。试以沈氏出嫁到叶氏家族的三位女作家沈宜修、沈宪英、沈树荣为例论之。

沈宜修万历三十三年（1605）嫁与叶绍袁为妻，时年十六，至崇祯八年（1635）去世，在叶氏家族生活了三十年。她是诗人沈珫之女，虽自幼"通经史，尤娴风雅"②，但其文学活动的主要部分还是在嫁与叶绍袁后的三十年间，正如邹漪《启祯野乘·女仙传》所云："工部擅雕龙誉，宛君亦班蔡齐驱。"③叶绍袁《亡室沈安人传》于沈宜修婚后的文学活动叙之更详：

> 沈氏名宜修，字宛君。……十六岁归于余。……喜作诗，溯古型今，几欲追步道蕴、令娴矣。……戊午（万历四十六年，1618）以后，儿女累多……四五岁，君即口授《毛诗》、《楚辞》、《长恨歌》、《琵琶行》，教辄成诵。……诸子大者与论文，小者读杜少陵诗，琅琅可听。……吟咏余暇，或共琼章飘姚药径，恒有履迹

---

① 袁枚：《随园诗话》卷三，清刻本。
② 沈祖禹：《沈氏诗录》卷十二，清乾隆刻本。
③ 邹漪：《启祯野乘》卷十五，1936年故宫博物院图书馆铅印本。

焉。……疾时作诗《呈泐师》云:"一灵若向三生石,无叶堂中愿永随。"……君诗多悲凉凄惋之音。①

此类记载,又见于叶绍袁《愁言序》:"余内人(宜修)解诗并教诸女,文彩斐亹,皆有可观览焉。"②叶氏一门风雅之盛,钱谦益《列朝诗集·闰集》《沈宜修传》赞赏有加:"宛君与三女相与题花赋草,镂月裁云。中庭之咏,不逊谢家;娇女之篇,有逾左氏。"③可以毫不怀疑地说,叶氏家族良好的文学氛围使沈宜修的文学才华得到了充分发展。

沈宪英夫叶世傛是叶绍袁和沈宜修的第三子。宪英年十七出嫁,后二年世傛卒。作品今存诗词二十余首,多作于嫁与叶世傛以后。周铭《林下词选》称其"所著甚富"④,当与家庭的文化环境有直接关系。

沈树荣夫叶舒胤是叶绍袁从孙,康熙举人。树荣与夫居家多有吟咏。周铭《林下词选》卷十三小传记云:

> 沈树荣,字素嘉。吴江沈永桢女,叶蕙绸其母氏也。适同邑诸生叶舒胤即仲绍先生从孙。其所制家庭酬唱居多,可想见渭阳之韵事矣。⑤

沈树荣"所制家庭酬唱居多",其家庭的文学氛围之浓不言而喻。正是这种文学氛围使沈树荣幼时"承母教,工诗词"⑥的文学才能得到了进一步的发展,赢得时人"所著甚富,饶有家风"⑦的称誉。

同样的情况也见于出嫁到沈家的叶氏女性,如叶小纨,自幼即受到家庭中文学艺术的熏陶。小纨弟叶燮《午梦堂诗抄述略》记云:

---

① 叶绍袁:《午梦堂集·鹂吹集》,明崇祯刻本。
② 叶绍袁:《午梦堂集·愁言集》,明崇祯刻本。
③ 钱谦益:《列朝诗集·闰集》,清宣统重刊本。
④ 周铭:《林下词选》卷十一,清康熙刻本。
⑤ 周铭:《林下词选》,清康熙刻本。
⑥ 王豫:《江苏诗征》卷一百七十四,清道光刻本。
⑦ 周铭:《林下词选》卷十一,清康熙刻本。

余伯、仲、季三姊氏,自幼闺中唱和……①

《乾隆吴江县志》卷三十四《叶小纨传》亦云:

叶小纨,字蕙绸。……幼端惠,与昭齐、琼章以诗词相唱和。②

今存叶小纨《存余草》中有《四时歌和母韵》、《秋夜和琼章妹》诸诗,略可见其"闺中唱和"之一斑。叶小纨出嫁后,沈家的文学氛围给她搭建了发挥文学才能的更大平台。她存世的文学作品基本都是出嫁后写作的。由此可见,文学世家间的这种在文化上的门当户对,为女性作家出嫁后继续进行文学创作活动提供了较好的文化环境。

二

吴江叶、沈两大文学名门世家的联姻,除了是一种文化上的门当户对之外,还表现为由此带来的一种文化上的优势组合。这种优势组合最终造就了沈宜修、叶小纨这些杰出的女性作家。

明末清初的吴江叶、沈两大文学世家,在文学上可谓各有千秋。沈氏以曲学称雄,先后有沈璟、沈自晋两代执曲坛牛耳者,此外还有沈自征、沈自昌、沈永令、沈永乔、沈永隆等多位戏剧家,令世人注目。叶氏则以诗知名,其家学之长也在此。著名诗论家沈德潜《午梦堂集八种序》于此曾明确言之:

吴江之擅诗文者固多,而莫盛于叶氏。其最著者,如虞部、廷尉、横山(叶燮)、莱亭诸先生。……师门群从类长吟咏,虽闺阁中亦工风雅,郡志所载《午梦堂集》,妇姑姊妹,更唱迭和,久脍炙人口。……而横山家学之不坠……③

沈氏之曲,叶氏之诗,一诗一曲,优势互补。这种优势组合最终孕育出诗人沈宜

---

① 叶燮:《午梦堂诗抄述略》,《午梦堂诗抄》,清康熙刻本。
② 沈彤:《吴江县志》,清乾隆刻本。
③ 叶绍袁:《午梦堂集》,清乾隆重刻本。

修和戏剧家叶小纨。

沈宜修在诗文方面的著作有《鹂吹集》二卷(一名《午梦堂遗集》)、《梅花诗一百绝》、《雪香吟》,并辑《伊人思》一卷。《鹂吹集》分上、下卷,上卷有诗五百一十四首,下卷有词及文赋一百余篇。观其吟咏,多悲怆凄楚之音,盖皆亲人多罹不幸之故,尤其是崇祯五年(1632)她的两女昭齐、琼章皆芳年早逝,使之悲痛欲绝,所作悼亡诗篇,如《壬申除夜悼两女》:"恶风吹断鬓,寂莫岁穷天。落日照新鬼,伤心送旧年。室连双穗帐,肠断一诗篇。腊酒浇难醒,寒花泪纸钱。"①血泪交织,令人肝肠摧折。

沈宜修的《梅花诗一百绝》,尤为论者称道,以为清丽淡雅,有"清润冰玉之姿,潇洒林下之气"②。这些诗或写梅花"高情不与众芳同"的品质,或写其"衔霜初发奈寒何"的气骨,皆有新的意趣。在咏物诗"香草美人,君子风范"的传统的表现意趣之外,沈宜修的咏梅诗更多也描写了梅花的种种情绪,譬如:"舞罢霓裳乱羽衣,回风一曲落斜晖。玉容倒影凭流水,依约东风不忍飞。""白羽纷纷拂砌香,朝来已上汉宫妆。冰心不似杨花意,独向青山别恨长。""疏香疏影向闲窗,疏风疏雨照晓缸。为问三湘花发日,烟波流恨满春江。""吹落天风玉袖轻,夜深龙管作边声。芙蓉苑北愁多少,凄断金闺万里情。"③写出了梅花的多情多义和离恨别愁。梅花即人,梅花的种种情绪,正是诗人内心的写照。

沈宜修亦善填词,《鹂吹集》下卷有词一百余首。词风较近宋代婉约一派,论者谓之"娟丽高雅"④。清人徐乃昌曾将《鹂吹集》中的词作编为一卷,收入《百家闺秀词》,说明其成就得到了后世的认可。

沈宜修不仅能诗,而且论诗,《鹂吹集》中有《周挹芬诗序》诗论一篇。她还编辑了同时代女诗人的作品选集《伊人思》,并在自序中说:"世选名媛诗文多矣,大多习于沿古,未广罗今。太史公传管晏云:'其书世多有之,是以不论。论其佚事。'余窃

---

① 沈宜修:《鹂吹集》卷下,《午梦堂集》,明崇祯刻本。
② 沈自炳:《梅花诗序》,《午梦堂集·梅花诗一百绝》,明崇祯刻本。
③ 沈宜修:《鹂吹集》卷下,《午梦堂集》,明崇祯刻本。
④ 刘泌晋:《读叶仲绍〈午梦堂集〉感赋》,《午梦堂全集·秦斋怨》,民国叶德辉重辑本。

仿斯意。"①语意中颇有论古说今,自成一家的气派。《列朝诗集》和《明诗综》等都选有她的作品,可知其在明代诗坛的地位。沈宜修的诗歌成就显然得之于叶氏家族在诗学上的优势。

叶小纨能诗擅词,但使之留名文学史的是所作《鸳鸯梦》杂剧。此剧今存明崇祯九年(1636)《午梦堂集》原刻本。卷首有《鸳鸯梦小序》一篇,文末题属:"崇祯丙子秋日,舅氏沈君庸甫识。"据此可知《鸳鸯梦》杂剧作于崇祯九年。此前叶小纨姊昭齐、妹琼章相继病殁,"小纨痛伤之,乃作《鸳鸯梦》杂剧寄意"②。剧正名作"三仙子吟赏凤凰台,吕真人点破鸳鸯梦",共四出。内容写昭文琴、蕙百香、琼飞玖三人一段悲欢离合的故事。三人原本是上界仙人的侍者,因性情投合,凡心少动,而被西王母谪罚降生松陵地方。三人化身为男性。某日,昭文琴、蕙百香、琼飞玖相遇于凤凰台,一见如故,时昭文琴年二十三,蕙百香年二十,琼飞玖年十七,遂结为兄弟。次日正值中秋佳节,三人复聚于凤凰台,饮酒赋诗,评古论今,共恨世道不平,皆有归隐林泉之志。临别时,三人约定一年后再聚于此地。光阴荏苒,中秋又至,蕙百香来到凤凰台,惟有秋风细雨,不见文琴、飞玖,心中十分焦虑。这时飞玖家仆人报说公子飞玖昨夜病亡,百香大恸,直奔其家。不久,百香得知文琴因飞玖病逝也一恸而亡,乃悲痛万分,始悟人生如梦、生死无常,遂至终南山访道寻真。吕洞宾将他前身点破,使之重返仙界,与文琴、飞玖相会,共到瑶台为西王母献寿。

此剧在戏剧史上具有重要的价值和意义。其一,《鸳鸯梦》是中国戏剧史上存世的第一部出自女性作家之手的作品,也就是说《鸳鸯梦》的创作使叶小纨成为中国文学史上第一位有剧作传世的女戏剧家。沈自征为《鸳鸯梦》作序有云:"词曲盛于元,未闻擅能闺秀者。蕙绸出其俊才,补从来闺秀所未有。"③即明确指出了这一点。在叶小纨之前,虽有金陵马湘兰写过传奇《三生传》,但作品不传。

其二,《鸳鸯梦》又是一部具有自传意味的剧作,这是此前极少见到的。剧中的

---

① 叶绍袁:《午梦堂集·伊人思》,清乾隆重刻本。
② 沈彤:《乾隆吴江县志》卷三十四,清乾隆刻本。
③ 叶绍袁:《午梦堂集》,清乾隆重刻本。

昭文琴、琼飞玖喻指叶小纨姊昭齐和妹琼章,二人于崇祯五年相续病亡,时琼章年十七,昭齐年二十三;叶小纨字蕙绸,蕙莅香即叶小纨自己。据沈宜修《季女琼章传》记,琼章死后七日,"面光犹雪,唇红如故",令亲人以为其"岂凡骨,若非瑶岛玉女,必灵鹫之侍者。应是再来之人,岂能久居尘世耶?"①又据叶绍袁《年谱别记》"丙子"(崇祯九年)条叙:"八月,顾太冲来为琼章作《返驾广寒图》;点染精绝。余曰:'君善紫姑术,盍召仙来索诗以书其端乎?'太冲即樊符召之,须臾仙至,作四绝句云……寻去,又召一仙至,亦云仙女也,作诗云……余曰:'可传信否?'曰:'即日可传音耗,明日当与飞玖同来。'余曰:'飞玖何人?'云:'即令女琼章,前身是许飞琼妹飞玖耳。'"②由此可知,叶小纨以琼飞玖喻指琼章,并非凭空臆想。剧中三位女子的名字中,各有叶氏三姐妹名字中的一个字。剧作的自传意味是十分明显的。

《鸳鸯梦》的自传意味在戏剧史上是有创新意义的。我们知道,戏剧是具有语言文学和舞台表演的双重身份和功能的。自元以来,文人编剧,以曲写心,已成传统,但基本上都是借古人之酒以浇自家胸中块垒而已。《鸳鸯梦》在以曲写心方面则有所不同,作者更多的是把屈原、杜甫以来诗人以诗自传的传统继承到戏剧中。作者自己和亲人直接成为剧中的人物形象。这是对戏剧文学功能的发展。

《鸳鸯梦》剧的语言和风格也为人称道。戏剧家沈自征誉之"俊语韵脚,不让酸斋、梦符诸君。即其下里,尚犹是周宪王金梁桥下之声"③。贯云石和乔吉均是元曲中的佼佼者,作曲以长于抒情、风格豪健称,《鸳鸯梦》的曲辞,确有可与之相垺者,如第三出[双调新水令]套:

洒西风血泪飘,更寒日惨荒郊,看满目凄凉枫叶凋,怎当他石尤风吼,我心急路偏遥。([沽美酒])

呀,你宗之潇洒俊丰标,风前张绪柳丝飘,今已后斜阳衰草卧荒郊,无分暮

---

① 沈宜修:《鹂吹集》卷下,《午梦堂集》,明崇祯刻本。
② 叶绍袁:《叶天寥年谱》二,1936年吴兴刘氏嘉业堂刊本。
③ 沈自征:《鸳鸯梦序》,《午梦堂集》,清乾隆重刻本。

朝,这凄凉幽恨几时消。([收江南])①

悲情直泻而出,思致绵渺,辞语迫切,并融环境与情感为一体,句句凄凉,但不失豪健之气。这样的剧作出自女作家之手实属难得。

叶小纨是戏剧家沈璟的孙媳,其舅沈自征也是著名戏剧家。据叶绍袁《自撰年谱》"庚午"(崇祯三年)条记:"次女蕙绸,初歌蕡实。"②蕡实,语出《诗经·周南·桃夭》"有蕡其实",意谓结婚,可知叶小纨是在崇祯三年(1630)嫁至沈家的,昭齐、琼章的去世在此两年之后。陈去病在《笠泽词征》中说:"沈氏自词隐先生(沈璟)后,徵特群从子姓精研律吕,即闺房之秀亦并擅倚声。"③这一段话,也可以理解出这样的意思:沈氏"闺房之秀亦并擅倚声",是得之于沈氏家族"群从子姓精研律吕"的文学环境的。所以,叶小纨选择以戏剧这种文学艺术样式写情寄怀,"补从来闺秀所未有",与她是沈璟的孙媳而受到家风的影响有直接的关系。从沈宜修和叶小纨,可以清楚看到文学世家间的联姻所形成的文化上的优势组合对女性作家文学创作的积极意义。

三

吴江叶、沈两大家族的联姻与文学的关系,不仅仅局限在女性文学创作这一点上。两大家族三代间的联姻,在相当程度上密切了两大家族的关系,因此也在较大范围内关联着一些文学活动。譬如:崇祯五年,叶绍袁、沈宜修长女叶纨纨(字昭齐)、叶小鸾(字琼章)相继病亡,沈氏世家中有多人作诗哀悼:

沈智瑶:《忆昭齐、琼章两甥女》一首。

沈倩君:《悼甥女昭齐》三首;《悼甥女琼章》三首。

沈静专:《悼甥女昭齐》五首;《悼甥女琼章》五首。

---

① 叶小纨:《鸳鸯梦》,《午梦堂集》,清乾隆重刻本。
② 叶绍袁:《叶天寥年谱》一,1936年吴兴刘氏嘉业堂刊本。
③ 陈去病:《笠泽词征》卷二十二,1914年铅印本。

沈　媛：《挽叶昭齐甥女》三首；《挽叶琼章甥女》三首。

沈宪英：《哭昭齐姊》一首；《花下忆琼章姊》一首；[点绛唇]《忆琼章姊》一首。

沈华鬘：《春夜忆昭齐姊》一首；《春日忆琼章姊》一首。

沈蕙端：[仙吕入双调醉扶归]《挽昭齐、琼章》套曲一篇。

沈自征：《祭甥女琼章文》一篇。

沈自炳：《甥女叶琼章哀词》一篇。①

再如叶绍袁崇祯间辑其一门诗文为《午梦堂集》，为世人瞩目，而沈氏世家也有多位作家参与了这部诗集的成书工作，其中，沈自征作有《鹂吹集序》和《鸳鸯梦小序》；沈自炳作有《伯姊叶安人宛君遗集序》和《梅花诗序》；沈大荣作有《叶夫人遗集序》；沈自炳作有《返生香序》。

同样的情况也见于沈氏家族的文学活动之中。譬如：据《重定南词新谱·参阅姓氏》记载，清顺治间沈自晋撰著《南词新谱》，叶氏有多至三代文人参与其事，即叶绍袁、叶世侒、叶燮、叶舒胤。又据《吴江沈氏诗集录·鉴阅名氏》记载，清乾隆初，沈氏文人辑成《吴江沈氏诗集录》，叶家参与者有诗人叶燮。这些文学活动发生在沈、叶两大文学世家中的作家身上，显然与彼此间的联姻有不可分割的关系。

综上所述，吴江叶、沈两大文学世家的联姻，对文学而言所表现出的积极意义至少有三点：一是文学名门世家的联姻构成彼此间在文化上的门当户对，这使得成长于文学世家中的女性在出嫁后仍然能生活在有较高文学（文化）氛围的家庭（家族）中，从而有继续进行文学活动的可能。二是文学名门世家的联姻，除了是一种文化上的门当户对之外，还表现为由此带来的一种文化上的优势组合。这种优势组合造就出一些杰出的女性作家。三是文学名门世家的联姻密切了家族间的关系，这种关系在一定范围内与一些文学活动的出现发生着联系。这些从一个侧面揭示出文学世家所具有的中国文化特色。

（原载《中州学刊》2004 年第 4 期）

---

① 叶绍袁：《午梦堂集》，明崇祯刻本。

周绍良先生《吴江沈氏世家》一文补正

周绍良先生的《吴江沈氏世家》一文(见《文学遗产增刊》第12辑,1963年,以下简称周文),是二十世纪研究吴江沈氏世家文学的第一篇文字,距今已40年。周文有感于学人对这一词曲世家钻研者少,谓博识如傅惜华先生编《明代传奇总目》对这一家族的曲家沈自昌等竟然不甚了了,于是据吴江沈氏世家十三世孙沈祖禹所编《沈氏诗录》,钩稽其一门简史,胪其世系,共考证沈氏作家49人,首开研究吴江沈氏世家文学之先,其功良不可没。但是,由于周文所据文献有限,所考作家又大多限于"与戏曲有关的九代",故阙漏和未能考证之处在所难免。本文试为周文补正一二,若从中可见两代间的学术传承,则为此文之愿足矣。

一、吴江沈氏与戏曲有关的作家

周文考证的吴江沈氏世家的曲家共有16人,遗漏较多。据笔者考证,沈氏与戏曲有关的作家除周文所考者外,还有沈珂、沈自普、沈静专、沈永瑞、沈永乔、沈绣裳、沈蕙端、沈宪楸、沈辛楸等9人。

(一)沈珂(1565—1630),字祥止,号虚室。据《吴江沈氏家谱》(以下简称《家谱》)卷七记载,沈珂为吴江沈氏世家始祖沈文九世孙,沈象道第四子。生平见于《吴江沈氏家传》(以下简称《家传》)《虚室公传》。《沈氏诗录》未收录其作品。考沈自晋《南词新谱》,著作有《沈巢逸散曲》一种,散佚。今仅存小令一篇,载《南词新谱》卷十二。

(二)沈自普(1589—1641),字则平,号闻喜。据《家谱》卷七记载,沈自普为沈文十世孙,沈瓒次子,是著名戏曲家沈自晋的仲弟,亦晓音律。《沈氏诗录》未收录其作品。《吴骚合编》卷二引岭樵随笔语称其所作[南吕宜春令]《幽期》套曲"天然风度，绝无脂粉之气。此调可与青门先生《宝花栏》一曲并传。如此等词，散曲中信不易得。至于韵调和谐，尤其剩技"①。著述未有集。作品今存套数3篇，载《吴骚合编》和《太霞新奏》等。

（三）沈静专，字曼君，自号上慰道人。沈文十世女孙，沈璟幼女。生年无考。崇祯十五年（1642），沈静专曾自序其诗集《适适草》，据此推知其卒年在崇祯十五年以后。《沈氏诗录》卷十有小传。《玉镜阳秋》评其文学云："曼君清新苕颖，于姊妹间别是一调。七绝佳处如新簧春炙，幺弦夜弹，泠泠可听。《十愿词》在百愿十香之间。至其染指竟陵，徒增梦呓耳。"②（转引自胡文楷《历代妇女著作考》明代一）著作3种：(1)《适适草》。《乾隆吴江县志》、《光绪苏州府志》等著录，有吴江柳氏抄本。未见。据胡文楷《历代妇女著作考》记，是集分体编次，凡五古13首，七古3首，四言1首，五律11首，七律11首，五绝18首，七绝203首，诗余37首，曲4首，赋3首。(2)《颂古》1卷，《乾隆吴江县志》、《光绪苏州府志》等著录。今佚。(3)《郁华楼草》，仅王士禄《然脂集》、《宫闱氏籍艺文考略》著录。今佚。作品今见者有：(1)诗53首，载《沈氏诗录》、《松陵诗征》、《江苏诗征》、《松陵女子诗征》等。(2)词8首，载《林下词选》、《笠泽词征》、《众香词》等。(3)[南吕懒莺儿]《舟次题秋》散曲小令1篇，载《南词新谱》卷十二。

（四）沈绣裳（1620—1665），字长文，一字素先。据《家谱》卷七记载，沈绣裳为沈文十一世孙，沈自铨长子。生平事迹较少记载。通词曲。祖父乃著名戏曲家沈璟。曾参与校阅沈自晋《南词新谱》卷十八及卷二十。《沈氏诗录》未收录其作品。考《南词新谱》，有著作一种：《沈长文散曲》，《南词新谱·古今入谱词曲传剧总目》著录。未有传本。作品今仅存[南仙吕入双调]《泣咏近事》小令1首，载《南词新谱》卷二十三下。

---

① 张楚叔：《吴骚合编》，四部丛刊续集影印本。
② （转引自胡文楷《历代妇女著作考》明代一，上海古籍出版社，1985。

（五）沈永瑞(1595—1667)，字云襄。据《家谱》卷七记载，沈云襄为沈文十一世孙，沈自晖长子。生平事迹较少记载。沈永瑞是沈自晋的从侄，通词曲。曾参与校阅沈自晋《南词新谱》卷十七及卷十九。《沈氏诗录》未收录其作品。考《南词新谱》，有著作1种：《沈云襄散曲》，《南词新谱·古今入谱词曲传剧总目》著录。未有传本。作品今仅存[南仙吕入双调]《游燕作》小令1首，载《南词新谱》卷二十三下。

（六）沈永乔，字友声。据《家谱》卷七记载，沈友声为沈文十一世孙，沈自星长子。庄一拂《古典戏曲存目汇考》亦未详其生卒年。考《家谱》卷七，沈永乔生于明崇祯二年(1629)，卒于清康熙十九年(1680)。生平事迹较少记载。沈永乔是著名戏曲家沈自晋的侄子，曾参与校阅《南词新谱》卷二十。《沈氏诗录》未收录其作品。考《今乐考证》、《传奇汇考标目》等，有著作2种：(1)《丽乌媒》传奇。《今乐考证》著录。《南词新谱·古今入谱词曲传剧总目》云："《丽乌媒》传奇，未刻稿。沈友声作，名乔，伯明侄。"①今佚，仅存[莺满园林二月花]"长安客邸如泛槎"套数一篇，载《南词新谱》卷二十五。(2)《玉带城》传奇。《传奇汇考标目》别本附录据《海澄楼书目》著录。今佚。

（七）沈蕙端，字幽馨，一作幽芳。据《家谱》卷七记载，沈蕙端为沈文十一世女孙，沈自旭女，昆山戏曲家顾来屏妻。堂伯父乃沈自晋。生年失载。《沈氏诗录》卷十二小传云："尝作小令挽昭齐、琼章，为时人所传，时年二十。"②据叶绍袁《琼花镜跋语》、沈宜修《季女琼章传》、叶燮《祭亡姐昭齐》等记，昭齐、琼章先后卒于崇祯五年(1632)十月和十二月。由此上推，沈蕙端当生于明万历四十一年(1613)。卒年不详。《沈氏诗录》卷十二小传云："能诗词，尤精曲律。"③有《幽芳遗稿》1卷。《乾隆吴江县志》、《光绪苏州府志》等著录，今佚。作品今存：(1)诗2首，载《沈氏诗录》、《松陵诗征》、《江苏诗征》、《松陵女子诗征》等。(2)散曲6首，载《南词新谱》卷十八、卷二十三下及《午梦堂集》等。

---

① 沈自晋：《南词新谱》，清顺治刻本。
② 沈祖禹：《沈氏诗录》，清乾隆刻本。
③ 沈祖禹：《沈氏诗录》，清乾隆刻本。

（八）沈辛槛(1631—1695)，字龙媒，号镜湖。据《家谱》卷四记载，沈辛槛为沈文十二世孙，沈永弼次子。生平事迹较少记载。通词曲。曾参与校阅沈自晋《南词新谱》卷二十五。《沈氏诗录》未收录其作品。考《南词新谱》，有著作1种：《沈龙媒散曲》，《南词新谱·古今入谱词曲传剧总目》著录。未有传本。作品今仅存[南仙吕入双调]《遇艳即事》小令1首，载《南词新谱》卷二十三下。

（九）沈宪槛(1626—1693)，原名宪，字禄天，号西豹。据《家谱》卷五记载，沈宪槛为沈文十二世孙，沈永达长子。生平事迹较少记载。以词曲知名。曾参与校阅沈自晋《南词新谱》卷二十五。《沈氏诗录》未收录其作品。考《南词新谱》，有著作1种：《沈西豹散曲》，《南词新谱·古今入谱词曲传剧总目》著录。未有传本。作品今仅存[南中吕驻云听]《偶咏》小令1首，载《南词新谱》卷八。

二、沈珫的子嗣

沈珫为沈文九世孙，是吴江沈氏世家的第四代诗人。周文据《沈氏诗录》小传谓沈珫"最长的似乎是女儿，名宜修"，并因沈珫第十子沈自南的小传中没有提到他的大、四、六兄，而认为"他们或者是幼殇的原故"。此说不确。考《家谱》卷五，沈珫有十一子二女。十一子依次是沈自曾、沈自继、沈自征、沈自凤、沈自炳、沈自龙、沈自然、沈自炯、沈自晓、沈自南、沈自东，除沈自曾、沈自凤、沈自龙外，皆有诗名。二女是沈宜修和沈智瑶，也是知名的诗人。沈宜修并不是沈珫最长的孩子，其排序在沈自继和沈自征之间。沈宜修生卒年失载。周文未能考证。考叶绍袁《亡室沈安人传》和《叶天寥年谱》万历二十六年条，沈宜修当生于万历十八年(1590)，卒于崇祯八年(1635)。沈智瑶，周文未有考证。据《沈氏诗录》卷十二小传记载，沈智瑶"才思俊赡，与宛君安人有姊妹连珠之目"①。生年无考。考叶绍袁《年谱别记》，沈智瑶卒于崇祯十七年(1644)。

---

① 沈祖禹：《沈氏诗录》，清乾隆刻本。

三、沈璟、沈自晋的世系

周文说:"在《沈氏诗录》中,另外有两支人物无法归纳,一支就是沈自晋。《诗录》只说是沈汉的玄孙,而他是哪一支却没有交代,别的书上也无从考。"另一支,周文说的是沈璟。沈自晋和沈璟的世系,其实是有文献可考的。

先说沈自晋这一支。考《家谱》卷七,沈自晋为沈文十世孙,曾祖父是沈嘉绩。从沈文至沈自晋,世系为:沈文→沈浩→沈敬→沈箎→沈奎→沈汉→沈嘉绩→沈象道→沈瑄→沈自晋。从沈自晋的世系,我们还可以知道他和沈璟的确切关系即沈自晋的曾祖父沈嘉绩与沈璟的祖父沈嘉谋为兄弟。周文因不清楚沈自晋的世系,故也未能考其生卒年;庄一拂《古典戏曲存目汇考》亦未详其生卒年。考《家谱》卷七,沈自晋生于明万历十一年(1583),卒于清康熙四年(1665)。

再说沈璟这一支。考《家谱》卷四,沈璟为沈文九世孙,祖父是沈嘉猷。生于明嘉靖三十一年(1552),卒于万历三十二年(1604)。从沈文至沈璟,世系为:沈文→沈浩→沈敬→沈箎→沈奎→沈汉→沈嘉猷→沈化→沈璟。

四、沈永隆的戏曲创作

沈永隆,字治佐,号冽泉。沈文十一世孙,沈自晋长子。周文虽据沈自友《鞫通生小传》和《江苏诗征》沈永隆小传考其生平及创作,但未能详之。考《家谱》卷七,沈永隆生于明万历三十四年(1606),卒于清康熙六年(1667)。生平事迹见于《家传·冽泉公传》、《复社姓氏传略》等。著作有《不殊集》和续范香令传奇一种。《不殊集》,未见著录,后焚于火。《家传·冽泉公传》云:"遗书悉为煨烬,所存者惟《焚余草》一卷而已。"①《焚余草》,当是《不殊集》焚后残稿的名称。今佚。沈永隆的戏曲创作,《家传·冽泉公传》、《国朝松陵诗征》和《江苏诗征》等都称"尝续范香令传奇,识者谓可与《望湖亭》并传"。此作未有传本,详情不得而知。笔者考得一条资料,可以帮助

---

① 沈始树:《吴江沈氏家传》,清同治重刻本。

我们进一步了解沈永隆的戏曲创作情况。沈永隆的诗友赵沄在一首题为《过沈治佐山居阅新诗及传奇本,率以五十韵赠》的五言长律中①较详细描述了沈永隆的戏曲活动:

韵谱休文帙,鳟开持正醼。清狂传妙剧,艳异写心期。曲误周郎顾,声残蔡椽讥。逢场调傀儡,信笔走珠玑。优孟真儒者,伶工伪简兮。

从赵诗的描述中,人们不仅可以知道沈永隆精通曲律声韵之学,而且他写作传奇一事也得到进一步证实,同时对其传奇作品的风格也多少有了些较具体的认识。

沈永隆的其他作品,今存有:(1)文1篇,载《南词新谱》卷末。(2)诗6首,载《沈氏诗录》、《松陵诗征》、《江苏诗征》等。(3)散曲5首,其中,小令3首,分别载《南词新谱》卷一、卷四、卷十二;套数2篇,分别载《南词新谱》卷十六及叶绍袁的《甲行日注》。

五、关于沈自昌和沈一枝

周文说:"博识如傅惜华先生,编《明代传奇总目》,对沈自昌则曰:'沈自昌,字、号不详。籍里及生平无可考。'于沈一枝则曰:'沈一枝,名、号、籍里,生平事迹,均无可考。'沈氏几个作曲家,竟有两人不被人知,在这一点上可以说是遗憾的。"周文所言虽指出了《明代传奇总目》的不足,但也有需要补正之处。

其一,周文对沈自昌虽有考证,但语焉不详。庄一拂《古典戏曲存目汇考》亦云"字号、里居皆未详"②。考《家谱》卷五,沈自昌为沈文十世孙,沈自晖长子。生于明万历四年(1576),卒于崇祯十年(1637)。他和著名戏曲家沈自征是叔伯兄弟,长沈自征十五岁。除写作《紫牡丹记》传奇(今佚)以外,存世的作品有《客夜闻笛》七律一首,载《明诗综》卷八十一,又见于《沈氏诗录》、《松陵诗征前编》、《江苏诗征》等。

其二,关于沈一枝的家世,从周文的文意看是将其视为吴江沈氏世家戏曲家的。

---

① 赵作舟:《吴江赵氏诗存》卷七,清道光刻本。
② 庄一拂:《古典戏曲存目汇考》,1013页,上海古籍出版社,1982。

不确。考《家谱》、《家传》及与吴江沈氏世家相关的文献,均无关于此人的记载,由此可以断定沈一枝并非吴江沈氏家族的戏曲家。

(原载《文学遗产》2004年第4期,内容有修正)

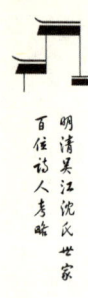

明清文学主潮中的吴江沈氏文学世家

提要：吴江沈氏文学世家是明清时期江南著名的文学世家之一。沈氏文学世家不仅有令人瞩目的成就，而且代有传人，在每个阶段都围绕着一些代表人物形成了理论或创作的重心，表现出与明清文学主潮交融互动的特点。由沈氏一门之文，既可以见数百年文学之史，又可以认识中国封建时代的文化名门世家在社会文化的积累和传播方面扮演的重要角色。这是中国文化特色之一。

关键词：明清；文学主潮；吴江沈氏；文学世家

吴江沈氏世家是明清时期江南著名的文学世家之一，其书香传家自明成化(1465—1487)末至清光绪(1875—1908)初历四百年，有文学家十二代一百三十九人，在文学的许多领域如诗歌、戏剧、词曲等方面都取得了令人瞩目的成就，实为历代所罕有。如果将沈氏文学世家放到明清文学发展的大背景中观照，我们会发现沈氏文学世家从第一代作家沈奎至第十二代作家沈桂芬，不仅代有传人，在每个阶段都围绕着一些代表人物形成了理论或创作的重心，而且表现出与明清同时期文学发展的主潮互动的特点。就一定程度而言，由沈氏一门之文，可见数百年文学之史，同时见微知著，认识中国封建时代文化名门世家在社会文化的积累和传播方面发挥的重要作用——这是文化史上的一种"中国特色"。

一、沈氏文学世家的诗文与明中期以来的诗文变革

这里所说的诗文，是指古文和诗歌。先谈古文。沈氏文学世家虽不以古文名世，但其第四代作家沈位的古文还是颇受时人推重的，著名文学家茅坤誉之"世之文

章家之钜公"①,《乾隆吴江县志》称"论者推为吾邑古文家之首"②。可以说,他是沈氏文学世家的古文的代表作家。

沈位在古文上用力颇深,著有《柔生斋集》四卷、《柔生斋历代文选》二十卷、《论文二十六则》、《名文品汇》、《都邑便览》、《尚书笔记》等。今存古文八篇,即《宗子说》、《与茅鹿门》、《与李仰洲》、《与朱柱峰》、《与蒋生》、《上徐存翁》、《答陈静所》和《经筵赋》。观其文章,不务奇诡之词以骇世,意尽言止,明达晓畅,如《与蒋生》:

> 仆中吴之鄙人也。谬窃时声而足下不察,亦随声以为可与赐之礼而降其辞色,忘其不肖而虚其心以听问之,意亦勤矣。仆何敢当?仆往来苕霅之间,侧闻令先大夫之为人,诚汉世所谓长者,尝欲挹其余光而不可得。乃今得与足下交游而上下其议论,仆之幸也。虽然足下不以仆为鄙而甘心于弟子之列,仆亦不以足下贵游而傲然以为之师,是犹古之道也。古之道,其可行于今乎!足下如有意于仆,莫若务实其气而精其思,其于道不远矣。③

文章虽是写与门生的,但绝无居高轻傲之气,无论言人言己,皆出之肺腑,不假文饰。通篇寥寥二百字,文理清晰自然,且志向可见。著名古文家茅坤曾说沈位乃"刻志于古之道,而非特今人所好已也"④,由此文可知茅氏所言不妄。

沈位的文学活动主要在嘉靖、隆庆之际,时值明中期。明中期的文坛,理论和创作都很活跃,作为代表的是以王慎中、唐顺之、茅坤为首的唐宋派。唐宋派旗帜鲜明地反对前后七子的复古文学主张,提倡唐宋古文,并创作出一些言情叙事皆清新可读的文章,代表了明中期古文的变革。

沈位与唐宋派代表的明中期古文变革的潮流是紧密相联的。其一,他在古文上与唐宋派有师承关系。《乾隆吴江县志》卷三十三《沈位传》记云:

---

① 茅坤:《茅鹿门先生文集》卷四,清刻本。
② 沈彤:《乾隆吴江县志》卷三十三,清乾隆刻本。
③ 陈去病辑《松陵文集》三编卷三十二,1922年百尺楼丛书本。
④ 茅坤:《与沈虹台太史书》,《茅鹿门先生文集》卷四。

始,位治举子业即攻古文,与唐顺之、茅坤游,得其指授。及读书中秘,肆放厥词,兼庐陵、眉山体法。

《沈氏诗录》卷一小传也有同样的记载:

公自少力学强识,长与唐荆川、茅鹿门二先生游,得其指授。

沈位自己在所作《与茅鹿门》文中也谈到这一点:

某无似追忆前居门下时,年尚少,闻公上下古今,私心窃独喜。①

步入仕途后,沈位与唐宋派作家仍有密切交往。他在隆庆三年(1569)曾致书茅坤,今所存文中《与茅鹿门》即是。茅坤也两次致书沈位——《与沈虹台太史书》、《再与沈虹台太史书》。这些文章成为彼此交往的实录。沈位的弟弟沈俸,也曾师从茅坤。《沈氏诗录》卷二小传记云:

公学文于归安茅副使坤……每有作,操笔立成。

俸早卒,没有留下与茅坤交往的文字。

其二,沈位在理论上坚决反对前后七子的复古主张,激烈抨击了复古文风。他在《与茅鹿门》中说道:

今世谈文者,必曰《史记》;谈诗者,必曰杜少陵,至其案上所置,则曰今之五子也。问其故,则又曰今之五子李、何之徒,而李、何又《史记》、杜少陵之徒也。是犹指世俗之侩谓张无垢,而无垢为达摩转相,悖之宁有既哉!此无他,盖当为举业时则习为平淡之语以几有司,及其为古文,率又务反其向时所为而猎取夫言词奇诡者以骇当世。此其务奇诡之心与夫习平淡之心一也,乌睹所谓文章之奥者哉!

---

① 陈去病辑《松陵文集》三编卷三十二。

茅坤很赞同沈位的观点,在其后写给沈位的书信中表达了相同的看法,说:"明兴二百年,薄海内外雍熙累洽,独于文章之旨缺而盛。弘、正迄嘉靖间多作者,然矫命者多由草窃,倡义者独属偏陲。"①他称赞沈位"刻志于古之道,而非特今人所好已也",并引以为知己道:"虹台,虹台,知我惟公耳。顷缘侄一龙以贽入太学,特遣过候门下,且令侍公署私录向来所著者。倘许之,仆虽老犹能摹画公之文章之深,如古之观公孙大娘舞剑器而战斗天地者也。如何,如何!"②沈位和茅坤关于古文的议论,切中时弊,对当时古文的发展有积极的意义。沈位和沈伻在一定程度上可以被视为唐宋派古文家,特别是沈位对明中期古文的变革也做出了一定贡献。

再谈诗歌。沈氏文学世家在诗歌方面"代各有人,人各有集"③,有诗作存世的诗人有127位之多。在沈氏文学世家一百多位诗人中,积极响应明中叶以来诗文变革主张的也大有人在,其中,堪为代表的有第五代作家中的沈珣和第七代作家中沈静专(一作沈静专)等。

沈珣言诗推重盛唐,这与唐宋派有近似处。他反对模拟,认为诗是时代的风貌的体现,这又与公安派一代有一代之文学的主张相通。他激烈批评"近日时流,以谲诡为深奇,以陋薄为超脱"④的创作弊端。当其时,文坛上无论是"王(世贞)、李(攀龙)持世"还是"袁(宏道)、徐(中行)得位"、"钟(惺)、谭(元春)执政"⑤,沈珣都能在理论和创作上"始终自成其一家言"⑥,在坚持诗文变革上是坚定的。

沈静专虽是位女诗人,但其心胸见识并不在须眉之下。她的文学观见其所作《适适草自序》。她论诗主张自然,反对雕琢;主张自适,强调抒写性情。云:"窃以诗之为道,不劳而获者,虽曰浅率,似有性存。而雕琢愈工,则形神俱困,欲适反劳矣。昔人云:风行水上,自成至文。又东坡言诗以无意为佳。……缘景会心,借情入事,

---

① 茅坤:《与沈虹台太史书》,《茅鹿门先生文集》卷四。
② 《再与沈虹台太史书》,茅坤:《茅鹿门先生文集》卷四。
③ 沈祖禹:《吴江沈氏诗集录序》,《沈氏诗录》卷首。清乾隆刻本。
④ 《粲花馆诗集序》,陈去病辑《松陵文集》三编卷四十四。
⑤ 沈祖禹:《沈氏诗录》卷四引周永年《净华庵诗稿序》。
⑥ 沈祖禹:《沈氏诗录》卷四引周永年《净华庵诗稿序》。

殊有萧然自适之趣。"这些与前后七子的复古文学观和"文以载道"的诗教观大相径庭,与主张诗文变革的唐宋派、公安派有相通之处。

总之,沈珫和沈静专等代表的沈氏文学世家的诗文与明中期以来的诗文变革的潮流是相互呼应的。

二、沈氏文学世家的戏剧与晚明戏剧的繁荣

晚明戏剧的繁荣,戏剧史家们已经谈论得相当多了。明人自己描述说:"博观传奇,近时为盛。大江左右,骚、雅沸腾;吴、浙之间,风流掩映。"①这种繁荣主要体现为理论的成熟、创作的革新和作者队伍的壮大。

在万历以前,占踞曲坛的主要是骈俪派。其剧作音律不协,语言骈俪,成为脱离舞台的"案头之曲",是传奇之"一大劫"②。嘉靖二十年(1541)至三十年(1551),魏良辅完成了昆腔改革,创作中随即出现依昆腔填词的《浣纱记》等新传奇,但这些作品也未能摆脱骈俪派的束缚,此中也有文坛时风的影响③。当时,就连谙习音律的李开先,所作《宝剑记》传奇也需"吴中教师十人唱过,随腔字改妥,乃可传耳"④。对于骈俪派给戏曲发展带来的危害,明中叶戏曲家徐渭等人,曾进行过尖锐批评。同时,他们就南曲的宫调音律、曲辞风格、学习宋元戏曲传统等问题,也进行了探讨。魏良辅的《南词引正》(嘉靖二十六年,1547)、蒋孝的《旧编南九宫十三调谱》(嘉靖二十八年,1549)、徐渭的《南词叙录》(嘉靖三十八年,1559)、何良俊的《四友斋丛说》论曲部分(万历元年,1573),都完成于这一时期。这些理论家的探讨,在很大程度上提高了新传奇的社会地位,并为昆腔的勃兴做了有益的努力。但是从当时创作需要解决的问题看,他们的理论还未能完成时代的使命。究其原因,主要有两点:其一是受整个

---

① 吕天成:《曲品》卷上,《中国古典戏曲论著集成》本,中国戏剧出版社1959。
② 凌濛初:《谭曲杂札》,《中国古典戏曲论著集成》本。
③ 凌濛初:《谭曲杂札》:"自梁伯龙出而始为工丽之滥觞,一时词名赫然。盖其生嘉、隆间,正七子雄长之会,弇州公以维桑之谊,盛为吹嘘,且其实于此道不深,以为词如是观止矣,而不知其非当行也。"
④ 王世贞:《曲藻》,《中国古典戏曲论著集成》本。

时代学术水平的局限。拿蒋孝《旧谱》来说,虽"每调各辑一曲,功不可诬"①,但于格律,不甚了了,使传奇作者无从掌握,所以未得时人青睐;其二是创作没有积累足资总结的经验。《浣纱记》以后虽不断有新传奇问世,但佳曲不多,这势必给理论总结造成困难,而理论的薄弱又反过来影响创作的进一步发展。基于这些原因,新传奇的创作,从梁辰鱼开始到万历初期的三十几年中,发展一直很缓慢,依然笼罩着"案头之曲"的阴影。万历中期,昆曲受到社会的日益重视,并成为士大夫家蓄戏班经常上演的"雅乐",正处于要求完备艺术形式的阶段。越来越多的文人士大夫有心于新传奇的创作,但这些人多不谙习音律、不熟悉舞台演唱,其情况正如后来冯梦龙总结的:"恒钉自衿其设色,齐东妄附于当行,乃若配调安腔、选声酌韵,或略焉而弗论,或涉焉而未通。"②

总之,从徐渭、何良俊到沈璟的时代,戏曲面临的当务之急不是创作思想水平的提高,而是使创作与演唱统一,也就是使"案头之曲"成为"场上之曲"。要想从根本上解决"案头之曲"变为"场上之曲"的问题,促进以昆曲为主体的新传奇的发展,关键在于整理制定出一套能使戏曲家和演唱者可以依循的格律。冯梦龙所谓"律设,而天下始知度曲之难,天下知度曲之难,而后之芜词可以勿制,前之哇奏可以勿传。悬完谱以俟当代之才,庶有兴者"③,最清楚不过地指出了当时戏曲理论建设的首要任务。因为中国古典戏曲的声律音韵,也是以格律的形式固定下来的。戏曲家不依律填词,唱曲者就无法演唱,作品只能留在案头;同样,唱曲者不谙音律,演唱也不会有好的艺术效果。可见戏曲格律在二者间起着极重要的作用,这是中国古典戏曲具有规律性的东西。

沈氏文学世家在戏剧方面的代表人物是第五代作家中的沈璟。正是他在曲学上的探索从根本上解决了新传奇发展面临的问题。沈璟为官时就"尝从礼官侍祠典

---

① 王骥德:《曲律》卷四,《中国古典戏剧论著集成》本。
② 冯梦龙:《曲律叙》,《曲律》卷首,《中国古典戏曲化著集成》本。
③ 冯梦龙:《曲律叙》,《曲律》卷首,《中国古典戏曲化著集成》本。

乐，慨然有意于古明堂之奏"①，辞官后居家"息轨杜门，独寄情于声韵"，②数十年"精心考索"③。面对新传奇创作中的问题，他深感"吴歈即一方之音，故当自为律度"④，看到了症结之所在。沈璟以前的理论家虽未能从根本上解决新传奇发展面临的问题，但他们的探讨对后来者是不可少的。蒋孝编辑的南曲《旧谱》，何良俊对声律在戏曲中的地位的大力强调，事实上成为沈璟一些理论主张的直接来源。此外，同时代不少戏曲家对戏曲声律理论的探讨，对沈璟也不无影响。沈璟最终在蒋孝旧谱基础上完成了《南词全谱》，这部曲著审定南曲的宫调曲牌，规范曲牌的句法格式，确定声律音韵，分辨正字和衬字，标出板眼，较全面构建了以昆曲为主体的新传奇的一整套格律体系，成为明中叶以来曲学之大成，"为审音家所宗"⑤。

晚明戏剧创作的繁荣，与理论的成熟大致是同步的。在沈氏文学世家中，沈璟等人的戏剧创作也在一定程度上反映了当时戏曲发展的进程。这集中体现在沈璟的创作的两次变化及其对戏剧形式的探索方面。

据吕天成《曲品》所列沈璟《属玉堂传奇》十七种的顺序为：《红蕖》、《埋剑》、《十孝》、《分钱》、《双鱼》、《合衫》、《义侠》、《鸳衾》、《桃符》、《分柑》、《四异》、《凿井》、《珠串》、《奇节》、《结发》、《坠钗》、《博笑》。从这个顺序看，沈璟的戏曲创作有过两次较大的变化。

从骈俪转向本色，是沈璟戏曲创作的第一次变化，发生在由《红蕖记》到《埋剑记》、《十孝记》这个创作阶段。《红蕖记》是沈璟的初作，是一部词风骈俪、脱离舞台的"案头"作品，沈璟很快察觉到这种创作弊病，"自谓字雕句镂，正供案头耳"⑥，于是"此后一变"⑦，《埋剑记》开始以本色词风出现在曲坛。沈璟戏曲创作的这一次变化，揭示了明代戏曲发展的一个阶段。在沈璟登上曲坛之前，明代戏曲正徘徊在骈俪剧

---

① 李鸿：《南词全谱序》，《南词新谱》卷首，清顺治刻本。
② 李鸿：《南词全谱序》，《南词新谱》卷首，清顺治刻本。
③ 王骥德：《曲律》卷四。
④ 李鸿：《南词全谱序》，《南词新谱》卷首。
⑤ 沈彤：《吴江县志》卷二十八，清乾隆刻本。
⑥ 吕天成：《曲品》卷下。
⑦ 吕天成：《曲品》卷下。

派的影响之下。徐渭曾愤恨骈俪剧派的"盛行",发出"南戏之厄,莫甚于今"①的慨叹。沈璟的初作,还未能摆脱骈俪剧派余波的冲击。如果我们的视线不是仅盯在沈璟一个人身上,就会看到汤显祖在步入曲坛的初期走过与沈璟大致相同的路,他的初作《紫箫记》也是一部词风骈俪的作品。汤、沈的初作表明,当时的曲坛还处在骈俪派的统治下。值得注意的是,沈璟和汤显祖都没有在骈俪派的道路上走多久。沈璟从第二部传奇《埋剑记》起即转向本色。如果他的第一部传奇作于归家后的万历十七年(1589),那么第二部作品不会相去太远,当在万历二十年之前。与此同时,汤显祖在万历十九年(1591)前后由《紫箫记》改编成的第二部传奇《紫钗记》也摆脱了骈俪剧派的影响,以崭新的面貌出现在曲坛。

　　沈璟的戏曲创作的转变是自觉的。他在晚年致书王骥德时明确说:"鄙意僻好本色。"②这是他一生的主张,实际在此时已经形成。在《南曲全谱》中,他曾多次称赞《琵琶记》、《荆钗记》等传奇的一些曲辞"皆词家本色语"、"句句本色"③、"词本色,妙甚"④。沈璟的本色主张,是针对明中叶以来骈俪派的"案头之曲"提出的,体现了"场上之曲"对创作的要求。在这方面,他继承了自徐渭以来提倡本色,反对骈俪的戏曲美学思想。当然,二人的主张各有不同,但在反对骈俪,提倡戏曲语言的通畅自然上是一致的。明后期不少戏曲家提倡本色之说,如吕天成、王骥德、徐复祚等,沈璟则是徐渭以后大力倡导本色的戏曲家之一,而且付之于实践。沈璟和汤显祖同为明后期曲坛的代表作家,是曲坛上第一批从创作上起来反对和脱离骈俪派词风,努力实现"场上之曲"的戏曲家。因此,他二人大致相同的创作转变,对于明代曲坛有深刻的意义和影响,揭示了明代戏曲发展的进程,它标明大约在万历二十年前后,明代戏曲开始摆脱骈俪派的束缚。从这个意义上看,他们的作品开创了一代戏曲家的创作风气。

---

① 徐渭:《南词叙录》,《中国古典戏曲论著集成》本。
② 沈璟:《词隐先生手札二通》,《新校注古本西厢记》,1930年北平富晋书社影印明万历刻本附录。
③ 沈璟:《南曲全谱》卷四,传抄明龙骧校刻本。
④ 沈璟:《南曲全谱》卷十二。

《埋剑记》、《十孝记》以后，沈璟编著了《分钱记》、《双鱼记》、《合衫记》、《义侠记》、《鸳衾记》、《桃符记》，其中，流传后世的有《双鱼记》、《义侠记》、《桃符记》等三部。此后，又编著了《分柑记》、《四异记》、《凿井记》、《珠串记》、《奇节记》、《结发记》六部传奇，但都未传留于世。① 从吕天成、祁彪佳等人的片言只语的评语里，得以略知这六部传奇关目奇巧，喜剧性较强。譬如，吕天成《曲品》评《分柑记》云："此本谑态迭出，可喜。"又评《四异记》云："旧传吴下有嫂奸姑事，今演之，快然。"祁彪佳《远山堂曲品》称《珠串记》"大可快心"，又评《奇节记》云："情与景合，无境不肖。"从这些评语中可知大约就在这个时期，沈璟的戏曲创作出现了第二次转变——向喜剧性的创作方面发展。这种转变在他最后写作的两部传奇《坠钗记》和《博笑记》中有突出的表现。

《坠钗记》取材于瞿佑《剪灯新话》中的《金凤钗记》，在情节结构上着意模仿汤显祖《牡丹亭》。② 作品以兴娘因思兴哥而死，死而情在，附魂庆娘为主要情节，诡丽奇幻确有似《牡丹亭》处。它肯定了爱情主人公的追求。像这样的言情作品，在沈璟的整个创作中也是有特色的。但是，《坠钗记》缺少《牡丹亭》的思想高度和悲剧色彩，它在思想上表现的只是"情"与"礼"的矛盾。兴娘动于情而与兴哥幽会、私奔，是与"礼"格格不入的，但她又乞求神灵的宽佑，表现出性格的软弱。在艺术风格上，作品充满着喜剧色彩，人物间的冲突皆因误会与巧合，杜丽娘式的生死还魂的悲剧主题在这里消失了，矛盾冲突中洋溢的是一种喜剧情调。此剧流行一时，明抄本《金九记》开场白数说当时流行的传奇三十九种就有《一种情》即《坠钗记》："昙花阁内花魁占，一种情关七子圆。"

最能代表沈璟戏曲创作的喜剧风格的是《博笑记》。这部传奇由十个小剧组成，是一组怪诞的讽刺喜剧，包括了多种喜剧类型。其一是讽刺型喜剧，如《乜县丞》、《虎叩门》、《恶少年》、《假妇人》，剧中主要人物都是被拉到舞台上讽刺嘲弄的对象，

---

① 据沈自晋《南词新谱·古今入谱词曲传剧总目》，有三部传奇是未刻稿，依次为：《珠串记》、《四异记》、《结发记》。
② 王骥德：《曲律》卷四："词隐《坠钗记》，盖因《牡丹亭》而兴起者。"

酷似元杂剧中的喜剧《看钱奴》一类作品。其二是歌颂型喜剧,如《卖脸人捉鬼》,以诙谐的笔调描述了"卖脸人"的聪慧和喜遇,犹如元杂剧中的喜剧《李逵负荆》一类作品。其三是讽刺、歌颂兼有型喜剧,如《巫孝廉》,剧作一方面歌颂"巫孝廉"痴情得妇,化险为夷,另一方面嘲弄奸徒自食恶果的下场,歌颂与讽刺对照,主题异常明确。上述喜剧类型的创造,表明沈璟是长于用喜剧手法创作的戏曲家。

　　沈璟的戏曲创作的第二次变化,反映了这一时期戏曲创作向喜剧性发展的趋向,可以说沈璟喜剧创作在一定程度上推动了当时喜剧创作的发展。中国戏剧最初并不缺少喜剧,宋代流行的杂剧中已经有一些讽刺贪官的喜剧,元代更出现了像《西厢记》、《救风尘》、《双献头》、《秋胡戏妻》、《李逵负荆》、《看钱奴》那样的一批喜剧。明初,以《琵琶记》为首的一大批旧传奇,悲剧成分较重,但杂剧中仍不乏喜剧作品;中期以后,骈俪剧派将戏曲推向僵化,也窒息了喜剧的发展。至明后期,讽刺文学的发展促发了喜剧的出现,明传奇中一些著名喜剧作品,如吴炳的《绿牡丹》、汪廷讷的《狮吼记》、陈与郊的《麒麟罽》等,都产生于这个时期。值得注意的是,这些喜剧作品基本都出现在沈璟创作之后,这不能不使人注意到前后之间的联系。这些喜剧,以夸张的笔法,指摘社会弊端,揶揄世态人情,具有帮助人们摆脱庸俗习俗的社会作用。沈璟在戏曲内容上要求讽刺性,在艺术上追求奇巧浅俗的风格。他曾称道吕天成的《神镜记》传奇妙在"奇秘可喜"①,表明他在理论上对传奇情节之"奇"与喜剧性效果的联系有较明确的认识。这是他的创作转向喜剧的重要原因。沈璟以后出现的一批喜剧性较强的作品,在艺术表现上,如《绿牡丹》、《麒麟罽》的喜剧讽刺,《狮吼记》的怪诞夸张的喜剧手法,也不能说与沈璟作品的喜剧手法没有关系,况且,汪廷讷、吴炳诸人,在明人眼中一直被认为与沈璟有些瓜葛。

　　沈璟的戏剧创作还表现出一些创新之处。其一,沈璟对剧中念白做了某种新尝试,即采用吴语作某类人物的念白。吕天成、祁彪佳都谈到过沈璟传奇的这一点。《曲品》云:"《四异》……丑、净用苏人乡语,亦足笑也。"《远山堂曲品》云:"《四异》,

---

① 沈璟:《词隐先生致郁蓝生书》,吕天成《曲品》附录,清乾隆抄本。

净、丑用苏人乡语,谐笑杂出,口角逼肖。"沈璟的传奇用苏白,亦见于《博笑记》,如该传奇第六剧《假妇人》演吴地事,以"老字相"谐"老白相",剧中还有"迟货"、"凑趣"、"头里说的"、"小火囵"等吴语。①

沈璟用苏白,本意在增添净、丑的调笑色彩,但它的实际意义超过这一点。我们知道昆剧形成初期除唱腔外尚无其他显著的表演特点,后来在长期的舞台演出中才积累了一些昆剧的表演特点,净、丑用吴语演戏,是其特点之一。这种情况是在明末清初兴于舞台的。李渔说:"可怪近日之梨园,无论在南在北,在西在东,亦无论剧中之人生于何地、长于何方,凡系花面角色,即作吴音。"②近人胡适在《缀白裘序》中说:"《缀白裘》所收的戏曲都是当时戏曲上通行的本子,都是排演和演唱的内行修改过的本子,最大的改削是在科白方面。《缀白裘》是苏州人编纂的……有一大部分的说白都改成苏州话了……大概说来,改说苏白的都是'丑'和'付',都是戏里的坏人或可笑的人……这样大胆地用苏州土话来改旧本的官话,是当时戏台风气的最值得注意的一件事。"胡适就《缀白裘》谈的是明末清初戏曲舞台中的现象,并认为十分重要。而沈璟采用苏白的尝试早在这种风气出现之前。这使我们可以由此得出两点认识:一、沈璟是明代曲坛上较早用苏白的戏曲家之一;二、沈璟的传奇与舞台的联系比较密切,其创作采用苏白尝试,对形成舞台演出中的这一程式有直接影响。

其二,净、丑戏的创作。明清之际,舞台上净、丑角戏风靡一时,苏州地区的许多名优都以演净、丑戏知名,如名优苏又占、陈明智、李文昭、彭天锡、丁继之等。③舞台上这种净、丑戏精彩夺目的局面的出现有多种原因,其中与戏曲家的创作不无关系。沈璟的戏曲创作活动是在万历时期,因此,他的传奇净、丑戏比较突出的特点,不能不使人注意到与明清之际净、丑戏盛行的舞台演出风气的内在联系。

被论者一向视为沈璟代表作的《义侠记》,在舞台上先声夺人的是丑角武大郎的戏,并且出现了以擅演武大郎而享名曲场的名优。李斗《扬州画舫录》记:"黄班三黄

---

① 沈璟:《博笑记》第十五、十六出,《古本戏曲丛刊》初集影印明天启元年刊本。
② 李渔:《闲情偶寄》卷二《音律》,《中国古典戏曲论著集成》本。
③ 见陆萼庭《昆剧演出史稿》第三章:"竞演新戏的时代",上海文艺出版社,1980。

顾天一,以武大郎擅场,通班因之演《义侠记》全本,人人争胜,遂得名。"这说明此剧丑角戏的编写是成功的。《四异记》"丑、净用苏人乡语",也是沈璟在净、丑角戏方面进行探索的例证。尤其值得提出的是《博笑记》。我们在前面曾说到《博笑记》作为一组喜剧短剧在沈璟创作转变和明后期戏曲发展进程中的意义,然而,仅仅从这方面认识《博笑记》的价值还是不够的。通观《博笑记》,净、丑角戏占了很大一部分,其中,《乜县丞》全剧都是丑角戏,由丑角登台主唱。《贼救人》全剧两出,第二出全为净、丑戏;《恶少年》全剧三出,第二出基本由净、丑主唱;《出猎治盗》全剧三出,第二出全为净、丑戏;《假妇人》全剧三出,第一出全为净、丑戏。这几剧中的净、丑戏,所占场面都在全剧三分之一或二分之一以上。《巫举人》全剧四出,第四出也全为净、丑戏。此外诸剧,净、丑戏也不少。

在沈璟以前,用如此多的笔墨编创净、丑角戏的并不多见。戏曲是由戏曲家的剧本和演员的舞台演出共同完成的艺术。戏曲家的创作受舞台演出的影响是毫无疑问的。明后期,包括沈璟在内的许多戏曲家贬斥"案头之曲",而力图使创作成为"场上之曲",就是舞台演出影响创作的实例。同样,戏曲家的创作也在一定程度上影响舞台演出。明清之际舞台上净、丑角戏的盛行,除与市民阶层的审美心理和情趣有密切关系外,像沈璟这样的戏曲家大量编写净、丑角戏的创作实践,也是形成其局面的重要原因之一。这一点不能忽视。概言之,沈璟在采用苏白和净、丑角戏的编写等方面对舞台演出是有较明显影响的。这种影响,也从一个侧面揭示了明后期传奇在艺术形式方面的某些发展趋向。

其三,短剧体传奇的创作。沈璟的《十孝记》和《博笑记》均为十剧一本的传奇。《曲品》论《十孝记》云:"每事以三出,似剧体,此自先生创之。"① 又论《博笑记》云:"体与《十孝》类。"② 所谓"剧体",即杂剧体之意,也就是短剧的意思。从《十孝记》和《博笑记》,可以看到沈璟对传奇的体制是做了有益探索的,反映了舞台演出对剧本创作

---

① 吕天成:《曲品》卷下,《中国古典戏曲论著集成》本。
② 吕天成:《曲品》卷下,《中国古典戏曲论著集成》本。

的要求。沈氏文学世家中的另一位戏剧家沈自征所作《渔阳三弄》,一剧一折,与晚明杂剧剧体的变革也是一致的。

晚明参与戏剧活动的文人增多,创作队伍空前壮大,其情形正如齐恪《樱桃梦传奇序》所说的:"近世士大夫,去位而巷处,多好度曲。"①沈氏文学世家在晚明至清初这段时间,有沈璟、沈自晋、沈永令三代共八位戏剧家,编著戏剧二十九种。这除了家学的文化指向的作用外,也与这种时代风尚的影响有关。一门中有八位戏剧家,晚明戏剧创作队伍的空前壮大之情形由此可见一斑。

三、沈氏文学世家的词曲与清初词的复兴

词在经过了相对沉寂的元明以后,至清代初年呈现出复兴的态势。其中,以浙江秀水人朱彝尊为首的浙派,以江苏宜兴人陈维崧为首的阳羡派及满族人纳兰性德、吴锡人顾贞观等,成为清初词的复兴的代表作家。

从词的方面看,沈氏文学世家的词人词作,与清初词的复兴的大气候是密切联系在一起的。

首先,沈氏文学世家拥有一大批词人。今有作品传世的就有沈璟、沈瓒、沈自籍、沈自继、沈自征、沈自炳、沈自南、沈自炯、沈自友、沈宜修、张倩倩、李玉照、顾孺人、沈静专、沈肇开、沈永令、沈永启、沈永裎、叶小纨、沈树荣、沈友琴、沈御月、沈关关、沈时栋、沈静筠、沈宪英、沈华鬘、沈世潢、沈世楸、沈三楸、沈廷扬、沈彤、沈日霖等三十三位,著有词集八部。

这三十三位词人,创作活动主要在晚明的有沈璟、沈自征、沈自继、沈自炯、沈皆自、沈宜修、张倩倩、沈自友、沈肇开等九人,创作活动在康熙以后的有沈廷扬、沈彤、沈日霖等三人,其余二十二位的文学创作活动均在清初,而且,沈氏词人中成就最高的几位如沈永令、沈永启、沈永裎、沈时栋、沈宪英、沈树荣、沈友琴等,无一例外不是属于这个时期的作家。这绝不是一种偶然的巧合,此中除了沈氏家学的影响之外,

---

① 陈与郊:《樱桃梦》卷首,《古本戏曲丛刊》二集影印明万历刻本。

应是清初词的复兴的大环境所致。沈氏文学世家词人在词的创作方面表现出的活跃,使之成为清初词的复兴的生力军之一。

其次,沈氏文学世家词人与清初词坛名家多有交往,使沈氏文学世家词人受到时人的关注。著名浙派词人朱彝尊曾评沈时栋所作《解语花·对瓶中花》词云:"碾日为年,镂尘作界,此文人斫月斧也。触绪牵丝,恐大地俱成情国,当奈之何。"①沈时栋所编《古今词选》脱稿后曾向朱彝尊求教,得其称赏。②朱彝尊与沈氏文学世家的另一位文人沈始树(沈彤父)也有交往。《沈氏诗录》卷十沈始树小传谓"(始树)尝与竹垞先生纵谈古今,竹垞极以博洽推之"。

沈时栋是沈氏文学世家词人中与清初词人交往最多的。他的词集《瘦吟楼词》是请著名词曲家尤侗、毛奇龄等审定的③,尤侗为之序。康熙三十五年(1696),尤侗又为沈时栋所编《古今词选》作序,称沈时栋"烂熳天才……非特富于文,又复精于律也。合綦组以成文,列锦绣而为质,沈子其将以此被服天下矣乎!"④为《古今词选》作序的还有著名词人顾贞观。顾贞观自称与沈时栋"得深交焉"⑤,并称赞《古今词选》"其体备而格不伤,其罗广而赏不滥"。⑥沈时栋与著名词人徐釚(号虹亭)亦有厚交,彼此"倡酬"⑦。今存作品中有《月华清·白鹇同虹亭韵》一首,为彼此酬唱之实证。此外,沈时栋与之交往的清初词人还有宗元鼎(字梅岑)、顾有孝(号雪滩)、吴兆骞(字汉槎)等。宗、顾二人也是《瘦吟楼词》的审定者⑧。沈时栋作有《貂裘换酒·寄怀广陵宗梅岑先生》和《摸鱼儿·九日从雪滩顾夫子登快风阁》词各一首⑨,可见彼此交

---

① 见沈时栋:《瘦吟楼词》,1928年饮虹簃刊本。
② 沈时栋:《古今词选·选略八则》:"是集探讨三十余年,久欲付梓,向质……朱竹垞诸先生,俱邀谬赏。"清康熙刻本。
③ 见沈时栋:《瘦吟楼词》题注:"萧山毛奇龄大可,长洲尤侗悔庵,江都宗元鼎梅岑,雪滩顾有孝茂伦定。"
④ 沈时栋:《古今词选》卷首,清康熙刻本。
⑤ 沈时栋:《古今词选》卷首,清康熙刻本。
⑥ 沈时栋:《古今词选》卷首,清康熙刻本。
⑦ 顾贞观:《古今词选序》,《古今词选》卷首。
⑧ 见沈时栋:《瘦吟楼词》。
⑨ 见沈时栋:《瘦吟楼词》。

往之谊。吴兆骞与沈时栋同邑,亦为"倡酬"①之友。

沈氏文学世家词人中与清初词家有交往的还有沈永裡、沈世潢。沈永裡与著名词人汪琬(号钝翁)有文字交,曾作《和汪钝翁姑苏杨柳枝词》五首②。清初吴中著名词家是周铭(字勒山),编著有《林下词选》、《华胥语业》等。沈永裡与其过从甚密,曾同游吴山,沈永裡作《西江月·八月十八闻有游胜集吴山闻玮、勒山同游赋词率和》词纪其事③。周铭也作有《渔家傲·过醒公渔庄》、《渔家傲·又过醒公渔庄》、《百字令·除夕和醒公韵》、《百字令·元旦和醒公韵》、《满庭芳·秋日游醒公渔庄别墅》等多首词记述相互的交往④。此外,沈永裡结交的清初词人还有周安、吴锵、吴之纪等。

沈世潢与周铭也有交往。周词中有《江城子·题耕道东轩》一首,云:"学栽五柳号先生,绿初成,便藏莺。为爱东轩,诗句构前楹。山色入轩轩入画,书满榻,酒盈瓶。顿忘人世有浮名,梦偏真,醉偏醒。门设常关,客至懒逢迎。经济但看篱下菊,秋未老,早含英。"《吴江县志》里说沈世潢"风期隽雅,以琴书自娱。年四十后,筑室湖滨,与二三素心往来而已"⑤,此词可以佐证,而周铭大概就是与世潢"素心往来"者之一吧。沈世潢结交的知名词人还有顾有孝、吴闻玮、叶舒胤等。叶作有《及山夫、顾茂伦、赵山子、吴闻玮、子渊、沈耕道、霞掌、云步、何方衡湖浦看梅小集分韵》诗,⑥由此可见彼此的交往。沈时栋、沈永裡,沈世潢等人与清初著名词家的交往,从一个侧面反映了沈氏文学世家词人与清初词坛的联系。

再次,沈氏文学世家词人的词学主张也为清代词学的发展做出了一些贡献。沈时栋是沈氏词人在词学理论上的代表人物,他的词学主张比较完整地反映在所编《古今词》卷首《选略八则》中。他说:"是集雄奇秀艳者俱录。"这说明他是主张词的多种风格的。"八则"中有四则论的都是音韵、句法等问题。关于音韵,沈时栋认为

---

① 顾贞观:《古今词选序》,《古今词选》卷首。
② 沈祖禹:《沈氏诗录》卷九。
③ 周铭辑:《松陵绝妙词选》卷四,清刻本。
④ 《华胥语业》,周铭辑《松陵绝妙词选》附刻本。
⑤ 《华胥语业》,周铭辑《松陵绝妙词选》附刻本。
⑥ 叶舒胤:《叶学山诗集》卷一,清刻本。

词韵宽于诗韵,所以,稍犯他韵,不必"用意苛求","惟用韵太杂者不能不严于去取"。对于句法,他不满意"今人填词恒拘字数而不严句法音律"的创作风习,主张今人要取法唐宋,虽可创新调,但要"能谐音律"。顾贞观论词也很重音律,他曾批评说:"今之雄奇磊落激昂慷慨者,任其才之所至,气之所行,而长短宫商迟促阴阳诸律置焉不问,则是狐其裘而羔其袖也,词之道不又因是荡然乎?"①观点与沈时栋有相通之处,故其对《古今词选》"合正变二体之长而汰其放纵不入律者"②的选词原则给予了充分肯定。

沈时栋在《选略八则》中还提出:"是集既不因人而滥选,亦不以人而废词。若章法不乱情致动人者,即非作手概录不遗。"这较之浙派词人朱彝尊强调词的"醇雅"风趣的主张更符合词的长于抒情的艺术特征,依此选词是有助于词的健康发展的。

总之,从沈氏文学世家的词人词作,亦可略见清初词的复兴。

四、沈氏文学世家的经学、古文与清中期考据学的发展

经学也是广义之文学内容之一。沈氏文学世家在经学方面的代表人物是第九代作家中的沈彤。沈彤在经学上用力颇专,主要著述有:《周官禄田考》三卷、《尚书小疏》一卷、《仪礼小疏》一卷、《春秋左氏传小疏》一卷。

沈彤的经学有个显著特点,即经学与考据学结合。他的这些经学著述,皆以博究古籍,精于考据而为世人瞩目。譬如《周官禄田考》。自宋人欧阳修有周礼官多田少,禄且不给之疑,后人多从其说,既有辨者,不过以摄官为词。而沈彤不然,于周制细加探究,分别撰成《官爵数》、《公田数》、《禄田数》三篇。凡田、爵、禄之数不见于经者,或求诸注;不见于注者,则据经起例,推阐旁通;补经所无,乃适如经之所有。故《四库全书总目提要》称此书"其说精密淹通,于郑、贾注疏以后,可云特出"③。清人陈格亦云:"是考阐经传之义法,与补其所未备,闳深精密,超前绝后。洵周礼之大功

---

① 顾贞观:《古今词选序》,《古今词选》卷首。
② 顾贞观:《古今词选序》,《古今词选》卷首。
③ 永瑢:《四库全书总目》卷十九经部·礼类一,中华书局影印本,1965。

臣也。"①同人还有"同家一类大典,因类阐发几于无遗,则经之精蕴亦略尽于是已"②之评。

沈彤的《仪礼小疏》、《春秋左氏传小疏》也颇受好评。前者取仪礼、士冠礼、士礼、公食大夫礼、丧服士丧礼五篇,为之疏笺,各数十条。每篇后各为蓝本刊误。卷末附《左右异尚考》一篇。"其说皆具有典据,是订旧义之协","考证颇为精核"③。后者对顾炎武所补《左传杜注》多有订正,"于读《左传》者亦有所裨"④。

沈彤不仅是在经学方面表现出与考据学的结合,其古文同样与经学和考据学有密切联系。他的《果堂集》十二卷,有不少是订正经学的文字,故《四库全书总目提要》称之"尤足补汉、宋以来注释所未备。……颇足羽翼经传,其实学有足取者,与文章家又别论矣"⑤。清代著名文学家沈德潜曾将沈彤比之于明代古文大家归有光,云:"有明季年,娄东王弇州文名天下,归震川以庸妄子目之。及震川没,弇州比以韩、欧阳,而自悔已作。惟震川之文根本六籍而不尚词华也。果堂(沈彤号)之文,一归淳朴,当世有弇州必有推为可续震川者。"⑥王世贞推重归有光的原因在于其文"根本六籍而不尚词华",沈德潜认为沈彤"可续震川",可以说也是由此着眼的。考据学家惠栋也称赞沈彤的文章"凡有所发正,咸有义据"⑦。桐城派领袖方苞的弟子王峻则比较全面地概括了沈彤之文的特点:

> 今冠云之学,笃古穷经,尤精《三礼》。其解经诸文,于群经聚讼之处疏通证明,一句一字必获其指归而后已。其记、序、碑、铭诸作,亦皆具古人之法。立义醇悫,盖凡在兹篇无不有用而可久。⑧

---

① 《周官禄田考题词》,沈彤:《周官禄田考》卷首,清乾隆《沈果堂全集》本。
② 吴廷华《周官禄田考题词》,沈彤:《周官禄田考》卷首。
③ 永瑢:《四库全书总目》卷二十经部·礼类二。
④ 永瑢:《四库全书总目》卷二十九经部·春秋类四。
⑤ 永瑢:《四库全书总目提要》卷一百七十三集部·别集类二十六。
⑥ 《沈彤传》,沈彤:《沈果堂全集》卷首。
⑦ 《沈彤墓志铭》,沈彤:《沈果堂全集》附录。
⑧ 《果堂集序》,沈彤:《沈果堂全集》卷首。

沈彤的文学活动主在雍正至乾隆初期,其经学(包括古文)与考据学结合的特点,带有鲜明的时代色彩。其时考据学和桐城派古文日盛一日。沈彤与当时考据学派中的吴派代表人物惠栋交往颇深,相互引为同道。惠栋在所撰《沈彤墓志铭》中述云:

> 数年来,以道义相勖,学业相证。知余者莫若君,知君者亦莫余若也。……余行不逮君而才亦诎,然好古所得往往与君同,如《尚书》后出古文通人皆知其伪,独无以郑氏二十四篇为真古文者,余撰《尚书考》力排梅赜而扶郑氏,君见之称为卓识。又《易》为王、韩所乱,汉法已亡。余学《易》二十年,集荀、郑、虞诸家之说作《周易述》,先以数卷就正于君,君曰:"此书成,《易》道明矣,惜吾不及见也。"曩以君言戏耳,孰谓竟成谶耶!悲哉,悲哉!君之成《禄田考》也,读者疑信分焉,余为序而辨之。君笑谓余曰:"子吾之桓谭也。"①

惠栋对沈彤在古文、经学、考据学诸方面并长之才评价极高,称:"自古理学之儒滞于禀而文不昌,经术之士汩于利而行不笃。君能去两短,集两长,非纯儒之行欤!"②

沈彤的经学和考据学不仅受到惠栋的影响,而且更直接得之于著名经学家何焯。何焯字屺瞻,号义门。博通经史,"自十三经注疏、二十一史、诸子、《离骚》、《文选》,俱一一订伪勾贯"③,堪称一代大家。著有《义门先生集》十二卷、《何义门读书记》五十八卷、《困学纪闻补笺》二十卷等。何氏为沈彤业师。沈廷芳《皇清徵士文孝沈先生墓志铭》云:"……彤字冠云,吴江人也。少补诸生,从何义门学士游,且久。"④沈德潜《沈彤传》云:"(彤)少请业何侍读义门学制义,取法先正。"⑤惠栋《沈彤墓志

---

① 沈彤:《沈果堂全集》附录。
② 《沈彤墓志铭》,沈彤:《沈果堂全集》附录。
③ 王豫辑《江苏诗征》卷三十三引《国朝别裁》,清道光刻本。
④ 沈彤:《沈果堂全集》附录。
⑤ 《沈彤传》,沈彤:《沈果堂全集》卷首。

铭》云:"君少方古举止若成人。弱冠从学士何公焯游,始邃于理学。"①沈彤《果堂集》卷十一《韩林院编修赠侍读学士义门何先生行状》自云:"彤游先生门五年,承其学行,颇有所记忆。"沈彤将经学与考据学结合,显然与少时从学何焯之门有直接的关系。

在古文方面,沈彤与桐城派古文家的关系很密切。他雍正间至京师,后参修三礼,为文深得方苞器重。方苞之弟子沈廷芳《皇清徵士文孝沈先生墓志铭》载其事云:"(彤)雍正间至京师,望溪方公见其所疏三经,谓得圣人精奥;读其文,又谓气格直似韩子。乾隆初,方辑三礼义疏,遂荐入馆,名动輦下。"②沈德潜《沈彤传》亦云:"(彤)中岁善方阁学望溪,商订三礼,书疏往复,辨论精核。"③沈彤亦以师事之,曾上书方苞云:"彤于先生,虽未具师弟之礼,而实以师事。"④有《屡闻望溪先生论古有作》五古一首⑤,道:

问古知何处,桐城路不迷。穷山开石磴,障水筑金堤。马洁班应逊,韩醇柳岂齐。一朝心颇豁,数月耳从提。

又有《秋日呈灵皋先生》七律一首,云:

……壮岁儒衣愁削迹,今朝彩笔喜通神。浩歌京邑谁知己,惟有宗工许卜邻。⑥

从中可知沈彤对方苞的仰重和对桐城派文章的追攀。沈彤还有致方苞的多封书札:《与望溪先生书》、《与方望溪先生书》、《与礼部方侍郎书》、《上内阁方学士书》等⑦。方苞亦曾致书沈彤,此见于沈彤《与望溪先生书》所记:"彤顿首望溪先生阁下。

---

① 沈彤:《沈果堂全集》附录。
② 沈彤:《沈果堂全集》附录。
③ 《沈彤传》,沈彤:《沈果堂全集》卷首。
④ 《与望溪先生书》,沈彤:《沈果堂全集》卷四。
⑤ 沈彤:《沈果堂全集》卷十二。
⑥ 沈彤:《沈果堂全集》卷十二。
⑦ 见沈彤:《沈果堂全集》卷四。

甲子之秋,尝奉书谨候起居,蒙先生报以手札。"惜今传本《方望溪先生全集》及《望溪先生集外集文补遗》均未存此札。沈彤居京时,方苞曾至其寓所论学。沈彤《与方望溪先生书》自注云:"望溪先生得书有日来寓斋,甚是余说。"

沈彤结交的桐城派人物还有沈廷芳、王峻等。沈廷芳,字椒园。浙江仁和人。乾隆元年(1736)应博学鸿词试得官。著有《隐拙斋集》五十卷、《盥蒙杂著》四卷、《古文指授》四卷、《续经义考》四十卷、《鉴古录》十六卷等。沈廷芳自言与沈彤"同族,同举,用学行相切劘者垂二十载"①。沈彤去世后,他为作《皇清徵士文孝沈先生墓志铭》。王峻,字次山,江苏常熟人。著有《艮斋集》十四卷、《汉书正误》四卷、《水经广注》等。与沈彤相交,切磋文章,见所作《果堂集序》,云:"余往在都门,少宗伯方望溪先生每为余称吴江沈君冠云之著述能守朴学,不事浮藻。……今年余在紫阳书院,冠云亦授徒郡城,因出其所著古文一篇视余,展读既竟,乃叹曰:甚矣,望溪之能知冠云之文也。"②王峻还有《周官禄田考题词》一篇,称是书"真揭千古未发之覆,经解中创获之书也"③。

桐城派为文,在注重辞章之外兼重经义和考据。这一派后期代表人物姚鼐曾明确提出义理、考证、文章三者并重的理论。他在《述庵文钞序》中说:"余尝论学问之事,有三端焉,曰:义理也,考证也,文章也。是三者苟善用之,则皆足以相济;苟不善用之,则或至于相害。"沈彤为文"概本六籍而不尚词华",并兼重考据,应该说与桐城派的主张有相通之处,其为文的特点与桐城派不无一些联系。当然桐城派比较侧重文章,而沈彤比较侧重经学和考据学,尽管如此,二者在与当时考据学盛行的文化背景有密不可分的关系这一点上是相同的。沈彤愿师事方苞,方苞也称赞沈彤的著作"能守朴学,不事浮藻",并荐修《一统志》。从某种意义上说,沈彤也可视为桐城派作家。

沈氏文学世家作家为文著书在考据方面有所成就的,还有第六代作家中的沈自

---

① 见《隐拙斋集》卷四十八,清乾隆刻本。
② 《果堂集序》,沈彤:《沈果堂全集》卷首。
③ 沈彤:《周官禄田考》卷首,清乾隆《沈果堂全集》本。

南、第七代作家中的沈永义、第九代作家中的沈炳等人。

沈自南是沈玠第十子,与家兄自继、自征、自炳、自然、自晓"皆以文学有盛名,乡里以为美谈"。① 他在考据方面的著作有《艺林汇考》和《历代纪事考异》。《艺林汇考》,《乾隆吴江县志》卷四十六书目、《乾隆苏州府志》卷七十六艺文二均记载为一百七十一卷,但今存康熙间刻本和《四库全书》本仅二十四卷。据《家传·恒斋公传》记:"《艺林汇考》二百余卷……以卷帙浩繁,先梓三十八卷行世。"由此可知,此书著成后未全部付梓,现存二十四卷本只是原书稿的一少部分。《艺林汇考》康熙刻本卷首依次有钱谦益、程邑序,分别作于清顺治十八年(1661)和康熙二年(1663)。《四库全书》本系安徽巡抚采进本,与康熙刻本内容无二,惟前有秀水陈鉴题记一篇。

《艺林汇考》二十四卷分为《栋宇》、《服饰》、《饮食》、《称号》、《植物》等五篇。《栋宇篇》子目凡十,曰:宫殿、府署、亭台、门屏、庙室、寺观、宅舍、庠序、梁欐、沟涂。《服饰篇》子目凡八,曰:冠帻、簪髻、装饰、袍衫、佩带、裈袴、履舄、缯布。《饮食篇》子目凡六,曰:饔膳、羹鼓、粉饎、炰脍、酒醴、茶茗。《称号篇》子目凡十一,曰:宫掖、宗党、戚属、尊长、朋从、卒伍、编户、仆妾、巫优、诨名、道释。《植物篇》无子目,仅一卷,载琼花一类。

《艺林汇考》是沈自南历经多年撰成的,有一定的学术价值。其一,书重在辨析考证。所采必载书名,令习其书者可一望而知,欲观原文者亦可按籍以求,体例与类书不同,因此,《四库全书》将其归入子部杂家类,而不与类书并列。其二,书中博采群籍,且多择之于善本,所以,程邑在序中称之为"隋珠荆玉"而非缀文采藻家之作。《四库全书总目提要》也赞其征引"博赡有根柢……所论颇得其实"②。肯定了它在考据方面的价值。

《历代记事考异》,顾名思义是一部集叙事和考信为一体的著作。据《乾隆吴江县志》卷四十六书目和《乾隆苏州府志》卷七十六艺文二著录,此书有四十卷,惜

---

① 雅尔哈善:《乾隆苏州府志》卷五十六《沈自南传》,清乾隆刻本。
② 永瑢:《四库全书总目》卷一百一十九子部·杂家类三。

不传。

沈永义是沈自南次子,禀其父遗风,著有《姓氏类编》二十卷。时人称之"考据详明,尤征博洽"。① 今佚,详情不得而知。

沈炯,字逊扬。沈永馨长孙。有文才,精考据学。袁景辂《国朝松陵诗征》卷十五小传记载:

> 逊扬为人沉静寡言笑,读书精于考辨,尝辑《禹贡纂注》一书,与《水经注》互相发明,极为从兄果堂(沈彤)所称。

《禹贡纂注》,《光绪苏州府志》卷一百三十八艺文三著录。今佚,详情不得而知。

沈叔度为沈彤从孙。著有《学庸显秘》,亦属考证经义之作,《光绪苏州府志》卷一百三十八艺文三著录。今佚。

上述几位作家,除沈自南活动于清初外,沈永义卒于康熙四十年(1701),沈炯卒于乾隆十四年(1749),沈叔度卒于乾隆四十八年(1783)。他们大多活动于清中期,和沈彤一起为沈氏文学世家在清中期考据学领域赢得了一席之地,并对清代考据学的发展起了推波助澜的作用。

五、沈氏文学世家女作家与明清女性作家创作的崛起

在沈氏文学世家中最为耀眼的亮点之一,是一群女性作家的出现。沈氏一门仅见于《沈氏诗录》的女作家就有二十一位之多,此外可考知的女作家还有沈绮和沈静筠。

这二十三位女作家共著有诗文词曲集二十四种,即《鹂吹集》、《伊人思》、《梅花诗一百绝》(沈宜修),《适适草》、《颂古》、《郁华楼草》、《沈曼君散曲》(沈静专),《橙香亭词》(沈静筠),《惠思遗集》(沈宪英),《端容遗稿》(沈华鬘),《绣香阁集》(沈少君),《存余草》(叶小纨),《静闲居稿》(沈友琴),《空翠轩稿》(沈御月),《希谢词》、《月波

---

① 袁景辂辑:《国朝松陵诗征》卷四引费开歧语,清乾隆刻本。

词》(沈树荣)、《幽芳遗稿》《沈幽芳散曲》(沈惠端)、《沈吟稿》(沈咏梅)、《惜春轩稿》(金法莚)、《环碧轩诗集》、《四六》、《唾花词》、《管窥一得》(沈绮)。此外,有杂剧一种,即《鸳鸯梦》(叶小纨)。彤管之盛,萃于一门,实为历代所罕有。

沈氏文学世家女作家在当时是颇引人注目的。钱谦益《列朝诗集·闰集》载录沈氏女作家沈宜修、李玉照、沈宪英、沈华鬘、沈媛、沈智瑶、沈倩君、张倩倩等八人,朱彝尊《明诗综》载录沈宜修、张倩倩等二人,都比较清楚地说明了这一点。

沈氏文学世家女作家群体的出现并不是一个孤立的文学现象,类似者亦有之,如《列朝诗集·闰集》所记"王氏凤娴":

> 华亭张孺人王氏,名凤娴。……年七十余乃卒。女引元,字文殊;引庆,字媚珠;皆工翰藻。母子自相唱。有《焚余草》、《双燕遗音》行于世。

又如同书所记"黄恭人沈氏":

> 沈氏,名纫兰,字闲靓。嘉兴人。参政黄承昊之妻。其诗有《效颦集》。仲女双蕙,字柔嘉……有诗云……年十六而卒。参政从妹叔德,字柔卿……皆有集传世。

如此类者,在清人袁枚《随园诗话》也有多处记载:

> 杭州汪秋御夫人程慰良,《咏秧针》云:"陌旁柳线穿难定,水面罗文刺不禁。"可谓巧而不纤。又有句云:"事从悟后言皆物,诗到工时心更虚。"真学者之言。有二女,皆能诗。长女妡,和母句云:"松留石下千年药,雨引池中二寸鱼。"次女姌云:"皓日穿窗飞野马,平池贮水数浮鱼。"[1]

近今夫妇能诗者,《新话》中已载数人。兹又得孙子潇妻席佩兰字韵芬者,《南归题上党官署》云:"一回头处一凄然……"[2]

---

[1] 袁枚:《随园诗话》卷十二"母女皆能作诗"条,清刻本。
[2] 袁枚:《随园诗话·补遗》卷六"夫妇皆能诗"条。

这些与沈氏文学世家中诸如沈宜修母女"相与题花赋草,镂月裁云"①,叶小纨女"承母教,工诗词"②,沈永启"一子二女,皆娴诗词,暇辄命题分韵唱和"③,沈自炳女沈华鬘"幼而能诗"④,沈宪英"所著甚富,饶有家风"⑤,及沈璟三女皆工诗文确实有惊人的相似之处。

这种相似告诉我们,女性作家文学创作在明清时期已是文坛上常见的现象,特别是在人文氛围浓厚的吴中地区,女子能诗,尤称一时之盛,这正如袁枚在《随园诗话》中所记述的:

> 近时闺秀之多,十倍于古,而吴门为尤盛。兹又得松陵严禄华蕊珠女士《春日杂咏》云:"帘锁炉香尽日垂……"……震泽王秋卿(蕙芳)《病中和丽卿小姑》诗云:"长日恹恹坐小楼……"吴江李凤梧《病起探春》云:"轻寒恻恻雨如麻……"……皆楚楚可诵。⑥

松陵为吴江古之别称,震泽乃清雍正间由吴江析出。由此说来,上述三位女诗人皆归属吴江。《随园诗话·补遗》卷八还记载了吴江另一位女诗人汪宜秋:

> 吴江闺秀汪宜秋《春夜诗》云:"坐愁挽过烛三条……"《扫墓》云:"略慰九泉思子意……"《夜坐》云:"贪凉自启绿窗纱……"《病起》云:"手战愈增书格弱……"《题王函女士小照》云:"空阶策策堕梧桐……"

丁绍仪《听秋馆词话》论及明清女性作家时也说:

> 吴越女子多读书识字,女工余暇,不乏篇章。近则到处皆然,故闺秀之盛度

---

① 钱谦益辑:《列朝诗集·闰集》,清宣统重刊本。
② 王豫辑:《江苏诗征》卷一百七十四,清道光刻本。
③ 沈祖禹辑:《沈氏诗录》卷七。
④ 沈祖禹辑:《沈氏诗录》卷十二。
⑤ 周铭辑:《林下词选》卷十一,清康熙刻本。
⑥ 袁枚:《随园诗话·补遗》卷八。

越千古。即以词论,王氏《词综》所采五十余家,已倍宋元二代。余辑《词补》复得一百七十余人。①

袁景辂《国朝松陵诗征·例言》亦称吴江"闺房之内弃刀尺而事篇章者代不乏人矣"。据此可知,吴中(尤其是吴江)女子能诗乃是不争的事实。这一点从《列朝诗集》也可以得到印证。《列朝诗集·闺集》共记载闺秀一百二十三人,其中,属于吴中地区的竟有三十人,这三十人中吴江籍的又占了三分之一,有十人。仅从这些数字即可看到吴中地区女性作家创作的活跃状况。

我们说沈氏文学世家女作家群体的出现不是一个孤立的文学现象,原因也就在于吴中乃至更大范围之内女性作家文学创作在日益崛起。从时间上看,女作家创作的崛起始于晚明,而大盛于清康乾。沈氏文学世家女作家的情况也是如此。沈宜修生于明万历十八年(1590),卒于崇祯八年(1635),为吴江沈氏文学世家第六代作家;沈智瑶生于万历三十年(1602)前后,卒于崇祯十七年(1644);张倩倩生于万历二十二年(1594),卒于天启七年(1627);李玉照生于万历四十五年(1617),卒于清康熙十八年(1679);与沈宜修一辈的还有顾鷾人、沈大荣、沈倩君、沈静专、沈媛等人。沈倩君、沈静专均作有《悼宛君姊》诗,据此可知此数人活动年代与沈宜修大致相同。沈宜修之后,沈氏文学世家女作家有沈静筠、沈友琴、沈咏梅三代,分别为吴江沈氏文学世家第七、八、九代作家。沈静筠、沈友琴两代自不必说。沈咏梅,生卒年不详。其父沈澍生于清顺治五年(1648),卒于雍正三年(1725)。据此推知,沈咏梅的活动年代当在康熙、雍正时期。与沈咏梅同辈的还有金法筵,她生于清顺治八年(1651),卒于康熙四十四年(1705),与沈咏梅的活动年代大致相同。

明末至清女性作家文学创作的崛起是有其深刻的社会文化背景的。早在明万历时期,继承泰州学派思想的李贽就大胆提出了具有男女平等意识的观点,说:"谓男子之见尽长,女子之见尽短,又岂可乎?"②另一位具有异端思想的文学家徐渭,在

---

① 《听秋馆词话》卷十九,1937年上海医学书局铅印本。
② 李贽:《焚书》卷二,中华书局校点本,1975。

所著《四声猿》杂剧中也表示出对男尊女卑封建思想的批评。他借作品大声疾呼："裙钗伴,立地撑天,说什么男儿汉!"①"世间好事属何人,不在男儿在女子。"②至清代,这种思想有进一步的发展,一些文人对女性的才华给予了更多的关注和肯定。袁枚提出"女子之有文章宜也"③,与女子无才便是德的传统观念针锋相对。谭正璧《中国女性文学史话》说:"有清一代,最努力于提倡女性文学的,前有袁随园,后有陈碧城。当时能文女子,都以身列门墙为荣,所以随园女弟子与碧城女弟子几遍全国。"④这段话虽未必句句尽妥,但多少概括出当时社会和一些文人对女性的态度和认识的转变。自晚明以来,各种专门辑录女子诗文的选集已屡见不鲜,如郑文昂的《名媛汇诗》、钟惺的《名媛诗归》等。清代此类选集更是不胜枚举,其中影响较大的就有《女才子诗合集》(金圣叹评点)、《昭代词选》(蒋重光辑)、《众香词》(徐树敏编)、《兰咳二集》(周之标辑)、《翠楼集》(刘云份编)、《历代女子诗选词选》(柳是编)、《本朝名媛诗抄》(胡孝思编)、《国朝名媛绣鍼》(蒋机秀编)、《国朝闺秀香咳集》(许夔臣编)、《国朝闺秀正始集》(恽珠编)、《国朝闺秀正始续集》(恽珠编)、《国朝闺秀柳絮集》(黄秩模编)、《国朝闺阁诗抄》(蔡殿齐编)、《清代闺秀诗抄》(红梅阁主人编)、《闺秀正始再续集》(单士釐编)、《松陵女子诗征》(费善庆编)、《青浦闺秀诗存》(钱学坤辑)、《汇刻百家闺秀词》(徐乃昌编)、《闺秀词抄》(徐乃昌编)、《妆楼摘艳》(钱三锡编)等几十种。此外,还有《名媛诗话》(沈善宝)、《安徽才媛纪略》(光大中)、《闺秀诗话》(苕溪生)、《闺秀诗评》(棣华园主人)等有关女性作家文学创作的理论或批评类著述。

一方面是自晚明以来一些女子舞文弄墨,"弃刀尺而事篇章",不仅写诗、写词、写曲,还有的写作戏剧或小说,如马守贞作《三生传》传奇,梁孟昭作《相思砚》,阮丽珍作《梦虎缘》杂剧,汪端作《元明佚史》小说,及沈氏文学世家中的叶小纨作《鸳鸯

---

① 徐渭:《雌木兰》第一出[点绛唇],《盛明杂剧》一集卷七,中国戏剧出版社影印诵芬室本,1958.
② 徐渭:《女状元》终场诗,《盛明杂剧》一集卷八.
③ 袁枚:《答孙璧梧夫人》,江苏古籍出版社整理本《袁枚全集》(五),108页,1993.
④ 谭正璧:《中国女性文学史话》,374页,百花文艺出版社,1984.

梦》杂剧等。另一方面是一些文人倡言男女平等,赞扬女性的文才;编辑或品评女性的作品。二者的互动,最终书写出明清文学史上女性作家文学创作的灿烂一页。在成书于乾隆间的《红楼梦》小说中,有不少笔墨描写了贾府大观园里一些女性如林黛玉、薛宝钗、探春、李纨等人的文学才华,这实际上也可以看作是对当时引人注目的女性作家文学创作的艺术写照。吴江沈氏文学世家虽然不能和《红楼梦》中的贾府相提并论,沈宜修、张倩倩、叶小纨、金法筵等人也不是大观园中的林黛玉、薛宝钗……但沈氏文学世家之女作家在文学方面表现出的才华的确与《红楼梦》中林黛玉、薛宝钗一类女性有相同之处。她们的存在,成为明清女性作家创作崛起的冰山一角。物换星移,其人其作,才情不泯。

从以上论述可以看到,吴江沈氏文学世家的文学与明清文学主潮是同步的,互动的,并成为这一文学主潮之一部分。从这个意义上说,自明嘉、万以来至清康、乾之数百年文学史,亦可从沈氏一门之文领略一二。清代著名文学家尤侗称赞沈氏文学世家时曾有"吴兴骚雅,领袖江南"①之誉,从沈氏文学世家的文学所具有的文学史意义看,尤侗所言并非溢美之词。同时,从与明清文学主潮交融和互动中的吴江沈氏文学世家,人们也可以认识到这样一个事实:在中国封建时代,文化名门世家在社会文化的积累和传播方面扮演了重要的角色——这是文化史上的一种"中国特色"。

(原载《励耘学刊》2005年第1辑)

---

① 沈时栋:《古今词选》卷首。

参考书目

吴江沈氏诗集录12卷　沈祖禹　沈彤编　清乾隆五年刻本、清同治六年重刻本

吴江沈氏家谱10卷首末各1卷　沈光熙修　1931年国立北平图书馆传抄清乾隆52年刻本

吴江沈氏家传1卷　吴江沈氏家谱附抄本　清同治六年沈桂芬重刻本

水西谏疏2卷　沈汉著　吴江沈氏家谱附抄本

增定南九宫曲谱21卷　沈璟著　明文治堂刻本、传抄明龙骧校刻本

红蕖记　沈璟著　古本戏曲丛刊三集影印明刊本

埋剑记　沈璟著　古本戏曲丛刊初集影印明继志斋刊本

双鱼记　沈璟著　古本戏曲丛刊初集影印明继志斋刊本

义侠记　沈璟著　古本戏曲丛刊初集影印明继志斋刊本

桃符记　沈璟著　古本戏曲丛刊初集影印清抄本

坠钗记　沈璟著　古本戏曲丛刊初集影印清抄本

博笑记　沈璟著　古本戏曲丛刊初集影印明天启元年刊本

沈璟集　徐朔方辑校　上海：上海古籍出版社1991年版

近世丛残1卷　沈瓒著　1928年北京广业书社明清珍本小说集本

鹂吹集2卷附梅花诗百绝1卷　沈宜修著　明午梦堂集本

伊人思1卷　沈宜修编　明午梦堂集本

广辑词隐先生增定南九宫词谱26卷　沈璟原著　沈自晋删补　1936年北京大学出版组影印清顺治十二年沈氏不殊堂刻本

鞠通乐府3卷　沈自晋著　吴梅辑　1928年饮虹簃刊本

望湖亭　沈自晋著　古本戏曲丛刊二集影印明末刻本

翠屏山　沈自晋著　古本戏曲丛刊二集影印清抄本

霸亭秋　沈自征著　中国戏剧出版社影印诵芬室盛明杂剧翻刻本，1958年版

鞭歌妓　沈自征著　中国戏剧出版社影印诵芬室盛明杂剧翻刻本，1958年版

簪花髻　沈自征著　中国戏剧出版社影印诵芬室盛明杂剧翻刻本，1958年版

沈君庸先生集2卷　沈自征著　民国国立北平图书馆抄本

艺林汇考24卷　沈自南著　清康熙刻本

明五朝纪事本末18卷　沈自南著　清抄本

鸳鸯梦　叶小纨著　清乾隆23年重刻午梦堂集本、叶德辉重辑午梦堂全集本

存馀草1卷　叶小纨著　清午梦堂诗抄本

噀霞阁词1卷　沈永令著　清康熙绿荫堂刻百名家词抄本

瘦吟楼词1卷　沈时栋著　吴梅辑　1928年饮虹簃刊本

古今词选12卷　沈时栋编　清康熙五十五年沈氏瘦吟楼刻本

粤西琐记1卷　沈曰霖著　杨复吉、沈楸悳续编清道光昭代丛书本

晋人麈1卷　沈曰霖著　杨复吉、沈楸悳续编清道光昭代丛书本

果堂集12卷　沈彤著　清乾隆吴江沈氏刻本

吴江县志58卷　沈彤纂　清乾隆十二年刻本

震泽县志38卷　沈彤纂　清光绪十九年重刻乾隆十一年刻本

周官禄田考3卷　沈彤著　清四库全书本

尚书小疏1卷　沈彤著　清四库全书本

仪礼小疏1卷　沈彤著　清四库全书本

春秋左氏传小疏1卷　沈彤著　清四库全书本

释骨1卷　沈彤著　杨复吉、沈楸悳续编清道光昭代丛书本

慈心宝鉴4卷　沈培本辑　1923年重刊清乾隆刻本

勤补书庄诗钞2卷　沈宗德著　清道光刻本

织簾居士诗钞1卷　沈欣霖著　清道光刻本

酉山公诗钞1卷　沈欣复著　清道光刻本

大清穆宗毅皇帝实录374卷　宝鋆、沈桂芬等纂修　清内府抄本

环碧轩集1卷　沈绮著　清道光二十四年刊蔡殿奇辑《国朝闺阁诗钞》本

午梦堂集　叶绍袁编　明崇祯十二年刻本、清乾隆二十三年重刻午梦堂集本、叶德辉重辑午梦堂全集本

午梦堂诗钞　叶燮编　清康熙叶氏二弃草堂刻本

彩笔情词　张栩编　明天启刻本

群音类选　胡文焕编　北京：中华书局影印明刻本，1980年版

新校注古本西厢记　王骥德校注　1930年北平富晋书社影印明万历刻本

盛明杂剧　沈泰编　中国戏剧出版社影印诵芬室翻刻本，1958年版

古今名剧合选　孟称舜编　古本戏曲丛刊四集影印明刊本

太霞新奏　冯梦龙编　民国影印清刻本

明诗综　朱彝尊编　清康熙刻本

明诗别裁　沈德潜编　清乾隆四年刻本

翠楼集　刘云份编　清初野香堂刻本

遗民诗　卓尔堪编　清康熙刻本

天启崇祯两朝遗诗　陈济生编　上海：中华书局影印清抄补本，1958年版

列朝诗集　钱谦益编　清宣统二年重刊本

松陵文献　潘柽章编　康熙三十二年潘耒刻本

本事诗　徐釚编　清乾隆二十二年枫江徐氏重刻本

今诗箧衍集　陈维崧编　清乾隆二十六年华绮校刻本

国朝诗别裁集　沈德潜编　清乾隆刻本

江苏诗征　王豫编　清道光元年焦山海西庵诗征阁刻本

国朝松陵诗征　袁景辂编　清乾隆三十二年爱吟斋刻本

松陵诗征前编　殷增编　清光绪九年吴下重刻本

国朝正雅集　符葆森编　清咸丰六年京师半亩园刻本

吴江赵氏诗存　赵作舟辑　清道光刻本

松陵陆氏丛著　陆氏辑　1927年刻本

启祯野乘　邹漪著　1936年故宫博物院图书馆铅印本

松陵文录　凌淦编　清同治十三年吴江凌氏刻本

昭代丛书　张潮编　杨复吉、沈楸惪续编　清道光十四年吴江沈氏世楷堂刻本

松陵女子诗征　费庆善编　1928年吴江费氏华萼堂铅印本

松陵文集　陈去病编　1922年百尺楼丛书本

国朝闺秀正始续集　完颜恽珠编　清道光十一年红香馆刻本

本朝名媛诗钞　胡孝思、朱珖编　清乾隆三十一年凌云阁刻本

国朝闺阁诗钞　蔡殿齐编　清道光二十四年嫏嬛别馆刻本

国朝闺秀诗选　鲍友恪辑　清朱丝栏抄本

闲情集　顾有孝编　清康熙九年刻本

盛湖诗粹　王鲲辑　清咸丰家刻本

盛湖竹枝词　沈云辑　1918年铅印本

盛湖杂录　沈云辑　《盛湖竹枝词》附，1918年铅印本

国朝文录　姚椿编　清光绪二十六年上海扫叶山房石印本

松陵绝妙词选　周铭编　清刻本

林下词选　周铭编　清康熙十年周氏宁静堂刻本

华胥语业　周铭著　《松陵绝妙词选》附刻本

今词初集　顾贞观编　清康熙刻本

国朝词综　王旭编　清嘉庆七年三泖渔庄刻本

国朝词综补　丁绍仪编　清光绪九年刻本

词雅　姚阶编　清嘉庆三年汪氏刻本

历代诗余　沈辰垣等编　清康熙四十六年刻本

昭代词选　蒋重光编　清乾隆三十二年经鉏堂刻本

闺秀词钞　徐乃昌编　清宣统元年刻本

笠泽词征　陈去病编　1914年铅印本

全清词钞　叶恭绰编　北京:中华书局重印本,1982年版

众香词　徐树敏、钱岳编　民国上海大东书局影印清刻本

松陵见闻录　王旭楼著　清道光九年刊本

今世说　王晫著　1934年广智书局铅印本

四库全书总目　永瑢等著　北京:中华书局影印清刻本,1965年版

列朝诗集小传　钱谦益著　上海:上海古籍出版社排印本,1959年版

国朝诗人征略　张维屏著　清南海岳雪楼刻本

周恭肃公集　周用著　明嘉靖刻本

茅鹿门先生文集　茅坤著　清刻本

茅坤集　茅坤著　张大芝　张梦新校点　杭州:浙江古籍出版社1993年版

弇州山人四部稿　王世贞著　明万历五年世经堂刻本

弇州山人续稿　王世贞著　明刻本

姚江孙月峰先生全集　孙鑛著　清嘉庆十九年孙元杏刻本

居业次编　孙鑛著　清刻本

沈司正先生集　沈懋孝著　清刻本

雪柏堂集　姜士昌著　清刻本

大泌山房全集　李维桢著　明万历三十九年刻本

中清堂集　潘一桂著　明崇祯刻本

西山日记　丁元荐著　清抄本

梅花草堂笔谈　张大复著　1935年上海杂志公司铅印本

叶天寥四种　叶绍袁著　1936年上海杂志公司铅印本

亭林诗集　顾炎武著　清刻本

小腆纪年　徐鼒著　清光绪四年刻本

复社姓氏　吴应箕辑　清康熙五十一年吴孟坚抄本

复社姓氏传略　吴山嘉著　清道光十一年南陵堂刻本

明史　张廷玉等著　北京:中华书局排印本,1977年版

祁忠敏公日记　祁彪佳著　1937年绍兴县修志委员会铅印本

琅琊凤洲两公年谱合编　王瑞图著　光绪间刊东仓书库丛刻本

归玄恭遗集　归庄著　清刻本

归玄恭年谱　赵经达著　1924年赵氏又满楼刻本

海忠介公年谱　王国宪编　清浣雪斋绿丝栏抄本

牧斋有学集　钱谦益著　四部丛刊本

梅村家藏稿　吴伟业著　清宣统三年武进董氏诵芬楼刻本

愚庵小集　朱鹤龄著　清乾隆四库全书本、1940年北平燕京大学图书馆铅印本

周忠毅公集　周永年著　清刻本

己畦集　叶燮著　清康熙叶氏二弃草堂刻初印本

艮斋倦稿　尤侗著　清刻本

西河合集　毛奇龄著　清乾隆重刊本

叶学山诗集　叶舒胤著　清刻本

曝书亭集　朱彝尊著　清嘉庆十九年刻本

姑苏杨柳枝词　汪琬著　清乾隆三十六年汪钝翁诗文全集重刻本

尧峰文钞　汪琬著　清宣统二年上海集成图书公司铅印本

沈归愚诗文全集　沈德潜著　清乾隆刻本

切问斋文钞　陆耀著　清同治八年金陵钱氏刻本

隐拙斋集　沈廷芳著　清乾隆二十二年则经堂刻本

姑苏名贤小记　文震孟著　清光绪八年蒋氏心局斋校刊本

国朝先正事略　李元度著　清光绪二十五年上海图书集成印书局铅印本

国朝苏州府长元吴三邑科第谱　陆懋修辑　清光绪三十二年刻本

乙亥丛编　赵诒琛等编　清刻本

词苑丛谈　徐釚著　清康熙二十七年宝翰楼刻本

听秋声馆词话　丁绍仪著　1937年上海医学书局铅印本

曲律　魏良辅著　中国古典戏曲论著集成本　北京：中国戏剧出版社 1959

年版

南词叙录　徐渭著　中国古典戏曲论著集成本　中国戏剧出版社 1959 年版

曲论　何良骏著　中国古典戏曲论著集成本　中国戏剧出版社 1959 年版

曲藻　王世贞著　中国古典戏曲论著集成本　中国戏剧出版社 1959 年版

曲律　王骥德著　中国古典戏曲论著集成本　中国戏剧出版社 1959 年版

顾曲杂言　沈德符著　中国古典戏曲论著集成本　中国戏剧出版社 1959 年版

曲论　徐复祚著　中国古典戏曲论著集成本　中国戏剧出版社 1959 年版

谭曲杂札　凌濛初著　中国古典戏曲论著集成本　中国戏剧出版社 1959 年版

衡曲麈谭　张琦著　中国古典戏曲论著集成本　中国戏剧出版社 1959 年版

度曲须知　沈宠绥著　中国古典戏曲论著集成本　中国戏剧出版社 1959 年版

远山堂曲品　祁彪佳著　中国古典戏曲论著集成本　中国戏剧出版社 1959 年版

远山堂剧品　祁彪佳著　中国古典戏曲论著集成本　中国戏剧出版社 1959 年版

闲情偶寄　李渔著　中国古典戏曲论著集成本　中国戏剧出版社 1959 年版

制曲枝语　黄周星著　中国古典戏曲论著集成本　中国戏剧出版社 1959 年版

乐府传声　徐大椿著　中国古典戏曲论著集成本　中国戏剧出版社 1959 年版

雨村曲话　李调元著　中国古典戏曲论著集成本　中国戏剧出版社 1959 年版

剧说　焦循著　中国古典戏曲论著集成本　中国戏剧出版社 1959 年版

曲话　梁廷枏著　中国古典戏曲论著集成本　中国戏剧出版社 1959 年版

词馀丛话　杨恩寿著　中国古典戏曲论著集成本　中国戏剧出版社 1959 年版

今乐考证　姚燮著　中国古典戏曲论著集成本　中国戏剧出版社 1959 年版

重订曲海总目　黄文旸著　中国古典戏曲论著集成本　中国戏剧出版社 1959 年版

曲品　吕天成著　清乾隆杨志鸿抄本、吴书荫校注本　北京：中华书局 1990 年版、中国古典戏曲论著集成本　中国戏剧出版社 1959 年版

扬州画舫录　李斗著　北京：中华书局校本，1960年版

静志居诗话　朱彝尊著　清嘉庆二十四年扶荔山房刻本、1913年上海文瑞楼石印本

古今词话　沈雄编　江尚质增辑　清康熙二十八年宝翰楼刻本

[弘治]吴江志　莫旦纂修　明弘治元年刻本　台湾成文出版有限公司影印本，1983年版

[嘉靖]吴江县志　曹一麟修、徐师曾、沈启纂　清嘉靖四十年刻本

[康熙]吴江县志　郭琇修、叶燮纂　清康熙二十三年刻本

[乾隆]馀姚县志　周炳麟修、邵友濂纂　清乾隆四十六年刻本

[乾隆]济南通志　丘濬等修　清乾隆元年刻本

[乾隆]济南府志　王赠芳等修　清道光二十年刻本

[乾隆]苏州府志　雅尔哈善等修　习寯等纂　清乾隆十三年刻本

[嘉庆]黎里志　徐达源纂　清嘉庆十年刻本

[光绪]黎里续志　蔡丙圻纂　清光绪二十四年刻本

[道光]震泽镇志纪磊、沈眉寿纂　清道光二十四年刻本

[道光]平望志　翁广平纂　清光绪十三年重刻道光本

[光绪]平望续志　黄兆柽纂　清光绪十三年刻本

[道光]苏州府志　宋如林等修　石韫玉等纂　清道光四年刻本

[光绪]苏州府志　李铭皖等修　清光绪九年刻本

[光绪]归安县志　李昱修、陆心源纂　清光绪七年刻本

[嘉庆]同里志　周之祯纂　1917年铅印嘉庆十七年刻本

[同治]盛湖志　仲廷玑辑　1923年重刻同治十三年本

[光绪]盛湖志补　仲虎腾辑　1923年刻光绪二十六年本

[光绪]吴江县续志　金福曾修　熊其英纂　清光绪五年刻本

分湖小识　柳树芳辑　清道光二十七年刻本

江震人物续志·补遗　赵兰佩著　清光绪刻本

戏曲笔谈　赵景深著　上海:上海古籍出版社1962年版

中国戏曲初考　赵景深著　郑州:中州书画社1983年版

明清曲谈　赵景深著　上海:上海古典文学出版社1957年版

方志著录元明清曲家传略　赵景深、张增元著　北京:中华书局1987年版

古本戏曲丛刊初集　古本戏曲丛刊编委会编　上海:商务印书馆1954年版

古本戏曲丛刊二集　古本戏曲丛刊编委会编　上海:商务印书馆1955年版

古本戏曲丛刊三集　古本戏曲丛刊编委会编　上海:商务印书馆1957年版

清史稿　赵尔巽等著　北京:中华书局1977年版

诸宫调两种附撷芬室文存　凌景埏、谢伯阳编著　济南:齐鲁书社1988年版

全清散曲　凌景埏、谢伯阳编　济南:齐鲁书社1988年版

昆剧演出史稿　陆萼庭著　上海:上海文艺出版社1980年版

昆曲格律　王守泰著　南京:江苏人民出版社1982年版

古典戏曲存目汇考　庄一拂著　上海:上海古籍出版社1981年版

历代妇女著作考　胡文楷著　上海:上海古籍出版社1985年版

明清江苏文人年表　张慧剑著　上海:上海古籍出版社1986年版

中国古典戏曲序跋汇编　蔡毅编　济南:齐鲁书社1989年版

沈璟评传　朱万曙著　北京:中国戏剧出版社1992年版

晚明曲家年谱　徐朔方著　杭州:浙江古籍出版社1993年版

古本戏曲剧目提要　李修生主编　北京:文化艺术出版社1997年版

(资料止于2002年)

后　记

　　本书初稿完成于1999年,2002年定稿。此次出版,除有个别内容和文字上的修订之外,又在附录中增入了至2005年间发表的几篇有关吴江沈氏文学世家的拙文,一并就教于方家。感谢我的导师李修生和于天池两位先生多年来对我学业的指教。

　　与明清吴江沈氏文学世家的学术结缘,始自上世纪80年代初师从李修生先生读硕士学位时,毕业论文《沈璟论》得到先生精心指导。后肆力搜集沈氏家族文人相关文献,历10余年渐成此书稿,并以此为基础在于天池先生的悉心指导下于2003年完成了博士论文《明清吴江沈氏世家文学研究》。同年,又得友人张克伟先生相助,由香港国际学术文化资讯出版公司出版了拙著《明清吴江沈氏文学世家论考》。回顾数十年间关于吴江沈氏文学世家的研究,难以忘怀者多矣。先是1986年所撰《明代一个引人注目的文学世家》一文,得到《光明日报·文学遗产》副刊编辑史美圣先生的大力支持,在拙稿刊出后数日史先生特约余至报社编辑部,对这一研究课题的意义给予了充分肯定,令余备受鼓舞。与此同时,所撰有关沈璟及沈氏家族文学的数篇文稿也得到《文学遗产》吕薇芬、李贻白、王伟、竺青诸位先生的鼎力支持。其后助余之研究者还有《文艺研究》的赵伯陶先生、戴阿宝先生,《中科院研究生院学报》的栾贵川先生、马光先生,《中州学刊》的采薇编辑,《武陵学刊》的田皓编辑,《吴江文学》的周浩锋先生、刘中池先生,以及孙安邦、杨海中、林邦钧、侯光复、郭英德、朱万曙、查洪德、赵义山、陈水云、李山、过常宝、北塔诸君,此外有韩国高丽大学校的李再薰教授。这些是余终生铭记于怀的。

　　本书的出版得到211项目基金的资助和安徽教育出版社的支持,在此表示衷心的感谢。

2011年3月